KB157698

대한민국 국무회의록 1958

김명섭, 이희영, 양준석, 유지윤 편주

국무회의록에 등장하는 이승만 대통령과 국무위원들 및 국무회의록을 기록한 신두영 국무원 사무국장. 왼쪽부터 김일환(상공부), 정재설(농림부), 홍진기(법무부), 최재유(문교부), 강명옥(법제실장), 김정렬(국방부), 문봉제(교통부), 조정환(외무부), 송인상(부흥부), 이근직(내무부), 신두영, 김현철(재무부), 손창환(보사부), 이응준(체신부), 오재경(공보실). (경무대, 1958.3.26)

유엔한국재건단(UNKRA) 지원으로 준공된 인천판유리공장에서 한국 최
초로 생산된 평면유리를 살펴보는 이승만 대통령(경무대, 1958.1.10).
좌우로 김일환 상공부장관, UNKRA 단장 콜터(John B. Coulter)

세종로 반공회관 앞에서 공공외교차 출국하는 한국문화친선사절단을
위해 열린 환송회(1958.2.22)

3 · 1운동 기념식장에서 유가족들을 위로하는 이승만 대통령
(1958. 3.1)

광주 시찰중 상무대(尙武臺)에서 사열 하는 이승만 대통령(1958.3.4)

광주 시찰중 광주학생독립운동기념탑을 참배하고 나오는 이승만 대통령
(1958.3.4)

광주공업고등학교 실습공장 준공식에서 기념 언설하는 이승만 대통령
(1958.4.15)

서울대학교 제12회 졸업식 광경(1958.3.28). 연단 뒷쪽에 중절모를 쓰고 앉아 있는 이승만 대통령의 뒷모습이 보인다.

서울 서대문지구 아파트 신축공사 진척상황을 보고 받고 있는 이승만 대통령(1958.4)

경무대 예방을 마치고 중앙청앞 방한 환영 아치를 지나고 있는 멘데레스
(Adnan Menderes) 터키 총리 차량(1958.4.25)

대한소년단(보이스카웃)을 방문한 보이스카웃 국제연맹 사무총장 다니엘
스프리(Daniel C. Spry, 캐나다군 퇴역 중장) 일행(1958.5.4)

제3회 현충일을 맞아 무명용사 기념탑에 헌화 묵념하는 이승만 대통령
(1958.6.6)

'한국의 집' 창립 제1주년을 맞아 한국 소년 소녀들과 기념촬영하는 주
한 유엔군 총사령관 겸 미8군 사령관 데커(George H. Decker, 1902-
1980) 대장(왼쪽)(1958.6.24)

유엔한국재건단(UNKRA) 단장 콜터 부부와 이승만 대통령 부부(경무
대, 1958). 콜터의 동상은 이태원 입구에 세워졌다가 현재는 서울 어린
이대공원에 있다. 연세대 이승만연구원 소장

미국 장성에게 훈장을 수여한 후 기념촬영하는 이승만 대통령 부부와
참석자들(경무대, 1958)

훈장수여식에 참석한 외국인 여성들과 기념촬영하는 프란체스카 여사
(경무대, 1958)

지방을 시찰 중인 이승만 대통령(1958)

이승만 대통령의 지방 순시 중 광주서중학교 교정에 운집한 시민과 학
생들(1958)

서울 용산 육군야구장에서 열린 한미친선야구대회에서 시구하는 이승
만 대통령(1958.10.21). 대한민국 국가기록원 소장

남베트남 방문 중 응오딘디엠 대통령과 함께 독립궁을 나서는 이승만 대통령(1958.11.7). 왼쪽 끝은 당시 주베트남 공관장 최덕신(5·16군사정변 후 외무부 장관, 1976년 도미 후 월북), 우측 끝은 조정환 외무부 장관

한국문화친선방문단을 환영하는 재중화민국 교포들(1958). 뒤로 "중화민국 각계 환영 한국문화친선방문단"이라는 플래카드가 보인다.

완성된 차량(G.M.C) 전시장(1958)

대한민국 국무회의록을 기록한 신두영의 연설장면(1957.7.5). 대한민
국 국가기록원 소장

대한민국 국무회의록 1958

김명섭, 이희영, 양준석, 유지윤 편주

국학자료원

간 행 사

이 책은 대한민국 제1공화국의 1958년도 국무회의록 원문, 주석, 그리고 관련 자료 및 논문을 담고 있다. 제2공화국이 수립되면서 국무회의는 심의기관으로 바뀌었다. 그렇지만 1958년 당시 국무회의는 내각제적 요소가 포함된 헌법기관으로서 국정 전반에 관한 의제를 토의 및 의결했다. 1958년 국무회의는 매주 화요일(정기회의)과 금요일(임시회의)에 개최되었으며, 화요일 오전 회의는 경무대에서 대통령 주재로, 오후 회의와 금요일 회의는 중앙청에서 수석국무위원 주재로 열렸다.

당시 국무회의실에는 민위방본(民爲邦本: 민이 나라의 근본이다)이란 이승만 대통령의 친필 휘호가 걸려 있었다. 주요 안건은 대통령이 직접 주재하여 화요일 오전 회의에서 논의됐고, 오후 회의에서는 오전에 대통령이 지적한 쟁점들이 토의됐다. 국무회의는 국무위원 12명과 국무원 사무국장, 법제실장, 공보실장, 대통령 비서관이 참석한 가운데 진행되었다. 이 국무회의록에는 83세의 노령 대통령이 평균연령 약 49세의 국무위원들과 토의하는 장면이 생생하게 기록되어 있다.

신두영(申斗泳, 제7대 국무원 사무국장 1957.6~1960.6)이 기록한 이 국무회의록은 토의 장면들을 전해주고 있는 소중한 사료이다. 신두영은 훗날 감사원장(1976~1980)을 역임했다. 신두영은 국무원 사무국장으로서 국무회의에 참석하여 대학노트에 대통령과 장관들의 발언들을 기록한 후 자택에서 이를 정서했다. 미농지에 묵지를 대고 종서로 정서하여 세 부가 만들어졌다. 한 부는 경무대로 보내졌고, 다른 한 부는 국무원 사무국에 보존되었으나 이승만정부가 무너지면서 사라졌고, 신두영이 보관하고 있던 한 부만 남았다.

이후 박정희정부에서 신두영이 대통령 사정담당 특별보좌관과 감사원장을 지낼 때 함께 근무했던 이희영(李羲榮, 국무총리 민정비서관 역임)은 신두영 유족을 통해 이 국무회의록을 입수하여 정부기록보존소에 기증했다. 현재 이 사료는 국가기록원에 "신두영 비망록: 제1공화국 국무회의"라는 제목의 기록물로 보존되어 있다. 이희영은 수려한 필체로 정서되어 있지만 한자와 흘림체가 섞여 있어 읽기 쉽지 않은 신두영의 원본을 판독하여 읽기 쉽게 만들었다.

연세대학교 이승만연구원에서는 신두영이 기록한 공공기록물의 역사적 중요성에 착목하여 이희영의 초고를 참고하여 새롭게 편찬하고, 한글세대까지 고려하여 자세한 주석을 달고 관련 논문과 자료들을 덧붙여 발간하게 되었다. 1959~1960년도 분의 국무회의록은 추후 발간할 예정이다.

신두영이 기록한 국무회의록이 지니는 사료로서의 가치는 당시 국무회의에 참석했던 오재경(吳在璟, 제7대 공보실장 1956.7~1959.1)과 송인상(宋仁相, 제3대 부흥부장관 1957.6~1959.3)에 의해 확인된 바 있다(京鄕新聞 1990/4/19). 특히 다른 시기의 국무회의록들이 핵심 심의내용 위주로 간결하게 기록되었던 것에 비해 신두영은 대통령과 국무위원들 간 심의내용을 사안별로 마치 연극 대본과 같이 소상하게 기록했다.

1958년은 세계사적으로 유럽경제공동체(EEC)가 출범하고, 이집트와 시리아가 아랍연방으로 합방되고, 1957년 소련 인공위성 스푸트니크호 발사 이후 미·소간 우주경쟁이 본격화되고 있던 해였다. 또한 군사분계선 이북에서는 중공군의 철수가 완료되고, 김일성체제가 공고화되고 있었다. 이 시기 대한민국도 6·25전쟁 이후의 전후복구사업을 일단락지으며 새로운 국가발전을 모색하고 있었다.

그러나 한국현대사에서 1958년은 마치 '아무 일도 없었던 해'나 '암흑기'로만 기억되는 경향이 있다. 정전협정이 발효된 1953년 7월 27일 이후의 1950년대는 6·25전쟁과 전후의 기억 속에 가려진 측면이 있다. 4·19혁명이라는 역사적 정점을 향한 '퇴행의 골짜기'로만 인식되기도 한다. 그러나 목욕물을 버리면서 아이(진실)까지 함께 버려서는 안될 것이다.

"과거는 외국이다"라는 말처럼 1958년 국무회의 장면을 현대인들이 엿보는 것은 쉽지 않다. 그러나 약간의 인내심을 갖고 이 사료를 찬찬히 들여다보면 과거에 대한 세간의 짐작과는 다른 역사적 사실들을 발견하게 된다. 국무회의 모습 자체가 다음과 같은 점들에서 인상적이다.

첫째, 국무위원들 간에 활발한 국정토의가 이루어지고 있었다. 이러한 장면들은 이승만 시대의 말기에 노정된 정치적 부조리 속에서도 자유민주주의를 지향하는 가운데 국정운영이 이루어지고 있었음을 보여준다.

둘째, 1958년까지 이승만 대통령은 국무회의를 주도하고 있었다. 국무회의록을 읽어보면 이승만의 권위가 단순히 대통령이라는 자리에서만 나온 것이 아님을 알 수 있다. 당시 이승만 대통령은 국무위원들을 압도하는 독립운동가로서의 경력을 갖고 있었을 뿐만 아니라 국제적 표준에 대한 해석에 있어서 국무위원들에게 충고를 해줄 수 있을 만큼의 능력을 보여주고 있었다. 논의되는 안건들의 내용을 소상하게 꿰뚫고 있었을 뿐만 아니라 시시콜콜하게 보일 정도로 상세한 대안을 제시하기도 한다.

셋째, 83세의 이승만은 국무위원들에 비해 때로는 아버지뻘의 연령을 가지고 있었다(연령 순: 이응준 68, 조정환 66, 정재설 58, 김현철 57, 이근직 55, 최재유 52, 손창환 49, 강명옥 48, 김일환 44, 송인상 44, 문봉제 43, 김정렬 41, 홍진기 41, 신두영 40, 오재경 39). 이러한 연령 차이는 장유유서(長幼有序)의 위계질서가 강했던 당시의 한국사회에서 이승만에게 또

다른 권위를 더해주었을 것이다. 이승만은 연로했지만 1958년 11월 남베트남을 방문할 정도의 건강도 유지하고 있었다(사진 자료 참고).

1958년 대한민국 국무회의는 총 120회 열렸고, 총 안건수는 1,026건이었다. 한 회에 다루어진 토의 안건은 평균 10건 이상이었다. 일본제국에 의해 강제 병합당한 아픔과 6·25전쟁의 폐허를 딛고 나라를 새롭게 만들어가는 모습이 1958년 대한민국 국무회의록에서 드라마처럼 전개되고 있다.

『조선왕조실록』이 당대의 총체적 진실을 보여주지는 못한다 할지라도 그 사료적 가치를 인정받고 있는 것과 마찬가지로 이 국무회의록은 제1공화국의 소중한 역사적 단면을 드러내고 있다. 이 사료를 통해 1950년대 제1공화국 말기의 역사를 사후에 내려진 정치적 평가의 틀 속에서만 보지 않고, "있었던 그대로" 보려는 노력이 결코 4·19나 제2공화국의 의미를 가리는 것은 아닐 것이다. 마치 앙샹레짐(구체제)에 대한 연구가 프랑스혁명에 대한 연구를 촉진시켰던 것처럼 4·19혁명을 포함한 이후 민주화 과정에 대한 연구도 이러한 사료들을 통해 오히려 촉진될 수 있을 것이다.

그동안 연세대 이승만연구원은 『이화장 소장 우남이승만문서: 東文篇』(전18권, 1998), *The Syngman Rhee Telegrams* (전4권, 2000), 『이승만 東文 서한집』(전3권, 2009)과 *The Syngman Rhee Correspondence in English, 1904−1948* (전8권, 2009) 등 1948년 대한민국 독립 이전 시기에 관한 이승만 문서들을 자료집 형태로 발간해왔다. 이 국무회의록 발간을 계기로 1948년 대한민국 독립 이후 제1공화국 시기를 밝혀주는 자료집들이 지속적으로 출간될 수 있기를 기대한다.

이 책의 출간은 우남소사이어티(회장 김영수)와 이민주 연세대 동문의 지원을 통해 이루어졌다. 우남소사이어티 김효선 사무총장은 이 국무회의록의 사료적 가치에 공감하고, 연세대 이승만연구원에서 출간될 수 있도록 다방면의 도움을 주었다. 신무상(전 대우 근무) 씨는 선친의 기록물이 연세대 이승만연구원을 통해 출간되는 것에 대해 흔쾌히 동의해주었다. 연세대 이승만연구원의 오영섭 연구교수는 출판 직전의 원고를 면밀히 교열하는 작업을 수행해주었다. 연세대 대학원 정치학과에서 역사정치학을 전공하고 있는 김정민 박사과정생은 이 프로젝트를 세심하게 뒷받침해주었다. 이 책이 정치와 분리하여 '있었던 그대로의 역사'를 보여줄 수 있기를 기대한다.

2018년 5월
연세대학교 이승만연구원
원장 김명섭

1. 이 책은 신두영이 기록한 1958년 대한민국 국무회의록을 이희영의 한글 편찬본을 참고하여 새롭게 편집하고, 주석을 달았다. 아울러 1958년 대한민국 국무회의록을 통해 본 이승만정부의 정책을 분석한 논문을 첨부했다.

2. 사진 자료들과 연표와 부록 논문은 국무회의록에 대한 이해를 돕기 위해 수록한 것이다.

3. 외국어와 고어(古語)는 현행 맞춤법에 따라 수정했으며, 괄호 안에 원어를 기재하고 설명 각주를 달았다.
   - 콜타 → 존 콜터(John B. Coulter, 1891 ─ 1983)
   - 오 → 응오딘디엠(Ngo Dinh Diem, 1901 ─ 1963)
   - 비국 → 비국(比國, 필리핀)
   - 뜨레져 → 드레저(dredger)
   - 대파 → 대파(代播) (벼대신 다른 곡식을 심음을 의미한다.)

4. 현행 맞춤법에 맞지 않더라도 국무회의 당시를 이해하기 위해 필요한 경우 원문을 그대로 두었다.

5. 국무회의 내용 중 신두영 사무국장이 정리한 내용은 괄호 표기와 한 칸 또는 두 칸 들여쓰기를 통해 회의록과 구분할 수 있도록 했다.

6. 국무회의의 회차, 일시, 그리고 의제번호 등에 대한 누락과 오기가 있어 바로잡았다.

7. 해제를 위해 활용한 자료로서 직접 인용한 1차 · 준1자료 형태의 신문자료 혹은 정부 생산문서는 출처를 기록했고, 그 외에도 필요한 경우 문헌의 출처를 명시했다.

목 차

원문 목차

民為邦本

제1회 국무회의

일시 : 1958년 1월 2일(목)

장소 : 경무대(전반), 중앙청(후반)

1. 선거법 국회통과에 관한 건

이근직(李根直)[1] **내무** 내무부장관으로부터 민의원의원선거법과 참의원[2]의원선거법이 국회에서 통과된 바 그 내용의 중요한 것을 대요(大要) 다음과 같다는 보고.

(1) 민의원의원 선거법

① 선거의 공영을 강화한 것.

② 입후보자의 공탁금을 50만 환[3]으로 하고 득표수가 6분의 1 미만인 때는 몰수하기로 하여 난립을 방지한 것.

③ 벌칙을 강화한 것.

④ 선거감시를 철저히 하여 공명선거를 하기로 한 것.

---

1) 이근직(1903~1964)은 1928년 일본 동경고료(紅陵)척식대학교 법과를 졸업. 1930년부터 강원도 원주군 군속, 강원도 도속을 거쳐 1942년 평창군수, 원주군수를 지냈다. 1945년 해방 후 강원도 비서과장, 광공부장, 상공국장, 대동건설 주식회사사장, 강원도 내무국장으로 활동했다. 1950년 서울특별시 산업국장, 1952년 함태영 부통령 비서실 수석비서관을 역임했다. 1955년 2월 경상북도 도지사 재직 중 1955년 8월 '가짜 이강석' 사건을 처리했다. 1957년 9월 내무부 장관으로 취임했고, 이듬해 민의원 총선거에 대한 책임을 지고 사임했으며, 1959년 농림부장관, 1960년 3·15부정선거 대책위원회 위원을 지냈다.

2) 참의원이란 양원제 국회에서의 상원에 해당하며, 민의원과 함께 국회를 구성하는 일원을 말한다. 헌법상 제1차 개헌부터 제5차 개헌 전까지 참의원 제도가 존재했으나, 제3차 개헌 이후에 실질적인 기능을 발휘하게 되었다. 제5차 개헌 이전의 헌법에 따르면 참의원도 민의원과 같이 국민의 보통·평등·직접·비밀투표에 의하여 선출된 의원으로써 조직되었다.

3) 한일강제병합 이후 일본의 화폐 단위인 원(圓)이 쓰이다가 1953년 2월 통화개혁으로 원은 다시 환이 뇌어 1:100, 즉 1환 = 100전의 교환 비율로 되었다. 1962년의 통화개혁에서 환은 '원'(한글)으로 변경됐다.

(2) 참의원의원 선거법

① 선거권자를 25세 이상, 피선거권자를 35세 이상으로 한 것.

② 선거구를 60만(인구)을 기준으로 한 것.

③ 기타는 민의원의원선거법과 대동소이.

이승만 대통령 "연고 없는 사람이 그곳에서 입후보할 수 있다는 것은 말이 안 되는 것이다. 종래에도 여러 번 말하였으나 실시를 하지 않으니 내가 직접이라도 시정해야겠다."

(법제실장으로부터 이것은 입법사항이므로 대통령령으로는 할 수가 없다는 보고를 하였으나 국회가 잘못을 하는 것은 그대로 둘 수 없지 않으냐고 하시며 의견을 굽히지 않으심으로 하오 회의에서 이를 다시 논의하였으니 이 일개 조항을 고치기 위하여 법 전체를 '비토'하기도 곤란하다는 것이 지배적 의견이었으며,

이근직 내무부장관이 이기붕(李起鵬)[4] 민의원 의장님을 뵈옵고 의논한 바 이 법이 공포 안 되면 자유당이 도리어 곤란(연고 없이 출마하는 것은 자유당 입후보자가 대부분이며 특히 이번 개정에 의하여 편입된 수복지구의 입후보 여하는 자유당이 중대한 관계가 있는 것인즉 각하 제의)한 점을 상세히 보고하여 재가를 받도록 하고 공산당이나 기타 불순분자가 이 무연고지 출마에 편승하려는 것은 별도 방지하는 것이 선책(善策)이라는 의견이셨다고 내무부장관의 보고.

그리고 참의원법은 공포 후 1년 이내에 선거를 실시하여야 하도록 되어 있으나 그 방법이 고쳐지지 않는 한 그대로 실시하지 않으려는 것이 자유당의 의도라는 보고였음)

2. 대일교섭에 관한 건[5]

이승만 대통령 "합의가 성립된 후 일본에서 발표한 것의 내용을 보았는가. 혹은 엉뚱한 말을 발표하지나 않았나 모르겠다."

---

4) 이기붕(1896~1960)은 연희전문학교를 중퇴하고, 도미하여 고학으로 1923년 아이오와주 데이버대학 문과 졸업 후 이승만을 도와 뉴욕에서 '삼일신보(三一新報)'를 발간하는 등 독립운동에 투신했다. 해방 후 이승만의 비서로 근무했고, 1949년 서울특별시장, 1951년 국방부 장관 등에 임명되어 국민방위군사건을 수습했다. 이범석(李範奭)과 자유당을 창당하여 1953년 자유당 총무부장, 중앙위원회 의장에 올라 자유당 2인자가 되었다. 1954년 5월 제3대 민의원에 당선되어 9월에 민의원 의장이 되었다. 1956년 부통령에 입후보했으나 장면에게 패해서 낙선했고, 1958년 제4대 민의원 의장을 지냈다.

5) 1950년대 중반까지 한일회담의 핵심사안은 청구권논쟁과 평화선논쟁이었고 1950년대 후반에는 억류자

조정환(曺正煥)[6] 외무 협의된 내용 그대로 하는 것을 보고(별 자신이 없는 것 같은 좀 이상한 표정으로 답변)

이승만 대통령 "자세한 것을 좀 알려주었으면 좋겠다. 내가 외국인이 아니니 알자고 할 권리가 있을 것이다(다소 흥분하심) 불법으로 입국한 자는 전원 돌려보내라고 하여야 한다."

"몇 명이나 되는지 알고 있어야 하고 내무부에서 경찰관이라도 보내어서 그러한 자에 대한 것(입국의 경위 등)을 상세히 조사하여 전원을 한국으로 돌려보내게 하여야 할 것이다. 그리고 완전한 명단이 필요할 것이다. 이조 말에 소위 망명하였다는 한국인을 보호해서 그들을 이용하여 한국을 먹은 것이다. 아직도 일본은 그 버릇을 못 버리고 선우종원(鮮于宗源)[7] 같은 자를 내보내지 않으려 할는지 모른다.

그리고 지금 일본에 있는 한국인(불법입국자)이 타국으로 내보내지 못하게 무슨 조치를 우리가 취하여야 할 것이다.

외무차관을 곧 불러서 협의하도록 하여 일본인이 무어라고 하기 전에 먼저 선수를 써야 할 것이다."

3. 1958년도 예산 국회 통과에 관한 건

김현철(金顯哲)[8] 재무 "대체로 정부에서 제출한 것이 통과된 것이며 순지출이 3억 환 감하고 예비비가 3억 환 증가한 것으로 되었다"는 보고.

상호석방과 재일조선인 북송문제였다. 1957년 12월 일본이 대한청구권과 구보다발언을 철회한 것을 계기로 4년 반 만인 1958년 4월에 4차 한일회담이 재개되었다. 그러나 일본이 재일조선인들을 북송하려는 계획을 세우자 다시 교착상태에 빠졌다.

6) 조정환(1892~1967)은 미국 켄터키대학 역사학과를 졸업하고, 미시간대학 외교학과 석사 졸업 후 귀국하여 이화여전 교수가 되었다. 해방 후 미군정청 기획처 고문을 거쳐 1949년 외무부차관이 되었다. 1955년 외무부장관서리, 1956년 외무부장관, 1959년 유엔총회 한국대표 등을 역임했다.

7) 선우종원(1918~2014)은 경성제대 법학과를 마치고 고등문관 시험에 합격했다. 해방 후 서울지방검찰청 검사로 검사국 초대 검찰과장을 지내고, 6·25전쟁 중 치안국 정보수사과장, 1951년 장면 국무총리 비서실장을 지냈다. 1952년 국제공산당으로 몰려 일본으로 망명했다가 1960년 귀국해 장면 국무총리의 비서를 지냈으며, 한국조폐공사 사장을 맡았다.

8) 김현철(1901~1989)은 1926년 린치버그대학 경제학과졸업, 1932년 컬럼비아대학 대학원을 졸업했고, 워싱턴의 아메리칸대학에서 일제의 식민통치와 경제에 관한 논문으로 철학박사 학위를 받았다. 1933년 대한민국임시정부 구미위원을 지냈고, 1941년 미국 해외경제처, 1945년 작전부에서 근무했다. 해방 후 미국에 남아 미국 정부의 극동경제개발처(FEA)에 근무하면서 주미외교위원부의 잔무를 처리했다. 정전협정 직후 귀국하여 1953년 기획처 차장으로 부임했고, 1955년 재무부 장관, 1956년 부흥부 장관, 1957년 재무장관, 1960년 3·15부정선거 당시 자유당 중앙위원이었다. 5·16군사정변 이후 다시 요직에 발탁되어, 1962년 경제기획원장관을 지냈다.

4. 법률안 공포의 건

강명옥(康明玉)[9] **법제** "예산에 부수하여 통과한 7개 법률안(특별회계폐지 등)을 공포하려 한다"
는 보고.

이승만 대통령 "잘 알아서들 하라."

5. 물가지수와 환율의 관계

송인상(宋仁相)[10] **부흥** 물가지수가 21.2가 되었으며, 500대 1의 환율의 기한이 되었으므로 미
국대사에게 물가지수가 이렇다는 것을 통보하여 주었다.

이승만 대통령 "물가가 내려갔으면 그만이지 일일이 그들에게 보고할 필요는 없다고 생각한
다."[11]

6. 통화 사정에 관한 건

이승만 대통령 "통화 사정이 너무 긴박(money tight)하다고 하니 다소 고려가 필요치 않으냐."
김현철 재무 "통화발행고는 연말을 당하여 많이 늘었으며 일부 대사업가에 국한된 문제로 생
각한다"는 보고.

---

9) 강명옥(1910~1965)은 동경제국대학을 졸업하고 고등문관시험 합격 후 총독부 농상국 사무관, 청도군수
등을 지냈다. 미군정기 중앙경제위원회 기획관으로 활동하다가 대한민국 수립 이후 법제국장, 법제처차
장을 지냈고, 1956년부터 1960년까지 법제실장을 지냈다.
10) 송인상(1914~2015)은 경성고등상업학교를 졸업하고 조선식산은행에 들어갔다. 1949년 재무부 이재국
장을 지냈고, 한국은행 설립에 기여했으며, 국제통화기금(IMF)과 국제부흥개발은행(IBRD)에 가입하는
데 기여했다. 1957년 부흥부 장관 겸 경제조정관을 맡아 농업이 아닌 공업에 투자해 경제를 발전시켜야
한다는 주장을 관철했다. 충주비료공장과 충주수력발전소, 디젤기관차 도입 등을 결정했다. 부흥부 장관
직을 30대의 신현확에게 승계하고, 1959년부터 재무부 장관직을 맡아 정부 수립 이래 처음으로 흑자재정
을 달성했다.
11) 당시 한국이 저환율, 고정환율 정책을 고집한데는 물가 안정과 추가 원조라는 목적 외에 두 가지 이유가
더 있었다. 하나는 유엔에 대여한 환화의 대가로 상환 받는 달러의 양을 늘리기 위해서였고, 다른 하나
는 환율체계가 복잡하게 나누어져 있는 상황에서 외환에 접근한다는 것은 엄청난 차익을 보장받는 일
이었다.

7. 농촌 구채(舊債)에 대한 방안에 관한 건

김현철 재무 "농민이 고리채로 고심하고 있으므로 이것을 해결하여 줄 방법을 성안 중"이라는 보고.

이승만 대통령 "이자를 많이 받지 못하게 하는 법률이 있을 것이니 그것을 시행하고 정부가 그것을 물러줄 수는 없는 것이나 농업은행에 맡겨서 잘 보아주도록 해야 할 것이다. 이자를 안 갚아도 되게 하여줄 도리는 없는가?"

김현철 재무 "이자문제가 아니고 원금이 문제"라는 대답.

이승만 대통령 "고리대금을 하는 자가 많으니 그것을 다 처벌할 수가 없다는 것은 잘 알고 있다. 그러나 그 일부를 엄벌함으로써 그러한 폐습을 고칠 수 있을 것이다."

8. 석탄공사 노임 지불에 관한 건

김일환(金一煥)[12] 상공 "그간 체불 중에 있는 석공의 노임은 11월분까지 지불되었으며 보수도 못주고 표창만 하는 것이 이상하여 보류 중에 있던 포상을 앞으로 실시하도록 절차를 취하겠다"는 보고.

이승만 대통령 "잘하도록 하라."

9. 나주비료공장 건설에 관한 건[13]

김일환 상공 "오는 1월 4일 재무, 부흥과 같이 경무대에 올라가 보고를 드리고 결정을 하여 주시면 곧 실천에 옮기려 한다"는 보고.

이승만 대통령 "임문환(任文桓)[14]을 불러서 실상을 좀 듣자."

---

12) 김일환(1914~2001)은 만주국 육군경리학교와 군관학교를 졸업하고 만주국 육군 경리장교로 임관, 1947년 국방경비대 총사령부 재무처장, 1948년 국방부 제3국장, 1950년 육군 중장, 1951년 육군 소장을 거쳐, 1951년 6월부터 1953년 11월까지 국방부 차관을 지냈다. 1955년 상공부장관, 1958년 내무부장관, 1959년부터 1960년까지 교통부장관을 지냈다.

13) 1950년대 중반 비료부족문제는 시급한 사회문제였다. 한국정부는 미국과 대립각을 세우며, 비료공장 건설과 공업화 의지를 분명히 밝혔다.

14) 임문환(1907~1993)은 동경제국대학 졸업 후 고등문관 시험에 합격해 용인군수, 조선총독부 식산국 사무관, 광공국 서기관을 역임했다. 1948년 제헌국회법 기초전문위원을 거쳐 1950년 금융통화위원회 위원, 보건부 차관을 거쳐, 1951년 농림부 장관을 역임했다. 1953년 무역협회 회장, 1955년 도쿄에서 개최된 국

김일환 상공 "앞서 말씀드린 1월 4일 보고가 끝난 후에 각하를 모시고 임씨와 같이 상의를 하도록 하겠다"는 대답.

10. 국제시장 개척에 관한 건

이승만 대통령 "생산도 중요하지만 국제시장을 개척하지 않으면 거래가 안 된다. 돈이 좀 들더라도 외국에 사람을 보내거나 하여 선전을 좀 해야 한다. 가격도 정책적으로 다소 저렴하게 해야 할지 모른다. 견직물 같은 것이 외국인들의 감탄과 찬사를 받고 있으니 좀 더 활발한 선전을 하여 볼만 한 것이다."

이승만 대통령 (최근 간행된 『한국수출요람』을 진정[進呈]하면서) "여러 가지 방면으로 연구 실시 중이며 그 성과를 거두고 있으나 면직물 수출에 미국 측이 협조를 않해서 곤란한 점이었다"는 보고.

이승만 대통령 "(책자를 보시고 대단히 기뻐하시면서) 잘되었다. 우리나라 인쇄술이 이만하니 참 기쁜 일이다. 이런 일을 하는 사람들을 잘 도와줘라."

"견직물 수출에 대한 미국의 정책은 부당한 짓이며 몇몇 사람의 농간이니 이것을 미국에 선전하여 가며 싸워야 한다. 이런 말이 미국에 들어갈 만하면 정책을 변경하여 우리 의견에 따라 오는 것이 그들의 상습(常習)이다. ICA[15] 기타 원조물자를 사오는 나라에 대하여는 그만한 우리 생산품을 사달라고 요구도 하야 할 것이다. 생산물품의 검사 감독을 철저히 하여야 할 것이다. '다시마튀각'은 대단히 유망하니 제조법을 연구개선해야 할 것이다."

11. 국방정책 수립에 관한 건

김정렬(金貞烈)[16] 국방 "미국이 요구하는 감군문제를 중심으로 한 국방정책을 수립하기 위해서

제상공회의 한국대표를 지냈다.

15) 1953년 미국은 유엔군 총사령부 휘하에 OEC(Office of Economic Coordinator, 경제조정관실)를 설치하고 FOA(Foreign Operation Administration, 대외활동본부)와 함께 경제원조를 담당하도록 했다. 1955년 FOA에서 ICA(International Cooperation Administration, 국제협조처)로 변경되었다. FOA원조를 포함하여 약 17억 달러의 원조를 제공하였으며, 1953년부터 1961년까지 연평균 2억 달러 이상이 도입되었다. 1957년 이후 원조의 규모가 점차 축소되었다.

16) 김정렬(1917~1992)은 1941년 일본 육군사관학교 항공과 졸업 후 일본군 전투기 조종사로 제2차 세계대

는 종래 한미 국방부장관 단독으로 하여온 것 보다는 몇몇 장관으로 War Cabinet을 만들어서 협의하는 것이 효과적일 것"이라는 의견을 보고.

이승만 대통령 "전에 War Cabinet(국방위원회 1950년 6월 24일 대통령령으로 설치. 별지와 같은 규정에 의한 것임)을 하여 보았으나 아는 사람이 적어서 별 효과가 없었다. 몇 사람이 의논하여서 계획을 세우는 것은 좋으나 나중에 국무위원들이 의논하여서 결정을 하면 될 것이다."(말씀의 의도를 잘 알 수가 없었으나 추측하는 것으로는 War Cabinet 이라고 이름을 붙인 기구를 밖에 내놓을 필요는 없지 않으냐 하시는 말씀같이 추측되었음)

"아이젠하워[17]가 있는 한에는 미국을 송두리째 쏘련에 빼앗기고 말망정 전쟁은 못할 것이다. 감군하고 신무기를 준다고 말만 하여 놓고 1년이 되니 약하다는 것을 공산군에 알려준 것 밖에는 안 된다. 정부가 앞에 나설 수는 없지만 감군해서는 안 된다는 운동을 좀 하는 것이 좋지 않을까 한다. 또 신무기는 미군에만 준다니 국군만이 공산군의 공격을 받으라는 것도 말이 안 된다. 일단 우리에게 주었다가 전쟁이 끝나면 찾아가는 것은 혹 몰라도."

(이상으로 경무대 회의를 마치고 중앙청에서 다시 회의를 열었음)

※ 중앙청 회의

김정렬 국방장관으로부터 좀 더 자세한 보고를 들은 후 다음과 같이 의결함.

국방정책을 수립하기 위하여 내무, 외무, 국방, 재무, 부흥 장관으로 소위원회를 조직하고 상세 검토한 후 그 결과를 국무회의에서 논의하기로 한다.

(추신 : 법무는 이에 반대, 교통, 내무는 찬성, 공보실장의 국방위원회 개정 제안은 흐지부지하고 상기와 같이 결정된 것임)

전에 참가했다. 해방 후 한국군 조직에 참여했으며, 1949년 육군 항공사관학교 교장으로 임명되어 공군창설을 주장했다. 이어 초대 공군참모총장, 1957년 국방부 장관에 임명되었다가 4·19혁명 때 물러났다. 5·16군사정변 이후 1963년 민주공화당 초대의장, 1963년 주미대사를 지냈다.

17) 아이젠하워(Dwight D. Eisenhower, 1890~1969)는 1915년 웨스트포인트(West Point) 육군사관학교 졸업. 1943년 유럽연합군 최고사령관에 임명되어 1944년 노르망디 상륙작전을 지휘했고, 1953년부터 1961년까지 미국 제34대 대통령을 역임했다. 1952년 당선자 신분으로 6·25전쟁 중이던 한국을 방문하여 정전방안을 모색했고, 이승만 대통령이 정전의 소선으로 내세운 힌미상호방위조약 체결 요청에 동의했다.

제2회 국무회의

일시 : 1958년 1월 7일(화)
장소 : 경무대(전반), 중앙청(후반)

1. 통화 사정에 관한 건

김현철 재무 작년 11월과 12월의 2개월간에 170억의 통화가 증발되었으며 그 주요한 것은 UNC[18] 소요 환화 교환으로 인한 것 30억과 PL480[19] 잉여농산물 도입에 의하여 미국 정부가 사용하는 환화(총액의 10%)로 지출된 것이 100억 등이며 일부 회수된 것을 상쇄하고도 전기 170억이 부득이 증가되었다는 요지.

이승만 대통령 "일반적으로 수중에 돈이 말라서 곤란한 이때이니만큼 무방한 일이라고 생각한다."

---

18) 주한유엔군사령부(United Nations Command)는 1950년 6월 27일 유엔 안전보장이사회의 결의 제1511호 (유엔의 대북한 군사제재 결의)와 1950년 7월 7일 제1588호(유엔군 통합사령부 설치 결의)에 근거하여 창설되었다. 제1511호에 따라 21개국으로 구성된 다국적군이 구성되었고, 제1588호에 따라 회원국의 지원 병력을 사용할 것을 권고했다. 1950년 7월 8일 트루먼 대통령은 맥아더 장군을 유엔군사령관에 임명하였으며, 유엔사무총장은 유엔기를 미국 측에 이양했다. 이후 7월 24일 일본 동경에 유엔군사령부가 세워졌다. 유엔군사령부는 정전협정의 준수 및 집행을 책임지는 유엔의 행정기관으로서의 법적지위를 갖고 있다. 1957년 일본 동경에 있던 유엔군사령부는 서울로 이동했다.

19) 1946년 5월 미국 잉여농산물의 피점령지역 구호원조(Government and Relief in Occupied Area)라는 명목으로 「PL 480호」에 근거한 미국잉여농산물 도입이 시작됐다. 미국정부가 잉여농산물 재고 처리와 그것을 통한 대외군수물자 판매를 주목적으로 1954년 「농업교역발전 및 원조법」을 제정했는데 이것이 일반적으로 「PL (Public Law/ 미공법) 480호」라고 불리는 법률이고 이에 근거한 잉여농산물 원조를 「PL 480호」에 의한 잉여농산물 원조라고 한다. 한국은 미국과 「PL 480호」에 의거하여 1955년부터 매년 초 「잉여농산물도입협정」을 체결하고 잉여농산물을 도입했다.

2. 추곡 수납 상황

정재설(鄭在卨)[20] **농림** 1월 5일 현재 수납 성적은 다음과 같음. 수요량 130만 석, 목표량 160만 석, 기수납량 115만 석. 수요량은 돌파할 수 있을 것이다. 목표량에 달할 가망은 없을 듯함.

양곡담보융자 실적(중간보고) 1월 5일 현재 83만 석(목표 100만 석), 목표를 돌파할 수 있을 것으로 봄.

송인상 부흥 PL480 잉여농산물 계획은 백미보다는 잡곡을 도입하는 것이 양곡정책상 득책이라고 생각한다고 국제시장의 전기(前記) 곡류의 시가를 다음과 같이 보고하고 다시 금년과 같이 조건이 좋은 시기에 국산미를 일부 방출할 수 있으면 국위선양에 일조가 될 것이라고 의견을 첨가.

국제시장의 곡가(미 동해안 FOB)[21]: 백미(캘리포니아산)톤당 185불, 밀 톤당 58~63불.

이승만 대통령 "잡곡 특히 소맥의 사용을 장려하여 보는 것이 좋을 것이다. 쌀의 영양가치가 소맥만 못한 것이라. 관습이 된 것을 고치는 것은 용이치 않을 일이나 해야 할 일이니 국민을 잘 지도하여 보도록 하라."

"미국의 토인이 재배하고 있는 Wild Rice[22]는 우리나라 황무지에는 적당한 작물이라고 생각한다. 농림부장관은 바빠서 직접 연구할 수 없을 것이니 적당한 사람에게 여기 내가 가지고 있는 문헌을 주어서 연구시키도록 하라."

3. 한일회담에 관하여

이승만 대통령 "일본에서 친선사절을 보낸다는 말이 있다. 외무부에서는 일본인이 그 야망을 완전히 포기하고 진정한 우의를 원한다는 것이 구체적으로 표시되어 한국인들의 대일반감이 완화될 때까지는 시기가 아니라는 것을 말하여 못 오게 하는 것이 좋을 것이다."

---

20) 정재설(1900~1988)은 동경제국대학 임학(林學)과 졸업 후 귀국하여 1931년부터 조선총독부에서 근무했다. 해방 이후 경상남도 산림과장, 1947년 마산시장, 경남목림주식회사 사장에 취임하였다. 1952년 농림부 차관, 1957년 농림부장관에 임명되었고, 농업협동조합 중앙회를 창립하였다.
21) Free on Board. 본선적재가격 혹은 수출항 본선인도가격을 의미. 수출업자의 책임이 화물을 본선 갑판에 적재하는 것과 동시에 면제된다는 뜻.
22) Wild Rice는 북아메리카 원산의 수초이고, 필라프나 샐러드 등의 음식에 쓰인다.

4. 감군문제[23]

이승만 대통령 "미국에서 10만 명을 감하라고 하여 왔다. 공산당은 점점 강화하고 있는 때 무슨 사태가 호전되었다고 감군을 한다는 것인지 그 소견을 이해할 수가 없다. 국민운동으로 반대를 표시하면 어떨까 생각한 적도 있었다. 수일 전 미국이 일본에게 신무기를 준다는 신문보도를 보고 분함을 금할 수가 없었다. 감군을 할 수가 없다는 답을 할 작정이니 그리들 알고 있어라."

(국민운동을 해야 한다는 분명한 말씀은 아니시나 미국 측의 주장을 외부에 발표하여도 좋을 시기가 오면 신문 통신을 동원하고 국민운동도 하여 보는 것이 어떠할는지 연구하실 필요가 없을까요?)[24]

5. 시내 건축에 관하여

이승만 대통령

"(1) 조성철(趙性喆)은 사업능력이 있는 사람이다. 근래 그가 지은 아파트는 잘 된 것이라고 생각한다. 이러한 사업가가 많이 생기게 해야 할 것이다.

(2) 중심부의 중요한 가로에는 4층 이상의 건물을 짓고 1층은 점포로 하고 2층부터를 주택으로 하면 토지를 잘 이용하는 것이 되고 외국인들에게도 부끄럽지 않게 될 것인데 이런 것은 개인에게 맡겨서는 안 되니,

① 국내자본을 육성하여 대사업을 할 수 있는 사람이 생기게 하고

② 국제은행에서 자금을 차용하여 사업을 계획적으로 추진하는 등 독일의 베를린과 같이 만들어 보도록 유의하라.

(3) 판자집은 철거되어야 할 것이다(노점도 포함하여 하시는 말씀으로 추측)

(4) 불결한 우물을 없애고 상수도를 확장해야 한다. 내무부장관은 5백 만 시민의 식수와 기타 용수가 충분할 만한 계획을 세워 양수장 확장을 원조기관들과 협의하라."

---

23) 당시 북한은 1958년 "조선반도"의 평화달성 방안으로 양측 병력을 10만 이내로 감축하는 안을 제시했다. 하지만 1950년 18만 2천 명이었던 조선인민군의 총 병력수는 중국인민지원군이라는 이름으로 파병된 중공군이 철수한 1958년 38만 3천 명으로 증가되었다.

24) 괄호 내용은 신두영 국무원 사무국장의 의견으로 파악됨.

6. 산림녹화에 관하여

이승만 대통령 "연탄이라는 것은 참으로 신기한 것이다(전기 조씨가 건축한 주택시찰 시에 보셨다고 하심) 그것을 이용하도록 하고,

    (1) 내무부장관은 성외(城外)로부터 시내에 반입되는 땔감은 일절 엄금하고 군경을 막론하고 잡아넣도록 하라.

    (2) 농림부장관은 신춘의 식목에 주력하라.

    (3) 내무, 농림 장관은 가구재가 되는 '참나무'를 베어서 숯을 만드는 것을 엄벌하도록 하라."

7. 토지개발에 관하여

이승만 대통령 "한강 준설로 하천부지를 이용할 수 있게 해야 한다. 콜터[25] 장군에게 드레저[26]를 하나 부탁하여 놓았더니 될 것 같이 말하고 있다."

※ 중앙청 회의

1. 1958년 예결산에 대한 국회 증액 동의 및 공포에 관한 건

별지 재무부 원안대로 통과함.

2. PL480 잉여농산물 도입 종목에 관한 건

송인상 부흥 "원면(原綿)이 안 되게 되면 곡류를 도입할 수밖에 없는데 백미로 할 것인가? 저렴한 잡곡으로 할 것인가를 논의, 결정하여 주기 바란다."

---

25) 존 콜터(John B. Coulter, 1891~1983) 장군은 유엔한국재건단(UNKRA) 단장으로 활동했다. 이승만을 존경했던 그는 이승만의 요청에 따라 운크라 자금으로 문경에 시멘트공장, 인천에 판유리공장을 건설하는 데 기여했다. 유엔의 자금 투입이 결정되자 미국 측도 한국의 공장 건설에 반대할 명분이 없어져 미국의 원조자금으로 충주비료공장 건설에 돌입했다. 한국정부는 산업화의 공신 역할을 한 그를 기리기 위해 이태원 초입에 동상을 세웠으나 1970년대 3호 터널 공사과정에서 서울 어린이대공원으로 옮겨졌다.

26) 드레저(dredger)는 물밑의 토사를 그래브(grab)에 의해 퍼 올리거나 펌프로 물과 함께 빨아 올려 배출하는 방식으로 하천을 준설하는 기계.

정재설 농림 "백미고, 잡곡이고 간에 농림부로서는 울며 겨자 먹기다."

(각 장관의 의견이 각각 구구하여 결국은 경제4부 장관에게 일임하기로 낙착되었음)

일시 : 1958년 1월 10일(금)
장소 : 중앙청 회의실

1. 우정국 부정사건에 관한 건

이응준(李應俊)[27] 체신 "사건으로 인하여 정부 위신을 실추케 하여 미안하게 생각하고 있으며 장관이 혹시 관련이 되어 있는가 하여 염려하시는 분도 있으나 하등 관계가 없으니 마음을 놓으시기 바란다."

2. 독도에 설치한 등대에 관한 보도에 관한 건

김일환 상공 독도에 최근 설치한 등대가 구식 것이고 성능이 좋지 못하다고 일본인들이 말하고 있다고 한다. 종래 '와사식'을 '자기식'으로 변경한 바[28] 일회 조정으로 530일 간 감수원이 없이 동작할 수 있는 최신형 등대인데 일본이 중상(中傷)하는 것이 그대로 보도된 것이다.

---

27) 이응준(1890~1985)은 1912년 일본 육군사관학교에 입학하여 1914년 일본군 육군 소위로 임관했고, 1941년 육군 대좌로 승진했다. 1944년 봄 서울 용산정차장사령부 사령관으로 전임되어 만주로의 수송업무를 지휘했고, 1945년 6월 원산항 수송부에 근무하다 해방을 맞았다. 11월 전조선임시군사준비위원회 위원장이 되었고, 1947년 국방경비대 제1여단장을 지냈다. 대한민국 수립 후 초대 육군참모총장을 지냈고, 6·25전쟁시 수원지구방위사령관 등으로 복무했다. 신성모 국방장관과의 불화로 전역했으나 신장관이 사임하자 1952년 11월 현역으로 복귀하여 육군대학 총장에 취임했다. 1955년부터 1958년까지 체신부장관을 역임했다.

28) 와사식(瓦斯式)등은 석탄가스를 도관에 흐르게 하여 불을 켜는 등을 말하며, 이 시기부터 음극예열방식의 자기식(磁氣式)등을 사용하기 시작했다.

3. 정부청사 신축에 관한 건

신두영(申斗泳)[29] 국무원 사무국장 1955년 4월 30일 정부에서 이미 정한 설계 중 OEC[30]가 사용할 건물(전 2동 중 1동)을 중지하도록 하고 그에 필요한 설계 변경을 OEC측에 요구한 이래 중단되어 있었던 본 계획이 지난 12월 6일 종전에 설계한 업자에 의하여 변경설계가 진행 중에 있으며 오는 2월 중순 내지 2월말까지는 완료될 것이 예상된다는 요지의 보고에 대하여… 중요한 문제이니 재무, 부흥, 국무원 사무국으로 소위원회를 조직하여 이를 검토 추진하기로 결의함.

현재 Pacific Architects and Engineering Inc.[31]에서 설계변경 중에 있는 도면을 검토하기 위하여 정부청사신축기술지도위원회를 다음과 같이 조직하여 설계되어 가는 것을 검토하도록 조치 중이며 설계변경이 완료되면 총체적인 검토를 가하여 최종 결정을 지어야 할 것임.

대한건축학회 회장(서울공대 건축과장) 이균상(李均相)
대한기술총협 회장(전 교통부차관) 김윤기(金允基)
대한건축학회 이사 이천승(李天承)
교통부시설국 기감 신무성(愼武晟)
대한건축학회 이사 김정수(金正秀)
교통부 총무과장(전 국무원 사무국 영선과장) 최순철(崔珣喆)

(본 계획 당초에 기획처에서 발족되어 진행되어 오다가 중간에 부흥부와 국무원 사무국 공동 소관사항으로 이관된 것이므로 며칠 내 관계자 간에 검토 결의를 마치고 중간보고와 아울러 앞으로의 방침을 품신하겠사오니 우선 그간의 경과와 경비 개요를 별첨하오니 참조하시옴)

---

29) 신두영(1918~1990)은 1939년 수원고등농림학교를 졸업하고, 해방 후 모교인 공주중학교에서 교편을 잡다가, 1946년 충청남도 서무과장, 1956년 국무원 사무국장, 1960년 국무원사무처 차장을 지냈다. 공무원 공개채용제도를 도입하였고, '공무원연금법'을 제정하였다. 1971년 감사원 사무총장, 1974년 대통령사정담당특별보좌관, 1976년 감사원장을 역임했다.

30) Office of Economic Coordinator(경제조정관실)는 1952년에 체결된 '한미경제조정에 관한 협정'에 따라 설치된 기관이다. 대한경제원조 사업과 관련하여 ICA(국제협조처)를 대표하던 기관이다. 1959년 USOM (United States Operations Mission)으로 변경되었다. 경제조정관실은 대한경제원조 상황을 분석하고 원조의 규모와 방향을 미 국무부에 제안하는 등의 중요한 역할을 담당했다.

31) Pacific Architects and Engineers Inc.의 오기. PAE(태평양건축회사)는 셰이(Edward A. Shay)가 1955년 일본 동경에 설립한 건축회사이며, 초기에는 주로 일본과 한국의 미군 관련시설 건축사업을 벌였다. 1957년 8월 한국 정부신청사 건축설계자 이 회사 관계자가 방한했다.

4. 보험업 법안

업체를 건실히 하기 위하여 재무부에서 엄중 감독하기로 하고 원안대로 통과.

5. 선원법 (법제실 제의)

원안대로 통과함.

(현재 법안은 선원의 직무권한과 기율을 정하여 선원의 질서를 유지하고 선원의 근로조건을 정하여 선원의 기본적 생활을 보장 및 향상시킴을 목적으로 하는 것으로서 다음의 선박에 승무하는 자 이외의 선원에 적용되는 것임.

(1) 5톤 미만의 선박.

(2) 호(湖), 강 또는 항구만을 항행하는 여객선 이외의 선박.

(3) 총톤수 30톤 미만의 어선)

제4회 국무회의

일시 : 1958년 1월 14일(금)
장소 : 경무대(전반), 중앙청(후반)

1. 선거법 접수에 관한 건

강명옥 법제 "선거법이 국회로부터 이송되어 왔으며 하오 회의에서 십분 검토하여 그 결과를
보고하도록 하겠다."

(대통령 각하께서는 아무 말씀도 않으시었음. 공포 또는 환송의 최종기일은 1월 26일임)

2. 주택 건축에 관한 건

손창환(孫昌煥)[32] **보사** 1957년도에 있어서의 주택건축 상황을 다음과 같이 보고.

정부융자에 의한 것－계획(착공) 26,160동 중 준공 19,404동.

순 민간자본에 의한 것－준공 45,281동.

3. 체신부 전화시설 개선에 관한 건

이응준 체신 "각 도시의 종래 자석식을 공전식으로 개량하여 가고 있다"는 보고.

(대통령 각하께서 "종래에 쓰던 것은 무엇 하느냐"는 하문을 하심에 대하여 "전부 못

---

32) 손창환(1909~1966)은 1940년 일본 게이오대학 의학부를 졸업하고, 1949년 이화여대 의학과 과장 겸 부
속병원원장이 되었다. 1955년 서울대에서 의학박사 학위를 받았고, 1957년 보건사회부 장관, 대한적십자
사 총재를 역임했다.

쓰게 되어서 버리게 된다"는 체신장관의 보고. 잘 이해가 안 가시는 것 같은 표정)

4. 일선(日船) 체포에 관한 건

김일환 상공 "일전에 제주도 근해에서 일선 2척(34톤 1, 38톤 1)과 선원 15명을 해양경비대가
체포하였다"고 보고.
(대통령 각하께서는 다 알고 있다는 것 같으신 표정)

5. 중소 중석광산33) 운영에 관한 건

김일환 상공 "월 약 50톤이 생산되고 있는 중소 중석광산의 생산량을 유리하게 처분함이 그
광산들의 운영난을 완화할 수 있을 것인 바 각하의 승인이 있어야 그리 처리할 수 있
겠다"는 품신.
이승만 대통령 "수입이 많아지는 것이면 그대로 하여도 무방할 것이다."

6. 예산 영달(令達)에 관한 건

김현철 재무 "종래 예산 영달에 자금조치가 수반하지 않아서 행정에 지장이 많았음(30%가 자
금부족으로 국난에 봉착)으로 금후는 영달에 있어서는 자금관계를 십분 검토하여 영
달하도록 하려 하는 바 각부 장관의 공격이 심해질 것이며 친구를 다 잃어버리게 될
것 같다"는 보고.
이승만 대통령 "염려할 것 없다. 전 국민이 옳은 일을 하는 사람의 친구가 되어주는 것이다."

---

33) 중석은 회중석 · 철중석 · 망가니즈중석 · 철망가니즈중석 · 동중석 등 텅스텐산염광물을 총칭하는 말이
다. 한국은 세계적인 중석 산출국이었다.

7. 진보당 간부 체포에 관한 건[34]

이근직 내무 "조봉암(曺奉岩)[35] 이외 6명의 진보당 간부를 검거하여 조사 중인 바 그들은 대한 민국의 주권을 무시하는 남북협상의 평화통일을 지향하고, 이번 봄 선거에 상기 노선 을 지지하는 자를 다수 당선시키기 위하여 오열(五列)과 접선 준동하고 있는 것이며 상기 정당이 불법단체냐 여부에 대하여는 조사결과에 의하여 판정될 것"이라는 보고.

이승만 대통령 "조봉암은 벌써 조치되었어야 할 인물이며 이런 사건은 조사가 완료할 때까지 외부에 발표되지 말아야 할 것이다."

8. 철도화물 운임 인상에 관한 건

문봉제(文鳳濟)[36] 교통 "각하께 품신 중에 있는 UN군[37]과의 화물수송계약을 승인하여 주셔야 계약을 체결할 수 있겠다"는 보고.

김현철 재무 "운임을 불(弗)화로 받으면 '디젤 엔진' 같은 것을 그것으로 사올 수 있다"고 하여

---

34) 정전협정에 따라 개최된 1954년 제네바 정치회의 이후 한국정부는 유엔감시 하의 남북한 총선거 등을 통일정책의 기조로 삼았던 반면, 북한 측은 평화통일을 내세운 위장 평화공세를 계속했다. 1958년 진보당의 평화통일론은 헌법 및 국시위반 논란을 불러일으켰다.

35) 조봉암(1898~1959)은 1921년 일본 주오대학 유학중 흑도회를 조직했고, 1922년 모스크바 동방노력자공 산대학에 입학했다. 1925년 고려공청 대표, 조선공산당 부대표 자격으로 코민테른 및 국제공산청년동맹 의 승인을 얻기 위해 다시 모스크바를 방문했다. 1926년 1~2월 김찬, 김단야 등과 함께 조선공산당 중앙 간부 해외부를 설치했다. 1930년 상해 한인청년동맹을 조직했고, 1932년 상해에서 프랑스 경찰에 체포, 1938년에 출옥했다. 1946년 2월 민주주의 민족전선 결성식에 경기도 대표로 참석했다. 같은 해 5월 '존경 하는 박헌영동무에게', '3천만 동포에게 고함', '공산주의 모순 발견' 등의 글을 발표했고, 8월 기자회견을 통해 반공노선을 명했다. 1948년 5월 10일 선거에서 제헌국회의원에 당선되었고, 이승만에 의해 초대 농 림부장관에 발탁되었다. 1952년 제2대 대통령선거에 입후보, 74.6%를 얻은 이승만에 비해 11.4%에 그쳤 지만 이시영 후보보다 앞서 2위를 기록했다. 1956년 제3대 대통령 선거 도중 신익희 후보가 사망함에 따라 신익희 지지표 중 일부가 3위를 달리고 있던 조봉암에게 더해졌지만 이승만 70% 대 조봉암 30%를 기록했다. 1958년 진보당 사건으로 검거되었고, 1959년 7월 31일 사형이 집행됐다.

36) 문봉제(1915~2004)는 1938년 일본 니혼대학교(日本大學校) 경제학과를 중퇴했다. 1946년 월남하여 1947년 서북청년회 총본부위원장에 임명되었고, 1948년 대한청년단 부단장직을 맡았다. 1952년 내무부 치안국장, 1955년 초대 국무원 사무국장을 지냈다. 1957년 제6대 교통부장관, 1959년 대한반공단 단장으 로 선출되었고, 조만식을 당수로 하는 조선민주당의 최고위원에 임명되었다.

37) United Nations Forces(유엔군). 6·25전쟁의 발발 직후인 1950년 7월 7일 유엔안전보장이사회 결의에 따라 미군을 주체로 하는 공동방위군에 대한 유엔군의 지위가 부여되었다. 1952년 마이어 협정 당시 한국과 유 엔 간의 중요한 문제 중 한 가지는 유엔군 대여금의 상환문제였다. 미국의 대한원조정책의 기본 방침은 경제원조가 군사적 목적에 복무해야 한다는 것이었다. 상호안전보장법(MSA)을 제정한 미국은 방위력 유 지의 목적에 따라 재정이 사용되도록 했다.

ICA 원조가 감소될 우려가 있어서 반대하였다는 그간 교통부와 재무부간의 의견대립에 관한 보고.

문봉제 교통 "교통부로서는 환화로 받아도 관계 없으며, 이 경우에는 UN군이 한국은행에서 불화와 환화를 교환하게 됨으로 국가적으로 볼 때에도 하등 차이가 없다고 생각한다"는 의견을 첨가.

이승만 대통령 (ICA 원조가 줄어들 우려 운운의 재무부장관 보고에 대하여) "ICA 관계로 여기와 있는 사람은 자기 정부의 결정을 충실히 집행해야지 일부 군인들이 자기의 의견으로 자기의 이해를 생각하여 좌지우지하여서는 안 될 일이며, 친일하는 미국인이 일본에 대하여 무엇이든 갖다 주지 못하여 몸 달고 있는 것을 좀 한국에 있는 미국인들이 본받아야 한다고 말하여 줘라."

9. 미국의 신년도 예산 요구 중 경제원조에 관한 부문에 관한 보고

송인상 부흥 "요구된 액은 40억 불로 작년과 비등하나 DS[38]가 적어지고(8억) DLF[39]가 증가(12억~13억)된 것으로 보아 장래의 원조에 의한 투자는 DLF에 의존할 수밖에 없을 것이며, 한국에서는 9건, 8억 불을 요구한 바, 인도는 79건을 요구하고 재무장관이 워싱턴에 체재중이며 일본의 '기시[40] 계획'이라는 것을 위하여 얼마가 배정되었는지가 문제인데 아직 알려지지 않고 있다"는 보고.

이승만 대통령 "우리는 원조획득에 좀 더 적극적이어야 한다. 덜레스[41]는 일본편을 들어서 기

---

38) Defense Support(방위지원). 방위지원경제원조는 1951년 제정된 상호안전보장법에 따라 이루어졌으며, 1960년까지 미국 대외경제원조의 주축이었다.

39) Development Loan Fund(개발 차관 기금). 1957년에 미국 상호 안전 보장법(Mutual Security Act)에 따라 설립되었다. 미국의 대외원조 형식의 하나로 후진국을 대상으로 대부 형식에 의한 경제원조를 행하는 기구이다.

40) 기시 노부스케(岸信介, 1896~1987)는 1920년 동경제국대학 법과를 졸업하고, 1941년 도조 히데키 내각의 상공대신이 되었으나 도조 총리와 대립했다. 패전과 동시에 A급 전범용의자로 복역 중 1948년에 석방되었다. 1953년 자유당 국회의원으로 당선되었고, 1954년 일본 민주당을 결성했다. 1955년 외무대신이 되었다가 이시바시 총리가 병으로 물러나자 1957년 총리가 되었다.

41) 덜레스(John F. Dulles, 1888~1959)는 미국의 정치가, 법률가, 공화당 지도자였다. 1907년 헤이그 평화회의에 미국 대표단 비서로 참석하는 등 일찍부터 국제 외교 무대에서 활약했다. 제1차 세계대전 이후 파리 평화회의에도 참석했다. 제2차 세계대전 이후 유엔 등에서 활약했고, 특히 1948년 12월 12일 대한민국을 승인하는 파리 제3차 유엔총회 표결 당시 사회를 맡았다. 민주당 정부인 트루만 정부의 외교에 대해서도 자문했고, 공화당 정부인 아이젠하워정부가 들어서자 국무장관이 되었다. 1953년 8월 8일 한미상호방위조약 가조인을 위해 경무대를 방문했다. 동남아조약기구(SEATO) 수립 능 공산주의 팽창을 막기 위한 외

시를 불러서 그런 제의를 하게 하고 곧 안 되더라도 염려 말라고 미리 말하여 놓고 미국 정부에서는 그것을 거절하였다고 신문에 보도하고, NATO[42]나 SEATO[43]를 말할 때마다 일본이 지도적 지위에 서야 한다는 것을 시사하고 결국에는 미국의 여론이 일본의 제의를 들어주는 것이 좋다는 것으로 만들어서 일본을 도와주려고 하고 있다."

"공보실장은 이러한 사실을 조사하여 테일러,[44] 렘니처[45] 같은 이들에게 알려서 한국 원조를 돕게 해야 할 것이다. 류큐(琉球)[46] 독립도 미국이 전승국이니까 그것을 뺏으라는 것이 아니라 본래의 독립국이니 다시 독립시켜야 한다는 경위를 세계에 알려서 미국이 일인의 손에 떨어져서 다시 그들에게 돌려보내 주는 일이 없게 하여야 할 것이다."

10. 위생사무 소관부에 관한 건

손창환 보사 "정부조직법상에 보사부 소관인 것이 각하의 지시에 의하여 내무부에 이관된 채로 있어서 국회에서 말썽이 있으니 승인만 하시면 보사부 소관으로 다시 돌려받아 오

교체제의 수립을 위해 진력했다.

42) North Atlantic Treaty Organization(북대서양조약기구). 공산주의의 위협에 대처하기 위해 1949년 4월 4일 미국 워싱턴에서 12개국이 조인한 지역집단안보기구이다. 미국, 영국, 프랑스, 캐나다, 이탈리아, 포르투갈, 벨기에, 룩셈부르크, 네덜란드, 덴마크, 아이슬란드, 노르웨이가 참여했다.

43) Southeast Asia Treaty Organization(동남아시아 조약기구). 동남아시아의 지역적 집단안전보장을 목적으로 1954년 결성되어 1977년까지 존속했다. 실질적으로 미국 지도 하에 있던 반공산주의 군사블록이라는 의미에서 NATO, CENTO(Central Treaty Organization, 중앙조약기구)와 동일한 성격을 가진 것이었다. 인도차이나전쟁에서 프랑스의 패색이 짙어지자 미국 국무장관 덜레스를 중심으로 동남아시아에서 공산주의를 봉쇄할 목적으로 결성을 서둘렀으며, 1954년 9월 8일 필리핀의 마닐라에서 열린 미국, 영국, 프랑스, 오스트레일리아, 뉴질랜드, 필리핀, 타이, 파키스탄 등 8개국 외무장관 회의에서 '동남아시아집단방위조약(마닐라조약)'(1955년 2월 19일 발효) 및 의정서 등에 조인함으로써 결성되었다. 본부는 타이의 방콕에 두었다.

44) 테일러(Maxwell D. Taylor, 1901~1987)는 노르망디 상륙작전시 미 공수사단을 지휘했고 제2차 세계대전 이후 미국 육군사관학교장으로 재직했다. 주한 미8군 사령관으로 복무 중이던 1953년 5월 4일, '상시대비계획(Plan Everready)'을 작성했다. 아이젠하워 행정부는 이승만을 권좌에서 물러나게 하고 군정을 실시하고자 하는 이 계획을 실행하는 대신 국무부 극동문제담당 차관보 로버트슨을 특사로 파견하여 한미상호방위조약 체결 협상을 지휘했다. 전후 미국의 대한원조 필요성을 연설 및 언론활동을 통해 알리는 데 힘썼으며 한국정부와 서신외교를 통해 한국의 발전에 기여했다. Address by General Maxwell D. Taylor, Chief of Staff, U. S. Army at the Fund-Raising Appeal, American-Korean Foundation Departmental Auditorium, Washington, D. C. Tuesday, July 12, 1955. 연세대 이승만연구원. 2009. 이승만 대통령 재임기 문서 B19.

45) 렘니처(Lyman L. Lemnitzer, 1899~1988)는 제2차 세계대전 중 아이젠하워 연합군사령관 아래에서 참모차장보로 있었으며, 주한 제7보병사단장, 주한 제8군사령관 겸 유엔군 사령관, 육군참모총장, 통합참모본부 의장, NATO군 최고사령관을 지냈다.

46) 일본 오키나와현에 있던 옛 왕국으로, 오키나와의 옛 지명이다.

겠다"는 보고 겸 품신.

이승만 대통령 "결국은 경찰의 힘을 빌려야 할 일이 아니냐. 잘 상의하여서 하도록 하라."

(중앙청 회의에서 다시 논의되어 법제실, 내무부, 보사부 3자가 협의하여 적당한 방안을 세워서 국방회의에 제출할 것에 의견의 일치를 보았음)

11. 캄보디아 수상에 대한 친선에 관한 건

이승만 대통령 "캄보디아 수상이 종래의 용공정책을 일소하고 반공도배를 소탕하고 있다고 하니, 외무부에서 격려 겸 찬사를 보내고, 신문지상에도 이를 찬양하여 주도록 하라."[47]

12. 동남아권내 외교에 관한 건

이승만 대통령 "아세아 각국이 일본의 흉계를 깨닫도록 적극적인 선전을 하여야 한다. 필리핀은 이를 알고 있는 듯하며 월남은 중국인에 대하여도 경계하고 있는 듯하다. 편지도 내고, 사람도 보내어 선전에 주력하여야 한다. *Korean Republic*이 얼마나 널리 읽어지고 있는가를 재외공관을 통하여 알아보고 그것이 상당 부수 아세아 각국에 가 있거든 그것을 통하여 선전을 하는 것이 좋을 듯하다. *Korean Republic*의 논설은 대단히 잘되어 가고 있다."

13. 외국기술 도입에 관한 건

이승만 대통령 "신문에 상공부에서 외국기술자를 강사로 초청한다는 말을 들었는데 무엇이냐?"

김일환 상공 "외국에서 기술을 수득한 자로 하여금 일선의 기술 지도를 하도록 시켜보고 있는 것이 잘못 보도된 것"이라고 설명.

이승만 대통령 "외국인을 초청함에는 국제관계가 있는 것이니 내게 의논하도록 하라. 맥아더[48] 하고 후지야마(藤山 愛一郞)[49] 간에 일인 학생 700명을 미국에서 유학시킬 것을

---

47) 당시 중립주의를 추구했던 캄보디아의 노로돔 시아누크(1922~2012, Norodom Sihanouk) 수상은 "열성적으로 지지하여 오던 공산주의자에 대하여 맹렬히 반대"하는 입장을 취했다. 그는 "공산주의자들이 지금은 나의 목을 자르려하고 있다. 그러나 나는 국가를 위하여 죽을 용의가 되어 있다"고 밝혔다. "캄보디아 수상, 반공정책 선포."『경향신문』(1958/01/13)

합의 보았다는 보도가 있다.[50] 풀브라이트법(Act)[51]에 의한 장학을 연구하여 우선 일상생활에 필요한 것을 만드는 기술을 우리 국민에게 가르쳐 주어야 할 것이다. 문 장식, 자물쇠 같은 간단한 것부터 시작해야 한다. 변소도 외국인 같이 돈을 많이 들일 수는 없지만 냄새는 안 나게 하고 살아야 할 것이다. 이러한 기술자가 없다. 관저[경무대] 2층에 변소를 고칠 기술자를 추천하여 주면 좋겠다."

김일환 상공 "대부분을 국내서 생산하고 있으나 일부만은 아직 수입에 의존하고 있는 형편이며 최근 상신한 조설철의 신청도 소요자재의 일부(겨우 14만 불)를 수입하려는 것"이라는 보고.

송인상 부흥 "신년도 ICA 계획에는 직업교육부문(주로 인하공대)에 약 50만 불을 배정하였다"는 보고.

14. 군인 봉급인상 보도에 관한 건

이승만 대통령 "신문지상에 군인 봉급인상 운운이 보도되었는데 이런 것은 함부로 발표해서는 안 된다. 군인만이 아니고 일반 공무원 봉급의 경우에도 함부로 발표해서는 안 되며 국민생활에 큰 영향을 주는 문제도 사전에 나와 의논하여서 하여 주기 바란다."

---

48) 맥아더(Douglas MacArthur, 1880~1964)는 태평양전쟁 당시 미군 최고사령관이었으며, 제2차세계대전 때 진주만을 공습한 일본을 공격한 후 항복시키고 일본점령군 최고사령관이 되었다. 6·25전쟁시 유엔군 최고사령관으로 부임하여 인천상륙작전을 지휘했다.

49) 후지야마 아이이치로(1897~1985)는 일본의 외무대신, 경제기획청 장관을 역임했다. 1957년부터 1960년까지 기시 내각의 외상으로서 미일안전보장조약 개정과 주일미군 지위협정 체결을 담당했다.

50) 1955년 미국 국무부는 한국 언론인들을 노스웨스턴대학으로 초청하여 이듬해 2월말까지 메딜 저널리즘 스쿨에서 연수를 받도록 했다. 1957년 7월에 주한 미국대사관이 미 국무부에 발송한 "1959년도 국가 교육교류 사업 제안서"에서도 "성공적인 지도자급 및 소장 언론인 사업을 지속하게 되면 미국과 미국의 저널리즘에 대한 이해를 증진시키고, 민주적 발전을 촉진할 것"이라는 기대를 밝혔다. 1950년대 미국무부 교육교류사업에서 한국 언론에 대한 지원이 있었음을 알 수 있다. 차재영. 2014. "1950년대 미국무성의 한국 언론인 교육교류 사업 연구: 한국의 언론 전문직주의 형성에 미친 영향을 중심으로." 『한국언론학보』 제57권 2호. 231~232.

51) 풀브라이트(James W. Fulbright, 1905~1995)는 아칸소대학교 총장을 지내고 하원의원, 상원의원을 거쳐 15년간 상원 외교위원회 위원장을 맡아 미국의 대외정책에 막강한 영향력을 행사했다. 미국정부가 가지고 있는 잉여농산물을 외국에 공매한 돈을 해당 국가와 미국의 문화교류에 충당할 수 있도록 제안한 플브라이트법(法)에 의거하여 '풀브라이트장학금'을 조성했다.

15. 외국인과 협약체결에 관한 건

이승만 대통령 "사전에 나와 협의하여서 하라(대단히 엄중한 주의)"

16. 귀속재산을 경영해서 생기는 이득에 관한 건

이승만 대통령 "잘 경영하도록 하여 이익이 생기면 그 일부를 국가에 배당하게 할 수는 없나?"
김현철 재무 "임대료를 받고 있으며 불하하는 방향으로 나가고 있다"는 보고(남아있는 대기업
　　20사, 주식으로 분매를 연구 중)

17. 신문사 정리에 관한 건

이승만 대통령 "신문은 인구를 기초로 하여 신문사가 서 나갈 수 있는 것인데 현재 200여 사가
　　있고 기자는 무급이 많으며 신분증을 남발하여 폐단이 많다는데 시정해야 할 것이다."
　실정은 말씀과 같음.
　(기자수 6,000여 명 중 유급 1,300 정도, 5,000이 무급)

18. 활판소에 관하여

이승만 대통령 "그간 정리는 어찌 되었나?"
최재유(崔在裕)[52] 문교 착수할 준비가 아직 안 되었다는 보고.
이승만 대통령 "일전에 알아보라고 하였다는데 누가 알고 있나?"(하시며 공보실장을 바라보심)
오재경(吳在璟)[53] 공보 "일전에 조사 보고된 것에 대한 분부를 박 비서관이 알고 있을 것이다…" (하는
　　대답)
이승만 대통령 "유력한 자들의 책동으로 역대 장관이 못하는 것을 내가 잘 알고 있으므로 내가

---

52) 최재유(1906~1993)는 1929년 세브란스의학전문학교를 졸업하고, 1937년 일본 교토대학(京都大學)에서
　　의학박사학위를 받고, 1933년 모교 교수가 되었다. 1955~1956년 보건사회부 장관, 1957년 대한문교서
　　적주식회사(국정교과서주식회사의 전신) 사장, 1957~1960년 문교부장관을 지냈다.
53) 오재경(1919~2012)은 1941년 일본 릿쿄대 경제학과를 졸업하고, 1956년 공보실장, 1961년 공보부장관
　　을 거쳐 1983년 동아일보 사상을 역임했다.

직접 하겠다. 공보실장은 문교부장관과 박 비서관과 나와 같이 협의하자."

19. 경매에 관한 주의사항

이승만 대통령 "경매입찰에 우선권이니 연고권이니를 인정하여 줌으로 입찰의욕을 저감시키고 따라서 참가자가 적게 되면 국재(國材)가 정당한 대가를 못 받게 된다. 앞으로 이런 일이 없도록 하라."

20. 공사 청부계약상의 주의

이승만 대통령 "공사 담당자(청부업자)에게 일정한 연한보증을 하도록 시켜야 공사가 실하게 되니 앞으로 유의하도록 하라."

※ 중앙청 회의

1. 선거법 공포에 관한 건

별지 개정 요점을 중심으로 한 법제실장의 설명에 대하여 각부 장관의 질문이 있었으나 결국은 공포할 수밖에 없다는 결론에 도달하여 법제실에서 극비리에 각하의 재가를 받는 절차를 취하기로 결정.

참의원법에 대하여는 법제사법위원회에서 비공식적으로 '비토'하여 주도록 요청이 있었다는 법제실장의 보고가 있었으나 국회의 책임을 정부가 걸머질 필요는 없다 하여 결국 공포하기로 낙착되었음.54)

---

54) 선거법개정으로 선거구가 증가했고, 후보자 난립을 방지하기 위해 50만환의 기탁금제도가 신설됐다. 새 선거법은 특정후보자를 당선 또는 낙선시키기 위해 언론인이 금품향응을 받거나 그것을 받는 약속 하에 보도할 경우 3년 이하의 징역, 금고의 형의 벌칙 조항을 신설했고, 언론계는 크게 반발했다. "제1공화국 국무회의 <25> 선거법 개정." 『경향신문』(1990/11/17)

제5회 국무회의

일시 : 1958년 1월 17일(금)
장소 : 중앙청

1. 선거법 공포절차 진행 상황에 관한 건

이근직 내무 "어제 아침에 대통령 각하께 실정(신법의 이해득실)을 보고만 하였지 재가하여
주시라고 진언은 하지 않았다. 각하께서는 공영제, 경비절약, 언론조항 등은 잘된 것
이며 감시인 야당 1인 참관은 무방하며 연고지제는 유감이라고 말씀이 계시었기로
추후 개정하겠다고 말씀 드렸더니, 각하께서 그렇게 하여야 할 것이라고 하시기에 재
가하여 주실 것으로 알았더니 어제 유 비서관으로부터 연고지 조항 때문에 재가하지
않을 것 같다고 연락을 받고 법제실장이나 내무부장관으로서는 이 이상 진언할 수 없
어서 의장님께 말씀을 드렸더니 경무대에 가시겠다고 말씀이 있었다."

2. 자유당 공천에 대한 신문보도에 관한 건

이근직 내무 "자유당 의원 중 70명 내외만이 공천되리라는 보도에 소속의원 간에 동요가 있는
바, 이는 전연 발표한 일이 없는 사실이며 야당의 교란전술의 하나일 것이다. 당에서
는 그간의 경위를 밝히기 위하여 성명을 발표하기로 하였다."

조정환 외무 "공천을 못 받게 된 자유당원이 야당과 야합하면 중대한 문제를 꾸밀 수 있는 수
효에 달할 것이니 내무부로서는 이에 대한 대책이 필요할 것이다."

3. 공천과 당선에 대한 전망에 관한 건

김현철 재무 "자유당원의 당선에 관한 전망은 어떤가?"

이근직 내무 "아무도 확언할 수 없는 일이라 서로 걱정을 하고 있다. 다만 사태의 변동만 없으면 다음과 같은 것을 말할 수 있을 것이다."

(1) 자유당원이 절대 당선할 곳 약간.

(2) 야당이 절대 우세하여 도리 없는 곳 약간.

(3) 여야 결전지구(상당 다수) : 이 지구에서 4할의 당선을 얻으면 총수가 재적 2/3선을 넘을 수 있으나 3할에 그치면 2/3에 미달한다.

4. 선거 사무비에 관한 건

이근직 내무 "투표구의 증설, 선거인명부의 배포, 수복지구의 선거준비 등의 소요경비 3억5천만 환의 예산이 없어서 재무부와 협의 중이다."

5. 언론조항 문제

조정환 외무 "오는 27일에 소집되는 국회에서 야당이 언론 조항을 들고 나와서 여당을 공격하면 불리할 것인데 내무부장관의 견해 내지 대책은 어떤가?"

이근직 내무 "언론 조항은 야당 측이 일부 수정까지 하여 통과시켜 놓고 여당에 떠밀고 있는 것이라 대책은 특별할 것이 없고 27일 국회 소집을 하는 것은 나로서는 하지 않았으면 싶다."

홍진기(洪璡基)[55] 법무 "그 법이 무엇이 나쁘다는 것인지 알 수 없다. 신문기자는 아무 것을 하여도 좋다는 것은 아니다."

---

[55] 홍진기(1917~1986)는 1937년 경성제국대학 예과, 1940년 경성제국대학 법학과를 졸업하고 고등문관시험 합격 후 1942년 총독부 사법관시보로 근무하다가 1944년 전주지방법원 판사에 임명되었다. 1945년 미군정청 법제부 법제관, 1946년 사법부 법률조사국 법무관을 지냈고, 대한민국 수립 후 법무부 조사국장으로 대한민국 법전편찬위원회 위원에 위촉되었다. 1949년 대검찰청 검사, 1951~1953년 한일회담 한국대표, 1954년 법무부 차관과 제네바회담 한국대표를 지냈고, 1955년 해무청장, 1958년 법무부장관을 역임했다. 1960년 내무부장관으로 4·19혁명시 체포되어 1961년 12월 무기징역을 선고받았으나 1963년 8월 석방되었다. 1965년 동양방송 사장, 1968년 중앙일보 사장을 지냈다.

오재경 공보 "선거 중에 설령 저촉되는 것이 있어도 이를 취체(取締)[56]하면 상대방에 역이용 당하여 표를 잃게 되니 사실상 소용없는 조항을 가지고 언론기관에 대하여 인심을 잃고 야당의 책략에 넘어가는 것은 생각할 여지가 있다."

6. 국제공항 직제안 (법제실)

원안대로 통과함.

(내용: 김포공항의 위치, 배치하는 직원의 직종과 정원, 기타 교통부령에 세칙을 위임하는 등)

(정원 12명으로 공항[김포]이 운영될 것인지가 의문)

7. 1958년도 사정위원회 소관 세출예산을 일반회계 예비비에서 지출의 건 (재무)

김현철 재무 "사정위원회는 예산계정이 없으니 부득이 예비비에서 지출하여 쓰겠다."

이근직 내무 "과목이 없는 것을 예비비에서 지출 못할 것 아니냐?"

홍진기 법무 "사정위원회의 국채보고를 좀 받아보는 것이 어떤가?"

조정환 외무 "지난 번 국회에서도 논란된 일이 있으니 법적 조치를 하여야 할 것이다."

김현철 재무 "예산을 제출하여 보아야 작년과 같이 삭감 당할 것이기에 애당초 국회에 제출 않았다. 이 예비비도 반년분만을 계상한 것이므로 그간에 적절한 법적 조치가 필요할 것이다."

이상 논의 끝에 '부득이' (대통령 각하께서 하라 하시는 것이라는 의미로 사료)한 것이므로 그대로 통과시키자고 결말. 금액 27,612,300환(반년분)

8. 원자관리법안 (법제실)

부흥부 소관의 법률안 : 원조자금, 자재 등을 다른 곳에 사용 매도하는 등으로 당초 약속대로 하지 않는 수혜자를 처벌하거나 배상을 요구할 법적 근거가 없으므로 경원(經援)사업의

---

56) 주의를 하여 단단히 다잡거나 다스림. 단속을 의미함.

지장을 초래할 뿐 아니라 만일 ICA 원조 일반규정에 따라 전기와 같은 자금의 반환요구가 있을 시 국가가 손해를 보아야 하니 그러한 일을 사전에 방지하고 만일의 경우에는 배상을 받아서 ICA에 반제하기 위하여 본 법을 제정해야 하는 것인바 현재 진행 중에 있는 90건 중 건실한 것은 불과 10%로 추상한다고 부흥부의 보고.

본 법 원안의 벌칙은 약하여 배상규정이 불비하므로 법제실과 관계부에서 다시 조정하여 제출케 하기로 일단 보류함.

9. 유류절약을 위한 자동차 정리에 관한 건

김일환 상공 "지난 번 국무회의 시에 결정된 예산 상대수까지 축감하는 방침은 사실상 효과가 없으니 다시 방안을 강구해야겠다."

(본건은 실무자회의의 건설적 안을 번복, 차관회의의 아전인수적 결정을 그대로 국무회의에서 채택한 결과임)

송인상 부흥 유류 도입에 배정한 ICA 불은 1,700만 불, 월 평균 140만 불인바 상공부에서 사정을 함으로 이달에 200만 불을 배정하였다. 이같이 쓰다가는 후반기에는 유류 고갈이 되거나 도입 불이 300만 불 이상 되고 말 것이다. 4개월 전부터 말을 하여도 대책의 구현을 못보고 있으니 후일 부흥부의 책임을 묻지는 말라고 강경.

(결국 상공부가 주동이 되어 수급 추산을 하여본 후 관용차에 대한 공급액을 정하고 그에 의하여 과감한 시책을 하도록 하자는 데에 의견이 일치)

일시 : 1958년 1월 21일(화)
장소 : 경무대(전반), 중앙청(후반)

1. 교통시설 정비에 관한 건[57]

이승만 대통령 "김포공항 기타 교통시설이 불편(불결하거나 난방이 불비)하다 하여 말이 많으니 각별 유의하라."

문봉제 교통 "김포공항은 땅이 풀리는 대로 곧 시공에 착수할 예정"이라는 보고.

이승만 대통령 "그때까지 기다릴 수 없으니 우선 필요한 시설을 하도록 하라."

2. 토목건축공사 계약에 관한 건

이근직 내무 "지난번 각하의 분부에 따라 이후 사무 처리에 각별 주의하겠으며 각 부와의 보조를 같이 하기 위하여 그 방책을 성안한 것이 있으므로 금일 하오 회의에 논의하기로 예정하고 있다"는 보고.

(하오 중앙청 회의에서 법무로부터 내무부 제안(별지)에는 입찰 자격이 규정되어 있으나 그 제한을 철폐하고 아무나 입찰에 가입케 한 후 공사가 여의하게 진행하지 않을 때에는 해약을 단행하는 것이 시정책일 것이라는 의견이 있었으나 결국은 별지안

---

57) 1957년 4월 한미항공협정 체결 후 교통부는 대미항공로에 대한국민항공사(KNA)를 지명하며 미국 항공사와 경쟁하도록 함으로써 한국 항공발전의 새로운 전기를 마련했다. 1958년 2월 24일 KNA는 서울-시애틀 간 취항면허신청서를 제출하고 3월 허가를 얻어냈다. 1958년 1월 미5공군과의 협의를 거쳐 김포공항을 완전히 이양 받기로 하는 등 항공산업 육성을 위한 시설 보수와 신설을 계속했다. "제1공화국 국무회의 <33> 미봉위주의 농정 (하)"『경향신문』(1991/01/12)

[자구수정]과 같이 하기로 의결하였음)

3. 군 기동연습에 관한 건

김정렬 국방 "군에서는 지난 20일부터 마뉴버[58]를 시작하였으며 이번 것은 원자무기 사용을 상정하고 하는 것으로서 종래의 것과 상위하다"는 보고.

이승만 대통령 "트루도[59] 장군을 잘 환송하여 주라. 국방은 물론 기타 국무위원들도 이에 협조해서 하는 것이 좋을 것이다. 한국인은 선전을 할 줄을 모른다. 미국에서 한국을 돕는 회(Korea Society)[60]를 만든다고 한다. 뉴욕에서는 밴 플리트[61] 장군이 주동이 되어서 벌써 조직하였다고 한다. 그가 한국에 오면 그것을 칭찬하기 위하여 그 말을 하고 한국인들이 많은 관심을 가지고 있다고 말하여 주도록 하라."

(밴 플리트 장군이 한국에 올 때만 기다릴 것이 아니라 그 사실을 국민에게 [특히 애국단체 등] 알려주어서 서신으로 감사하다는 것과 수고한다는 위로를 하여줄 수도 있을 듯 함이라)

4. 중앙의료원(Medical Center) 설치에 관한 건

손창환 보사 "공사와 시설이 약 60% 진행되었다"는 보고.

이승만 대통령 "동양 제일의 병원으로 만들어야 한다. 일본보다 무엇이고 낫게 해야 한다. 스칸디나비아 제국[62]의 유명한 의사를 초빙하여 보도록 하라. 외국에 무엇을 청하는 것

---

58) 마뉴버(Maneuver, 기동연습[機動演習]). 실제 전쟁을 모의하여 실시하는 전술 연습.

59) 트루도(Arthur G. Trudeau, 1902~1991)는 6·25전쟁 당시 제7보병사단장으로 복무했다. 1956년 10월부터 1958년 2월까지 한국에서 미군 극동지역 1군단사령관으로 복무한 후 귀국했다. 미 육군성 연구발전국장으로 복무할 당시인 1962년 6월 퇴역식 참석차 한국에 다시 방문했다.

60) 한미 상호간의 이해와 협력 증진을 목표로 하는 비영리 단체이다. 1957년 밴 플리트 장군의 제안으로 미국의 저명 인사들에 의해 창설되었다.

61) 밴 플리트(James Alward Van Fleet, 1892~1992)는 노르망디상륙작전 참전 당시 무공을 세웠으며, 발지전투(Battle of the Bulge)를 지휘한 것으로 유명하다. 1951년 4월 리지웨이 장군 후임으로 제8군 사령관에 임명되어 6·25전쟁에 참전했다. 1953년 육군대장 퇴역 후 한미재단 총재를 지내면서 한국 재건에 기여했다.

62) 스웨덴, 노르웨이, 덴마크. 6·25전쟁 이후 1960년대까지 한국 의학은 기초부터 다시 세워야 하는 어려운 상황을 맞이했으나 미국의 군의학(Military Medicine), 스칸디나비아 3국의 의학, 미국해외재활본부(FOA), 그리고 CMB(China Medical Board) 등을 통해 새롭게 발전했다.

은 잘 생각하여 기왕에 어려운 말을 하는 것이니 우리에게 도움이 될 만치 요구해야 한다. '한글사전'을 만들 돈을 달라고 록펠러재단[63]에 몇 만 불(극소액)을 요구한 것은 어리석은 짓이다."

5. 보건사회부 주택조사 분류에 관한 신문보도에 관한 건

이승만 대통령 "아래 첨부한 *Korean Republic*의 보도에 일본식이라고 있는 것은 무엇이냐?"
손창환 보사 "직원이 잘못 발표한 것인 듯... 조사 선처하겠다"는 보고.
이승만 대통령 "필리핀의 '까치집'보다는 나을지 몰라도 일본식이 좋다는 외국인은 없다. 한국식은 일부 미련하게 보이는 점은 있어도 일본집보다는 월등 나은 것인데 일본식 말을 왜 하느냐? 미국대사가 들어 있는 한식집은 그것이 좋다고 하여 신식으로 지으라고 권하는 사람이 있어도 미국인이 그것이 좋다고 안 고치고 있다. 지금 미국대사가 쓰고 있는 '집'이 본래 누구의 집이었나를 알아서 보고하라."[64]

6. PL480 잉여농산물 도입에 관한 건[65]

송인상 부흥 "그간 미국 측과 협의 중이던 표기의 건은 다음 품목을 도입하는 안에 피차 양해가 성립되어 품의안을 비서실에 올렸으며 재가하시면 곧 시행하려고 한다"는 보고와 "한국선은 선복(船腹)[66]이 부족하여 전량의 반, 약 39만 톤을 수송함에 상당 시일을

---

63) 록펠러재단은 1913년에 미국의 실업가 존 록펠러(John D. Rockefeller, 1839~1937)가 인류복지 증진을 목적으로 뉴욕에 설립한 법인단체이다. 록펠러는 미국의 석유 사업가로서 오하이오 스탠더드 석유회사를 설립하여 미국 내 정유소의 95%를 지배했다. 대한민국은 1957년 11월 12일 한미재단을 주관한 공로를 치하하기 위해 록펠러에게 최고훈장을 수여했다. "「록펠러」씨에 최고훈장."『경향신문』(1957/11/14)
64) 1882년 조미수호통상조약 체결 이듬해인 1883년 미국에서 부임한 특명전권공사 푸트(Lucius H. Foote)가 '2200'달러에 민계호(閔啓鎬)의 한옥(정동 10번지 현 미국대사 관저)을 매입해 미국공사관으로 사용했다. 1949년 미 대사관이 광화문에 들어서면서 주한 미국대사가 기거하는 대사관저로 사용됐다. 필립 하비브(Philip C. Habib) 대사의 뜻에 따라 1976년 한옥 양식의 대사관저로 개조되어 '하비브하우스'라고 불리고 있다.
65) 1950년대 한국정부의 주된 해외재원은 원조였는데 1950~1960년 사이 한국은 ECA(경제협조처), CRIK(한국민간구호계획), UNKRA(유엔한국재건단), ICA(국제협조처), PL480 등을 통해 총 24억 1,000만 달러에 이르는 엄청난 양의 원조를 받았다. 한국정부는 한미잉여농산물 원조협정을 통해 1956년 23만 '8,000' 톤의 식량을 도입했는데, 이는 당시 양곡생산량의 15%에 해당했다. 잉여농산물의 판매대금은 국방비와 한국인재들의 해외유학이나 연수비용으로도 활용되었다.
66) 선복(Freight Space)은 여객을 탑승시키거나 화물을 싣도록 구획된 장소를 의미함.

요할 것이므로 이를 적기에 가져오려면 교섭에 이 이상 더 시간을 보낼 수 없다"는 실정을 첨가 설명.

밀 40,000불, 수수 50,000불, 보리 285,000불, 옥수수 30,000불.

(상기 숫자는 정확하지 못하오니 제출된 서류를 참조하시기 바람)

이승만 대통령 (별 말씀 없이 듣기만 하시다) "수수는 중국인의 주식물로서 그들은 그것으로 생활을 하고 있다(그 안이 무방하다고 하시는 표정)"

7. 선박 구입에 관한 것

이승만 대통령 "작년에 매그너슨[67] 씨가 주선하여 얼추 이야기가 되다 중단된 일이 있어서 그 당시 내년에는 꼭 보아 주겠다고 하였으니 부흥부장관이 차제에 미국에 가서 교섭을 하는 것이 좋겠다. 로버츠(Roberts) 씨에게 연락을 하여 보라."

송인상 부흥 "다울링[68] 대사가 오는 23일에 귀임할 것이므로 그가 온 후에 그에게 부탁한 다른 안건의 경과까지 알아보고 그때에 가서 정하는 것이 좋겠다"는 의견을 품신.

(대통령 각하께서는 반대는 아니신 듯 말씀 않으시는 것으로 보아 무방하다는 표시로 추측)

8. 증권거래소의 부정사건에 관한 건

김현철 재무 "일전에 증권거래소에서 국채의 가격을 부당히 앙등하게 하여 이익을 취한 사건이 있어서 증권거래소법에 의하여 그 매매를 취소하고 관계 거래인의 1개월 영업정지 처분을 하였더니 항의를 하여 오고 있으므로 만일 이대로 가라앉지 않으면 형사사건으로 다스리는 절차도 불사할 심산"이라고 보고.

---

67) 매그너슨(Warren G. Magnuson, 1905~1989)은 1944년부터 1981년까지 미국 워싱턴주 상원의원을 역임했다. 1951년 6월 7일 이승만 대통령은 양유찬 주미대사에게 중화민국으로부터 함정구입 건에 대한 보고에 대해 회신하면서 매그너슨 상원의원의 지원 약속에 대해 언급하기도 했다. "중국으로부터의 함정구입 건"(1951.06.07.),『대한민국사 자료집 30: 이승만관계서한자료집 3』, 국사편찬위원회, 1996, 285~290.

68) 다울링(Walter C. Dowling, 1905~1977)은 제4대 주한 미국대사이다. 1956년 10월 25일 보고서에서 "미국의 대한원조가 전반적으로 삭감추세에 있고, 한국의 경제개발을 위해 새로운 재원을 기대할 수 없는 상황에서는 한국과의 적극적인 협력 속에서 미국 및 한국의 능력 범위 내에서 해결책을 찾아야 한다"고 주장했다. 이현진. 2009.『미국의 대한 경제 원조 정책, 1948~1960』서울: 혜안.

이승만 대통령 (아무 말씀도 않으심)

9. 실업가 동남아지구 시찰 친선여행 귀환의 건

김일환 상공 "21명의 실업가가 앞서 말한 여행을 마치고 귀국하고 있는데 월남에서는 특히 우대를 받았다고 술회하고 있으며 그들은 오[69] 대통령의 한국방문으로 한국이 일본보다 훨씬 낫다는 것을 깨달았다는 말을 하는 것을 듣고 왔으며 상세한 보고를 올리기 위하여 각하를 뵈옵기를 희망하고 있다"는 보고.

이승만 대통령 "그들은 가서 무엇을 하였나 알고 싶다. 출발 전 같으면 만나보지만 이제 만날 필요는 없고 보고서로 하는 것이 좋을 것이다." (아무 연구 없이 갔을 것이니 별 성과를 못 거두지 않았겠는가? 하시는 의도로 추측되었음)

"목적이 일본에 대항하여 우리의 상권을 신장하고 그로써 우리 물산을 보호 진흥하는 것이니 가는 사람은 먼저 'Salesmanship'을 연구하여 가지고 가야지 효과를 거둘 수 있을 것이다. 해태[김]만 하여도 일본이 산다고 한다 안 산다고 한다 하는 농락을 당하고 있는데 이 역시 우리가 홍콩 기타 지역에 수출 못하는 때문으로 안다. 우리 배로 실어서 가지고 가서 팔도록 하라. 상권이 확립 못된 사람은 또 하나의 예가 있다. 남궁(南宮)이 배를 미국에 보내는데 적재할 물품이 없어서 돌(石)을 싣고 갔다 한다. 수출할 것을 좀 만들어라."

※ 중앙청 회의

1. 선거법 개정안에 수반하는 선거법 시행령의 제정

법제실 원안 중 일부(민의원의원선거법 시행령 제25조 제3항, 참의원의원선거법 시행령 제16조 제3항 각각 삭제)를 수정하고 통과함.

(별첨 원안 참조)

(본 건 통과에 전기 수정 개소 이외에 별 의견들이 없었음)

---

[69] 응오딘디엠(Ngo Dinh Diem, 1901~1963)은 베트남 공화국의 초대 대통령으로서, 1954년 총리 선출 후, 1956년 국민투표로 공화국을 선포, 대통령에 취임했고, 1957년 한국을 방문했다. 사진 자료 참고.

2. 원자관리법안 (개칭 외자관리법안)

명칭을 '외자관리법안'으로 고치고 별첨.

법제실 원안대로 통과함(정부 법안으로 각하의 재가를 받은 후 국회에 제출될 것임)

(본건은 지난번 회의에서 벌칙 강화를 요한다 하여 법제실에 환부 수정하여 다시 제출케 한 것임)

3. 농업협동조합법 중 일부 개정에 관한 법

법제실 원안대로 통과함(각하 재가 있으시며 정부안으로 국회에 제출될 것임)

4. 농업은행법 중 개정법률안

법제실 원안대로 통과함(각하 재가 있으시면 정부안으로 국회에 제출될 것임)

5. 사정위원회 폐지에 관한 건

사정위원회 예비비 지출 상신 부결에 수반한 각하의 지시(폐지가 가하다)를 받들고 그 조치 방도를 논의한바 원래 폐지하였으면 하는 장관이 대부분이었는지라 하등 이론 없이 다음과 같이 가결.

(1) 법제실에서 관계법령의 폐지를 성안하여 차회에 제출할 것.

(2) 재무부는 1개월분(1월분) 경비에 한하여 예비비 지출을 품신할 것
　　행정재산 일절은 국무원 사무국에서 인수할 것. (이상)

일시 : 1958년 1월 24일(금)
장소 : 중앙청

1. 사정위원회 폐지에 관한 건

이근직 내무 "자유당을 대표하여 김의준(金意俊)[70] 의원이 금일 상정하기로 된 사정위원회 폐
지안의 심의를 일시 연기하여 주도록 요망하여 왔다"고 보고.

강명옥 법제 "사정위원장이 이번 대통령 각하를 뵈옵고 그대로 존치할 것을 건의한다고 하니
그 결과를 보아서 처리하기 위하여 임의 성안된 폐지안을 상정하지 않았다"는 보고.
(결국은 다음번 국무회의에서 논의하기로 하고 보류하다)

2. 토목건축공사 청부계약에 관한 건

이근직 내무 "지난번 국무회의 결과를 유 비서관을 통하여 대통령 각하께 보고한바 추가하여 주의
말씀이 계셨기로, 이에 그 보충(수정)안을 제출한 것"이라는 설명(전원 이론 없이 통과함)

3. 해양경찰대 경비선 구입에 관한 건

김일환 상공 "노후선을 가지고 일본의 불법침입을 방지할 수가 없으므로 2척을 30만 불로 구

---

70) 김의준(1909~1985)은 메이지(明治)대학 법대를 졸업하고, 서울 고등법원과 여주지원장에서 근무하였다.
1950년 제2대 민의원 선거에서 당선된 이후 제3대, 제4대 민의원 선거에 당선되었다. 제4대 국회에서
1958년 9월 9일부터 1959년 8월 31일까지 법제사법위원장으로 활동했다.

입하고자 한다"는 설명.

김현철 재무 "정부 보유불은 나주비료 등으로 부족하며 은행불을 쓰려면 국회의 시비가 있을 것을 예상하여야 한다"는 의견.

(결국 필요하다는 것을 인정하나 해무청(海務廳)[71] 예산에 계상된 것도 없고 불화(弗 貨) 관계도 연구를 요하니 사무적으로 더 연구하여서 제출하기로 하고 일단락 지음)

4. 정부청사 신축에 관한 건

송인상 부흥 정부청사 신축에 관하여 "자금을 한국 측에 넘겨 오게 해서 한국 청부업자로 하여금 공사를 실시케 한다는 것"이 상부의 의도라는 사무국장으로부터의 연락을 받았으나 사실은 ICA 본부에서는 좋아하지 않는 것은 원 씨[72]가 몇 번 말을 해서 추진된 일인데 이제 종전에 합의된 것을 변경하려면 결국에는 청사를 못 지을 것으로 추측되니 각부 장관의 의견 참고로 묻는다.

본 계획이 중지될 경우 그 자금을 다른 사업에 전용하는 것은 비교적 용이할 것이다.

(이에 대한 각부 장관의 의견을 종합하면 다음과 같음)

(1) 청사는 짓도록 할 것.

(2) 그간 한국업자가 건축한 것이 거의 대부분이 몇 년 못 되어서 파손되는 예가 많은 것으로 보아 현재 한국업자들이 말하는 단가를 기준으로만 할 수 없으니 미국인이 추정한 단가 50만 환/평이 너무 높은 것이냐 아니냐는 기술적으로 검토되어야 할 것이다.

(3) 부흥부장관은 이 실정을 대통령 각하께 말씀드려 지시를 받도록 하라.

5. 대한석탄공사 제6영업년도 결산 승인에 관한 건 (준공)

그 내용에 감가소각비 계상 등이 정당치 못하다고 일부 논란이 있었으나 이는 재작년 것이며 현재 작년도 것이 작성 도중에 있는 것이니 기왕 공사를 이상 더 거론할 것이 없다고 하여 '보고로서 접수'(법적으로 국무회의 승인이 필요치 않은 것임)하기로 함.

---

71) 해무청은 수산, 조선, 해운, 항만 공사와 일반 항만 및 해양 경비에 관한 사무를 관장하는 대한민국의 중앙 행정기관이었다. 1955년 2월 17일 발족하였으며 1961년 10월 1일 폐지되었다.

72) 원(William E. Warne)은 1956년 7월 22일 유엔군총사령부 경제조정관으로 부임했다.

참고로 석공의 예산은 다음과 같음.

제6영업년도(1955~1956) 489,063,720환 27전 손

제7영업년도(1957)   426,107,755환 09전 익

단 제7영업년도 결산은 목하 작성 중으로 시산(試算)에 의한 개산(槪算) 추정액임.

6. 지역사회 개발계획 요강 (부흥부 제의)

그간 소관처 결정에 애로가 많아서 위원회제로 하려고 부흥부에서 입안 제출한 것이었으나 "정상적인 행정 계통을 통하여 할 수 있는 일을 별도로 기구를 신설할 필요가 없다"고 하여 별지와 같이 일부를 수정 실시하기로 한 것임.

7. 경찰서 직제 중 개정의 건

(경북 대구경찰서, 남대구경찰서 및 달성경찰서와 전남 무안경찰서의 관할구역 변경에 관한 것임)

위 내무부 요청에 의한 법제실 원안대로 통과.

7. 부산부두 사용에 관한 건

김정렬 국방 "종래 동일 장소를 한미 양측에서 사용하여 혼란이 있었으나, 금번 양측이 각각 책임구역을 정하여 사용하기로 하였다"는 보고.

8. 다이너마이트 생산공장에 관한 건

이승만 대통령 "다이너마이트 생산은 어찌 되어 있나?"

김일환 상공 "현재는 다이너마이트 유사품을 생산하고 있으며, 3월부터는 다이너마이트를 생산하게 될 것"이라는 보고.
　　(단 이것은 원료를 수입해서 하는 것이고, 이 원료 자체를 생산하는 것은 앞으로 연구하여야 할 것임)

9. 서상록(徐相錄)[75] 공장

이승만 대통령 "인천 서모가 경영하는 공장이 있다는데 실태는 어떤가."

김일환 상공 "트랜스를 만드는 공장인데 서상록이라는 이가 건물을 완성하고 시설에 착수하다 5개월 전에 일본에 간 후 진행이 안 되어 귀국할 것을 종용하였으나 안 돌아오고 있어서 계속하여 연락을 하고 있다."

이승만 대통령 "일 안하는 사람에게 맡겨두어야 소용이 없으니 일이 되도록 하는 방안을 연구해야 할 것이다."

10. 판초자(板硝子)[76] 해외 진출에 관한 건

김일환 상공 "오스트리아의 상무참사관과 우리 판초자 매매에 관한 교섭을 진행 중"이라는 보고.

---

75) 서상록(1910~1996)은 1910년 나주 봉황에서 태어나 16세에 일본으로 건너가 23세에 오사카의 관서 공업고등학교를 졸업했다. 18세에 금속제작회사인 이천 공작소를 설립하였고, 해방 후 귀국해 이천전기와 이천제강 등을 만들어 운영했다. 이후 1974년 금하장학회의 전신인 금하지덕회를 설립했다.
76) 널빤지 모양으로 넓적하고 반듯하게 만든 판유리를 말한다.

11. 원양어업에 관한 건

이승만 대통령 "원양어업에 관한 것은 공포하지 않는 것이 좋겠다는 의견이 있는데 어떤가."

김일환 상공 "전에 한 일이 있으나 근래는 비밀로 하고 있다. 이번에 6척을 보내는데 우리 선박인 2척에는 ICA에서 자금을 내준다고 하나 일선을 나포한 것 4척에 원 씨가 자금을 못 내겠다고 하니 정부 자체로라도 해결을 하여 주어야 할 것이며 광고에 응한 자들 중에는 자금이 있는 자는 없고 기술을 가진 자가 대부분"이라는 보고.

이승만 대통령 "원 씨에게 그렇게 하지 않도록 말하고 우리 사업가들에게도 사업이란 여하히 하는 것인가를 알려서 자진 출자하게 시키고 도와도 주어야 할 것이다. 나가면 잡고, 잡으면 돈이 된다."

12. 해양경찰대 강화에 관한 건

김일환 상공 "① 일본어선이 점차 속도가 높아가고 있는 것. ② 일본경비선의 속도가 점점 높아가는 것으로 보아 우리도 속도 빠른 배가 있어야겠다"(우리 경비선 9노트, 일본선 16노트)는 것과 "해군용 선박을 교섭하였으나 여의치 못하여 그 대책을 연구 중"이라는 보고. "비행기의 보조활동도 연구 중"이라고 첨가.

이승만 대통령 "무슨 일이라도 하여서 강화해야 한다. 해군은 해군대로 곤란한 사정이 있을 것이지만 다시들 의논하여 보고 비행기의 이용은 대단히 좋은 착상이다."

13. 건축 재료 제조 지도에 관한 건

이승만 대통령 "철공들이 문장식, 손잡이 같은 것을 곧잘 만들고 있는데 이를 장려하는 것의 어떤가."

김일환 상공 "올봄에는 건축자재전시회를 개최할 예정이다."

14. 가구 재료에 관한 건

이승만 대통령 "어느 섬에 가구를 만들 수 있는 참나무가 있다는 말을 들었는데?"

정재설 농림 "어느 섬인지 모르나 거제도에는 참나무가 있기는 하지만 가구재로 쓸 만한 것은 별로 없다"는 대답.

15. 오대산과 지리산의 재목 벌채에 관한 건

이승만 대통령 "목재를 얻기 위하여 앞의 두 산의 입목을 벌채하려면 농림, 내무가 협력하여서 '인(印)'을 찍어서 표시한 것만을 베도록 하고 '한 나무를 베면 꼭 그 자리에 한 나무를 심도록' 하여야 할 것이다."

정재설 농림 "오대산에는 수목이 있지만 지리산은 전남, 경남편은 수목이 적고 전북편에 다소 있으나 대부분이 잡목이라 그다지 기대할 만한 것이 못 된다"는 답변.

16. 미국 경제개발자금 사정에 관한 건

송인상 부흥 "DLF에 관한 규정을 보면 아무나 그 자금을 신청할 수 있게 되어 있으며 근래 들리는 소문에는 미국의 어떤 사람이 우리 정부의 승낙 없이 자금 신청을 하였다고 하므로 양 대사에게 말하여서 우리 정부의 승낙 없이 그런 일을 하지 않도록 통지하라고 하였으며 원 씨와 다우링 대사에게 말하여서 DLF처장에게 요청하여 그런 일이 없도록 하여 달라고 하였더니 대략 의견이 통한 것 같으나 앞으로 정식으로 통지를 내려고 한다"는 보고.

김현철 재무 "전기와 같은 융통성이 많은 자금이며 앞으로의 투자는 대부분이 이에 의해야 할 것이므로 다음과 같은 것이 우려된다는 의견을 말씀드리고 양 대사에 대하여 특히 엄중한 지시를 하셔야 할 것"이라고 진언.

(1) 한국인이 정부를 제쳐놓고 원 씨와 교섭하는 수가 있을 것.

(2) 정치정세에 따라서는 야당이 관련된 사업에 대여를 많이 하여 주는 일이 있을 수 있는 것.

이승만 대통령 "필리핀에서 그들이 내정에 간섭한 일이 있는 것을 우리가 알고 있다. 만일 우리나라에서 그런 짓을 한다면 나를 도와주는 일일지라도 나부터 들고 나서서 짐을 싸 가지고 돌아가라고 하겠다. 전에 무초 대사[77]가 있을 때 그들이 그런 짓을 하여서 그

---

77) 무초(John J. Muccio, 1900~1991)는 초대 주한 미국대사(1949~1952)이다. 그는 이탈리아 이민 가정에서

가 쫓겨간 일이 있다. 양 대사[78]에 맡길 문제가 아니라 국무위원들이 정신을 차려서 하여야 할 일이다."

17. 선거법 공포와 선거실시에 관한 건

이근직 내무 ① 선거법 공포는 대체로 환영 ② 선거운동은 일단 중단상태 ③ 오는 국회에서 언론조항에 다소 말썽을 예상. ④ 선거기일은 5월에 들어가면 농절을 당하여 지장이 적지 않음. 3월에 실시하면 현 선거인명부로 하여야 함으로 4월에 들어가서 새로 만든 명부에 의한 것보다 50만의 유권자 수의 차가 생김(4월에 하는 것이 선거권자가 증가) ⑤ 투표소를 증설하는 것이 유리하나 경비가 필요함(3억 5,000만 환 가량)

이승만 대통령 "전시에 언론을 마음대로 하여도 좋다는 말은 안 된다. 경비는 안 쓰는 방법으로 하라."

18. 사정위원회 존폐에 관하여

김현철 재무 "폐지하라는 지시는 받았으나 자유당에서는 선거전에는 그대로 두도록 희망하고 있으니 결정을 신청한다"고 품신.

이승만 대통령 "필요가 없어서 없애버리라고 한 것은 아니다. 국회에서는 모든 일을 자기들만이 하였으면 하여 정부기관 하나만이라도 더 줄였으면(심지어는 정부까지도 없었으

성장하여 브라운대학에서 철학을 전공한 후, 조지워싱턴대학에서 국제정치학 석사학위를 받았다. 조지워싱턴대학 학부를 졸업한 이승만과는 학연이 있었다. 1948년부터 트루먼 대통령의 특별대표(Special Representative of the President) 자격으로 서울에 와 있다가 1949년 4월 20일 정식으로 신임장을 제정한 무초 대사에게 이승만은 훈시하듯이 말했다고 전해진다. "이제는 미군정이 끝났으니 하지 중장이나 딘 소장이 한 것처럼 해서는 안 될 것이오. 당신은 나의 친구인 트루먼 대통령이 나와 우리 민족을 도우라고 파견한 사람이오. 그러니 이 땅을 통일시킬 때까지 내 곁에서 힘껏 도와주어야 하오." Harold Joyce Noble, 1975, Embassy at War Seattle: University of Washington Press. 무초라는 이름은 멕시코 작곡가 콘수엘라 벨라스케스가 1941년 작곡하고, 트리오 로스 판초스(Trio Los Panchos)가 불러 제2차 세계대전 당시부터 세계적 애창곡이 되었던 '베사메 무초(Besame mucho)'라는 노래 제목으로 인해 한국인들에게 더욱 친숙했다. 이 노래는 1950년대에 한국어로 번안된 서양가요 1호인데, 한국어 가사가 'Kiss me much'라는 뜻의 원문과 달리 '베사메 무초'라는 이름의 여인에게 바치는 노래인 것처럼 개작된 것은 무초 대사의 명성 때문에 '무초'를 인명으로 오인했기 때문이라는 설이 유력하다.

78) 양유찬(梁裕燦, 1897~1975)은 하와이에서 이승만의 지도를 받았고, 1923년 보스턴 대학교 의학부를 졸업하고 하와이로 돌아와 산부인과병원을 개업했다. 1951년 4월 이승만 대통령에 의해 주미대사로 발탁, 1960년까지 근무했고, 1952년 한일회담의 수석대표, 1951~1958년 유엔총회 한국 수석대표를 지냈다.

면) 하는 관계로 머리가 알아서 그리한 것이다. 여러 국무위원이 이를 존치하자고 하면 그래도 좋은데 그에 따르는 필요한 조치가 동시에 고려되어야 할 것이니 의논하여 알려주기 바란다."

19. 국채 발행에 관하여

이승만 대통령 "국채는 그 돈을 투자하여 후일 거기서 나오는 돈으로 이를 상환하여 갈 수 있는 계획이 확실했을 때 이외에는 발행치 않기로 결정하는 것이 어떤가."

김현철 재무 "재정 형편이 그리 되지 않는 경우가 적지 않으니 일률적으로 그리할 수 없다"는 의미의 설명을 하였으니 결론을 못 짓고 연구자료로 남았음.

※ 중앙청 회의

1. 공무원 징계령 중 개정의 건 (법제)

국무총리제 폐지 후 공무원법 개정이 안 되어 사실상 중지되었던 특별징계위원회를 공무원법 개정안 국회통과 시까지의 임시 조치로 위원장을 위원(현재는 차관, 차장 중에서 7명을 임명할 수 있음) 중에서 호선하여 당초 위원회를 운영할 수 있도록 임시 조치함에 필요한 동 대통령령의 일부 개정.

2. 국회의원 선거비를 일반회계 예비비에서 지출의 건 (재무)

전기 추정액 3억 5천만 환 중에서 투표구 증설에 요하는 큰 경비를 제외한
　　① 선거구 증설,
　　② 수복지구 명부 작성,
　　③ 입후보자에 주는 명부 작성,
　　④ 참의원 의원 명부작성 등의 경비로 24,653,500환을 지출하기로 결의.

3. 한일 양국 억류자 인수 및 송환 경비를 예비비에서 지출의 건

46,417,400환(내무부 8,904,700환, 보사부 18,257,200환, 상공부 19, 255,500환) 지출하기

로 결의.

4. 사정위원회 존폐에 관한 건

당분간(6개월) 존치하기로 하고 수석 국무위원과 재무부장관이 각하께 보고하여 예비비 지출의 재가를 받기로 한다.

제9회 국무회의

일시 : 1958년 1월 31일(금)
장소 : 중앙청 회의실

1. 국제연합 한국협회의 회원 모집에 관한 건

조정환 외무 "한국협회는 민간 외교단체로서 중요한 것이며 그 활동을 효과 있게 하려면 회원을 다수 모집하여 국제적으로 인정을 받게 해야 하는 것이니 각부에서는 그 소속 공무원이 다수 가입하도록 권장하여 주기 바란다"는 요지의 의뢰.

(회비는 연 50환이며 공무원의 일부만이라도 가입을 한다면 한협이 세계연맹의 정회원국이 될 수 있다고 함)

2. 일본 체신노조 대표 내한에 관한 건

이응준 체신 "오는 3월 말 경에 일본의 체신노조 대표가 내한하려고 한다는 연락을 받고 있다"고 보고.

조정환 외무 "일본정부의 사절단 입국에 관하여도 지금 문제 중에 있는데 전기와 같은 단체 대표의 입국을 허용할 것인가는 고려를 요하는 문제이다."

3. 공무원 처우 개선에 관한 건

김정렬 국방 "군공무원의 처우는 경험이 있고 유능한 군인을 확보하는데 중대한 관계가 있으므로 대책이 필요할 것"이라는 보고.

김현철 재무 "재원관계로 용이한 문제가 아니다. 미국대사의 말이 '만일 한국정부가 군인을 포함한 정부 공무원의 처우개선을 단행할 의도가 있으면 정부 일반회계 예산의 부족을 대충 자금으로 보충하고 그리고도 부족하면 자기가 특별대책을 강구하여 보겠다'고 하나 이것은 일종의 내정간섭을 가져올 우려가 없지 않으니 고려하여 보아야 할 문제라고 사유한다"는 견해를 피력.

4. 대외선전에 관한 건

김현철 재무 "외국인과 접촉하고 있는 것을 보면 여당보다는 야당이 훨씬 활발하다. 이 대통령 각하가 계신 동안은 문제가 아니지만 먼 장래를 바라볼 때 자유당에 대한 외국인들의 인식이 어떠한 것이냐 하는 것은 극히 중요한 문제인데 근일 정부기관 간의 의견의 차이가 신문에 보도되고 심지어 사건처리의 내막까지 폭로되고 있으니 주의하여야 할 것"이라는 요지의 의견.

조정환 외무 "그것만이 아니고 무슨 일을 발표할 때에는 대외적인 영향을 고려하고 해야 할 것이다. 지난 번 진보당사건도 관계자의 죄과가 여러 가지 있음에 불구하고 '평화통일이 국시위반이라는 것'만 강조하였으므로 일부 외국에서는 한국은 진정한 평화통일도 이를 반대하는 것으로 곡해하였을지 모른다"고 내무부에 충고.

오재경 공보 "문화인—만성실업군을 '아세아재단'[79]에 빼앗기고 신문기자나 외국기관 근무의 한인들까지도 우리하고 거리가 멀게 되어 있다. 우리는 좀 더 현명해야 하겠다."

문봉제 교통 "PL480에 의한 농산물 대금의 일부가 미국대사관 계정에 들어가는데 그것의 전부 또는 일부가 정보비로 사용될는지도 모르는데 우리의 정보비는 전혀 제로이니 대결이 안 된다"고 탄식.

김현철 재무 "전기 대사관 계정에 50억 환의 출처불명의 입금이 있어서 미국대사에게 말하였더니 자기도 모르니 알아본다고 하였다"는 보고.

최재유 문교 미국에 있어서의 선전이 타국에 뒤지고 있다는 것을 지적하여 정보선전비의 필요를 역설.

조정환 외무 "어린이합창대만이 아니라 진짜 예술사절단을 미국에 파견하였으면 한다"는 의견.[80]

---

79) 아시아재단(The Asia Foundation)은 미국 사회의 저명 인사들이 모여 아시아의 개발을 목적으로 창설한 단체이다. 1954년 샌프란시스코에 본부를 두고 정치, 경제, 교육 등 다방면에서 지원사업을 전개했다.

송인상 부흥 "VOF[81] 기자 좌담회에는 일본 한국기자들이 참가하고 있는 것으로 보아 한국의 통신기자도 미국에 파견하여 주재케 하였으면 좋겠다"는 의견.

오재경 공보 "문교부에서는 국제영화제에 국산영화를 보낼 수 있도록 시책이 필요할 것이라" 고 역설하고 "반공회관을 오는 2월 5일 개관하게 되는 바 그 운영에 있어서는 각부의 협조가 필요하다"고 역설하며 간청.

5. 민의원의원 선거에 관한 건

이근직 내무 선거법은 여야가 서로 "내가 하였다"고 하고 있는 것으로 보아 일반의 인기가 좋은 듯하며, 경찰도 전의 선거법보다 활동이 용이할 것이라고 생각들 하고 있음(도경찰국장의 의견을 종합한 것)

김현철 재무 "4월에 하느냐 5월에 하느냐?"

내 무(차) "아직 결정 못 짓고 있으며 장차 자유당에서 정책적으로 검토 결정될 것이다"라는 답변.

6. 건국무공훈장령 개정의 건 (법제)

별지안을 가지고 토의한바 양론이 대립되어 결국 양안을 품달하여 각하의 결정에 의하기로 하였음.

제1안(원안과 같음)

1등은 대수(大綬)를 어깨에 걸고, 부장(副章)을 좌흉(左胸)에 달고

2등은 수(綬)가 없는 것을 우륵(右肋)에 달고

3등은 중수(中綬)로 '목'에다 건다.

제2안

1등은 제1안과 같은.

---

80) 한국어린이합창단은 1954년 5월부터 7월까지 미국 50개 도시를 순회하며 공연했다.

81) Voice Of Freedom(자유의 소리). 냉전시기 반공을 목적으로 미국이 운용했던 FM 전파를 이용한 선전방송. 미국은 1942년 8월 30분 길이의 '자유의 종은 울린다'라는 프로그램으로 VOA(Voice of America, 미국의 소리) 한국어 방송을 시작했다. 미국의 독립운동세력들이 VOA를 활용했는데, 이승만은 1942년 6~7월에 "싸워라! 우리가 피를 흘려야 자손만대의 자유 기초를 회복할 것이다. 싸워라. 나의 사랑하는 2,300만 동포들이여"라며 일본의 패망을 예고하고 독립투쟁을 고무하는 육성방송을 지속했다.

2등은 '중수'로 목에다 달고

3등은 좌흉부에 '소수(小綬)'를 단다.

제10회 국무회의(임시)

일시 : 1958년 2월 3일(월)
장소 : 중앙청 회의실

대통령 각하의 분부에 의하여 외자도입법[82]을 시급히 국회에 제출해야겠으니 심의를 요청한다는 법제실 요구에 의하여 소집되었으나 주제인 전기 법안은 심의 도중에 보류되고 정책건을 심의하게 되었음.

1. 국회의사당 군인자살 사건[83]

김정렬 국방 "조사 중이며 현재까지에 판명된 것은 다음과 같다.

(1) 유서의 내용이 주로 현 사회의 부패상을 개탄한 것인 바, 그 내용이 체계가 없고 골자가 없는 것이므로 다소 정신이상이 있지 않았나 하여 목하 조사 중임.

(2) 본명은 지난번 청량리열차 깽사건에 관련되었던 점에서 33일간 구류처분을 당한 자임."(전기 보고에 대하여 이를 중대시하는 몇몇 장관이 각각 그 의견을 진술한 바, 다음과 같음)

조정환 외무 "지난번 6명의 살인사건도 정신이상이라고 하고 이것도 정신이상같다고 하나 좀 더 진실한 내용을 조사 공표하여 일반의 오해를 없게 함이 어떤지."

---

82) 재정안정에 대한 강조로 1955년까지 60~90%씩 증가하던 통화팽창이 1958년에는 30%선에 머물고 물가지수는 7% 하락했다. 1958년은 이러한 경제적 불안을 해결하기 위한 구상과 설계가 시작된 시기였다. 외자도입법이 마련되고 기간산업 공장의 건설이 추진됐으며 장기적 개발계획의 필요성이 제기되었다.

83) 1958년 1월 30일 제2군 제303수송관리단 오원근 중위는 국회의사당 출입기자실에서 자해 후 "내 조국아 길이 번영하여라"라는 문구를 남긴 후 권총 자살을 시도했다.

오재경 공보 "세간에 살인강도, 자살이 허다한데 그런 일에 대한 근본문제를 시정하는 것이 긴급중대 문제이지 하필 70만 군인 중에서 일어난 이 사고만을 중대시할 것은 아니라고 생각한다."

홍진기 법무 "군인의 동향에 무관심해서는 안 된다. 이 대통령 각하가 계신 동안에는 문제가 안 될 것이지만 먼 장래를 바라볼 때 청년장교들이 무엇을 생각하고 있나 하는 것에 관심을 안 가질 수 없으며 또 군인의 정치면에 있어서의 위치라는 것을 생각하여 보지 않을 수 없다."

송인상 부흥 "간단히 치울 수는 없다. 장소가 의사당이라는 것으로 국민에게 지대한 영향을 주고 있으며 혹은 북한괴뢰의 선전재료가 될 수 있는 점도 생각하여야 할 것이다. 제트기 추락사고 같은 것도 전문가의 견지에서는 통상적인 것일지 몰라도 신문보도를 보는 국민의 의아심을 우리는 무관심할 수 없을 것이다."

(결국 이 문제는 너무나 어려운 문제이니 후일 다시 논의하기로 하였음)

2. 외자도입 법안

강명옥 법제 제안 설명.

김현철 재무 "외자도입의 긴급한 것은 잘 알고 있으나 이 법안 가지고는 외국인이 투자하려고 하는 것이 적을 것 같다. 미국에서 온 전문가의 의견을 들어보니 그의 말도 역시 투자하는 사람이 좋아할지 의문이라고 하며 불만을 표시하고 있다. 그리고 반면에 이 법안을 대통령 각하께 말씀드리면 그 중 일부는 우리에게 불리하니 수정하라고 분부하실지도 모른다. 이 법안에는 투자하는 것에 대한 제한이 없으니 각하께서 항시 말씀하시는 '카펫 배거'[84]가 들어오는 것을 막지 못하게 되여 있다. 만일 현재 미국에 요청 중에 있는 DLF가 이 법이 제정되지 않으면 추진이 안 된다면 몰라도 그렇지 않으면 연구하는 것에 좀 더 시간을 썼으면 한다."

송인상 부흥 "DLF하고 직접 관련은 없으리라고 추측하나 좀 연구하여 보기 전에는 확언할 수 없다."

---

84) Carpet Bagger는 미국 남북전쟁 이후 북부지역의 사람들이 남부로 이동하여 보물을 약탈한 데서 유래했다. "전 재산을 손가방에 넣고 다니는 사람, 선거구에 연고가 없는 입후보자"를 의미하기도 한다.

김현철 재무 "DLF와의 관련성 여부를 확인할 때까지(부흥부장관에 의하면 2~3일이면 한다 함) 당분간 보류하여 주기 바란다."

(주관부의 의견을 들어서 보류하기로 하였음)

3. 한글타자기(풀어쓰기) 통일 '글자판' 제정에 관한 건

최재유 문교 "모아쓰기 타자기의 글자판(keyboard의 자모배열 위치 결정)은 추후 제정하도록 하겠으나 국방부와 체신부에 머지 않아 도입될 풀어쓰기 타자기의 '글자판'은 지금 결정하여 주지 않으면 후일 변경하게 될 때 막대한 경비를 요하게 됨으로 이를 정하여 주려 한다"는 제안 설명.

(이것은 국무회의 의결사항이 아니므로 문교부 의견대로 하는 것에 찬동하는 것으로 하여 양해사항으로 처리하였음)

4. 농산물검사법 중 개정법률안

(농산물 검사법에 검사를 '누가' 하느냐 하는 것이 규정되어 있지 않으므로 농산물 검사소에서 하는 것이라는 것을 명백히 하고 그 지소와 출장소를 둔다는 것을 규정하는 안)

농림부 요구안대로 통과되었음(각하 재가 후 국회에 제안)

5. 교통부 복제 중 개정의 건 (대통령령안)

(교통부원의 제복 상의의 '백 벨트(back belt)'[85]와 '다스'를 없애는 안)

교통부 요구대로 통과함(각하 재가 후 공포)

6. 중앙행정기관 직제 통칙 중 개정의 건

(종래 문교부에만 둘 수 있게 되었던 '체육관(體育官)'을 내무부에도 둘 수 있게 개정―무술

---

85) 등 뒤에 붙여진 옷과 같은 천으로 만든 벨트.

교관을 배치하고자 하는 내무부의 계획에 수반한 개정)

법제실 원안대로 통과하였으므로 각하의 재가가 있으시면 전기 교관을 배치하여 경찰관의 무술향상을 기도할 것임.

제11회 국무회의

일시 : 1958년 2월 4일(화)
장소 : 중앙청

1. 류큐 독립 지원에 관한 건

이승만 대통령 "미국이 일본의 간계에 넘어가서 류큐를 일본에 내주는 일이 있어서는 안 될 것
이니 피차의 연락을 긴밀히 하고 친선사절 교환 같은 것을 공보실에서 연구하여 보
라."

2. 원자무기 도입에 관한 건

이승만 대통령 "여러 가지 애로가 있어서 심한 말까지 한 일이 있으나 결국은 동양에서 제일
먼저 원자무기를 가지게 되었으니 기쁘게 생각한다. 그러나 이것은 시작에 불과하고
앞으로 계속 노력하여 완전한 것으로 만들어야 할 것이다."

3. 원자원(原子院) 설치와 그 활동 상황에 관한 건[86]

이승만 대통령 "원자원은 어찌 되고 있느냐?"
최재유 문교
　　　① 원자 연구차 해외 유학 중인 학생이 금년 12월이면 약 20명 귀국할 예정이며,
　　　② 관계서적 5,000권과 '문헌복사 카드' 24,000장(매장 약 300항의 내용을 갖는 것임)

이 도착하였으며,

③ 원자연구소의 기지는 안양과 시흥의 중간지구에다 할 것을 고려 중이고,

④ 법령의 제정을 목하 추진 중인 바 국회의 현황으로는 조속한 시일 내에 통과될 것 같지 않으며,

⑤ 원료에 관하여도 그간 국방연구원에서 연구한 결과 '모나자이트'[87]에서의 분리에 성공하였으므로 광석의 수출중지 요구를 상공부에 제출하였으며,

⑥ 현재 미국에 유학 중인 학생 중 원자에 관한 것을 수득(修得)하고 있는 자를 대사관에 조사의 의뢰 중이며 특히 학비 부족으로 중도에 그만둘 곤경에 있는 자를 알아보고 있는 중이며,

⑦ 원자력 연구를 위한 유학생을 수많이 받아들이려고 하지 않는 상대국의 정책(미국의 예)도 있어서 기술자 확보에 시일을 요한다는 실정을 보고.

이승만 대통령 "유위한 청년학도를 선정하여 독일로 보내라. 이런 일에는 돈을 좀 써야 할 것이다. 법을 제정하는 것이 필요하다면 국무위원이 협력하여 국회를 상대로 추진하게 하라."

4. 공예품 생산기술 보급에 관한 건

문교 · 상공 "디한[88] 씨가 내한하였으므로 학교 강좌와 공예교습소에 강의를 부탁하여 가르치고 있다"는 보고.

---

86) 미국은 1955년부터 1959년까지 ICA기술원조를 통해 총 1억 '9,800'만 달러를 제공했고, 주로 국내 기술자들의 해외파견이나 연구경비 등으로 사용됐다. 송인상은 "미국의 원조계획이 한국에 남긴 것 중에서 가장 성공한 것은 기술원조 계획이었다"고 회고한 바 있다. 그중 원자력정책은 이승만정부에서 출발했다. 구체적 관심은 1954년 11월 미국정부의 한국과학자 파견 요청과 1955년 2월 유엔의 국제원자력평화회의의 초청장이 도착하면서 시작됐다. 특히 1957년 문교부 기술진흥국의 원자력과 신설은 원자력 전문인력의 양성과 원자력전문 행정기관을 창설하는데 기여했으며, 1958년 원자력법이 제정되었다. 이에 원자력원, 원자력위원회, 원자력연구소 등의 설립이 가능해지면서 원자력 행정체제가 구축되기 시작했다.

87) 모나자이트(monazite)는 토륨광의 일종으로 도색(桃色) 내지 갈색의 주상 또는 모가 난 단편으로 수지 모양의 광택을 가진다. 대량 산출되며 널리 사용되는 자원이다. "각국에서 상급비밀로 연구경쟁 원자력연료 「토리움」분석해내 우리 과학자들 손으로 성공 국내의 풍부한 자원 「모나사이트」서." 『동아일보』 (1960/08/01)

88) 디한(Norman Dehaan, 1927~1990)은 시카고 출신의 미국인 건축가이다. 유엔한국재건위원단 소속 건축자문가의 역할을 담당하였으며, USOM(United States Operations Mission, 주한미군 원조사절단)의 후원으로 1957년 가을에 한국공예시범소를 설립하여 1960년까지 한국 실정에 맞는 디자인을 개발, 국내외 시장개척, 산업체의 디자인 지도, 디자인 교육 후원 등 여러 사업을 전개했다.

이승만 대통령 "한국공예품이 어떻게 하면 '외국인의 취미에 맞을까?'를 연구도 하고 좋은 의견을 많이 가지고 있는 사람이며 동시에 자기 돈 벌 생각만 하는 사람이 아니고 한국 산업을 위하여 걱정도 하여주는 건실한 사람이다."

5. 수도 건설에 관한 건

이승만 대통령 "독일인들이 건설을 잘하여가고 있는 것이 부럽다. 시내 공지의 가건물을 짓고 있는 사람들은 정부가 명령하면 하시라도 철거하여 가도록 되어 있을 것이다. 서울시장에게 명하여 지가를 정하여 과한 가격을 받지 못하게 하라고 하였다. 조성철(趙性喆) 같은 사람은 사업을 알고 능력도 있는 사람이라고 생각한다. 국민에게 사업이라는 것은 무엇인가? 즉 '돈 만드는 법'을 좀 가르쳐 주어서 조모와 같은 실업가가 많이 나오도록 하여야 한다. 공보실장은 수도건설에 대한 이러한 사정을 시민에게 잘 알려야 할 것이다."

이근직 내무 "서울시내 작년도 건축실적은 1,763동이며 앞으로 대지로 사용할 공지는 약 69,000평이며 정부의 융자가 필요하다"는 요지의 보고.

6. 영등포 교통사고에 관한 건

문봉제 교통 (사고발생의 개황을 설명하고) "현재 그 원인을 과학적으로 검사 중이며 각하의 진념을 끼치고 국민에게 미안함을 금할 수 없음을 자성하고 처분만 기다린다"는 보고 겸 사죄와 인책 사임의 각오를 피력.

이승만 대통령 "공무원이 자기의 책임을 등한히 한 것은 엄중 처분하여야 하며 장관도 책임을 져야 할 것이다."

김현철 재무 "현 장관 취임 이래 교통부 사업의 성적이 많이 나아져 가고 있다"고 엄호하는 진언.

이승만 대통령 "앞으로 자신을 가지고 사고를 방지할 수 있나 없나를 말하여라(교통부장관에게)"

문봉제 교통 "종래에도 십분 주의하여 온 것이 이 같은 사고를 저질렀으니 여쭐 말씀이 없으나 제가 그 자리를 물러가더라도 금후 그러한 일이 다시 되풀이 안 되도록 그 원인을 철저히 구명하려 한다"고 답변을 드림.

김현철 재무 "현재 정부 각부에는 과거에 저지른 일이 현재 있는 장관의 책임으로 돌아오고 있는 일이 허다하다"고 다시 엄호.

7. 시중은행 금융사정에 관한 건

김현철 재무 "종래 시중은행은 그 융자의 대부분(1954년 78%)을 한국은행에 의존하여 오던 것이 현재는 상당히 감소(31%)되었으나 아직도 완전히 해결 못되고 있으며 한국은행도 과거 대판(大阪: 오사카)지점에서 대부한 것을 회수 못한 것이 있으나 일본에 거주하는 자들이므로 방책이 잘 서지 못하여 현재까지 해결 안되고 있다"는 보고 도중에.

이승만 대통령 "한국은행의 책임자가 누구이냐?" (김진형[金鎭炯][89]이라고 대답) "그런 은행이라는 중요한 책임을 지고 고리대금하는 것만 협조하고 있는 자들은 없애 버려야 한다(고 대단 흥분하시는 바람에 재무부장관이 그 이상 설명은 못하였으나 고리대금이라는 말씀과 현재의 총재를 처단하라는 말씀은 다소 오해하고 계신 것 같이 사료된다)"

김현철 재무 "이번 진보당사건을 보니 국내 기업가 중에 그들에게 자금을 융통하여 준 자들이 있는데 그런 자들에게는 융자는 물론 기타 여러 가지 방법으로 사업을 못하게 만들어 주려고 하나 세도가 당당한 자들인지라 그에 대한 부작용이 많을 듯하나 단호한 조치를 취하겠다"는 각오를 보고.

이승만 대통령 "필리핀의 '막사이사이'[90]는 미국 돈으로 당선되었다고 하나 그런 것이 선거에 영향을 주어서는 안 되며 공산당을 돕는 것은 물론 문제도 안 된다."

8. 각종 범죄발생 상황과 그 원인 및 대책 등에 관한 건

이근직 내무 "각종 범죄가 감소되지 않아서 걱정이며 그 내용 중 다음 각 항이 연구되어야 하겠다"는 보고.
(1) 십대 소년의 범죄의 증가(도의의 퇴폐)
(2) 제대군인의 범죄(취직난)
(3) 노동자의 범죄(임금 미불)

---

89) 김진형(1905~1982)은 1922년 부산공립상업학교, 1926년 일본 야마구치고등상업학교(山口高等商業學校)를 졸업하고, 조선식산은행에 취업해 1945년 이사로 승진했다. 1947년 조선환금은행 전무이사, 1948년 부총재, 1950년 한국은행 부총재를 역임했다. 1956년 제3대 한국은행 총재로 부임하여 1960년까지 5년간 근무했다.

90) 막사이사이(Ranmon Magsaysay, 1907~1957)는 1951년 퀴리노 행정부의 국방장관을 역임하고, 1953년에 퀴리노의 뒤를 이어 필리핀의 제3대 대통령에 당선되었다.

작년도 임금 미불 51억 9,300만 환 중 35억 5,900만 환은 받아주었으나 아직도 남아 있다는 보고.

이승만 대통령 "제대군인의 보도(輔導) 방법은 없는가? 10대의 범죄에는 도의교육이 불충분한 데 기인한다. 영화제작자의 주의를 환기하도록 하라. 물론 공맹지도(孔孟之道)를 준수하라는 것은 아니다."

손창환 보사 "제대군인의 직업보도에 주력하고 있으나 성과를 못 거두고 있다"고 보고.

최재유 문교 "전에 오륜삼강에 대한 각하의 담화가 영향이 좋았으며 각계에서 다시 한 번 말씀을 하여 주셨으면 하고 희망하고 있다"고 보고.

이승만 대통령 (유 비서를 향하여) "한가한 때에 말을 하여 주도록 하라"고 분부하심.

송인상 부흥 "기간산업은 투자에 비하여 고용되는 인원(종업원 수용능력)이 적으므로 금후 방침을 중소기업, 특히 수공업으로 나가면 실업자 구제에 일조가 될 것이며 노임 살포를 위한 대도로 공사를 실시함도 좋은 방책의 하나이고, 군을 감하는 것을 계획할 때는 반드시 제대자를 구제(수산 또는 취업)하는 길을 동시에 강구하도록 해야 할 것이라"는 의견.

이승만 대통령 "Very good… 최근 V.G.(베리 굿) 빈도는 부흥이 No. 1."

9. 미국인 홀트(Harry Holt)[91] 씨의 고아양자에 관한 건

손창환 보사 "현재까지 766명, 오는 3월에는 100명을 또 데려갈 것이 예상되며 특이한 것은 좋은 아이만 고르는 법이 없고 병난 아이도 데려가고 있는 것"이라는 보고(병중에 있는 것을 데려다 고친다고 데려갔는데 도중에 1명 사망)

10. 군경 유가족 수산장(授産場)[92]에 관한 건

손창환 보사 "범측물자 판매대금을 기금으로 하여 출발한 표기 수산장(授産場) 22개소 중 13

---

91) 홀트(Harry Holt, 1905~1964)는 6·25전쟁 시기 한국의 전쟁고아 8명을 입양, 기독교정신으로 양육하여 사회사업가, 의사, 교수 등으로 성장시켰다. 1956년부터 대한구세군 안에 사무실을 개설하여 미국으로 입양 보내기 시작했고, 1960년에는 재단법인 '홀트해외양자회'를 설립했다. 그의 사후 '홀트아동복지회'로 개칭되었다. 40년 동안 약 6만 6천여 명을 해외로 입양시켰다.
92) 직업훈련소를 말한다.

개소는 근근이 유지하여 가고 있으나 나머지 9개소는 손해를 보고 있으므로 그것을 매각하여 토지를 사서 영농이나 할 수 있게 하여 주려고 한다"고 보고(군경원호회에 쓸데없는 직원이 많아서 500여 명 중 약 절반인 245명을 감하였다는 것도 첨가하여 보고함)

※ 중앙청 회의는 성원이 안 되어 유회(流會)[93]되었음.

---

93) 예정된 모임이 어떤 사정으로 취소되거나 중단되어 개회되지 못했음을 이른다.

7. 해공항 검역소 직제 중 개정의 건

(종래에 동 검역소 설치 장소가 목포, 여수, 묵호의 3개소이었던 것을 '제주'를 추가하여 4개소로 하는 개정안인바 전원 이의 없이 통과함)

8. 공무원 전형실시에 관한 건

(농업교도사와 기술자의 전직에 국무원 사무국은 전형이 필요하다 하고 농림부는 필요치 않다고 주장하므로 이를 제정하기 위하여 국무원 사무국이 제출한 것인 바 각 부 장관의 구구한 의견이 있은 후 결국 다음과 같이 의결하였음)

"현직 농업관계 기좌(技佐)직[96]에서 교도사(教導師)[97]로 전직할 경우에는 당분간 전형을 다시 받지 아니한다." (이상)

---

96) 국가공무원 5급 기술직을 말하며 사무관에 해당한다.
97) 농림부 농사원에 딸린 3급 공무원. 농사 교도 사업을 기획하고 실천하는 업무를 맡았다.

제13회 국무회의

일시 : 1958년 2월 10일(월)
장소 : 중앙청 회의실

금일 회의는 원자력법안을 긴급 심의하기 위하여 소집되었던 것으로서 주로 동 법안에 관한 문제를 심의하는 외에는 간단한 정무보고로 끝을 마치었음.

1. 원자력법안

(현재 국회에 제출 중에 있는 원자력법의 정부안은 문교장관 소속하에 원자력기관을 설치하는 것으로 되어 있는 바 이는 대단히 미약한 기관이 되어 이 중대한 과업을 수행함에 충분치 못할 것이므로 동 법안을 철회하는 동시에 대통령 직속으로 원자원을 설치하는 법률안을 제출하자는 의견[문교장관이 주가 됨]이 있어서 논의한 결과 그대로[구 법안 철회, 신 법안 제출]하기로 하고 수정된 법안[별지]을 통과시켰음. 본 법안은 즉시 법제실에 의하여 즉시 대통령 각하의 재가절차가 취하여져 현재 관저에 진달되어 있음)

2. 억류자 송환업무 담당 각부 관계자의 행동에 관한 건

(본 건은 억류자 송환차 일본에 출장하였던 의료반원이 탈출을 계획한 일이 있었다는 외무부장관의 발언[지난번 국무회의 시]에 대하여 각 관계 장관의 실정조사 결과의 보고임)

손창환 보사 "의사는 경찰병원 외과과장 이일수(李日洙)[98]로서 도일에 앞서서 부산에서 구마

---

[98] 이일수는 평안북도 출신으로 경성약학전문학교를 졸업하고, 평양교통병원 원장, 남원도립병원 외과과장을 역임했다. 1959년 일본 구마모토대학(熊本大學) 의학부에서 "혈관의 알레르기성 변화에 미치는 상피

모토(熊本) 의대(자기 모교) 오처(吾妻) 교수에게 일본에 가게 되었다는 것을 타전한 사실이 있었으며 하관(시모노세키) 도착 시 오처 부처가 출영을 하였으나 본인이 상륙치 못하는 관계로 선내에서 면회한 일이 있었고 그 회담 내용은 학위논문 제출에 관한 것이었으며, 여권을 가진 외무부와 내무분 직원만 상륙하였던 바 귀선시간이 임박되도록 외출에서 돌아오지 않아서 출선 예정시간이 상당 경과한 후(하오 5시 예정이 하오 9시 30분에 OK출선)에 출발하게 되어 도중 태풍으로 곤란을 당하였다 하며 일부 관계자만이 외출하였다. 시간이 경과한 후에 주기(酒氣)를 띠우고 (거류민단의 접대) 귀선하였으며 그 결과로 출발이 늦어진 것 등으로 피차에 불화가 생겼던 관계로 그러한 보고가 된 것으로 생각된다"는 것을 보고.

이근직 내무 "의료반의 잘못은 없었다고 보고 받고 있다."

조정환 외무 "미안하게 되었다"고 사과.

3. 억류자의 처우와 귀환한 자들의 중상에 대하여

송인상 부흥 "귀국한 일인(日人)이 부산수용소에서의 처우가 나빴다고 중상하고 있다는 말을 들었으며 그 운영에 애로가 있다는 것도 사실인 듯한데 실정은 어떤가?" 라는 질문.

이근직 내무 "사실이다. 경비관계로 잘 하여 주지는 못하였다. 2,400만 환 예비비 요구에 800만 환 밖에 못 받았었다."

홍진기 법무 "대촌수용소[99]에서 우리 한인 피억류자가 사망한 일도 있으니 우리가 앞으로 할 일은 할 일이고 사실이 아니라는 것과 일본에 비하여 한국이 낫다는 것을 신문 방송을 통하여 공표할 필요가 있다"고 제의.

본 건은 논의만 되고 별다른 결론을 짓지 못하였음.

소체의 영향"이라는 논문으로 박사학위를 받았다. "이일수씨 웅본대학(熊本大學)서 학위논문 통과." 『동아일보』 (1959/11/06)

99) 대촌(大村)수용소, 또는 오무라수용소라고 불리며 한국인 밀항자들을 억류한 수용소이다. 1955년 주일대표부가 일본에 수용소 억류동포에 대한 석방을 요구했다. 1958년 1월, 2월, 4월에 오무라수용소 억류동포 69명, 66명, 251명이 석방되었으나 한국인들의 일본 밀항은 계속되었다.

4. 민법 공포에 관한 건

강명옥 법제 "민법안이 국회에서 이송되어 왔으므로 심의공포의 절차를 취하겠으며 공포에 있어서는 형법 공포의 예에 준하여 공포식을 하려고 하며 제정 공로자 표창도 동시에 하여 주었으면 한다"는 보고 겸 의견.

5. 선거 실시에 관하여

이근직 내무 "4월에 선거하려면 약 60만의 유권자가 빠지게 되며 이것을 야당이 정부 비난에 이용할 우려가 있으므로 5월 선거를 고려 중"이라는 보고.
　　　"선거인 명부가 4월 말일에 확정됨으로 5월 1일에 선거를 할 수가 있으며 내부적으로 그리할 계획을 연구 중에 있다"고 보고하고, "5월 1일이 메이데이(노동절)[100]와 상치 (相値)가 되나 상관없을 듯하다"고 첨가.

손창환 보사 "금년부터 노동기념일을 별도로 설정할 계획이므로 메이데이 행사는 없을 것"이 라고 보고(전기 60만 중에는 군인이 상당 다수인 바 이것은 작년에 선거가 없다고 하 며 군기관에서 보고(통보)－군 관계자는 군에서 일괄하여 선거인명부 등재를 요청하 도록 되어 있음－가 안 되었던 관계로 상당 인원이 현 명부에 누락되어 있음. 이것이 야당이 악이용할 시 곤란하지 않을까 하는 것임)

---

100) 1884년 미국 방직노동자들을 중심으로 시작된 국제 노동절. 1889년 제2인터내셔널 파리총회에서 5월 1 일을 노동절로 선포했다.

제14회 국무회의

일시 : 1958년 2월 11일(화)
장소 : 중앙청 회의실

1. 민법안 접수에 관한 건

강명옥 법제 "국회에서 이송하여온 민법안을 지난 2월 7일에 접수한바 정부안과 큰 차이 없으며 친족관계에 있어서도 대통령 각하의 의도가 반영되어 있다"고 보고.

2. 민법제정에 공로가 있는 이들에 대한 표창에 관한 건

홍진기 법무 "민법은 국가적으로 중요한 법률의 하나이므로 그 공포에는 형법공포 시의 예에 의하여 공포식을 거행하도록 하려고 하며 그때는 본법 제정에 공로가 많은 법전편찬 위원회 위원장 김병로(金炳魯),[101] 민의원의원 장경근(張暻根) 민법소위위원장,[102] 기타 민의원의원 약간 명에게 훈장을 접수하도록 함이 좋을 것이라"고 보고 겸 건의.

이승만 대통령 (비서를 바라보시며) "국무위원들이 이의 없다면 그대로 하도록 하라"고 분부.

---

101) 김병로(1887~1964)는 메이지대학, 주오대학(中央大學) 고등연구과를 마친 후, 귀국하여 보성법률상업학교 등에서 강의하였고, 1919년 경성지방법원 소속 변호사, 1923년 형사공동연구회를 창설했으며, 신간회 중앙집행위원장을 맡았다. 해방 후 한국민주당 중앙감찰위원장, 1948년 초대 대법원장, 1953년 제2대 대법원장을 역임했다.
102) 장경근(1911~1978)은 1936년 동경제국대학 법학부를 졸업하고, 고등문관시험 사법과에 합격하여, 1938년 경성지방법원 판사를 지냈다. 1948년 서울지방법원장, 1949년 내무부차관, 1950년 국방부차관, 1953년 한일회담 대표, 1957년 내무부장관을 역임하고, 1958년 제4대 민의원 선거에서 당선됐다.

3. 버스 추락사고에 관한 건

이승만 대통령 "버스가 추락하여 20여 명의 사망자를 낸 대사고가 발생하였는데 정부로서 무슨 조치가 필요한가?" 하시고 하문.

이근직 내무 "송아지와 농부로 인한 사고이며 동 버스는 정원 이하의 승객만 싣고 있었으며 운전사와 조수도 사망하였으니 다시 더할 도리가 없으며 회사에서는 피해자 측에 위자료를 지불하도록 되었다"는 보고.

이승만 대통령 "정원 초과가 절대로 없도록 관계 장관이 단속하라."

4. 도로정비에 관한 건

이승만 대통령 "도로를 신설하거나 수리할 경우에는 노폭을 증가하여 교통에 편하게 하라. 그리고 교량의 가설도 역시 견실하게 해야 할 것이다."

5. 상수도시설 확장에 관한 건

이승만 대통령 "상수도의 설비가 불충분하여 급수가 넉넉지 못하므로 시민의 생활이 불결하여진다. 서울은 인구 500만을 목표로 상수도시설을 해야 한다."

6. 재외공관 주재 무관 존폐문제에 관한 건

이승만 대통령 "미국에 있는 대사관도 좀 나은 것을 샀으면 하고 그 외에도 외화가 필요한 곳이 많으니 재외공관에 주재하는 무관을 안 두고 매년 거기에 요하는 경비 82,900불을 그런데 충용할 수 없는 것이냐?"고 하문.

김정렬 국방 "주재 무관의 임무를 역설하며 감할 수 없다"고 대답.

이승만 대통령 "영국은 혹 몰라도 대만 같은 곳에는 소용이 없을 것이다. 미국에는 미션103)을 두도록 하는 것이 좋을 듯하다. 후에 국무위원들이 의논들 하여 보라"고 분부.

---

103) 미션(Mission)은 파견된 외교대표의 의미로도 사용된다.

7. 외화 소비에 관한 건

김현철 재무 "외국에 초청을 받아서 간다 하더라도 항공운임은 우리 정부에서 부담하게 되는 바 그것도 한해에 상당한 액에 달한다"고 보고(이번 백 대장 케이스를 예로 들며)[104]

이승만 대통령 "기왕에 초청하는 바에야 항공운임도 초청 측에서 부담하라고 교섭하여 보도록 하라"는 주의.

8. 해운대 온천호텔 국유화에 관한 건

이승만 대통령 "표기건의 경위를 설명하라"고 교통부장관에게 하명.

문제봉 교통 "귀속재산이므로 그대로 두면 타개인의 소유로 되어버릴 우려가 있으므로 국유화한 후 위원회를 만들어서 경영을 맡기려 하는 것이며 그 사이에 수리를 위하여 상당한 액이 투자되었다"는 사정 보고.

이승만 대통령 "교통부에서 '호텔'을 가지고 있는 것은 좋은 점도 있을 것이나 관에서 하는 일은 잘 안 되는 것이 상례이니 그 점에 주의하도록 하라. 그리고 동래온천 여관업자는 투자는 않고 재산만 지키고 있으니 발전의 가망이 없다. 일정한 기일을 정하여 시설의 근대화를 단행하도록 하되 불응하는 자와 능력이 없는 자들은 재산을 내놓아야 할 것이다. 특히 변소와 목욕시설을 서양식으로 하라"는 분부.

9. 주택의 위생시설에 관한 건

이승만 대통령 (시내외 각처에서 불결한 생활을 하고 있는 것을 보신 이야기를 하시면서) "문화인다운 생활을 할 수 있게 잘 연구하여 보라"고 하시고 다시 "흙벽돌을 이용하여 소규모 주택건설을 하도록 장려하여 천막 판자집을 없애도록 하여야 할 것이다"고 지시.

---

104) 1958년 3월 8일 백선엽(白善燁) 육군참모총장은 미국 육군참모총장의 초청으로 방미하여 한국군의 현대화 문제, 병력 감축 문제 등에 대해 논의하고 4월 5일 귀국했다.

10. 외빈 접대장소에 관한 건

조정환 외무 "백운장(白雲莊)을 국유로 하여 외빈 접대장소로 썼으면 좋겠다"고 의견 품신과 아울러 각하의 의향을 타진.

이승만 대통령 "김모가 돈을 받고 권리를 팔았다고 하니 지금 와서 내놓으라고 하기가 곤란하지 않느냐"고 말씀.

오재경 공보 "그것은 귀속재산이며 일정(日政) 시에도 그러한 목적에 사용되던 것이며 일본식 가옥을 헐어내고 다소 보수하면 시내에 외인들 안내할 곳이 하나도 없는 현재 많은 도움이 될 것이라"고 재강조.

이승만 대통령 "당초의 조건대로 잘하고 있으면 할 수 없고, 그렇지 않으면 내놓으라고 할 수 있을 것이다"라고 연구과제로 남겨두시는 말씀.

11. 한은지점 폐지문제에 관한 건

김현철 재무 "한국상인이 거래가 제일 많은 것이 일본이며 동남아와의 관계를 고려하여 일본에 있는 한은지점을 폐지하는 것은 다소 곤란한 점이 있다"고 각하의 재고를 요청.

이승만 대통령 "아주 폐지하여 버릴 수 없다는 것도 일리 있는 말이다"라고 고집하시지 않으신다는 것을 표시.

12. 외인주택에 관한 건

송인상 부흥 "MAAG[105]에서 200만 불로 주택을 짓고 있고 OEC에서도 용산에 157호를 신축 중이나 50호 내외는 우리가 지은 이태원 외인주택에 들어있게 될 것이라고 OEC 측에서는 말하고 있으며, 만일 주택을 내놓을 경우에는 6개월 이전에 통보하여 주기를 바란다는 것을 OEC 측에 요구하였다"는 보고.

---

105) Military Assistance Advisory Group(수한미국군사원소자문난).

13. 민간인이 임대료 등으로 획득한 불화(弗貨) 취급에 관한 건.

이승만 대통령 "민간인이 임대료로 받은 불화는 수출불과 같이 취급하여 줌이 어떤지."

김현철 재무 (여러 가지 실정을 설명하고 곤란하다는 듯한 표정으로 말씀을 드리었으나 설명이 석연치 못함)

이승만 대통령 (반명령적으로) "아까 말한 대로 취급하는 것이 타당하다고 생각하니 이의가 없으면 그대로 하기로 한다"고 결정하시니 모두 이의 없음.

김현철 재무 "용역불(用役弗)만은 종전대로 하겠다"는 의견을 품신.

이승만 대통령 (별로 반대하시지 않으셨음)

14. 이민에 관한 건

이승만 대통령 "난민구제사업으로 이민을 연구하는 것이 좋을 것이다. 남미 등지와 미국의 플로리다 같은 곳을 대상으로 양 대사와 연락을 하여 보라. 양 대사는 전에 내가 한 말이 있어서 내가 이민에 반대하고 있는 것으로 알고 있을 것이다"라는 지시.

조정환 외무 "태국, 월남에도 갈 수가 있다" 보고.

15. 유학생 해외파견 경비 절약에 관한 건

이승만 대통령 "일인들은 유학생이 해외에 갈 때 자기나라 선편으로 가도록 하는 규정을 하고 있다. 우리도 유학생을 해외에 보내는데 경비를 절약하는 방도를 강구하여야 할 것이다."

16. 추경(秋耕) 여행(勵行)에 관한 건

이승만 대통령 "근래 농민이 나태하여 추경을 하지 않는다. 이를 여행하도록 지도하라"는 지시.

정재설 농림 "금년도 목표 60만 정보 중에 현재 48만 정보가 완료하였으니 서울 근방과 경기, 강원이 성적이 불량하다"는 실정을 보고(3월 5~6일 농사원 주최 독농가(篤農家) 표창에 추경도 심사종목이 되며 각하의 시상을 앙청하겠다는 것을 첨가)

17. 맥켈로이[106] 씨 내방에 관한 건

이승만 대통령 "미국대사급과 비등한 중대한 인물이다. 좋은 기회이니 한국의 실정과 우리의 요망을 잘 일러서 보내는 것이 좋을 것이다"는 주의 말씀.

김현철 재무 "국무성과의 모종 관계를 갖고 올 것같이 보인다"고 견해를 진언.

이승만 대통령 (이 말을 시인하시는 표정으로) "만나면 잘 말들을 하라. 특히 일본과의 관계는 우리가 잘못하는 것이 아니고 일인들 측에 과오가 있다는 것을 알게 해야 한다"고 거듭 주의를 환기하심.

18. 대만을 대하는 태도에 관한 건

이승만 대통령 "대만은 미 국무성의 조종을 받고 일본과 가까이 가고 있다. 공산주의가 물러간 후에는 중국은 대만정부가 지배하는 단일국가로 할 것이 아니라 여러 나라로 분할하게 하여야 할 것이다"라고 하시며 비밀에 속하는 사항이므로 지금 말할 단계가 아니라고 주의의 말씀을 첨가.

19. 사방공사 실시에 관한 건

이승만 대통령 "금년에는 근일 도입되는 드레저(dredger)로 한강을 준설하려고 한다. 그러나 산림이 녹화 안 되면 다시 매립되어 버리고 말 것이니 해빙되는 대로 사방에 착수하여 대대적으로 공사를 하여야 할 것이다"라고 지시.

※ 중앙청 회의

1. 민법 제정 공로자 표창에 관한 건

(1) 기초자며 법전편찬위원회 위원장인 김병로 전 대법원장에게 청조소성훈장을,

(2) 국회 심의위원회(민법소위원회) 위원장 장경근 의원에게는 황조소성훈장을,

---

106) 맥켈로이(Neil H. McElroy, 1904~1972)는 미국 아이젠하워 행정부 시기인 1957년 10월 9일부터 1959년 12월 1일까지 국방부장관을 역임했다.

(3) 전기 위원회 위원 중 특히 수고한 신영권(申榮權), 윤형남(尹亨南) 양 의원에게는 면려
　　(勉勵)포장[107]을 각각 수여할 것을 상신하기로 함.

김정렬 국방장관 훈격(勳格)[108]을 너무 높이면 장래 곤란하다.

오재경 공보실장 줄리면 건국공로훈장이어야 할 것이다.

이근직 내무장관 정부의 고급공무원에게도 포상을 받을 수 있게 국무원 사무국에서 연구하라
　　등등의 의견이 제출되었음.

2. 민법 공포에 관한 건 (법제)

(국회에서 계속되어온 안대로 공포하기로 함)

3. 귀속재산처리 특별회계 적립금 운용요강 (재무)

(국회에 동의를 요청하여야 할 것인바 별지 재무부 원안대로 통과하였음)

참고: 정부대부의 금리 중 주택자금과 중소기업자금은 작년 초에 '5푼(五分)'이던 것이 금년
　　에는 농업자금과 같이 전부를 '2푼'으로 통일한 외에는 별다른 안건의 변동은 없음.

4. 공무원 양곡 배분에 관한 건 (농림)

(공무원 양곡배급은 당분간 실시하지 않기로 함)

5. 재외공관 무관 존폐에 관한 건

(존치하기로 하고 그 인원 배치처의 증감은 외무와 국방의 양부에서 협의하여 정하는 절차
를 취하도록 하였음)

---

107) 근정포장(勤政褒章)으로 공무원 및 사립학교의 교원과 국공영 기업체, 공공단체 또는 사회단체의 직원
　　으로서 직무에 최선을 다하여 국리민복(國利民福)에 기여한 공적이 뚜렷한 자에게 수여한다.
108) 국가 발전에 뚜렷한 공로가 있는 사람에게 정부가 칭찬하고 장려하여 상을 줄 때 매기는 공훈의 종류나
　　등급을 의미한다.

일시 : 1958년 2월 14일(금)
장소 : 중앙청 회의실

1. 독립문과 탑동공원109) 보수에 관한 건

오재경 공보 "외국인 들어와도 구경할 곳이 없으며 남은 것마저 황폐하여 가고 있으니 시급
보수가 필요하다"고 역설.
(보수하기로 하고 구체적인 방안을 내무부와 문교부에 위임하기로 하였음)
참고: 본래 문교부와 내무부 소관인대 이 같은 결정은 하등 의미가 없는 일이지만 이것
으로서 다소간 격려는 되었을 것임.

2. 국회법 중 개정법률안 공포의 건 (법제)

(종래의 국회법으로는 선거일 후 20일 이내에 국회를 개회하도록 되어 있는 것을 임기 개
시[6월 1일] 후 10일 이내에 소집하도록 개정한 것으로서 이송되어온 원안대로 공포하기로
의결함)
참고: 총선거 후에는 현재 국회의원의 임기가 20여일 남아 있으므로 낙선된 의원이 국회
소집을 요구하고 장난을 할 우려가 없지 않으므로 그것을 방지하는 규정이 필요하였을 것이
나 이번 개정에 그것이 없으니 그렇다고 이것을 '비토'할 수도 없고 결국은 임시로 선후대책

---

109) 탑동공원(塔洞公園)은 탑골공원을 지칭하며, 탑공원, 파고다공원이라고 부르기도 한다. 서울시는 300만
환을 들여 공원 안에 팔각당의 석축을 고치고 동문과 북문의 기둥에 단청을 새롭게 하고 원내 건물의 헐
어진 기왓장을 교체하는 보수공사를 시행했다.

3. 민법 공포에 관한 건

강명옥 법제 "민법 공포 기일은 2월 22일이며 공포를 22일에 하도록 하고 공포식도 당일 거론
하려고 한다"는 보고 (전원 이의 없음).

4. 외빈 접대장소에 관한 건

조정환 외무 "외빈 접대할 장소가 없으니 백운장을 국유화하여 활용하는 것이 어떤가"라는 제
의.
(전원 그 취지에는 찬동하나 실시에 여러 가지 곤란한 문제가 있을 것이므로 외무, 재
무, 교통, 공보, 국무원 사무국으로 위원회를 조직하여 계획을 수립하여 제출하기로
결말)

5. 관광사업에 관한 건

오재경 공보 "귀빈 접대는 별도로 하더라도 일반관광객은 갈 곳이 없으니 정부에서 이것을 마
련하여 주어야 할 것이다"고 제의.
문봉제 교통 "결국은 적당한 장소라고 하여도 구황실재산관리사무국 소관 재산밖에는 없는데
현재 그 운영이 정부의 행정과 유리된 감이 있으며 수입도 별로 정부를 돕는 것이 못
되고 있으니 무의미한 것이다. 이것을 국무원 사무국이나 공보실에서 관리하도록 하
면 보다 효과적으로 쓸 수 있을 것이라"는 의견.
오재경 공보 (엽관운동을 좀 하련다고 농하면서) "구황실재산관리를 공보실 소관으로 하여 주
면 서울시민의 기분을 일신케 하여 줄 수 있을 것이라"고 장담.
(전원 이에 반대도 않고 '그러할 수 있을 것이라'는 것 같은 표정으로 이 문제도 전기
위원회에서 연구들 하여 보기로 하자는데 의견이 일치)

6. 조선대(造船臺) 구축비 예비비 지출에 관한 건 (재무)

(국방부 소관 해군 3,000톤급 조선대 구축비 50,567,200환을 재무부 소관 예비비에서 지출하는 안)

이근직 내무 "이런 것은 본예산에 계상할 것이지 예비비로 지출함은 부당하다"는 반대.

재무차관 "대통령 각하 특명이시니 하지 않을 수 없으며 기왕에 본예산에 계상 못한 것은 잘 못되었으나 이제 와서는 어찌할 도리가 없으니 예비비에서 지출하려 한다"고 사유를 설명.

(부득이한 일이라고 하여 금후는 추가예산으로 하도록 하고 이것은 원안대로 통과시 킨다는 조건부 결의)

7. 산업개발위원회 규정안 (법제)[110]

(부흥부장관 소속하에 정부조직법 제5조에 의한 조사연구기관으로 위원회를 설치하는 대 통령안[별지와 같음]으로서 일부 다음과 같이 수정하여 통과함)

수정

제1조 제2항으로 다음의 1항을 추가함.

"위원회는 전항의 조사연구에 관하여 부흥부장관에게 보고하여야 한다."

8. 귀재(歸財) 특별회계 적립금에 관한 건

지난번 국무회의를 통과한 표기 동의요청안이 대통령 각하의 지시에 의하여 일부 변경(농 업중소기업 부문 감액과 주택자금 부문의 증가)을 요청하는 바 이것이 발표되면 국회 특히 농 림분과위원회에서 시비가 생길 것이라는 예측 하에 그 대책을 논의하였으나 결론은 "농림부 장관의 처지가 어려울 것이나 부득이한 일이며 일면 세궁(細窮)의 주택문제가 다소라도 완화 된다면 국민은 차라리 이를 환영할 것이니 선거에 유리할 것이라"고 하여 그대로 버티고 나 가보기로 하였음.

---

110) 1958년 4월 부흥부 산하 산업개발위원회가 설치되었다. 1958년부터는 무상원조보다는 장기산업개발계 획에 대한 미국 측의 동의를 얻고자 했다. 산업개발위원회가 중심이 되어 1960~1966년 사이의 7개년 중 전반부 3개년에 대한 경제계획안이 1959년 12월 31일에 완성되었다.

단, 재무부 장차관이 공히 출석치 않은 중에 협의된 것이므로 기타에 무슨 또 곤란한 점이 있는지는 아직도 의문으로 남아 있음.

일시 : 1958년 2월 18일(화)
장소 : 경무대(전반), 중앙청(후반)

1. 구정(舊正) 폐지 권장에 관한 건

이승만 대통령 "내 자신이 국민에게 이중과세(二重過歲)를 하지 않도록 권장하여 보려다가 시
기를 놓치고 말았다. 대원군의 쇄국정책으로 인하여 30년간 지연된 것이 일본에게 욕
을 당하고 또 금일의 이 지경에 도달한 것이 항상 원통하며 또 문명국가치고 이중의
명절을 가진 나라가 없으니 시정하도록 국민을 지도하라."

2. 노동조합에 관한 건

이응준 체신 "국제체신 노조대표가 3월말 경에 내한한다 함으로 우선 형식적일 망정 체신노
조를 조직시킬 수밖에 없다"고 보고 겸 각하의 의향을 타진.
이승만 대통령 "조직하도록 해야 한다. 노동조합을 잘 지도하는 것은 반공의 견지에서는 극히
중요한 일이다. 노조에서 회관을 하나 가졌으면 한다는 말을 들었다. 큼직한 회관을
하나 마련하여 주고 서로 잘 단결하여 정부시책에 따라서 나가도록 하여야 할 것이
다. 농민을 위하여는 농업은행을 만들어 주었으나 노동자에 대하여는 아무 것도 하여
준 일이 없다."

3. 민법 공포식 거행의 건

강명옥 법제 "민법공포식을 오는 22일(토) 중앙청 광장에서 거행하기로 하였으니 각하의 임석을 바란다"는 보고 겸 품청.[111]

이승만 대통령 "그때의 형편을 보아서 참석하도록 하겠다."

4. 수리사업비 등 지출에 관한 국회의원의 요구에 관한 건

김현철 재무 "수리사업비 46억을 지출하도록 국회의원이 요구하고 있는바 이를 지출하면 정부경제 안정정책은 파괴되고 만다. 그러나 농림부에서는 이미 시공을 완료하였으므로 아주 그대로 방치할 수 없어서 15억을 지출하겠다고 하였더니 국회의원들은 이를 양해하지 않고 46억 전액을 요구하고 있으며, 도로, 교량 등의 토목비와 기타 또 동일한 이유로 요구하여온 것을 합하면 100여 억에 달할 것인바 자유당 의원은 이것이 선거에 지대한 관계가 있으니 그 전액을 영달하여 달라고 요구하고 있어서 진퇴양난의 처지에 있다"고 실정을 보고.

이승만 대통령 "예산은 법률과도 같은 것인데 당초 계상되었든 것을 집행하지 않아서는 안될 것이 아니냐."

김현철 재무 "당초 예산에는 계상되어 있었으나 긴축재정정책 실시로 일부 예산의 집행을 보류한 것 중에 들어갔으므로 농림부에서는 공사를 진행하지 말았어야 할 것을 시공을 하여버렸으니 지불을 하여야 할 것이나 지금 당장 거액을 일시에 방출하라 하니 통화팽창을 초래하여 수습할 수 없는 결과가 될 것을 알고 있으면서 이에 응할 수는 없다"고 다시 설명.

김일환 상공 (작년 초에 채택한 긴축경제정책에 대하여 좀 더 상세히 설명을 드림으로써 재무장관의 입장을 지원)

송인상 부흥 (국고 세입이 가장 긴박한 연초에 이와 같은 거액을 방출하라고 하면 통화팽창을 초래하게 된다고 재무부장관의 곤란한 처지를 변호)

이승만 대통령 "국회에서 정한 것은 실시해야 한다. 소정한 예산은 쓰고 정한 외에 것을 쓰자고는 말아야 할 것이다. 노동자의 노임을 56억이나 못주고 있는 것도 이것과 관련이 있는 듯한데, 대통령과 국무위원은 봉급을 받고 노동자들을 안주면 염려할 사태가 생

---

111) 윗사람이나 관청 따위에 여쭈어 청함을 의미한다.

기는 법이다. '수가재선(水可載船) 수가복선(水可覆船)'[112]이라 한다. 그들을 함부로 하지 말아야 한다. 선거는 잊어버리고 일만 공정히 하면 된다. 금년 예산은 형편 닿는 대로 지불하여 가게 하고 작년 지불할 것이 그대로 남은 것은 지불하여 주어야 할 것이다."

송인상 부흥 "경제안정을 위한 긴축재정에 재무부장관이 곤란한 입장이 되는 것은 세계 각국 예외 없이 공통적인 현상이며 이태리의 오스테리티(Austerity) 정책의 성공은 대통령이 재무부장관을 잘 보호하여 준 것이 키(key)가 되었다고 전하여지고 있으니 재무부장관의 처지를 이해하셔야 한다"는 진언.

김현철 재무 "선거의 승리도 정부로서는 중요한 문제이며 다수의 국회의원의 공격과 압력에 당하지 못할 것 같아서 진퇴문제를 생각하고 있다"고 비장한 각오.

이승만 대통령 "Do nothing, say nothing, be nothing[113]이다. 장관이 될 때 권력만이 자기에게 오는 것이 아니라 이러한 어려운 일과 사회의 비난과 중상이 자기에게 온다는 것쯤은 알았어야 할 일이다"고 일소(一笑)

5. 양잠 장려에 관한 건

이승만 대통령 "양잠을 장려하기 위하여 비료를 배급하여 주도록 하라. 한국이 아시아에서 3~4위 밖에 못 간다 하니 유감스러운 일이다."

정재설 농림 "재상용(裁桑用)으로 8,500~1만 톤을 배급하도록 계획 중"이라고 보고.

---

112) 성악설(性惡說)을 주창한 고대 중국의 사상가 순자(荀子: BC298~238)의 말로서 "물은 배를 실을 수 있고, 배를 뒤집을 수도 있다(水載舟 水覆舟)"는 말이다. 원전은 "군자주야 서민자수야(君子舟也 庶民者水也) 수즉재주 수즉복주(水則載舟 水則覆舟): 지도층이 배라면 서민은 물이다. 물은 배를 띄울 수(載)도 있지만 배를 뒤집을 수(覆)도 있다"는 뜻이다.

113) 어느 장관이 국회에서 정치적 공방에 시달려 곤혹스럽다는 말에 대통령은 장관이 될 때 권력만 오는 게 아니라 어려운 일과 사회적 비난, 중상도 각오해야 하는 것이라면서 "Do nothing, Say nothing, Be nothing이다"라고 말했다.

6. 비료 도입에 관한 건[114]

정재설 농림 "비료의 시중가격이 점점 올라가고 있으므로 이를 방지하기 위하여 자기 불(弗)로서 하는 상인의 비료도입을 허용하도록 함이 어떠하냐"는 품의.

이승만 대통령 (분명한 승인은 아니시었으나 장하다는 말씀도 않으셨음)

7. 동남아예술사절단 파견에 관한 건

오재경 공보 "오늘 18일 방송국에서 피로공연, 오는 22일 18시 인천 출항 예정"이라는 보고. "출항 전 일행을 각하께서 인견(引見)하시고 주의와 지시의 말씀을 하여 주셨으면 한다"는 품청.

이승만 대통령 "잠시 만나서 말한다고 무슨 효과가 있느냐. 종래에 보면 환영만 받고서 그대로 오는 수가 많은데 무엇이든 성과를 좀 거두어 가지고 오라고 잘 일러서 보내라."

※ 중앙청회의

1. KNA[115] 항공기 월북사건

(관계 장관의 보고)

이근직 내무 "여행 중에 일가족 전부가 탑승한 자가 있는 것과 조사결과 발견한 서류 등으로 보아 그들의 소행임이 거의 확실하다. 전기 가족의 가장인 김형(金亨)은 진보당사건 관계자 중 이북에서 공작금을 가지고 남침한 김환(목하 지명수배중)하고 동일인이 아닌가 한다. 계획적으로 한 행위이며 오열과 연락 하에 이루어진 것이 아닌가 한다."

김정렬 국방 "어제 외무부와 연락하다 못하여 자기 독단으로 휴전감위(休戰監委)의 Secretary

---

114) 1955년부터 1965년까지 비료수입 총액은 6억 9,017만 9,000달러로 전체 총수입액의 40%에 달했다. 한국정부의 비료공장건설 의지는 1952년부터 나타났고, 미국 측에 공장 건설에 양해를 구했으나 미국은 이를 지연시켰다. 1957년 4월 대통령은 달러 축적을 위해 금비도입 대신 퇴비 등 자급비료를 장려했다.
115) 1958년 2월 16일 오전 11시 30분 대한국민항공사(Korea National Airlines) 여객기 '창랑호' 납북 사건이 발생했다. 5명의 남파공작원과 월북동행자 2인이 합작하여 벌인 대한민국 최초의 항공기 공중 납치사건이었다. 창랑호는 국무총리 장택상의 호를 딴 최초의 민항사 여객기였으며, 총 38명이 탑승하고 있었는데 3월 6일 26명만 판문점을 거쳐 송환되었다.

Meeting[116]을 열어서 항공기의 반환과 탑승자의 송환을 요구하도록 의뢰하였다."

(이때 공보실장으로부터 판문점회의에서 북한측 대표가 우리측의 제의를 거부하였다는 무전보도를 접수하였다고 그 내용을 보고)

이때 여러 가지로 대책이 논의되었으나 다음과 같이 결론을 짓고 폐회하였음.

(1) 내무부에서는 사건의 조사 결과를 발표한다.

(2) 외무부로서는 UNCMAC[117]과 연락하여 항공기를 찾아오고 탑승자들이 돌아오도록 추진할 것.

(3) 국내 사후대책으로 다음과 같은 사항을 실시할 것.

① 반공태세의 강화와 간첩 색출의 철저.

② 항공보안의 강화.

　a. 필요한 항공행정법규의 정비.

　b. 탑승자 무기소지단속을 포함한 항공회사 업무 지도감독의 강화.

③ 대공감시의 강화.

④ 무기 불법휴대 단속의 강화.

---

116) 제1차 회의는 1953년 7월 28일에 개최되었다. 창랑호 납북 사건이 있기 전 1957년 5월 22일에 유엔 측 대표가 한국군 장비현대화를 통보하여 정전협정 13조 D항이 무실화된 상태였다. 사건 발생 전 1958년 2월 1일, 제80차 판문점 군사정전위원회가 개최되었고, 사건 발생 후인 2월 24일 제81차 회의에서 공산측은 유엔군 철수를 요구하기도 했다.

117) United Nations Command Military Armistice Commission(유엔군사령부 군사정전위원회). 1953년 7월 27일에 성립된 '한국군사정전에 관한 협정'에 의거하여 설치되었다. 정전협정의 실시를 감독하고 위반사건이 생길 시 협의하고 처리하기 위해 설치된 기구이다. 정전협정 위반 사실이 발생할 때마다 소집되어 전면전을 억제하고 정세 안정에 기여했다. 창랑호 납북 사건이 발생하자 국제적십자사와 군사정전위원회를 통해 억류 승객의 송환과 비행기 반환을 강력히 요구했으나, 승객 26명만 송환되고 비행기는 돌려받지 못했다.

제17회 국무회의

일시 : 1958년 2월 20일(목)
장소 : 중앙청 회의실

본 임시회의는 외무부장관의 요청으로 소집되어 당면한 대내외 문제를 논의함이 다음과
같음.

1. KNA 사태에 관한 건

이근직 내무 "비행장의 단속은 공군만이 하고 경찰은 들어가지 못하게 하는데 공항을 민간인이
사용하는 경우에는 경찰도 그 단속에 관여해야 할 것으로 생각되는데 국방부의 의견
어떤가. 비행기내의 단속은 기장에 일임할 것인가 또는 경찰도 이에 관계해야 할 것
인가?"

김정렬 국방 "못 들어가게 한 적은 없다. 단 비행기를 보호 수비하는 책임이 공군에 있으니 신
분을 분명히 하여 주면 좋겠다"고 답변.

문봉제 교통 기장(captain)이 하다 못하면 경찰의 협조를 받도록 하겠지만 지금까지 기장이 그
권한을 행사치 않고 또 의무를 이행치 않은 소치이므로 앞으로 그 철저를 기하도록
KNA측에 지시하였으며 일전부터 소지품 검사를 실시하고 있다는 보고도 받았다고
경찰의 기내단속을 거부.

(결론으로 내무, 법무, 국방, 교통 4부의 실무자회의에서 공항과 항공기내의 경찰권 행사
와 그 책임의 범위를 획정하기로 결의함)

2. 최근 국제정세에 관한 건

조정환 외무 "북한으로부터의 중공군 철수를 주은래(周恩來)와 김일성(金日成)[118] 합의성명으로 발표할 것에 대한 세계 여론이 여하한지 공보실장의 설명을 요청한다고..."

오재경 공보 "외무부에서 정보를 수집하여 주어야 공보실은 일을 할 수 있을 것이다. 다만 지난 해 가을 대통령께서 발표하신 담화를 다시 발표하도록 조치하였다"는 것을 보고한다고 답변.

김정렬 국방 "중공군이 철퇴한다 하여도 일주일 내지 10일간이면 다시 복귀할 수 있는 것이므로 군사적으로는 별 중요성은 없으나 철수한다는 것은 어디까지나 우리에게 이로운 것이며 한편 그것을 계기로 평화공세를 취할 것이 문제라면 문제일 것"이라는 견해를 피력.

송인상 부흥 "중공이 그 같은 말을 하게 된 이면을 자세히 알 수 없으나 다음 각항에 대한 전문가의 견해를 듣고 싶다"라고 질문.

(1) ECAFE[119] 회의 보고에는 중공의 경제산업에 상당한 곤란이 있다고 되어 있는데 그것이 사실이며 이번 북한 철수도 그것과 관계가 있는 것인지?

(2) 이북의 실태를 좀 더 자세히 알 도리가 없는지?

(3) 영국의 책동으로 참전 16개국 회의를 개최한다는데 영국은 중공군 북한 철수에 뒤이어 한국의 UN군의 철수를 공작하려는 것이 아닌지?

조정환 외무 "이 문제에 대한 세계의 흥미는 과연 실천할 것인가에 있다고 본다. 중공이 북한 철수를 운위하게 된 동기로는 다음과 같은 것을 추측할 수 있다."

(1) UN 가입과 차상회의 참가 교섭을 용이하게 하고

(2) 전투력 약화 등의 내부적 곤란을 선전으로 캄푸라쥬(camouflage)[120]하여 가려는 것. 외교계 일반적 관측으로는 한국과 동일한 실정에 있는 월남, 독일보다 먼저 통일

---

118) 김일성(1912~1994)은 만주 평성(平城)에서 소학교를 마치고, 1927년 지린유원(吉林毓文) 중학교에 입학하여 조선공산주의자청년동맹 활동하다 퇴학당했다. 1932년 중국공산당 입당, 1933년 동북인민혁명군 제3단 정치위원으로 활동하였다. 1940년 일본 관동군의 대대적 토벌작전이 시작되자 연해주로 탈출하였고, 동북항일연군은 소련 극동군사령부 휘하 제88여단으로 편입되었으며, 김일성은 1대대 대대장(營長)이 되었다. 1945년 8월 소련의 한반도 진군에 따라 김일성은 9월 19일 최용건, 김책 등과 함께 원산항에 상륙했고, 조선공산당 북조선분국 창설을 주도했다. 1946년 2월 북조선임시인민위원회 위원장, 1947년 2월 북조선인민위원회 위원장, 1948년 조선민주주의인민공화국 내각 수상으로 선임되었다. 6·25전쟁 당시에 군사위원회위원장과 인민군 최고사령관으로 군사작전과 전시동원체제를 총괄했다.

119) 1947년 유엔경제사회이사회의 상설기구로 설립된 ECAFE(Economic Commission for Asia and the Far East, 아시아극동경제위원회)는 제2차 세계대전의 전화(戰禍)를 입은 아시아 및 극동지역에서 전후복구 사업을 전개했다.

120) 시각적 관측을 기만하기 위한 모의 및 가장과 연출.

될 것이라고 생각들 하고 있느니 만치 중공도 이것을 알고 한국문제를 손을 떼는 대신 타면에 이익을 얻어 보려고 하는 것은 아닌가 한다.

김현철 재무 "단순히 생각할 문제는 아니다. 맥 로이 씨가 왔을 때에 중공군이 한국으로부터 철수하였을 때는 대만은 어떻게 되느냐고 미 대사에게 질문하는 것을 들은 일이 있다. 우리가 잘 알지 못하는 중에 그러한 문제가 대두되었는지도 모른다. 우리는 그러한 경우(북한을 인수하는 것을 말함)에 필요한 준비는 갖추고 있어야 할 것이다."

문봉제 교통 "중공이 UN에 가입하면 상임이사국이 되는데 미국은 한국문제와 중공 가입을 맞바꿀 것인가? 북한에는 원자무기가 있는가?"

김정렬 국방 "북한에는 원자무기는 없다고 생각한다. 다만 이제는 원자무기의 운반이 극히 용이하게 되었으니 어느 때든 '소련'이 주고 싶으면 가져올 수는 있을 것이다. 중공의 UN가입은 중대한 문제(대만문제도 포함)이므로 한국문제와 교환조건으로 할런지는 상당한 의문, 불가능에 가까울 것이다."

(다시 'KNA'로 돌아가서)

손창환 보사 "국제적십자위원회에 송환조치를 의뢰하였더니 즉시로 적극 협력하겠다는 회답을 받고 전보로 보낼 수 없는 피랍자의 명단을 우편으로 발송하였다(대한적십자사 총재로서 취한 조치)"

이근직 내무 "오늘 '데모'는 효과적이었다.[121] 어제 국회 여야대표와 의논하여 국회에서 이 문제로 정부를 공격하지 않도록 의뢰하였더니 금일 국회에서는 진상을 청취하는 정도로 그치고 말았다. 미국의 이에 대한 관심이 큰 것은 '강도'라고 규정한 것으로 알 수 있으며, 또한 미국정부로서 이것이 최초라는 것으로 추측할 수 있다."

오재경 공보 "오늘 데모 광경을 박은 필름의 '카피'를 보내달라는 의뢰가 왔다. TV방송에 쓴다고 한다."

---

121) KNA항공기납북사건을 계기로 하여 2월에는 1만 명에 달하는 서울시민들이 "공산강도들을 규탄"하는 "궐기대회"를 갖기도 했다.

일시 : 1958년 2월 21일(금)
장소 : 중앙청 회의실

1. 아래 대통령령안을 심의 통과함

(1) 무역위원회 규정

(2) 무역법 시행령

(3) 지방외자관서직제

(4) 경찰관복제 중 개정의 건

(5) 소방관복제 중 개정의 건

(6) 보건소법 시행령

(7) 토지과세기준조사법 시행령

(8) 교통기술연구청 직제

(9) 관광위원회 규정

2. 1958년도 내무부소관 민의원 선거비를 예비비에서 지출하는 건 (재무)

원안대로 통과함.

참고: 투표소를 부락 단위로 하는 것이 정부에 유리하나 근 3억 환이 필요하므로 유권자
1,000명당 1개소로 하기로 하고, 이에 따른 투표소 증설 3,087개소에 필요한 경비로
117,614,700환을 지출하고자 하는 것임.

3. 한국조폐공사 1958년도 수입지출 예산과 사업계획의 건

원안대로 통과함.

단 소액화폐는 금속제로 하는 것을 재무부에서 연구하기로 함(원안은 별책과 같음)

제19회 국무회의

일시 : 1958년 2월 25일(화)
장소 : 경무대(전반), 중앙청(후반)

1. 임 대사의 귀환보고

(1) UN의 주요한 화제는 비행기 납북사건과 주122)의 북한방문이며 그에 대한 일반적인 견해는 다음과 같다.

　① 비행기 납북사건… 공산당의 계획적인 행동으로 봄.

　② 중공군 철퇴… 당연한 일이며 UN군이 한국에 온 것은 공산군의 침략을 방지하는 것이 목적이었으니 중공군이 철수하면 UN군은 자연적으로 있을 필요가 없게 될 것이다.

(2) 미국이 경제원조를 주고 있는 국가 중 한국같이 효과적으로 활용하고 있는 곳이 없다는 말을 항시 들을 때 대단히 반갑게 생각하여 왔다.

이승만 대통령 "임 대사가 잘하고 있다는 말을 듣고 있으며 이번 한일회담을 주장하여 보게 하려고 불렀으나 아직 피차에 이야기를 못하였다."

---

122) 주은래(1898~1976)는 파리대학에서 정치학을 공부했고, 1922년 중국공산당 파리지부(支部)를 창설했다. 1936년 혁명군사위원회 부주석으로서 장정(長征)에 참가하였고, 국공(國共)내전의 정지와 항일연합전선의 결성에 힘썼다. 1949년 10월 중화인민공화국 수립 이후 공산당에서 지도적 위치를 유지하면서 1958년까지 외교부장을 겸임하며, 27년 간 총리직을 지냈다. 당시 언론은 주은래가 북한을 방문한 이유로 겉으로는 "중공군의 북한 철수와 2개군 사단의 남한 철수의 실현을 위한 철군 조약" 체결을 위해서였지만, 이면에는 "완전히 세력을 상실한 북한 내부의 소위 중공파와 연안, 중경 등지로부터 귀환한 일파들을 지원하기 위함이었다"고 보도했다. "주은래 북한방문의 흑막." 『동아일보』 (1958/03/03)

2. 납북비행기 송환요구 데모에 관한 건

이근직 내무 "전국적으로 일어나고 있으며 참가자수 약 108만. 데모는 당분간 계속될 것임."

3. 공무원의 국회의원 출마의 건

이근직 내무 "희망자 통계 121명, 그 중 당선 가망 있는 자에 한하여서만 출마를 허용(사표를 수리)할 작정임."

4. 춘궁기 노임(勞賃) 살포 계획의 건

이근직 내무 "건설사업비 중 노임으로 사용될 것은 약 73억, 그 중 25억을 춘궁기에 방출하여 공사를 실시할 계획으로 있음."

5. 방공과 설치안에 관한 건

이근직 내무 "감소될 줄 모르는 오열의 준동을 방지하기 위하여 치안국의 통신과와 각 도 경찰국의 통신과를 폐지하고 방공과를 설치하고 통신과의 업무는 경무과로 통합하는 것이 적책으로 보이는 바 각하께서 승인하시면 그대로 시행하겠다"는 보고 품의.

이승만 대통령 "국무위원들이 잘 의논하여서 하라." (기구 확대나 인원 증가를 가져주지 않느냐는 물으심에 내무장관이 인원 변경을 요하지 않는다고 보고)

6. 종교단체의 정치 관여에 관한 건

이승만 대통령 "퀸란[123]이 와서 교황이 대통령을 절대 신뢰한다는 것을 알고 있으며 천주교가 이번 선거에 장난을 않도록 엄중한 지시를 하였다는 말을 하고 갔다. 경향신문이 일시 좋지 못하게 굴어서 무슨 조치를 하려 하였더니 앞으로 그러한 일이 없을 듯하다."

---

123) 토마스 퀸란(Thomas Quinland) 주교는 1954년 4월 25일에 취임한 주한교황사절이다.

최재유 문교 "퀸란이 '천주교는 앞으로 종교와 교육사업에 치중할 것'이라는 함축성 있는 말을 하는 것을 들었다"고 보고.

7. 대만유학생 입국에 관한 건

최재유 문교 "김홍일(金弘壹)[124] 대사로부터 연락이 왔음. 전에 대만인 한국유학생 9명을 대학의 장학금으로 받아들이도록 약속이 된 것이 있는바 국제적 약속이므로 조속히 시행하는 것이 좋을 듯한 바 각하의 결정을 앙청한다"는 품의.

이승만 대통령 "약속한 것이면 하도록 하여도 무방할 것이다. 단 현재 중국학생을 받아들이는 것이 좀 곤란한 점이 있다. 장개석(蔣介石)[125]이라는 분이 아무래도 일본 유학을 한 관계인지 일본 아니면 못하는 사람이라는 것과 중국인들은 간 곳마다 밀수를 하여 치부하고 그 나라 주권을 좌우하게 되는 점을 잘 생각하여야 할 것이다."

8. 주택 건설계획의 건

손창환 보사 "귀속재산특별회계 적립금 중 60억으로 일반주택 9,100동, 고가주택 15동. 아파트는 일반의 수요가 없을 듯하여 연립주택으로 하기로 계획 중이나 자금이 들어와 봐야 할 수 있는 일이므로 지금 무어라 말할 수 없다"고 보고.

이승만 대통령 "국민이 싫어하더라도 아파트를 많이 지어야 토지의 절약이 된다. '자금이 들어오는 것을 보아야'가 아니라 거둬들여야 한다. 100억의 재원을 연구하여 이 계획을 활발히 하라. 국민 중에 자본을 가진 사람이 많이 투자하도록 지도해야 할 것이다."

손창환 보사 주택영단(住宅營團)의 운영실태

---

124) 김홍일(1898~1980)은 정주 오산학교를 졸업한 후 상해로 망명하여, 구국일보사 사장을 지내고, 한국독립군에 가담하여 1923년 조선의용군 부사령관을 지냈다. 중국혁명군에 가담하여 1945년 5월 중국군 중장으로 진급했다. 1946년 미국 중앙정보단(CIG)의 업무를 지원하기도 했고, 1948년 8월 귀국하여 육군사관학교 교장을 역임한 뒤, 1951년부터 주중대사로 활약했다.

125) 장개석(1887~1975)은 1906년 바오딩(保定)군관학교에 입학한 다음해 일본 육군사관학교에 입학했고, 1911년까지 일본 군대에서 근무했다. 1918년 쑨원(孫文)의 휘하에 들어가 주로 군사 방면에서 활약했고, 1927년 상하이정변을 일으켜 공산주의자들을 제거했으며 1928년 베이징을 점령했다. 1937년 제2차 국공(國共)합작으로 군 총사령관을 맡고 전면적인 항일전을 개시했다. 1946년 중국공산당과 내전을 개시했다. 1949년 12월 완전히 패퇴하여 본토로부터 타이완으로 정부를 옮겼고, 중화민국 총통과 국민당 총재를 지냈다.

(1) 관리하고 있는 건물 6,134동

(2) 부채 24억 환 이상

(3) 월수입 5억 8,600만 환 외 다소의 불화

(4) 미수금 25억 여환 외 5,400불

이상과 같으며 미수금을 독촉 중인데 말썽이 많다고 보고. (입주자에는 국회의원도 있음)

이승만 대통령 "임대료 안내면 내쫓아라. 국회의원 보고도 나가라고 하고, 선거 때문에 곤란하니 하는 말은 하지를 마라. 주택자금 100억은 최소한도 필요하니 만들어낼 궁리를 하여 보라."

김현철 재무 "추가예산으로 계상하도록 조치하겠다"고 보고.

9. 제주도목장에 관한 건

정재설 농림 가축 총 두수 688두(중우 448), 생산상황 : 송아지 12, 산양 53, 면양 23
건강상태 일반적으로 전보다 양호. 기타 폐사 우 12두(頭)(8월 수입분에는 사고가 없고 11월 수입분에 폐사가 생기고 있는 것으로 보아 도착 시기와 유관)
"현재 제주도의 축우는 약 30,000두. 그 중 1,000두를 올 봄에 2개월간 목장에 넣어서 교배케 하여 일대 잡종을 생산하여 볼 계획을 추진 중"이라고 보고하고 이어서 "전국의 축우 사육실정을 총수 97만 두, 연 생산 20만 두, 국내 육용우 수요 14만 두 외, 8군 수요 약 1만(12,000두) 두로서 연 약 5만 두씩 증가하여 가고 있다"고 보고.

이승만 대통령 "도살장 시설을 근대식으로 하라. 제주도 해변가에다 아이언우드(ironwood, 철목)를 많이 심도록 하고 '비자'나무 심는 것도 장려하고, '호텔'을 하나 지어서 관광객 유치에 편리하게 하라."

10. 제주도 시찰에 관한 건

김일환 상공 항만 기타 상공부 소관사항을 시찰한 보고(회의 마친 후 별도로 보고하기로 함)

11. 제주도 비행장에 관한 건

문봉제 교통 "지난 가을 미군으로부터 인도하여 활주로를 보수하여 지난 12월에 완료하였으므로 쌍발기가 착륙하고 이륙할 수 있다"는 보고.

12. 해양경비선 구입의 건

이승만 대통령 "일 어선을 추격할 수 있는 쾌속정이 필요하니 2척만 마련하라."

김현철 재무 "해무청 예산에 계상이 없어서 당장은 곤란하니 추가예산으로 하는 수밖에 없다"고 보고하고 "그러나 경비선 문제는 긴급히 해결해야 할 문제"라고 첨가 품신.

이승만 대통령 "국방장관이 허락한다면 우선 PT[126] 2척을 빌려 쓰고 그간에 반입하게 함이 어떤지."

김정렬 국방 (가부간의 대답이 없음)

13. 물가동향에 관한 건

송인상 부흥 "별 변동이 없으며 맥류가 다소 앙등하고 있으나 불원간에 PL480에 의한 것이 도착될 것이므로 염려가 없다"는 보고.

14. ICA의 외인직원 비용에 관한 건

송인상 부흥 "ICA에서 지금까지 미국인만 채용하던 것을 외국인도 채용하도록 방침이 변경되었으므로 고졸의 미국인 대신 저졸의 유럽인이나 한국인 기술자를 쓸 수 있게 되었다"는 보고.

김현철 재무 "결국 일본인을 많이 쓰게 될 것으로 추측된다"고 참고로 의견을 진술.

이승만 대통령 "덜레스가 있는 한은 그리할 것이다."

---

126) Patrol Torpedo Boat(쾌속 초계 어뢰정)의 약칭.

15. 은행에 관하여

김현철 재무 "대통령 각하의 은행에 대한 감정은 좋지 않으시나 사실은 물가조절에 공헌이 많다"고 보고.

이승만 대통령 "은행에서 스태그플레이션[127]을 한다고 하는데 어떠한가."

김현철 재무 "물가가 지금같이 안정되고 있으면 그런 일은 없어도 물가가 변동이 심하면 또 그러한 일이 나타날 것이지만 이것은 은행에서 하는 것이 아니고 은행의 대부를 받은 자가 하는 것으로 은행의 죄가 아니라"고 보고.

이승만 대통령 "은행예금을 장려하도록 하라."

16. 과학연구생 해외파견의 건

이승만 대통령 "과학을 연구할 학생을 독일에 보내도록 하라. 유럽 방면에 가는 것이 미국보다 나을 것이다. 미국에서는 특별한 것을 배울 수 있다 하더라도 동시에 못 쓸 것을 배우게 된다."

최재유 문교 "독일에 12명, 오스트리아에 6명을 파견할 계획으로 인선 중에 있다"는 보고.

17. 전기에 관한 건

이승만 대통령 "전기가 대단히 희미하니 조사하여서 고치도록 하라. 외국인에게 창피한 일이다."

김일환 상공 "송전시설의 불비(不備)이며 조속 선처하겠다"고 보고.

18. 도로 명칭에 관한 건

이승만 대통령 "시내는 물론 시외도로도 그 명칭을 정하고 이를 표시하도록 내무와 서울시에서 조치하라. 한 개의 길을 여러 도막으로 나누어 명칭을 달게 한 것은 불편한 일이다."

---

127) 스태그플레이션(stagflation)은 경기 침체기 중에도 물가가 오르는 현상을 의미하여 침체를 의미하는 '스태그네이션(stagnation)'과 물가 인상을 의미하는 '인플레이션(inflation)'을 합성한 용어다.

19. 도로 수리에 관한 건

이승만 대통령 "명동이나 남대문 근방 도로가 말이 아니다. 곧 고치도록 하되 수익자에게 경비를 부담시켜야 할 것이다."

※ 중앙청회의

1. 제주도개발위원회에 관한 건 (부흥 긴급 구두제의)

송인상 부흥 "대통령 각하께서 제주도 개발에 관하여 내리신 여러 가지 지시사항을 종합적으로 계획 실시하기 위하여 위원회를 구성하자"고 제의.

(재무, 농림, 부흥, 상공, 국방, 교통의 6부 장관으로 위원회를 조직하기로 의결함)

2. 3·1절 건국공로자 표창에 관한 건

독립기념사업위원회 추천을 별지와 같은 심사기준으로 심의하여 다음과 같이 의결함.

(1) 표창이라는 것은 잘잘못간에 불평은 있는 법이며 특히 선거를 앞에 두고 고의로 비난 선동하여 자기선전에 이용할 자가 있을지 모르니 가급적이면 8월 15일로 연기하실 것을 각하께 진언하여 볼 것.

(2) 3월 1일에 시행하실 각하의 방침이시면 일부를 다음과 같이 수정하여 서훈할 것.

이상재(李商在)[128] 금장 (위원회 복장(復章) 추천)

신익희(申翼熙)[129] 제외 (위원회 복장 추천)

---

128) 이상재(1850~1927)는 1867년 과거에 낙방하고, 박정양 집에서 문객 노릇을 하다가 1881년 박정양이 조사일본시찰단의 일원으로 참가했다. 1884년 우정국 주사가 되었으나 갑신정변 후 낙향했고, 1887년 초대 주미공사로 임명되자 1등 서기관으로 임용되었다. 1896년 의정부 총무국장에 기용되었고, 서재필과 독립협회를 조직, 만민공동회를 개최하였으며, 1902년 개혁당사건으로 3년간 복역하면서 기독교인이 되었다. 헤이그 만국평화회의 특사파견을 도왔다. 1921년 조선교육협회 회장, 1923년 소년연합척후대(보이스카우트) 초대 총재, 1924년 조선일보사 사장, 1927년 신간회 초대 회장에 추대되었으나 병사했다.

129) 신익희(1894~1956)는 한성외국어학교를 졸업하고, 일본의 와세다대학 정경학부에서 공부했다. 1917년 보성법률상업학교의 교수가 되었고, 최남선, 윤홍섭 등과 독립운동 방향을 논의했다. 3·1운동 후 상해로 망명하여 임시정부에서 내무차장, 외무차장, 국무원 비서장 등을 역임했다. 임시정부 내무부장 자격으로 환국하여, 대한독립촉성국민회 부위원장을 거치고 제헌의회 부의장을 지냈다. 1956년 민주당 공천으로 대통령에 입후보했으나 유세 중 병사했다.

일시 : 1958년 2월 28일(금)
장소 : 중앙청 회의실

1. 농업은행법 중 개정법률 공포의 건 (법제)

(전원 이의 없이 원안 별지대로 통과함)

2. 농업협동조합법 중 개정법률 공포의 건 (법제)

(전원 이의 없이 원안 별지대로 통과함)

3. 산업개발위원회 규정안 (법제)

(보수 규준과 겸무 직원의 수당에 관하여 부당하다는 국무원 사무국의 의견이 있었으나 원안대로 통과함)

4. 전시수당 지급규정 중 개정의 건 (법제)

(지난번 공무원 전시수당지급액 개정(증액) 때에 제외되었던 군 공무원의 전시수당을 타 공무원과 균형이 맞도록 개정하는 것임)
별지 원안대로 통과함.

참고: 이것으로 지금까지 양곡의 지급을 받고 있던 군 공무원도 현금으로 전액을 받게 되는 것임.

5. 공무원 보수규정 중 개정의 건 (법제)

(지난번 봉급 재조정시 차관의 봉급이 720환에서 810환으로 개정되었으나 당시 차관과 대등한 보수[봉급이 720환]를 받고 있던 중장의 봉급만이 종전대로 남아 있었으므로 이번에 이것을 차관과 동액으로 개정하는 것임)

별지 원안대로 통과함.

6. 공무원 보수에 관한 임시조치 중 개정의 건 (법제)

(전기 2개 규정의 개정에 수반된 필요한 개정)

원안대로 통과함.

제21회 국무회의

일시 : 1958년 3월 4일(화)
장소 : 중앙청

1. 국회로부터 이송하여 온 다음 법률안을 각각 공포하기로 하다.

(1) 민의원의원 선거법 중 개정법률안

(2) 참의원의원 선거법 중 개정법률안

(3) 지방재정 조정교부금 법안

(4) 건설업법안

(5) 구학교 조합재산 특별조치 법안

(6) 상표법 중 개정법률안

(7) 농산물검사법 중 개정의 건

(8) 우편저금운용법 중 개정법률안

(9) 원자력법안

2. 1958년도 경제부흥특별회계 보건사회부 소관 중앙의료원 건축비 예비비 지출에 관한 건

당초에 예산과목이 없는 것이었으므로 이를 신설하고 다음과 같이 지출하기로 함.

당초 예산보다 증액될 예산 464,921,000환.

기 지출분 135,221,000환.

이번 예비비 지출(1958.1.29. 운크라[130] 단장과 합의를 본 것임) 169,600,000환.

3. 선거법안에 관한 건

이근직 내무 (선거에 관하여 다음과 같은 요지를 보고)

    (1) 자유당의 공천

        ① 125명을 1차로 결정하였으나 일부만을 발표 (당 고위간부 관계는 발표를 보류)

        ② 내무부장관은 참고로 참석한 것이며 결정권은 없음.

           단 당무회의에는 전연 자료가 없으므로 내무부의 조사한 자료가 상당한 영향을 주고 있는 것은 사실. 내무부 조사는 상당히 정확(7중으로 조사)한 것을 종합하였으며 특무대의 조사와도 근사.

        ③ 당내 인물의 빈곤을 심사에서 통감.

        ④ 낙천자의 반당행위나 탈당이 문제.

        ⑤ 공천된 자 중 일부 가망이 없는 자가 있으므로 제2차로 공천되는 자 중에서 그 40%를 당선시킬 수 있어야 재적 과반수를 확보할 수 있을 듯.

        ⑥ 안전책으로서는 일부 지역의 무소속 포섭을 지금부터 착수하는 것이 선책인 바, 당 일부에서는 공천주의를 고집하고 있으니 50%선에 위험이 없지 않음.

        ⑦ 당무회의에서는 당성 희박한 자나 당원 외 인물포섭에는 절대 반대하고 있으나 공산당 기색 또는 우려가 있는 자와 협잡배로서 국민의 지탄을 받고 있는 자를 제거하여야 한다는 제의에는 전적으로 찬성.

        ⑧ 지금부터 다시 공천회의에 참석하러 간다고 보고하니 각부 장관은 각각 다음과 같은 의견을 당무회의에 반영시켜 달라는 것을 내무부장관에게 부탁.

        내무 이를 수락하고 공천회의장으로 향발.

  각부 장관의 의견과 요청

김정렬 국방 "지난해 가을부터 출마 계획으로 사임한 장교 56명 중 7명을 국방장관으로서 추천을 하여 보았으나 5명은 낙천, 2명은 준 낙천이 되고 있다 하니 10년 이상을 국가에 충성한 군인의 처우에 대하여 좀 더 고려할 필요가 있을 듯하다"고 소견을 피력(내무

---

130) UNKRA(United Nations Korean Reconstruction Agency, 유엔한국재건단). 1950년 12월 1일 유엔총회 결의에 따라 한국의 부흥과 재건을 위해 설립된 기구.

에 의하면 전기 2명 중 1명은 공천 내정되었다고)

김현철 재무 "군인 출마에 반대. 유능한 군인을 군내에 확보하고 국회 내에 군인블럭 생성을 방지하기 위하여 출마시키지 않도록 함이 가하다"고 주장.

(계획적인 군인의 집단 출마가 아니니 폐단은 없을 것이라는 국방의 설명)

조정환 외무 "자유당 정부는 표리일체로 순치(脣齒)의 관계가 있으니 중요 정책결정에는 정부와 협의하고 정부의 의견을 십분 짐작하여 주어야 한다는 것을 당무회의에 요청하여 보자."

송인상 부흥 "이권만을 찾아다니는 자들을 절대 배제하여 주기 바란다."

김현철 재무 선거에 중대한 관계가 있다고 하여 예산영달을 하라고 강박하고 있으므로 재무부장관은 자유당의 시책에 협력할 수 있는 자가 되어야 한다고 또 사의를 표명?

(선거관계로 각 부 장관을 괴롭히지 말라고 이 의장께서 지시를 하였다고 하니 앞으로 그런 일이 없을 것이라고 내무부장관의 위로)

4. 대통령 각하 월남 행차에 관한 건[131]

(각부 장관의 질문에 대하여)

조정환 외무 "아직 아무것도 결정된 것이 없다"고 답변.

5. KNA 창랑호 납치사건에 관한 건

조정환 외무 "미국과 서독에서 이북방송만을 믿고 대표를 판문점에 보내었다가 실패하였다"고 지난번 판문점회담에 관한 보고.

김정렬 국방 (외무부장관의 본 건 대책의 무계획과 무성의를 지적하면서)

"장관, 차관이 직접 연락에 당할 것이 아니라 외무부에 연락본부를 설치하여 피차의 연락을 긴밀 신속히 하도록 요망한다"고 제의.

(이에 대하여 외무부장관의 구체적 답변이 없었으므로 결과는 흐지부지)

오재경 공보 그간 이북방송으로 발표된 것을 보고.

---

131) 이승만 대통령은 1958년 4월 4일 남베트남 방문을 결정했다. 이후 한국과 남베트남은 양국 간 긴밀하고 정중한 관계를 다시 한 번 표시하고 공동의 적인 공산주의에 반대하는 우의와 협조관계가 이미 확립되었다는 공동 선언을 했다. 이승만 대통령 일행의 남베트남 방문은 1958년 11월 6일부터 시작되었다.

송인상 부흥 괴뢰의 이러한 불신행위를 규탄하는 정부의 담화라도 발표할 것을 제의.

오재경 공보 수세에 있는 우리 측으로서 시기상조라고 보나 의견이 다 그렇다면 연구하여보도록 하겠다고 수락.

결국은 다음과 같은 결정으로 일단락.

본 사건 해결책을 신중히 검토 수립하여 대통령 각하께 품신하여 지시를 받도록 하고 앞으로 발생하는 여러 가지 긴급한 조치를 검토하기 위하여 다음과 같은 소위원회를 조직하기로 함.

위원: 외무, 법무, 국방, 보사, 공보 5명

6. 충주비료공장 운영체 결정 요령에 관한 건

(상공부 제출 원안[별지와 같음]대로 통과함)

일시 : 1958년 3월 7일(금)
장소 : 중앙청

1. KNA사건 피랍자 귀환에 관한 건[132]

조정환 외무 "피랍자 26명의 귀환은 이미 보고된 바와 같다. 관계외 부(部)의 협조에 사의를 표한다."

이근직 내무 "납치의 경과는 당초 경찰조사에 나타난 것과 일치된다."

송인상 부흥 "이 사건을 정치적으로 대외선전과 대내반공의식 고취에 이용하도록 하기를 바란다."

오재경 공보 "내무부에서는 송환된 분들에 대한 조사를 간단히 하려고 하는데 검찰에서는 세밀히 하겠다고 하는 것을 들었다. 조사도 필요하지만 그들을 마치 죄인처럼 취급하는 것 같은 인상을 주기 말기를 바란다."

이상 논의가 있은 후 다음과 같이 의결함.

"대책위원(현재 외무, 법무, 국방, 보사, 공보)에 내무를 추가하여 6인으로 하고 본 사건의 사후처리와 이 사건을 정치적으로 활용하는 방안을 강구할 것을 위임하기로 한다."

---

132) 김동조(金東祚)의 회고에 따르면, 당시 "북한은 국제적 압력을 이기지 못해 판문점에서 납치인사를 송환하겠다"고 통보했으나 비행기는 돌려주지 않으려고 했다. 판문점 회의에서 북한 당국은 조선민주주의인민공화국 적십자회 위원장 앞으로 인수증을 쓰라고 요구했으나 한국정부는 "'DPRK'는 존재하지 않는 공산괴뢰집단이며 그들의 국호는 인정할 수 없다"는 입장이었다. 이에 대통령의 진해 체류 상황에서 김동조 차관이 책임지겠다고 언급한 후, 북한 측의 요구대로 인수증을 써주고 납북인사의 송환이 이루어졌다. 김동조. 2000. 『회상80년 김동조 전 외무부장관 회고록—냉전시대의 우리 외교』 서울: 문화일보. 96~98.

2. 자유당 공천 진행 상황에 관한 건

이근직 내무 "제2차로 60명을 내정하였으며 그 중에는 외부에서 의외로 생각할 만한 자도 몇몇 포함되어 있다. 아직 내정을 못한 50개소는 실로 곤란한 지역으로서 앞으로의 난항이 예상된다. 행정부를 '괴롭히는 자'는 공천 않기로 하고 있으며 지난번 제1차에 공천된 자중에 기고만장하여 서장을 중상하여 축출하려는 등 비도의적 행동을 하는 자가 있어서 공천취소를 고려중이다."

3. 다음 국회로부터 이송되어 온 법안을 공포하기로 함

(1) 소방법안(소방시설의 정비와 소방상 필요한 조치에 대한 소방관서의 권한 부여가 목적)
(2) 발명보호법안 (보조금 교부, '면세', 융자, 유사품 수입제한 등이 목적)
(3) 조선장려법안 (장려금 교부, '융자', 선박소유자 공제사업, 조선 및 동 자재생산에 대한 면세 등이 목적)
(4) 외자관리법안 (별지와 같음, 국회에서 일부 수정되었음, 중대한 변경은 없음).

4. 군인의 버스와 전차 무임에 관한 건

김정렬 국방 "군 하사급의 보수로는 전차, 버스의 운임을 지불할 수 없는 것이 현 실정이니 교통부와 상공부에서 무임승차할 수 있도록 조치하여 주기 바란다."
　　참고: 하사급 이하의 보수(월)
　　　이등병 360환
　　　일등병 476환
　　　상 　병 595환
　　　병 　장 720환
　　　하 　사 842환

문봉제 교통, 김일환 상공 "이 자리에서 결정하기 어려운 여러 가지 애로가 있다"는 것을 설명.
　　이상 논의 끝에 다음과 같이 의결함.

"관계부에서 협의하여 구체안을 작성 제출하기로 한다."

5. 대통령 탄신 행사계획에 관한 건

신두영 국무원 사무국장 작년도 행사 개황을 설명하고 좋은 의견이 있으면 제출하여 주기를 요망.

조정환 외무 작년 반도호텔 댄스파티는 좀 규모가 작았으니 금년(에는) 좀 성대히 하기를 요청.

　　이상 외무부장관 이외에는 별 의견이 없음으로 국무원 사무국에서 입안하여 오는 화요일 국무회의에 제출, 구체적으로 의논하기로 함.

　　진정할 기념품의 결정도 작년 예에 준하기로 추가 결의함.

일시 : 1958년 3월 11일(화)
장소 : 경무대(전반), 중앙청(후반)

1. KNA 납치사건에 관한 건

조정환 외무 "납치자 중 조종사 2명과 승객 24명 계 26명이 송환되어 왔다"는 간단한 보고.

손창환 보사 "정부의 명의로 한 것이 아니고 대한적십자사가 휴전위원회를 통하여 인수하였다"는 역시 간단한 보고.

이승만 대통령 "휴전위원들이 주고받고 하였지" 하고 하문.

조정환 외무, 손창환 보사 "그렇습니다"라고 대답.

　　　(물으신 말씀에 대한 대답이 된 것인지 의문)

2. 검찰의 선거대책에 관한 건

홍진기 법무 "선거를 앞두고 신선거법 운용에 관한 것을 연구 협의하기 위하여 근자 검찰관회의를 열 예정이며 각 청에는 선거관계를 전담할 검사를 정하여 놓도록 하려고 한다"는 보고.

이승만 대통령 "조봉암사건은 어찌 되었나?"

홍진기 법무 "현재 공판 중에 있으므로 앞으로 결정될 것이나 그 후 특무대에서 발견한 유력한 확증이 있으므로 유죄가 틀림없다"는 보고.

이승만 대통령 "이제 확증이 생겼으니 유죄이라면 전에는 증거 없는 것을 기소한 것 같이 들린다. 외부에 말할 때는 주의하도록 하라."

"각 부 장관이 발표하는 것을 보면 다 말하지 않는 것이 좋을 일을 발표하는 예가 있다. 발표한 것이 외부에 주는 영향을 생각하여 할 말을 다 하지 않도록 하라."

오재경 공보 "진보당 등록을 취소하였더니 행정소송이 제기되었으며 민중당 등록신청이 제출되었으나 지금 등록을 하여 주면 진보당원 일부가 합류할 것이 예상됨으로 선거 전에는 등록을 받지 않을 방침"이라고 근황을 보고.

3. 해외로부터 오는 우편사고에 관한 건

이응준 체신 해외서 오는 우편 속에 불화 현찰이 들어있는 수가 있다는 것을 알고 집배원이 이를 개봉하여 보고 묘지에 버린 사건이 발생하여 장본인은 체포 조사 중이며 관계 책임직원을 해면(解免) 또는 좌천시켰다는 보고.

이승만 대통령 "국가가 책임을 져야 할 우편사무에 이러한 일이 있어서는 안 된다. 발견된 것이 이것이지 발견 못한 것도 있을지 모르니 십분 주의해야 할 것이다. 외국에도 더러 뜯어보는 일이 없지는 않지만 있어서는 안 될 일이다."

4. 독농가(篤農家) 표창에 관한 건

정재설 농림 "농산 부문의 성적이 우수한 자를 모아놓고 회의도 하고 표창도 하였으며 일등에는 대통령상을 주고 상품도 '핸들 트랙터(handle tractor)'를 주었다"고 보고.

이승만 대통령 (상을 '트랙터[tractor]' 발견한 사람에게 준 것으로 아는 것 같이 사료) "상을 주는 것도 좋으나 그들은 상만으로서 만족하는 것은 아닐 것이니 발명을 한 자에게는 특허권과 전매권을 주어서 이익을 보게 하라"고 지시하심.

정재설 농림 "'트랙터' 발명한 자에게는 이미 특허권이 부여되었다"고 보고.

김일환 상공 "현재도 하고는 있으나 한층 철저히 하기 위하여 특허국장과 발명협회 회장을 ICA 계획으로 미국에 파견 시찰케 하고 있다"는 보고.

5. 원조자금에 의한 소모재 도입에 관한 건

송인상 부흥 "미국 불경기, 곡가가 20%~50% 하락, 비료가격도 저하하여 가고 있으며 일본산
이 유럽산에 의하여 압도당하여 가는 경향이 있으며, 동(銅)과 동제품은 대체로
20~30%, 심한 것은 40% 하락되었으며, 레이온양 봉도당(封度當)[133] 51센트가 46센
트로 하락.

이상과 같은 관계로 도입되는 물자의 양이 증가할 것이며 우리 업자들도 종래에 주로
일본을 상대로 하던 사람들이 유럽을 상대로 유리한 교역을 할 수 있게 발달하여 가
고 있다"고 개황을 보고.

이승만 대통령 "원료를 생산 못하면 유사시에 소용이 없다."

6. 외국무역에 관한 건

김일환 상공 "사과 1,000상자를 이태리 상인에게 팔게 되었다. OB맥주를 서독회사에 팔기로
한 바 그 회사는 이것을 동남아 일대에 팔 것"이라는 보고.

이승만 대통령 "우리 사람들을 보내서 직접 팔도록 해야 한다. 세일즈맨을 양성하도록 해야 한
다."

7. 정유공장 설치에 관한 건

김일환 상공 "필요한 조사를 진행 중"이라는 보고.

이승만 대통령 "밴 플리트 씨는 우리의 은인이다. 우리가 유류 때문에 곤란을 보았을 무렵 그
에게 전적으로 부탁을 하였더니 힘을 많이 들여왔다. 지금 그것에 관하여 우리 측에
다소 곤란한 점이 있다 하더라도 잘 연구하여 그를 곤란하게 만들어주지 않도록 유의
하여야 할 것이다."

---

133) 인조견(人造絹)을 뜻하는 레이온(rayon)의 가격을 봉도(파운드[pound]의 음역어) 질량 기준에 따라 보고
한 내용이다.

8. 충주비료공장 처분에 관한 건[134]

김일환 상공 "4월 10일까지 공고 입찰하고 5월 10일까지 제1차분을 납부케 하고(12억5,000만 환), 5월 20일에는 임시계약(가계약)을 체결하도록 추진할 계획인바 상기 절차를 밟을 동안 임시운영을 위하여 '운영회사'를 조직하고 상공부 직원으로 하여금 이에 당하게 하고 이에 필요한 경비는 은행에서 차입하였다가 본 회사에 편입하기로 한다"는 요지를 보고하고 가부의 지시를 품청. 겸하여 "나주비료공장 관계는 현재 지사(知事)와 연락 중"이라고 첨보(添補).

이승만 대통령 (가부간 말씀이 없으셨음)

9. 성환목장[135] 처분에 관한 건

이승만 대통령 "사기업으로 옮겨야 할 것을 신속히 처분하도록 해야 할 것이다. 성환목장도 매각(불하)하는 것이 좋을 듯하다."

정재설 농림 "축산시험장으로 사용하고 있으며 착착 건설이 되어가고 있으므로 이를 처분 않는 것이 좋겠다"는 요지의 보고.

이승만 대통령 (끝내 처분하는 것이 좋겠다는 의향이신 듯 한번 시찰을 가시련다고 말씀하시고 시기를 알아보라고 지시하셨음)

10. 엽연초(葉煙草)[136] 불하에 관한 건

김현철 재무 "품질이 불량한 엽연초를 불하하려고 하고 있으며 그 수량은 약 200만 불 상당량, 유럽 각국에서 이를 사가려고 하다 가격이 적당치 못하여 좀 더 연구하여 보는 중"이라는 보고.

---

134) 충주비료공장을 시작으로 국내 자본으로 나주비료공장을 건설했고, 울산의 영남화학, 진해화학을 연이어 건설하여 비료의 자급자족 체계가 추진되었다.

135) 한일강제병합 이후 1915년 성환읍 어룡리 일원 418만 7천 497㎡ 부지에 조성된 축산자원개발부는 성환목장, 축산시험장, 국립종축장, 국립종축원, 종축개량부 등 명칭 변경을 거쳐 2008년부터 성환종축장으로 불리고 있다.

136) 엽연초는 잎사귀를 자르지 않고 그대로 말린 담배를 말하며, '잎담배'로 순화해서 부르기도 한다.

11. 제주도 개발에 관한 건

이승만 대통령 "연초를 제주도에는 식재할 수 없느냐? 사탕무, 사탕수수, 귤(grape fruit), 비자 같은 것을 재배하게 하되, iron wood(철목)를 심어서 방풍(防風)을 하도록 하여야 할 것이다."

12. 회사 기타업체의 지도육성 방침

김현철 재무 "육성 가능한 것은 융자를 하여 주고 '가족회사'는 주(株)를 공매하지 않으면 융자도 않으며 회사라는 것을 취소케 하는 방향으로 나가려 한다"고 보고.

13. 도서의 영역 발간에 관한 건

이승만 대통령 "외국인이 읽을 만한 책이 없어서 일본서적을 들여다 본다고 한다. 한국의 역사와 문화를 정확하게 알려주려면 사실을 왜곡하여 저술된 외국서적, 특히 일본 것으로는 안 된다. 문교부장관이 이 점에 유의하야 할 것이다. 변[137])씨의 *Korean My Country*[138])도 좋으니 재간하도록."

오재경 공보 "변 선생의 책은 기왕에 재간되어 재외공관에도 보내었고 외국인들에게도 많이 주었다"고 보고.

14. 사방공사에 관한 건

이승만 대통령 "식목은 돈만 많이 들고 사실 효력이 적은 일이니 사방에 주력하고 식목을 하려면 잘 감독하고 이미 식재한 것을 죽지 않게 하여야 할 것이다. 농림부 이외에도 타

---

137) 변영태(卞榮泰, 1892~1969)는 보성중학교를 졸업하고 만주 신흥학교를 1회로 졸업했다. 1920년부터 24년간 중앙고등보통학교에서 영어교사로 봉직하고 1945년 고려대 교수가 되었다. 1949년 대통령특사로 필리핀에 파견되었고, 1951년부터 1955년까지 제3대 외무부 장관, 1954년부터 제5대 국무총리 겸임, 1956년 서울대 상과대 교수, 고려대 교수를 지냈다. 1953년 8월 8일 경무대에서 변영태와 미국 국무장관 덜레스(John Foster Dulles)가 '대한민국과 미합중국간의 상호방위조약'에 가조인했고, 10월 1일 워싱턴에서 변영태와 덜레스는 이 조약에 공식 조인했다.

138) 국제문화협회에서 출판된 변영태의 영문기고문과 연설문 모음집 *Korea My Country*를 가리키며, 한국어판은 『나의 조국』이다.

부가 이에 협력해서 하여 보라."

정재설 농림 "종래 내무부에서 협력하여 왔으며 현재도 신규 계획에 대한 것을 피차간에 협의 중"이라고 보고.

※ 중앙청 회의

다음 내무부의 보고 1건으로 산회.

1. 선거사무의 진행상황

이근직 내무

(1) 자유당 공천은 3월 15일 완료 예정.

(2) 강원도 수복지구 7개소를 합하여 14개구가 무공천으로 남을 듯.

(3) 중요 간부의 당선을 위한 정당간의 타협(barter)은 없을 것임.

(4) 180명 공천된 자를 검토한바 가능성 있는 자는 불과 101명, 기타에 대하여는 내무부에서 책임질 수 없다고 말하였음.

(5) 과반수 117명은 확보하여야 선거 후 무소속들을 끌어들일 수 있으며 만일 미달(1명이라도)할 때는 당 출신의원 조차 통솔하기가 곤란할 것이므로 국무위원 일동의 의견으로 다음과 같은 것을 결정하여 주면 좋겠다.

① 공천은 당선 제일주의

② 과반은 절대 확보하도록 공천

(사실, 성분, 기타에 너무 구애되고 있으며, 다소간 정실도 가미되어 애로가 없지 않다)

겸하여 다음과 같은 의견도 제출하여 보자고 결의.

종로 을구에 이중재(李重宰)[139] 씨

중구 을구에 이원순(李元淳)[140] 대신 이호(李澔)[141] 씨

---

139) 이중재(1925~2008)는 고려대 경제학과를 졸업하고 민주국민당에 입당했다. 제6대 총선에 민정당으로 출마하여 당선된 이후 제15대 총선에서도 당선되었다.

140) 이원순(1890~1993)은 보성전문학교 법과를 수료하고 1914년 미국 하와이로 망명하여 대한독립단 회장, 하와이 YMCA 회장, 1943년 대한민국임시정부 구미위원 등을 지냈다. 1947년 한인이민위원회 위원장에 피선되어 대한올림픽위원회(KOC) 한국 대표로 KOC가 국제올림픽위원회(IOC) 정회원이 되는데 기여했다. 이후 대한올림픽위원회 부위원장, 한미협회 초대회장 등을 역임했다.

141) 이호(1914~1997)는 1940년 동경제국대학 법문학부 법률학과를 졸업했다. 대학 재학 중이던 1939년 일

성북에 최규남(崔奎南)[142] 씨를 공천하도록.

(이상 결의를 갖고 내무부장관 용약(勇躍) 자유당으로 향발. 단 이원순 씨는 이미 내정된 것이므로 변경이 곤란할 듯하다는 내무의 의견)

본 고등문관시험 사법과에 합격했다. 1945년 11월 광주지방법원 장흥지청 검사, 1948년 서울지방검찰청 차장검사, 1949년 1월 내무부 치안국장, 1955년부터 1958년 2월까지 법무부 장관을 역임했다.

142) 최규남(1898~1992)은 연희전문학교 졸업 후 미국 웨슬리안대학에서 석사학위를 받았다. 해방 후 경성대학 이공학부 부장대리로 자리를 옮겼고, 서울대로 개편되면서 동대학 교수를 지냈고, 1952년 한국물리학회 창립대회에서 초대 회장으로 선출되었다. 1951년 서울대 총장에 이어서 1956년 문교부장관을 역임했다. 1958년 제4대 민의원선거에서 당선되었다. 1964년 한국과학기술원(KIST)의 설립준비위원장으로 활동했다.

제24회 국무회의

일시 : 1958년 3월 14일(금)
장소 : 중앙청 회의실

1. 선거에 관한 건

이근직 내무 (보고)

(1) 자유당 공천은 9개소를 제외하고는 완료

(2) 제2차 공천은 조만간 발표될 듯

(3) 기 공천자에 관한 조사에 의하면 과반당선이 가능시(可能時)

(4) 최규남 씨는 당초에 출마한다고 하더니 부인과 상의한 결과 않겠다고 사퇴

(5) 이호 씨는 지방민에 대한 체면으로 보아 영천 이외에서는 출마 못하겠다고 사퇴

(6) 이중재 씨는 종로 을구로 결정

(7) 전기 9개소에 관한 것은 이후에 계속 연구

(8) 선거법안을 위하여 대책본부 설치를 고려 중

(9) 공천취소가 필요할 시의 결정은 이 의장님께 일임하는 방향으로 구상 중

(10) 공천자대회는 25일 경

(11) 공천을 총평하면 일반적으로 성공적이나 원내에 치중 경향이 없지 않음.

2. 대한문교서적주식회사에 관한 건

최재유 문교 "어제 주주총회에서 정부가 전주(全株)의 51%를 가지도록 추진하였다"는 보고.

강명옥 법제, 홍진기 법무, 이근직 내무 "합법적인 처리는 현재로서는 곤란하니 이를 합법화하도록 하는 조치가 필요할 것"이라는 의견.

3. 정 농림장관에 관한 신문보도에 관한 건[143]

홍진기 법무 "본인의 말에 의하면 전연 알지 못하는 사실이라고 하니 속히 조사하여 일반의
오해가 없도록 조치하겠다"는 보고.

4. KNA 피랍자 조사에 관한 건

오재경 공보 "신문보도에 의하면 피랍인사가 이북에서 정보를 많이 제공하였다고 하는 조사
당국의 발표가 있었다고 하니 이러한 것은 발표 않는 것이 좋겠다"는 의견.
홍진기 법무 "입건 조사한 일도 없고 발표한 일도 없다"고 보고.
전원 (신문보도의 단속을 요망)

5. 남북통일 문제에 관하여

조정환 외무 "남북통일의 전망에 관한 확실한 것은 없다. 어제 서울발 외신은 아직 확인된 것
이 아니다."

6. 해외 우편사고의 사후조치의 건

이응준 체신 "당분간 해외우편물을 등기와 같은 것으로 취급을 하기로 하였다"는 보고.

7. 체신노조 결성에 관한 건

이응준 체신 "구성원은 노무직원에 국한하기로 하고 일반직은 제외하기로 하였다"고 보고.

---

143) 1958년 3월 13일 '장충단집회방해사건'이 발생했고, 배후 관계를 알고 있다고 한 정사교는 "내가 구속된
    것은 장충단 사건의 비밀이 폭로될까봐 정재설 농림부장관과 이정재씨가 잡아 넣은 것으로 생각된다"고
    주장하면서 사건이 확대됐다. "배후관계 아직 말 못한다." 『동아일보』(1958/03/21) '장충단집회방해사
    건'은 1957년 5월 장충단 공원에서 조병옥, 전진한, 김두한, 민관식, 장택상 등이 참가한 국민주권옹호
    투쟁위원회 주최로 열린 시국강연회에서 정치테러가 발생한 사건을 말한다.

8. 신문통신 사업용 단파무전 시설과 주파수 할당에 관한 건

이응준 체신 "치안상 지장이 있다고 내무부에서 반대하고 있으나 기술면에서 보아서 허가하여 무방한 것이라고 한다"는 보고 겸 가부 의견을 듣고자 함.

이근직 내무 반대

김정렬 국방, 문봉제 교통 "사실상 허가하지 않을 수 없는 것이며 허가하여도 별 지장이 없으리라"는 의견.

9. 신규 항로 개설에 관한 건

문봉제 교통 "KNA가 시험비행을 마치고 오는 20일부터 제주도-서울 간을 왕복하기로 할 것"이라는 보고.

10. 우편요금 후납규정 중 개정의 건

원안대로 통과함.

11. 귀속재산 공유화에 관한 건

(영등포 소재 현 국민학교 기지로 사용 중인 것을 공유화하려는 것임)
원안대로 통과함.

12. 1958년도 경제부흥특별회계 예비비 지출에 관한 건

(UNKRA 계획. 대전직업보도소 실습장, 기타 실업고등학교 실습장 건축에 부족액을 대충자금에서 지출하는 것. 금액 55,867,000환)
원안대로 통과함.

13. 재정법(財政法) 시행령 중 개정의 건

일부 수정 통과함.

14. 재정법 시행령 임시특례에 관한 건 중 개정의 건 (법제)

일부 수정 통과함.

제25회 국무회의

일시 : 1958년 3월 18일(화)
장소 : 경무대(전반), 중앙청(후반)

1. 육군참모총장의 방미활동에 관한 건

이승만 대통령 "백 대장이 방미하여 잘 활동하고 있으며 좋은 성과를 거두고 있다."

2. 미국 대한경원(對韓經援)에 관한 건

송인상 부흥 "미국의 대한 경제원조가 증가될 것이라는 일부 외신의 보도는 신빙할 만한 증거
는 없으나 한국에 대한 관심이 경제가 안정되기 시작한 후 많이 호전되고 있는 것만
은 사실이다.
(다시 중앙청 회의에서) 미국의 외원사업을 개관할 때 한국에 대한 원조는 비교적 양
호한 편이며 타국에서는 배미적인 경향조차 나타나고 있는 곳도 있다"고 보고.

이승만 대통령 "외국의 동향을 살피어서 연락을 하여줄 만한 사람이 가 있어야 한다. 특히 '워
싱턴'같은 곳에는 필요할 것이다."

3. 한강교 가설공사에 관한 건

이근직 내무 "현재 시공 중인 한강교 수리공사는 아치공사를 완료하고 예정기일인 6월 말 보다
40일 가량 일찍 완성하게 될 것"이라는 보고.

이승만 대통령 "준설기가 곧 도착한다고 한다. 한인들 중에 준설기를 하려는 사람이 있다는 말을 들었으니 알아보도록 하라."

4. 선거에 관한 건

이근직 내무 "자유당의 공천은 12개구가 남았으며 목하 심의 중"이라는 보고.

이승만 대통령 "선거에 '피를 흘리면' 미개한 국민이라는 소리를 듣게 된다. 주의하여 무슨 일을 하든지 그러한 일이 없게 하라."

이근직 내무 "공천에 있어서 특히 인재 빈곤을 통감하였으며 이것은 조직 당시의 편협한 사고방식에서 온 것 같으며 선거는 농번기를 피하는 것이 좋겠다는 점에서 5월 1일에 실시하려고 한다(각하의 재가가 있으면)"는 보고.

이승만 대통령 "농촌이 바빠지기 전에 하는 것은 좋다. 전에는 언제 선거를 하였느냐"고 하문.

이근직 내무 "5월 10일, 5월 20일, 5월 30일에 하였다"고 답보.

이승만 대통령 "공론을 들어서 해야 할 것이다" 하시며 별 반대는 않으셨음.

5. 중견 경찰관 양성에 관한 건

이근직 내무 "경찰관 중 대학졸업자 530명 중 성적이 우수한 자 50명을 선정하여 경찰전문학교에서 1년간 교육을 실시할 계획을 추진 중"이라는 보고.

6. 검찰의 선거대책에 관한 건

홍진기 법무 "어제오늘 양일간 검사장 회의를 하고 있다"는 보고.

7. 조봉암사건

홍진기 법무 "목하 재판을 하고 있는 중"이라고 보고.

이승만 대통령 "이 사건의 일반 여론은 어떤가."

홍진기 법무 "국민도 이 사건 처리에 성원을 보내주고 있다"고 보고.

8. 교통사업 수지에 관한 건

문봉제 교통 "매일 1억 환 이상의 수입을 올리고 있다"고 보고.

이승만 대통령 "도난을 안 당하여야 하는데…"

문봉제 교통 "전에 비하면 극히 적은 수량의 사고(도난) 밖에 없으나 아직 완전치는 못하다"고 보고.

9. 나주비료공장 주식 모집에 관한 건

김일환 상공 "현재 74.4%에 달하고 있으며, 오는 20일에는 완결될 것을 예상, 군인 유가족과 상이군인 대표들도 주식의 매수(취득)를 원하고 있다"고 보고.

이승만 대통령 "유가족들의 돈은 이를 모아서 주택 또는 '빌딩'을 건축하도록 하는 것이 좋다"고 하시며 본 사업에 개별로 투자하는 것을 불찬성.

10. 원자무기 기지에 관한 건

김정렬 국방 "강원도에 약 30에이커(ac)를 지정하여 온 바, 반은 전답이며 분묘가 약 50개 있어서 애로가 있으나 그대로 하여줄 수밖에 없다"는 보고.

11. 수리공사 진행상황

정재설 농림 "그간 성적은 양호하지 못하나 차차 나아가는 현상"이라는 보고.

12. 추경 실시 상황

정재설 농림 "목표 면적의 7할을 완료한 바, 전남·남북의 성적이 불량하다"는 요지.

이승만 대통령 "절대로 실시하도록 시켜야 한다."

13. 비료 배급에 관한 건

송인상 부흥 "농촌을 실지 시찰한 바 성적이 양호하였으며 미스터 원(MR. Warne)[144]과 함께 여행 도중 비료를 운반하고 있는 자에 대한 질문에서 만족할 만한 대답을 들었다"고 보고.

14. 상업은행 부정사건에 관한 건

김현철 재무 "과거 수년간 시금고(市金庫) 사무취급에 70,000,000환의 부정사건이 발생하여 목하 조사 중"이라는 보고.

15. 아편 밀수 적발에 관한 건

김현철 재무 "최근 KNA편을 통한 것 등 많이 발견되고 있다"고 보고.

이승만 대통령 "압수한 아편은 어떻게 하고 있나?"

김현철 재무 "보건사회부에 넘기고 있다"고 보고.

손창환 보사 "WHO[145] 규정에 따라 소각 처분하고 있다"고 보고.

이승만 대통령 "소각하여야 한다"고 재강조하시며 "군인 중에 아편을 하는 자가 없나?"

이근직 내무 "미군 중에 7명이 있다"고 보고.

김정렬 국방 "국군엔 그러한 자가 없다"고 보고.

이승만 대통령 (없을 것이라고 이를 긍정하심)

---

144) 우드의 후임으로 부임한 원(William E. Warne) 유엔군 총사령부 경제조정관은 한국의 장기 경제개발계획 필요성을 역설했다. "장기부흥 계획 원경제조정관 강조." 『경향신문』(1956/11/07)

145) 세계보건기구(World Health Organization)는 유엔 산하 기관으로서 사무국이 스위스 제네바에 위치해 있다. 대한민국 정부는 1948년 6월 24일 개막된 제1회 세계보건총회에 최창순 사회부 차관을 파견하여 대한민국의 세계보건기구 가입 지지를 호소했다.

16. 예금에 관한 건

김현철 재무 "학교의 신학기 수입금을 은행에 예금하도록 문교부와 협의하여 추진 중"이라는 보고.

이승만 대통령 "수입금은 전부 조사하여 예금하도록 시키라."

"협잡은 나쁜 사람만 하는 것이 아니고 학교 교육자도 하는 일이 없지 않으니..."

김현철 재무 "경찰과 검찰에서 함부로 은행의 예금을 조사 않아야 예금이 늘어갈 것"이라고 의견을 첨가.

이승만 대통령 "그것은 좋으나 일본이나 중공(中共)에서 오는 자금 같은 불순한 돈은 이것을 은행이 발견할 수 있는 무슨 도리가 있어야 할 것이다."

김현철 재무 "금년도 역시 작년과 같은 경제안정정책을 써가도록 하려고 한다"는 보고.

17. 외자도입에 관한 건

이승만 대통령 "곧 제정할 수가 없는가?"

김현철 재무 국회를 내무가 안 열기로 하고 있으니 4대 국회가 6월초에 열리는 대로 즉시 제출하려고 한다고 보고.

이승만 대통령 "가급적 속히 하도록 하여 보라."

김현철 재무 "외자를 중앙은행에서 취급하는 것은 국제관행도 불가하므로 외환은행을 설치하도록 하는 법도 동시에 제출함을 요청한다"고 보고.

18. 비료 도입에 관한 건

이승만 대통령 "다액의 외자를 소비하고 있는 비료 수입을 않을 방책은 없는가?"

정재설 농림 "비료를 사용하면 수지가 맞는다"고 알맞지 않은 대답.

이승만 대통령 "수입을 않기로 하고 보자"고 제의.

정재설 농림 "그렇게 할 수 없다고 주장하며 작년보다 10% 감하기로 하는 정도가 가하다"고 진언.

이승만 대통령 (분연히) "대통령이 한다고 공포하고 1/5만 들여오게 하라"고 지시.

19. 산림녹화에 관한 건

이승만 대통령 "철도변의 황폐한 상황은 실로 볼 수가 없다. 내무부에서 이번 봄 대대적인 사방공사를 하여 보도록 하라."

이근직 내무 "한강 상류 사방은 이미 농림부와 협의하여 성안(成案)되었다"고 보고.

이승만 대통령 (농림부라는 말에는 흥미 없으신 듯 묵묵)

※ 중앙청 회의

1. 절량농가(絶糧農家) 대책

이근직 내무 "절량농가[146] 대책이 불철저하면 선거에 큰 영향이 온다. 양곡대여에 특별한 주의를 요망한다."

2. 농업은행법 시행령 중 개정의 건 (법제)

(대통령령 개정안)

원안대로 통과함.

3. 농업협동조합법 시행령 중 개정의 건 (법제)

(대통령령 개정안)

원안대로 통과함.

4. 마약법 시행령 (법제)

(대통령령 제정)

원안대로 통과함.

---

146) 재해나 흉작 등으로 인해 양식이 떨어진 농가를 말한다.

5. 농림부직제 중 개정의 건 (법제)

(농업지도과를 기획과로, 농업경제과를 농업협동조합과로 하고, 분장사무를 조정하는 직제개정의 대통령령 개정안)

원안대로 통과함.

5. 물품세법 시행령 개정의 건

(개정의 취지 : 시발차(始發車)[147]의 세가 고율(100/100)이므로 이를 인하(5/100)하려는 것)

김현철 재무 "시발차 회사가 세금이 많아서 못 내고 있다."

조정환 외무 "국산자동차가 이용가치가 있나?"

김일환 상공 "물론 대부분이 국산으로 조립되고 있으며 상공부로서는 자동차공업 발전을 위하여 위원회의 조직까지도 고려중이다."

문봉제 교통, 김일환 상공, 송인상 부흥으로부터 유류절약을 위한 차량정비 대책의 필요성에 대한 발언이 있은 후 원안대로 의결함.

---

147) 1955년 최무성이 미군이 쓰던 지프의 부품과 4기통 엔진으로 조립한 국산차 1호 '시발(始發)'을 생산했는데, 1957년 광복 12주년 기념 산업박람회 때 최우수 상품으로 선정되고 대통령상을 수상하였다. 이후 한 달도 못되어 1억환 이상의 계약금이 들어와 공장과 시설을 갖추어 양산 체제로 돌입했으며 전국에 택시로 공급되었다.

일시 : 1958년 3월 21일(금)
장소 : 중앙청

1. 민의원의원 총선거 실시에 관한 건 (내무)

(제의 내용 : 선거기일 결정과 공고)

이근직 내무 "5월 1일은 메이데이(May Day)이므로 고려할 여지가 있으며 5월 2일은 야당은
물론 여당에서도 이를 찬성하지 않으며(이유는 없이 다만 5·2선거라는 것은 좀 이상
하다는 것), 5월 3일은 좀 늦어가는 감이 있으니 어느 날이 좋겠는가?"
(5월 3일이 무방하지 않으냐는 것이 지배적인 의견)
결국은 다음과 같이 의결함.
"내무부장관이 대통령 각하의 의도를 여쭈어 보고 5월 1일 또는 3일의 양일 중 적당한
날을 정하여 실시하도록 한다."

2. 일본어선 나포에 관한 건

김일환 상공 "일본어선 3척을 체포하였다."

3. 대일관계에 관한 건

조정환 외무 "일본이 다소 그 방침을 변경하여 가고 있다. 외무차관을 경질하고 무슨 적당한

이유만 있으면 회담을 재개하려고 하는 것이 보인다."

4. 군인 보수규정 개정에 관한 건

김현철 재무 "대통령 각하께서 부결하셨다. 예산영달은 하지 않았으나 국방부에서는 이미 실시했다는 것 같은데 경리상 곤란한 문제로 생각한다."

5. 농업협동조합법 시행령에 관한 건

김현철 재무 "대통령 각하께서 부결하셨다. 실지문제로 곤란할 듯하여 이 의장님과 상의한바 의장님께서 일단 재가하여 주시도록 진언하여 보신다고 하였다."

6. 투표구 증설 경비지출에 관한 건

김현철 재무 "내무부 요청으로 지난번 회의에 통과되었기에 예비비 지출을 품청하였더니 부결하셨다. 선거 전에 하지 말고 선거가 끝나거든 하라고 하시는 말씀이었다."

7. 나주비료공장의 주식모집에 관한 건

이근직 내무 주식을 전남지역 사람에게만 국한하여 버림으로써,
  (1) 물량 소화가 지연되어 기일을 연기하여야 하게 되었으며,
  (2) 장래의 생산품의 처분도 자연 전남 위주로 될 우려가 있는데 시정하는 것이 어떤지...

김일환 상공 "당초에 특수한 사정으로 그런 방법을 취한 것이며 충주비료공장 주식 모집의 경험으로 보아서 도리어 효과적이라고 생각한다."

이근직 내무 "50억으로 증자를 하여 25억의 주식을 전국에 소화시킬 방도는 없나?"

김일환 상공 "새로 또 하나 세우려고 하니 그때나 하여 보겠다. 그러나 이 주식들(나주의 주)도 전국적으로 분산되어 갈 것이다."

제28회 국무회의

일시 : 1958년 3월 28일(금)
장소 : 중앙청 회의실

1. 검찰의 폭력배 단속강화에 관한 건

홍진기 법무 "각급 검찰청에 강력부를 설치하고, 군경과 합력하여 그 근절을 기할 방침이다."

2. 구호물자 맥분 횡류(橫流)에 관한 건

송인상 부흥 "소맥분이 한 포대당 3,050환에서 2,800환으로 하락하였다. 구호물자로 나갈 소맥분이 시장에 흘러나간 것이 아닌가 한다."

김현철 재무 "현재 조사 중에 있다. 구호물자라 하여 면세된 것이 시장에 나와 돌아다니는 것은 불법이며 압수하여야 한다. 가톨릭계에서 종래에 그러한 일이 있었으므로 이번도 관계자를 불러서 주의를 환기하는 동시에 장부조사도 하였으나 확증을 못 얻고 있다."

이근직 내무 "구호물자 처분대금이 정치자금에 충용되고 있는 것 같다는 정보가 있다."

3. 선거일 공고에 관한 건

이근직 내무 "자유당에서 준비(등록금과 인쇄비 1인당 80만 환)가 안 되었다고 하여 연기하기로 하고 있다."

4. 제 법령안을 다음과 같이 통과함

(1) 연안수송선박 공제사업 보조금 교부규칙(법제)

(2) 사관학교설치법 시행령(별지)

(3) 육군첩보부대령(별지)

(4) 수복지구에 대한 농지개혁법 시행에 관한 특례에 관한 건

5. 다음 각항을 보고로서 접수함

(1) 제7회 세계보건일 기념행사 실시에 관한 건

(2) 미곡담보 융자금 회수에 관한 건 (2월부터 7월까지 회수예정을 4월부터 8월까지로 변경)

6. 비행장 질서유지에 관한 건

(1) 출영송자의 제한(외무 제의)

(2) 외국인에 대한 입국수속과 통관의 신속과 친절(공보 제의)

(3) 기체 가까이 가는 것의 금지(교통 제의)

실무자회의를 열어서 구체적인 방안을 강구하기로 한다.

일시 : 1958년 3월 31일(월)
장소 : 경무대(전반), 중앙청(후반)

1. 식목일 특수행사에 관한 건

정재설 농림 "오는 4월 5일 식목일에 서울시 주최로 국군묘지에 기념식수를 실시할 예정이며
　　　당일 각하의 임석을 앙망(仰望)한다"는 요지의 보고와 품청.
이승만 대통령 "대단히 좋은 일이다"는 말씀만 하시고 임석 여부에는 언급치 않으셨음.

2. UN묘지[148] 관리에 관한 건

이승만 대통령 "이에 대하여 어떻게 논의가 되여 가고 있는가?"
조정환 외무 "UN측에서 조건을 만들어서 협의하기로 되어 있다"는 보고.
이승만 대통령 "관리는 우리가 해야 하며 종업원의 치외법권은 허용될 수 없다. UN에서 돈(경
　　　비)도 좀 내도록 논의하여 보도록 하라."

3. 구호용 소맥분 횡류사건

김현철 재무 "시장에 범람한 구호용 소맥분의 출처를 밝히기 위하여 천주교구제회(기타 구호

---

148) 1951년 부산에 건립된 유엔기념묘지(United Nations Memorial Cemetery in Korea). 2001년에 유엔기념
　　공원으로 명칭이 변경되었다.

단체도 포함)의 장부를 검열하고 이를 압수하려 하였으나 거부하므로 봉인을 하였더니 미국대사관을 통하여 항의를 하여 왔으므로 미안하다고 사과하였다."

이승만 대통령 "검열에 있어서 봉인을 하는 것은 상례인데 사과는 무슨 사과냐"고 분연한 표정.

김현철 재무 "배급을 실수요자에게 해야 할 것인데 매각하여 교회건축비에 충당함은 부당하며 이런 경우에는 면세한 취지에 위반되는 것이며 현품을 압수하고 필요한 법적조치를 해야 하겠다고 생각하며, 특히 민주당 입후보자들에게 다량으로 배정한 것이 선거와 관련된 것으로 추측되어 철저한 조사가 필요하다"는 요지의 보고.

이승만 대통령 "교황의 특별지시로 정치에 관여치 못하게 되어 있는 천주교측이 여전한 일을 한다면 왜 선거에 관여하느냐고만 하면 그들은 아무 말도 못할 것인데 사과란 대체 무슨 사과냐"고 질책.

(본 건은 중앙청회의에 계속)

홍진기 법무 "소맥분이 유진산(柳珍山),[149] 이철승(李哲承),[150] 김상돈(金相敦)[151] 등 야당 입후보자에게 각각 다량이 배정되어 있을 뿐만 아니라 여당 의원(김상도, 金相道)[152] 등에까지 배정되어 있다"고 보고.

오재경 공보 "이것은 한국정부가 주도권을 가져야 하며 절차에 미비점이 있으면 시정하여야 한다"는 의견.

문봉제 교통 "여당 의원까지 거기에 신세를 진다는 것은 한층 더 큰 문제로 생각하며 밀가루 바람에 지조를 잃어버리는 자가 생기면 아니 될 것이다."

(이어서 부흥부장관, 보건사회부장관, 원호국장의 구호소맥분의 성격과 배정절차에 관한 설명이 있었으나 의견이 각각 구구[區區]요는 잘 모르는 것 같음)하여 다음과 같이 결말을 지음).

"외무, 내무, 법무, 재무, 부흥, 보사의 6부에서 실무자회의를 열고 검토한 후 대책을 수립하여 오는 금요일 정례회의에 제출하게 한다."

---

149) 유진산(1905~1974)은 와세다대학 정경학부를 중퇴하고, 1942년 만주로 망명, 충칭(重慶)에서 독립운동에 참가했고, 해방 때까지 농민운동을 했다. 1954년 국회의원 7선을 기록했고, 1970년 신민당 총재가 되었다.

150) 이철승(1922~2016)은 보성전문학교에서 수학했고, 제헌 국회의원에 출마했으나 낙선했다. 제1공화국 기간 야당 정치인으로서 3대 국회의원 선거에서 당선되어 7선을 기록했다.

151) 김상돈(1901~1986)은 1925년 일본 메이지대학 신학부를 졸업하고, 농촌 교화사업, 『조선일보』 기자로 활동했다. 1948년 제헌의원에 당선되었다. 4·19혁명 이후 초대 민선 서울시장에 선출되었고, 이후 신민당에 입당했다.

152) 김상도(1914~1986)는 와세대학 법문학부를 수료하고, 1950년 제2대, 제3대 국회의원선거에서 당선되었다. 1956년 감찰부장에 임명되었고, 1958년 제4대 국회의원선거에서 자유당 후보로 출마하여 당선되었다.

4. 국제의약협회 대표 내한의 건

손창환 보사 뉴욕에 있는 국제의약협회 대표 뚝 박사가 5월경 내한한다고 하는 바 양 대사 말에도 좋은 단체라고 하며 내한의 목적이 한국에 서적 등 기타 필요한 원조에 있다고 하니 중요한 내빈으로 취급하겠다는 보고.

이승만 대통령 (별 말씀 없으심)

5. 외인주택 임대료 사정에 관한 건

손창환 보사 "현재 준공되고 있는 신축 외인주택 대여에 있어서는 종전의 기준에 의하여 임대료를 사정하려고 한다는 보고와 동시에 무방하다고 하시면 보고만 하고 그대로 실시하겠다"고 승인을 품청.

이승만 대통령 "좀 더 받는 것이 옳겠으면 좀 더 받도록 하라. 일본에서 하는 일을 알아보아 참고로 하는 것도 생각해 보아야 할 것이다."

손창환 보사 "일본도 알아보았는데 현재 우리가 하고 있는 것과 대동소이한 모양"이라는 답신.

이승만 대통령 "반도호텔의 미스터 레벅(Mr. Rehbock)[153]과 의논하여 보라고 지시하시며 외인주택을 지은 것은 돈을 벌기 위한 것"이라고 강조하셨음.

6. 선거일 공포에 관한 건

이근직 내무 "5월 2일로 재가하여 주신 선거일의 공고를 오늘 하려고 한다고 보고하고 야당은 없는 것까지 조작하여 신문 공세를 취하고 있으며 여당의 낙천자의 반발이 예상되는 차제에 선거를 공정히 하고 여당 낙천자들도 공천된 자를 적극 지원하고 나가야 한다는 것을 유시로 내려주셨으면 결과가 대단히 좋을 것 같다"는 의견을 품신.

이승만 대통령 (아무 말씀도 없으심)

---

153) 이 인물은 Harald Rehbock로 추정된다. 그에 대한 구체적 기록은 나타나지 않으나 반도호텔의 매니저였으며, 관광과 관련하여 대한민국 정부를 도왔던 것으로 보인다. 당시 반도호텔에는 해외원조기관의 스태프들이 많이 거주했다.

7. 폭력배 단속에 관한 건

이근직 내무 "현재 단속을 강화 중이며 3월 28일부터 29일까지 만 1일간 취체한 건수는 2,253
건에 관련자 2,286명이며 앞으로도 계속하여 단속을 강화하여 가려고 하고 있다"는
보고 (참고: 그중 학생이 711명)

8. 기차용 외국산 석탄 사용폐지 연구에 관한 건

문봉제 교통 "국산 무연탄으로 가능하다는 것은 연구 결과 자신을 갖게 되었으며 각종의 경우
(동절기 등)에도 절대로 지장이 없도록 계속 시험 연구 중이므로 작년부터는 외국산
석탄을 사용치 않도록 될 것이나 피치(pitch)[154]에 관하여는 아직 성공을 못하고 있다"
고 보고.

이승만 대통령 "해야 한다. 석탄과 비료의 수입을 않으면 상당한 외화를 절약할 수 있을 것이다."

9. 외원(外援)에 의한 공장건설의 진행상황 보고

송인상 부흥 "현재 진행 중에 있는 96개 공장 중 19개소가 6월 말까지 완성될 것이며 40~50
개소가 12월 말까지 완성할 것인바 전기 19개소 중에는 신문용지의 85~90%를 공급
할 수 있는 제지공장과 페인트공장(외국산 못지않은 우량품을 생산할 수 있는 시설을
가진)도 들어 있다"는 보고.

이승만 대통령 "페인트는 옥외용과 옥내용을 구별하여 쓰도록 지도해야 하며 파디를 만들어
서 유리를 끼도록 하고 청와(靑瓦)도 만들어서 집들을 단장케 하라. 진해 별장의 청와
는 칠을 하는 것인데 이는 낭비다."

10. 외원 자금에 의한 선박구입의 부정에 관하여

송인상 부흥 "38만 불을 배정한 선박을 매각 착복한 사건이 발생하여 관계된 한인은 구속 문

---

154) 석탄, 목재, 그 외에 유기 물질의 건류에 의해 얻어지는 타르를 증류할 때 얻어지는 흑색의 탄소질 고형
잔류물의 총칭.

초 중이며 외국인(말은)은 출국을 금지하도록 외무부에 연락하였으나 본 사건은 한국 원조계획에 있어서의 최악의 오점이며 ICA에서 변상까지 요구하고 있다"고 보고.

이승만 대통령 "외국인도 우리 국법에 의하여 다스리고 있나?"

홍진기 법무 "우리 국민과 같이 취급하고 있다"는 보고.

이승만 대통령 (군정 당시 외국인의 횡포에 대하여 굽히지 않던 장택상(張澤相)[155] 수도청장의 말을 하시면서) "그래야 한다"고 강조[156].

11. 체신노조 결성에 관한 건

이응준 체신 "3월 24일에 체신노조의 결성을 완료하였으며 세계체신노조 대표가 4월 2일에 내한한다"는 보고.

12. 군 징·소집 성적에 관한 건

김정렬 국방 "내무부의 협조로 성적이 양호해졌으며 징집자는 일부 남아있고 예비사단은 98%의 성적에 달하고 있다"는 보고.

13. 원자문제에 관한 건

이승만 대통령 "실적이 어떤가?"

김정렬 국방 "소요 수의 8할이 도착. 탄두를 타국에 주려면 국회의 승인을 얻어야 하는 미국의 제도로 보아 탄두를 국군에 주는 것은 지연될 것이나 제트기 때의 예(4년간 타국에 안

---

155) 장택상(1893~1969)은 영국 에든버러대학을 중퇴하고 귀국했다. 해방 이후 수도경찰청장, 제1관구 경찰 청장에 취임하여 미군정기의 치안유지에 진력했다. 대한민국 초대 외무부장관에 발탁되었고, 1950년 제 2대 국회의원에 당선되었다. 1950~1951년 제5, 6차 유엔총회 한국대표로 참석했고, 1952년 국무총리 에 기용되었다. 1954년 제3대, 1958년 제4대 민의원에 당선되었다.

156) 장택상은 1947년 '부정부역상의 중국상인납치사건'을 조사하는 과정에서 "국교도 서지 않고 외국 위체 (爲替) 시세도 확립치 않은 오늘날 외국 무역이란 명칭 아래 물자를 수입하고 국내경계를 혼란케 하고 모리배와 요리업자는 다시 없는 시기를 만난 듯이 번창하며 동시에 범죄사상을 사회에 고취하는 경향이 넘쳐흐르고 있다. 경찰은 요리점에 출입하는 이들 부정 외국인과 조선인을 엄중 취체할 방침"이라고 밝 히며 외국인들의 불법적 무역범죄에 단호하게 대응했다. "부정무역상취체, 중국상인납치사건진상." 『경 향신문』(1947/11/21)

주었음)로 보아 멀지 않아 해결될 것으로 추측되며 탄두도 세계 여러 나라에서 만들고 있으므로 미국의 전매특허가 아니니 조속 해결될 것으로 보며 3월 중에 시험을 한다고 한다. 각하께서 진해에 가시기 때문에 연기하였는데 오는 4월 16일에 시험을 하자고 데커[157] 사령관이 말하고 있는 바 중공군이 일부 철수를 하고 있는 이때에 이 시험은 결과가 유리할 것"이라는 보고.

---

157) 데커(George H. Decker, 1902~1980)는 1957년부터 1959년까지 주한 유엔군 총사령관 겸 주한 미8군 사령관으로 봉직했다. (사진 자료 참고)

일시 : 1958년 4월 4일(금)
장소 : 중앙청 회의실

1. 국제우편물 검열강화에 관한 건

이응준 체신 "불법으로 외화를 반입한 것이 지난 1년간에 5만 불이었으니 이를 강화해야 하겠는데 각 방면에서 항의가 들어오고 있다."

김현철 재무 "재무부에 넘겨야 할 일이다."

이근직 내무 "외화가 들어오는 것은 무방한 일이 아니냐?"

송인상 부흥 "별로 도움이 되는 것이 아니니 법에 의하여 처단하는 것이 가하다."

　　　　결국은 내무, 재무, 법무, 체신의 4부에서 방지책을 성안 제출하기로 함.

2. 구호물자 횡류(橫流)에 관한 건[158]

손창환 보사 "지난번 회의 때 관계부 실무자회의에 위임된 표기의 법을 별지와 같이 보고한다. 그리고 1954~1957년의 3년 간 7개 구호단체에 의하여 도입된 물자는 157,351톤, 그 가격은 28,376,200불인 바, 그 중 천주교구제회 계통이 18,643,480불이며 전기 도입물자는 그 80%가 정부를 통하여 배급되고 나머지 20%가 구호단체에서 직접 배급한 바 이를 정부에서 다하지 못하는 것은 협약규정 때문이다."

---

158) 1958년에는 도입자재, 군수품, 수리자금 등의 횡류가 잇따랐고, 특히 군휘발유, 수재민 의연금, 군용작업복 등이 주된 항목들이었다. 1958년 국회 예결산위원회에서는 군수물자가 사령부에 도착하기 전까지 약 40%가 횡령된다는 보고가 있었다.

오재경 공보 "국가의 구호 사무가 이원적일 수 없다. 우선 협정을 개정하여 정부가 주도권을 갖게 해야 한다."

조정환 외무 "이치에 맞는 일이면 단행해야 한다."

3. 열차에 대한 투석사고에 관한 건

문봉제 교통 "최근 열차투석사고가 빈발하고 있으며 차의 부속을 절취하여 내장재까지도 도 난당하는 실정이니 관계 각 부의 적극적인 협조를 요망한다."

4. 외국인의 입국 · 출국과 등록에 관한 법률 시행령 중 개정의 법

(종래에는 인지를 첨부하던 것을 외무부에서 발행하는 수입증지를 첨부케 개정하는 것)
원안대로 통과.

5. 국방부 지리연구소령 안

(현재 부정확한 지도를 다시 만들기 위한 연구조사기관인 바 타에 소속시키기가 어려워 편 의상 국방부에 두도록 한 것이며 소장은 기감[技監], 과장은 서기급 1, 기정(技正) 2, 계 4명의 정규직원 외에는 군인으로 일을 하여 가도록 하는 설치안임)
원안대로 통과.

제31회 국무회의

일시 : 1958년 4월 7일(월)
장소 : 경무대(전반), 중앙청(후반)

1. UN한국위원회[159] 선거감시에 관한 건

조정환 외무 "UN한국위원회로부터 이번 총선거에 있어서 종전과 같이 시찰(Limitted Informal Observation)을 하겠다고 제의하여온 바 종전에도 그들은 이를 실시하여 그 보고에서 한국선거가 민주적으로 행해졌다는 것을 보고한 바 있으니 승낙해도 될는지?" 하는 품의.

이승만 대통령 "무방하리라"고 허락.

2. 민의원의원 입후보 등록상황에 관한 건

이근직 내무 4월 6일 하오 5시 현재 611명 등록. 아직 4일간이나 남아 있으므로 800 내지 900명에 달할 것으로 예상함. 등록자의 정당별 소속은 다음과 같음.

자유 188, 민주 171, 통일 7, 노농 4, 민중 3, 국민 2, 국민회 5, 농민회 2, 무소속 212.

이승만 대통령 "무소속을 없앨 수 없는가?" 하문.

이근직 내무 "자유당 낙천자가 입후보를 고집하고 무소속으로 출마하는 고로 여전히 다수가 되는 것이며 이번 선거에 제일 우려되는 바인 바 대통령 각하께서 자유당 총재의 자

---

159) UNCOK(United Nations Commission on Korea)는 1948년 12월 유엔총회 결의안에 따라 전신인 유엔한국임시위원회(UNTCOK)을 대신하여 설립된 위원회이다. UNTCOK은 5 · 10총선거 당시의 활동을 통해 대한민국 수립에 기여했다.

격으로 '그러한 일을 하여서는 안된다'는 말씀을 해주시면 이 혼란을 면할 수 있겠다" 는 보고.

이승만 대통령 "변심 많은 사람에게는 투표하지 말라고 해야 한다. 몇 마디 하라면 하기는 하 겠으나 그들을 양해시키도록 하여야 한다. 그리고 무슨 방법을 하든지 불온한 행동을 하여 문명한 국민의 명예를 훼손하지 않도록 하지 않으면 안 될 것이다."

홍진기 법무 "지방을 순시한 결과 사건은 겨우 4건이 발생(현재 조사 중이며 사건이 될는지 안 될는지도 의문)하고 있을 뿐 입후보자나 운동원도 각별히 주의를 하고 있다"는 보고.

3. 외국 원자학 관계자 내한의 건

최재유 문교 "미국 미시간 주립대학교수 일행이 내한(오늘 도착)하는 바 원자력 평화이용에 대한 협의를 위하여 부흥, 농림, 상공, 보건사회의 각 장관을 예방하도록 계획되어 있 으며, 50KW 원자로 도입문제도 논의할 예정으로 있으며, 잘 진행되면 전액 미국 보 조를 얻는 것도 가능할 것"이라는 보고.

이승만 대통령 "전국적으로 원자기술자를 모아보도록 하는 것이 어떤가. 지금 우리는 매우 중 요한 시기에 처하고 있으며 지금 같으면 무엇이고 하려면 할 수 있는 형편이니 이 기 회를 놓치지 말아야 할 것이며, 우리 국민의 재능이 타국인보다 탁월하여 단시일내에 이를 습득할 수 있을 것이라고 생각한다."

4. 통화사정에 관한 건

김현철 재무 "연말연시에 170억의 통화 공급의 증가로 일반에서 정부 긴축재정정책에 의혹을 가 져왔으나 지난 3일에 화폐발행을 90억 감축하였으므로 일반의 이런 오해는 해소되었다."

5. 정부관리기업체 융자금 이식면제에 관한 건

김현철 재무 "전업(電業), 해공(海公), 석공(石公)이 산업은행으로부터 차급한 이자를 갚아 가 기에 곤란한 실정이므로 이를 육성하여 가는 견지에서 이자를 면제하여 주도록 한은 총재와 협의는 되었으나 필요한 법 조치를 해야 할 것이므로 제4대 국회가 개회되는 것을 기다려서 절차를 밟으려 하고 있으며, 사기업(영창, 금성)에 있어서도 동일한 사정이 있으므로 이자를 감하여 주는 방안을 연구 중이며 시중 은행의 경우에도 이와 흡사한 실정"이라는 보고.

이승만 대통령 "내가 너무 여러 차례 말을 하니 머리에 잘 안 들어가는 듯하다. 은행은 돈을 낸 사람들끼리 해야 한다고 말해 왔다(상공부장관도 석공의 실정을 설명하고 허락을 요청하였으나 끝내 승낙치 않으셨음)"

6. 내년도 미국의 대한(對韓) 경제원조의 전망에 관한 건

송인상 부흥 "하원 외교분과위원회에서 2억 4,000만 불이 논의되고 있으며 미국대사와 천씨의 견해로는 작년(금년)보다 유리하리라고 본다"는 보고.

7. WHO 제10주년 기념행사[160]에 관한 건

보사(차)[161] "WHO 제10주년 동 한국가입 제7주년 기념행사를 오늘 실시하고 있다"고 보고.

8. 식목일 행사에 관한 건

이승만 대통령 "식목일에 식수한 수량 어떤가."

정재설 농림 3억 5,000만 내외라고 보고.

이승만 대통령 "묘목대로 지출되는 경비는?"

정재설 농림 12억 환.

이승만 대통령 "묘목대에 돈을 쓰지 말고 자라나는 수목의 보호에 그 경비를 쓰도록 몇몇 부에서 협의 선처하라(농림부가 주동이 되어서)"

---

160) 「대한민국의 세계보건기구 가입의 의의(1949.3.25)」에 의하면 WHO 가입이 한국에 미치는 의의는 다음과 같다. (1) 대한민국은 널리 세계 각국과 보조를 같이 함으로써 교의를 후히 하며 세계인류 공존공영의 미덕을 발양한다. (2) 세계 열강의 지도적 역량을 십분 우리 한국에 유도함으로써 국내 국민 보건문제를 선히 운영할 수 있다. (3) 우리 한국은 세계보건기구 헌장의 의무를 이행함으로써 국제보건문제에 대한 책임을 수행할 수 있다. 이선호(2014, 99~126)에서 재인용.

161) 당시 보사부 차관은 신효선(申孝善, 차관 임기: 1956.06.29 ~ 1960.05.09)이었다.

9. 특별지시 사항 (이원희[李元熙] 비서관이 따로 마련된 문서를 읽음)

(1) 외원(外援)에 의하여 자재를 도입하고 융자까지 받고도 아직 시설을 않은 것이 있다 하니 이것은 능력 있는 자들에게 시키도록 하라 (그런 방면으로 하고 있다고 부흥부장관의 보고)

(2) 상환양곡 미수분을 곧 징수하게 하라 (최선을 다하겠다는 농림부장관의 대답)

(3) 정부 양곡을 부정처분한 관리자를 엄중 처단하라 (현재 하고 있는 중이며 앞으로 강화하겠다고 농림부장관의 대답).

(4) 밀수품으로서 세관에 적발된 물자를 헐값으로 처분하고 있다 하니 시정하라 (부산에서만 공매할 때는 권력의 개입으로 부당한 가격으로 공매된 일이 있었으나 현재는 부산과 서울 2개 처에서 하고 있으므로 그런 일은 없으나 아무리 해도 염가로 밖에 팔리지 않는다는 재무 대답에 이어 상공부장관으로부터 실정을 잘 알지만 대부분이 직물로서 이를 국내 시장에 나오게 하면 국내산업 생산에 중대한 영향을 미치게 될 것이므로 신중히 고려할 여지가 있다고 국내에서 처분하는데 불찬성을 표시함에 재무부장관이 다시 이어서 이를 처분하지 못함으로 적발한 자에 대한 상금을 못주며 따라서 최근 수일간 적발건수가 격감되고 있으니 외국물자 시장유입은 매일반이라고 실정을 설명).

(별 결론 없이 이 정도로 끝).

(5) 예산은 시설에 관한 것 이외는 이월을 말도록 하라 (금년에는 이미 하지 않기로 하였다는 재무의 대답).

※ 중앙청 회의

1. 구호용 소맥분 횡류사건에 관하여

홍진기 법무 "지난번 이래 문제된 이 사건은 부작용만 남기고 그만둘 것이 아니고 현 협정 범위 내에서도 주무부에서 세밀한 보고를 받아서 시정이 필요하면 시정케 할 길이 터져 있다고 생각한다. 세관에서 문제화되기 전에 보사부에서 그 감독을 좀 더 철저히 하는 것이 옳다고 생각한다."

오재경 공보 (전에 일차 발언한 것을 재강조하고 배급체계의 일원화와 감독의 철저를 강조)

손창환 보사 "지난 국무회의 결정에 의하여 실무자 회의를 개최하고 그 협의 결과를 보고하였다고, 결국은 보사부에서는 잘하여 왔다는 것을 말하는 것 같은 인상을 전원에 주었음."

2. 밀수방지의 애로에 관하여

이근직 내무 "현 경찰력과 시설로서는 해안선을 완전히 감시할 수가 없다"고 초소도 없고 회중전등도 없는 해안경비경찰의 실태를 설명.

김현철 재무 "몰수한 물자를 못 팔아서 상금을 못주니 적발을 하지 못한다." (적발은 동업하는 밀수범이 이해관계로 밀고하는 것에 단서를 포착하는 경우가 대부분인 바 그들은 밀수 배당보다도 상금이 많아야 밀고를 한다)

오재경 공보 "백화점에 한국어를 하는 점원만 없으면 일본백화점이라 하여도 과언이 아니다. 국내 처분에 반대한다"고 강경한 의견.

송인상 부흥 "몰수물품을 제3국에 재수출 운운은 실지 문제로 불가능하다. 월남 같은 나라에 그런 법이 있는데 우리 세관의 벌칙이 너무 가볍다. 엄중한 법을 정하여 일벌백계의 용단을 내려야 한다."

이근직 내무 "법을 정하여 엄단하는 외에는 도리가 없다. 넓은 해상에서 물물교환하는 밀수배의 하는 일을 경찰이 단속키는 어려울 것이다."

제32회 국무회의

일시 : 1958년 4월 11일(금)
장소 : 중앙청 회의실

1. 민의원의원 입후보 등록상황에 관한 건[162]

이근직 내무 개황을 설명하면

(1) 등록은 사고 없이 완료(경향신문에 보도된 6건도 사실과는 차가 많은 보도)

(2) 무투표당선이 7개구(자유당 6, 무소속 1 [장택상]) 앞으로 이 의장님 출마구도 무투표를 예상

(3) 이 의장님 선거구 변경

(이유)

① 본인이 불유쾌하게 생각하는 것(세간에 오해가 있어서)

② 조직은 잘 되어 있으나 고정표 이외에 부동표에 만표 이상을 기대하기 곤란한 것

③ 의장님이 자신의 선거에 시간을 쓰다가는 자유당 입후보자 전체의 선거 지도에 지장이 있을 것

④ 이천은 선영이 있는 곳으로 구민의 요망이 열렬하였던 것

(결과)

① 그간 의장님의 덕을 본 사람들이 섭섭하게 여기는 동시에 김에 대한 감정(증오감) 고조되어 가고 있음. 따라서,

---

162) 당시 국회의장 이기붕은 서울 서대문구 출마를 포기하고 경기도 이천에서 입후보등록을 마쳤다. 이천의 자유당 중앙위원인 이정재(李丁載)와 민주당 후보자가 등록을 취소하여 이기붕은 무투표 당선이 확정되었다.

② 최규남 씨에 대하여 전에 의장님에게 오게 되어 있던 이상의 표가 올 것을 예상함.

김현철 재무 "내무는 선거에 책임을 지고 있다고 하면서 소위 No. 2 맨의 입후보지를 변경하게까지 해놓고 무슨 책임을 다하였다고 하는가? 3분지 2선을 목표로 하는 대정당의 지도자가 부산에서 쫓겨났다는 것이 전국민에 주는 영향을 생각하지 않는가? 또 기왕에 그렇게 하려면 일찍부터 시작하지 막다른 날 변경하지 않으면 안 되게 만들어 놓고 자유당 당무위원들을 어찌 생각하는가? 이 선거만이 문제가 아니라 국가의 장래가 걱정이다."

(언쟁 비슷이 되어 재무가 극도로 흥분함에 국방, 공보, 교통이 각각 선의의 해석으로 중재 역할)

오재경 공보 "외국의 예로 보아도 당의 중진은 도시에서 출마 않는 예가 많은 바, 이는 전체 선거를 지도하기 위함이라고 생각한다. 등록 직전에 변경한 것 같으나 이것은 사전에 준비된 것을 전략상 발표 않은 것으로 해석할 수 있을 것이다."

문봉제 교통 "일반의 이 변경에 대한 해석은 자유당에 플러스(+)가 될 것이다."

김정렬 국방 "상대자도 약한 자인데 세간의 오해를 사가면서 싸워야 할 것인가에 대한 고민이 많으신 것으로 생각되며 처칠[163] 같은 사람의 예도 말씀드려서 변경하시는데 대해 너무 상심마시도록 진언한 바 있다. 전쟁은 '가장 쉬운 방법으로 꼭 이겨야 한다.' 이 점에서 잘하신 일이라고 나는 생각한다."

이근직 내무 "앞으로 자유당의 면목을 세우는 방법은 최규남 씨를 당선시키는 것이다. 서대문 구당에서는 실망을 하였을지 모르나 이 점 잘 생각하여 주어야 할 것이다."

김현철 재무 "이번 회의에서 그렇게 하기로 하였다."

2. 구호용 소맥분 부정횡류사건

손창환 보사 "각 구호단체에 상세한 보고를 하도록 지시하였으며 관계자를 회합하여 주의도 환기하였다."

---

163) 처칠(Winston L. S. Churchill, 1874~1965)은 1906년 이후 자유당 내각의 통상장관·식민장관 등을 역임했고, 제1차 세계대전 중 다르다넬스작전 실패의 책임을 지고 1915년 해군장관의 자리를 물러났다. 1917년 군수장관으로 다시 입각, 1919년 육군장관 겸 공군장관, 1921년 식민장관이 되었다. 제2차 세계대전 중 노동당과의 연립내각을 이끌고 루스벨트, 스탈린과 더불어 전쟁을 수행했다. 1946년 미국 미주리주(州) 풀턴에서의 연설에서 '철의장막(iron curtain)'이라는 신조어를 만들어 내기도 하였다. 김정렬 장관의 언급은 처칠이 보수당과 자유당을 왕래하는 당적 변경 경험이 있었음을 가리키는 것이다.

홍진기 법무 "보사부에서 전기 보고를 받고 각 단체를 직접 감독하여 만족할 만한 성과를 가져올 수 있다면 이 문제는 이상 더 논의할 것이 없을 듯하다. 현재 착수하고 있는 부분에 대하여는 선거가 끝나게 되면 처리하도록 하겠다."

3. 한일회담 재개에 관한 건

외무(차) "오는 4월 15일 재개하기로 오늘 쌍방에서 발표하기로 하였다."

4. 터키 국무총리[164] 내한에 관한 건

외무(차) "오는 25일 내한할 예정이며 행사는 작년 월남. 대통령 내한 때에 준하게 될 것이니 각 부의 협조를 요망한다."

5. 터키 국무총리 영접경비를 예비비에서 지출의 건

김현철 재무 (금액은 아직 확실히 정할 수 없으나 소요 경비를 예비비에서 지출하기로만 정하여 주기 바란다는 제의에 대하여) 전원 이의 없음.

6. 일광절약시간(썸머타임) 실시에 관한 건[165]

국무원 사무국 원안(별지)대로 실시키로 하였음.

---

164) 터키 민주당 출신 정치인 멘데레스(Adnan Menderes)는 1950년부터 1960년까지 터키 총리를 역임했다. 사진 자료 참고.
165) 한국에서 썸머타임은 1948년부터 실시되었다. 여름철 낮 시간을 효과적으로 활용하기 위해 한 시간 당겨서 근무시간을 일찍 시작한 것이다. 1950년 6·25전쟁 발발 당시 서울시간과 평양시간에는 1시간의 차이가 있었다.

제33회 국무회의

일시 : 1958년 4월 15일(화)
장소 : 중앙청 회의실

1. 이천선거구 연씨 사퇴에 관한 신문보도에 관한 건[166]

이근직 내무 "전연 허구이며 이천 문제 뿐 아니라 각처에서 이러한 문제를 조작 공표하여 단시일 내에 민심을 교란하여 선거에 영향을 주려는 것은 기정의 작전이며 관의 권력남용, 경찰의 간섭, 자유당의 횡포 등을 찾아내려고 혈안이 되어 있으나 그러한 것이 없어서 자가에 방화를 하여 이를 상대방에 둘러씌우려는 음모까지 하고 있다는 정보를 받고 있으며, 연씨는 이번에 국회 출입기자실에서 1시간 여에 걸쳐 기자회견을 하고 자기 주관으로 사퇴한 것과 민주당에서 공표한 자기의 서한이라는 것은 전연 조작한 것이라는 것을 자기의 필적을 제시하면서 해명하였다"는 보고.

2. 민주당의 남북통일론에 대한 정부의 태도에 관한 건

조정환 외무 "국헌을 무시하고 국시에 배반하는 견해이니 이를 철저히 검토하여 진보당과 닮은 것이 무엇인가를 알아보아야 할 일"이라고 제의,

　　(본 건은 각 국무위원의 의견이 동일하였으므로 금일 하오 3시 Korea House[167])에서

---

166) 이천지역에서 이기붕의 후보 등록 직후 민주당 공천후보자 연윤희(延胤熙)가 입후보를 취소하고, 자유당 입후보자 이정재도 등록을 취소하자 연윤희의 취소가 모종의 압력에 의해서였는지 자발적 의사였는지가 논란이 되었다. 민주당에서는 등록을 취소한 연윤희 후보자에 대해 "이유 여하를 막론하고 제명에 해당되는 반당행위"라고 비난했다. "이기붕씨, 이천에." 『동아일보』 (1958/04/12)
167) 한국의집. 1957년에 공보실에서 개관한 한국의 영빈관이다. 사진 자료 참고.

정부[외, 내, 법, 공]와 자유당[간부]의 연석회의를 개최하고 대책을 강구하기로 하였음)

3. 선거에 관한 대통령 유시에 관한 건

오재경 공보 "동일 당내에 입후보가 난립함으로써 오는 선거상의 폐단을 없게 하라"는 대통령 각하 유시를 발표하겠는 바, 혹시 내용에 의견이 있으면 말해 달라고 하며 유시문을 낭독.

(전원 의견 없음 : 특히 법무, 법제의 법적 견해 역시 동일)

4. 다음 각항을 '보고사항'으로 접수함

(1) 종이골상자 보급 및 사용 철저에 관한 건. (종래에 목상자가 널리 사용된 관계로 산림녹화에 지장을 준 일이 많으며 사용에도 불편이 허다하였으니 최근 국산 지제상자[紙製箱子]가 생산되고 있음을 계기로 하여) "종래 목제상자를 사용하여 포장하던 것을 앞으로 지제상자를 전용[정부] 또는 가급적 다수 사용하도록 권장[대 일반]하도록 한다"는 상공부의 의견을 보고사항으로 접수.

(2) 1958 미곡년도 미공법 제480호에 의한 양곡도입에 관한 건

정재설 농림 : 도입계획을 다음과 같이 한다고.

대맥 28만 5천톤

소맥 16만 3천톤(4만톤 일반공매제 / 8만 3천톤 관수용 / 4만톤 (분)한국제분공업협회)

수수 5만톤 민수용(전량을 사료 및 기타 식량)

*당초 4만 3천톤을 관수로 7천톤을 민수로 책정하였던 것임.

제34회 국무회의

일시 : 1958년 4월 18일(금)
장소 : 중앙청 회의실

1. 1958년도 문교부 소관 아시아경기대회 경비보조금을 일반회계 예비비에서 지출의 건 (재무부)

(제안요지 : 표제 대회(5월, 동경)에 출전하는 14종목, 150명의 파견경비 8,400만 환 중 일반찬조금으로 충용하고도 부족한 액 30억 환을 예비비에서 지출하고자 한다)

위 원안대로 의결함.

(참고)

(1) 상기 30억 환 이외에 문교부 기정 예산에서 30억 환을 지출하기로 되어 있음(전기 일반찬조 중에 포함)으로 결국 6,000만 환을 정부가 부담하는 것임.

(2) 예비비에서 보조금을 지출하는 것은 타당치 않은 것으로 재무부로서도 일단 이에 대하여 반대하였다 함.

(3) 체육회장으로서는 국제대회 참가는 중대한 의의를 갖는 것이라는 점에서 선처를 요청하고 있음.

(4) 본 건이 재가된다 하여도 정부 보유불 사용에 다시 한 난관이 있을 것임.

2. 밀수방지대책위원회 규정안 (법제실)

명칭을 '임시밀수방지대책위원회'로 하고 그 나머지는 원안대로 통과한 바, 내용은 개요.

다음과 같음.

   (1) 성격 : 재무부장관의 자문기관

   (2) 조직 : 위원장 1인 위원중에서 호선

              부위원장 2인 위원 중에서 호선

              위원 15인 이내 재무부장관이 위촉

              간사 약간 재무부 공무원으로 충당

3. 공설운동장 건설에 관한 건

(다음과 같이 논의되었을 뿐 별 결론은 없었음)

김현철 재무 "기지매수비로 3억 환 융자요청이 있으나 곤란한 문제다. 총 경비는 최소 30억이라고 한다. 그리고 그 상환재원은 기부에 의존한다 하나 실제 불가능할 듯하다."

이근직 내무 "기부는 대상이 아니다. 결국 서울시 소유가 될 것이니 시로 하여금 기채(起債)하여 매수케 하는 것이 가하다."

김현철 재무 "시에 요청하면 부지하세월(不知何歲月)[168]이라고 위원회에서 반대를 하고 있다."

4. 귀속재산 공유화에 관한 건 (국사)

(제안요지 : 고양사방관리소와 전북도서관이 현재 사용하고 있는 귀속재산의 공유화)

위 원안대로 각각 통과함.

5. 재정법 시행령 개정의 건 (법제실)

전회에 계속하여 담합 방지안을 모색하다 의견이 구구함에 심계원장을 참석케 하여 그 의견을 들은 후 심계원(審計院),[169] 재무부, 법제실에서 검토 성안하여 차기회의에 제출하기로 함. 단 다음 각항을 고려할 것.

---

168) 세월이 얼마나 걸릴지 알 수 없음을 의미한다.
169) 1948년 제헌헌법에 의해 설치되어 15년 동안 국가의 결산을 검토하는 헌법기관이었고, 감사원의 전신이었다.

(1) 예정가격의 60% 미만의 입찰자에 대한 조치

(2) 낙찰자 결정방법을 입찰 후 개찰 전에 정하는 방안

6. 서울시내 도로수리에 관한 건

송인상 부흥 "대통령 각하께서 (공보실장을 통하여) 시내도로가 험하니 재무와 부흥의 양부에서 하도록 하라 하셨다는데 이것은 내무부 소관이다."

    (1) 자재와 대충자금은 무엇 하고 시내도로는 항상 이런 상태에 있는가?

    (2) 자재(아스팔트)가 창고에 산적해 있는데 공사를 않고 있는 이유는 무엇인가?

    (3) 비난의 대상으로 되어 있는 서울시내 도로, 상수도는 그대로 두고 의성 기타 지방에 주고 있는 것은 재고할 여지가 없는가?

이근직 내무 "서울시는 재정난으로 작년도 공사비 2억 환도 지불 못하고 있어서 입찰을 하여도 참가하는 자가 없는 실정이다. 요는 공사에 필요한 경비의 조달이 안 되어 자재를 묵히고 있으며, 시 재정의 이러한 곤핍(困乏)은 세금 미수가 주요인으로 되어 있으나 차차 나아져 가고 있다. 지방의 토목공사는 그것대로 계획이 있어서 하고 있는 것이므로 그것이 서울시내 공사에 지장이 되고 있는 것은 아니다."

김일환 상공 "각자가 자기 주택이나 점포 앞의 보도를 수리하도록 보고하면 될 듯하다. 블록 몇 장만 있으면 고칠 수 있는 곳이 많으며 블록 한 장은 약 200환이다." (중앙우체국 앞을 예로 들어서 설명)

이근직 내무 "권하여도 안 된다. 흙 한 주먹만 놓으면 될 곳도 정부에 의존하려는 것이 현재 시민의 인심이다."

오재경 공보 "일을 못하는 시 토목행정을 분리하여 별도로 도로공단 같은 것을 만들면 어떤지."

    이상 다만 의견교환에 지나지 않았으나 내무부에는 상당한 자극이 되었을 것임.

제35회 국무회의

일시 : 1958년 4월 22일(화)
장소 : 경무대(전반), 중앙청(후반)

1. 터키 수상 내한에 관한 건

조정환 외무 "오는 25일 일행 38명이 내한할 예정. 성대히 환영할 계획"이라는 보고.

이승만 대통령 "그는 별 야심이 있어서 오는 사람이 아니며 본국에 있어서는 유력한 사람이다. 터키 군대가 한국전에서 열전하였을 뿐 아니라 그들은 유럽에서 고립감을 느끼고 있는 사람(민족)들이니 환대하도록 하라. 시설이 있는가?"

문봉제 교통 "반도호텔을 그를 위해 수리 중에 있으며 다른 손님은 받지 않고 있다"고 보고.

2. 동남아예술사절단에 관한 건

이승만 대통령 "동남아 지방에서 특히 류큐에서 호평을 받고 많은 성과를 거두었다. 중앙아시아 방면에도 일차 보내보도록 하는 것이 좋을 것이다."

3. 인도네시아 내란.에 관하여

조정환 외무 "반정부군이 열세이며 성공 희망이 없는 것으로 본다"는 보고.

이승만 대통령 "현재 미국정책을 그대로 가지고 나가면 미국의 장래가 의문이다. 인도네시아까지 공산화되면 한국, 나아가서는 미국의 방위에 위험이 있다는 것을 말하여 주라."

조정환 외무 "일반 여론이 환기되어야 한다"고 의견.

김현철 재무 "한국군이 일부 인도네시아로 가면 철수 도중에 있는 중공군이 그대로 북한에 남게 될 것으로 외교관변 측에서 말하고 있다"는 참고 보고.

4. 선거 개황

이근직 내무 입후보 868명 중 사퇴가 14명, 무투표 당선 자유당 10명, 무소속 1명. 신선거법 소치로 운동은 미온적. 선거사범은 발생 132건 중 입건 75건 중 구속 3명 정도.

이승만 대통령 "선거는 너무 잠자는 것 같으면 외국인 보기에 정부의 압력 하에 행하여진 것 같은 오해가 있기 쉽다. 무소속이라는 것을 없게 하도록 앞으로 (차기를 위하여) 연구 노력하라." '국무원 전원이 협력하도록' 강조하심.

"운동원에 의하지 않고 본인의 정견을 직접 듣고 국민이 투표하도록 되어야 한다. 정견발표에서 욕설만 하여 사람을 꺾어버리는 것은 민주주의 국가의 통상적인 결함이나 이런 일이 없도록 하여야 한다."

이근직 내무 "신법에는 운동원에 한정이 있어서 전보다는 정견발표에 주력하는 경향이 있다"는 보고.

5. 전기통신기술자 초청에 관한 계약갱신의 건

이응준 체신 "ICA 계획 하에 초빙하고 있는 기술자를 당분간 존속시키기 위하여 계약을 갱신하려고 한다"는 보고.

(각하의 의향을 여쭈어보는 것 같았으나 이에 대한 가부간의 말씀이 안 계시었음)

이승만 대통령 "해저전신수리를 할 수 있도록 하라."

이응준 체신 "기술자만이 아니고 선박, 기타 시설의 준비가 용이한 문제가 아니라"는 보고.

이승만 대통령 "꼭 해야 한다. 체신부장관이 책임지고 CEB[170]와 협의하여 성사되도록 하라."

---

170) Combined Economic Board(합동경제위원회). 1953년 12월 14일에 조인한 '백·우드 협약'은 유엔과 미국의 원조 없이 한국의 경제재건이 불가능하다는 인식에 따라 이루어진 것이었다. 합동경제위원회의 역할은 형식적으로는 심의기관이었으나 위원회의 논의에 따라 대충자금 방출이 결정되었으므로 원조 경제 체제가 계속되는 동안 합동경제위원회의 영향력이 크게 작용했다.

6. 잉여농산물대금 중 미정부에 배정된 자금을 교육비에 사용하는 건

최재유 문교 "90만 불을 교육비로 사용하도록 미국측과 협의가 성립되었다"는 보고.

이승만 대통령 "풀브라이트 관계는 근본문제를 해결하도록 하라."

김현철 재무 "원금잔액이 2,000만 불에 연 2%의 이자를 지불하도록 되어 있으나 4년간 이자를 지불하지 못했으므로 약 250만 불이 될 것이며 한국의 처지에서 이를 반제키 어려우므로 갚지 않게 해달라고 미국정부에 교섭 중"이라는 보고.

이승만 대통령 "당초 전쟁잉여물자 불하 시 필리핀, 일본에 비하여 월등하게 고가로 한국정부에 부담시킨 것이며 또 그 이자도 교육사업에 쓰도록 되어 있으니 주한미국대사를 통하여 교섭을 해보도록 하라."

7. 주택 건축 상황

손창환 보사 수해지구인 경남 양산군 산하 1개 부락 70호를 완성, 지난 18일 입주식을 완료하였으며 주택자금 60억 중 반액 30억만을 우선 계획을 세워서 실시하기로 한 바 내용은 아래와 같다.

10억 환 중앙산업이 하고 있는 계획 원조.

20억 환 도시형 아파트 400호 시내, 15평 소형주택 500호 전국, 12평 소형주택 500호 전국 주택영단(住宅營團)이 관리하는 신축주택에는 입주시 부담 과중으로 입주자가 없어서 반액(15만환)으로 인하할 것을 고려중이라는 보고.

이승만 대통령 "1만 호로도 조족지혈(鳥足之血)[171]이니 아직 멀었다. 가옥에서 비위생적인 생활을 하고 있는 자를 수용하는 것은 초미의 급선무다."

8. 신문 발표에 관한 건

(재무부장관이 공무원 봉급인상에 관한 신문보도의 경위를 언급하자 말을 막으시고)

이승만 대통령 "봉급을 올려주지 말라는 것이 아니라 올릴 때 올리더라도 사전에 발표를 하지 말라는 것이다. 정부 특히 국무원에는 비밀이 좀 있어야 한다."

---

171) 새 발의 피라는 뜻으로, 매우 적은 분량을 비유하는 말이다.

9. 산업개발자금에 관한 건

송인상 부흥 "11건, 9,200만 불 대여 신청에 하등 응답이 없어서 재촉하였더니 DLF의 한국담당관(필립)[172]이 내한하기로 되었으므로 실정을 잘 알려서 보내도록 계획을 진행 중"이라는 보고.

10. 군산발전소 설치에 관한 건[173]

송인상 부흥 "그간 미청산분을 정리해본 결과 약 700만 불이 남아 있으므로 이것을 발전사업에 사용하기로 하고 신설할 곳은 군산으로 예정하고 있다"는 보고.

이승만 대통령 "Very good! 조수발전소를 설치할 수 있는 장소를 널리 조사하여 보도록 하라. 외국 사업가들이 와도 의논할 기술자가 없어서 그대로 간다는 말도 있으니 이스트우드[174] 씨나 그레이[175] 씨를 만나게 하라."

김일환 상공 "조선전업(朝鮮電業)과 기술총협회에도 기술자가 있으며 '스미스 힌치맨[176]' 회사의 기술자도 있다"는 보고.

11. 지시사항

이승만 대통령 "국제시장 진출은 산업발전상 중요한 문제의 하나이다. 상품의 질을 향상시키고 가격을 저렴하게 하여야 판로를 확보, 확장할 수 있을 것이다."

---

172) 1958년 4월 25일 재개된 DLF융자를 위한 한미관계관 연석회의에서 정부에서 신청한 열두 건 중 충주수력발전소 건설, 양양철산 개발 및 조달회 공장 건설 등에 관한 계획서 검토를 완료했다. DLF 한국담당관 필립(Philip)은 용량 74,200KW의 수력발전소 건설을 위하여 2,500만 불의 융자를 신청한 충주수력발전소 건설계획서를 검토한 결과 동 발전소의 실수요자가 될 조선전업의 운영실적, 기술, 상환능력 등에 관하여 상세한 보충자료를 제공하도록 요구했다. 그리고 백만 불을 융자받아 연간 36만 톤의 자철광을 생산예정인 양양철산 개발 계획에 대해는 동 수요자인 상공부직영기업체 대한철광회사를 최소한 50% 이상의 자기자본출자가 가능한 기업가에 소속히 불하하여 민영화하는 것이 시급하다고 지적했다. "한·미 간에 검토 DLF융자." 『동아일보』 (1958/04/26)

173) 상공부는 화력발전소 건설을 위해 종전에 건설후보지였던 화순 대신 군산, 목포, 여수 등 세 개 항만지대를 선정하고 이 지역에 대한 연료공급과 공업용수 확보 및 수송관계 등에 대한 기술조사에 들어간 상황이었다.

174) 유엔한국재건단 대표 이스트우드(Harold E. Eastwood) 준장.

175) 그레이(Frederick Gray)는 합동경제위원회(CEB)의 재정분과위원회 회계관.

176) Smith, Hinchman & Grylls. 미국의 건축회사.

※ 중앙청 회의

1. 1958년도 외무부 소관 국빈 터키 수상 환영경비를 예비비에서 추가지출의 건 (재무)

(제안내용 : 일행 인원이 증가되었으므로 당초 예상보다 2,700만 환이 더 필요하게 되어 추가 지출한다)

원안대로 통과함.

2. 독립국채 원금상환 및 이자를 예비비에서 지출의 건 (재무)

(제안내용 소요액 250,600환)

위 원안대로 통과하다.

3. 선거에 관하여

이근직 내무 "선거는 앞으로 별다른 일이 발생하지 않는 한 별로 변화는 없을 것이나 야당의 조작 선전이 차차 치열하여 가고 있다"는 간단한 보고.

제36회 국무회의

일시 : 1958년 4월 24일(목) (4. 25(금) 정례회의를 격상)
장소 : 중앙청

1. 터키 수상 내방에 관한 건

조정환 외무 (터키와 벤드레스 수상에 관한 브리핑으로 터키의 역사와 현황[정부, 산업 등]에 대한 설명이 있었음)
신두영 국무원 사무국장 (비행장 출영과 훈장 수여식 참석상의 유의사항을 보고함)

2. 자유당 공약 3장과 정부 당면정책에 관한 건

이근직 내무 자유당에서는 선거에 대비하여 아래와 같은 정책을 국민에게 공약 발표하기로 당의(黨議) 결정, 총재 각하의 재가를 받았으며 오는 4월 25일 오전 11시에 이를 공표하기로 된 바, 정부에서도 이에 호응하여 자유당이 공약한 내용을 찬동하고 당면정책으로 이를 실천할 것이라는 의사표시를 함이 어떤가 하는 제의에 대하여.

오재경 공보 "이미 대통령 각하께서 결정하신 방침이니 다만 실천방법의 검토와 계획이 남아 있을 뿐이며 내일 대통령 각하께서는 관계 장관이 제출하는 구체적 방안을 보고 받으신 후 담화를 발표하실 것이므로 자유당의 공약이나 정부의 당면정책의 발표도 그 후에 해야 할 것"이라고 의견을 개진.

　결국은 다음과 같이 의결하였음.

　(1) 자유당이 공약한 사항을 정부의 당면정책으로 채택한다.

　(2) 발표문안은 공보실장에게 일임한다.

(3) 구체적 실천방법에 대한 설명자료는 각각 관계부에서 준비하여 내일 아침 9시 국무
회의실에서 다시 회합하여 검토를 마치고 대통령 각하께 제출하기로 한다.

(참고)

자유당의 공약 3장의 요점

  (1) 농업은행을 활용하여 농촌 고리사채를 일소.

  (2) 공무원의 처우를 개선(봉급을 배로 인상)

  (3) 인정과세의 전폐.

(참고)

제2차 공무원 처우개선의 소요 경비

금 회계연도 잔여기간(6개월) 소요

  일반회계 190억

  국방비 140억

  특별회계 83억

  계 413억 (마련 방안은 내일 아침 회의에서 설명될 것임).

일시 : 1958년 5월 2일(금)
장소 : 중앙청 회의실

1. 민의원의원 선거에 관한 건

이근직 내무 "사람으로서 할 수 있는 일은 다 하였으며 현재까지의 정보로서는 사태가 좋아는
갈망정 불리하여 간다는 말은 없다. 자유당 공천 강성태(姜聲邰)[177] 씨에 대하여는 엊
그제부터 당의 방침이 변경되어 다른 후보자를 후원하기로 되었으니 이 한 건이 좀
이상하게 되었다."

2. 구호용 옥수수 가루 배급에 관한 건

손창환 보사 "천주교 계통 구호용 옥수수 가루 5,000포대가 유진산의 입후보지구에 특배되었
으며 이것이 동 의원의 진력에 의한 것이라고 선전되어 있는데 대하여 조사한 결과는
다음과 같다."
  (1) 현품은 현재 대내(大內)에 일부, 시읍면에 일부 보관되어 있고 아직 배급은 되지
    않았음.
  (2) 유 의원은 각 면장에게 그것이 자기의 노력에 의해 특배된 것이라고 서신을 내었음.

---

177) 강성태(1903~1976)는 경성제국대학 법학과를 졸업하고, 최초로 서구식 테니스를 도입하여 보급했다.
1946년 대한테니스협회를 창설하여 1958년까지 13년간 회장을 맡았다. 1948년 재무부 관세국장, 1953
년 재무부차관, 1954년부터 1955년까지 상공부 장관, 1956년 무역협회 회장, 1958년 제4대 민의원에 당
선됐다.

(3) 천주교 구호단체의 직원명으로 유 의원의 진력에 의하여 특배된 것이라는 것을 내
　　포한 서신을 동 기구 지방책임자에게, 그리고 동 책임자는 각 읍면장에게 서신을
　　발하였음.
(4) 상기 행위의 위법 여하는 자료를 법무부에 보내 연구, 처리하게 할 것임.

3. 정부 위신에 관한 건

송인상 부흥 "대만, 월남, 태국 등에서 미국인들의 전횡을 공격하는 운동이 일어나고 있는 차
　　제에 우리도 정부의 위신을 좀 세워야 할까 생각한다."
김현철. 재무 "장관이 너무 흔하게 파티나 회의에 나가고 있는 경향이 있으나 앞으로는 그에
　　상당한 대리인을 참석케 하는 것이 좋다고 생각한다."
오재경 공보 "일률적으로 정하기는 곤란하다."
이근직 내무 "대외적 위신이 아니라 국무위원이 단결하여 국회에 함부로 불려나가는 일 등이
　　없도록 해야겠다."

4. 현 국무위원 사임에 관한 건

김현철 재무 "신 국회 발족에 대비하여 대통령 각하께서 더 좀 강력한 국무원을 가지실 수
　　있도록 전원이 사임한다는 의사를 표시함이 어떤지."
김정렬 국방 "법적으로 필요한 것이냐? 또 한다면 시기는 언제로?"
강명옥 법제 "정치도의와 민심쇄신 문제이지 법적으로는 하등 필요가 없다."
김현철 재무 "국무위원에 국회의원이 들어있는 것이 개헌 등 문제해결에 편리하며 공약 3장
　　도 자유당 국회의원이나 중앙당부에 있는 사람이 재무부장관을 하면 더 잘 될듯하
　　다."
이근직 내무 "국회의원이 장관되는 것에는 찬성할 수 없다. 우리는 앞으로 156석 이상을 만들
　　어 놓을 책임이 있으니 그 후에 진퇴문제를 논의하도록 하여야 할 것이다. 현재 장관
　　경질이 불원간 있으리라고 하여 운동을 개시한 자가 많다는 정보를 받고 있다."
조정환 외무 "지금 시기가 아니니 선거가 끝난 후 다시 논의하는 것이 좋을 듯하다."

5. 우유배급에 대한 '케어'[178]와의 협정에 관한 건

홍진기 법무 "이 협정에 있어서는 소맥분 같이 되지 않도록 계약 당초에 주의하여야 할 것이다."

손창환 보사 현재 대통령 각하께 품신 중에 있는 동 협정초안을 설명함.

이에 대하여 부흥, 법무, 공보, 교통, 문교의 각 장관의 의견이 진술된 바 그 내용이 대동소이로서 요약하면 다음과 같음.

"구호물자 배정의 권한을 전적으로 한국정부가 가지도록 하기 전에는 만족한 성과를 거둘 수 없을 뿐 아니라 국가 위신에도 관련 있으니 신중을 기하여야 한다."

6. ICA 계획에 의하여 내한하는 외국인 청부업자의 특권에 관한 건

이응준 체신 "이번에 초청하는 기술자의 면제특권에 대하여 외무부에서 난색이 있는데 종래에 받아오고 있는 자들 간에 불균형하니 방침을 정하여 할 것이라고 생각한다."

조정환 외무 "금전상 손해를 보라면 양보할 수가 있어도 주권에 관한 문제이니 양보할 수 없다. 현재 부당한 취급을 하고 있는 것은 시정되어야 할 것이다."

---

178) 1945년 제2차 세계대전 중 교전국 국민들 구제를 위해 설립한 미국의 민간 구호단체. 미국정부는 국가적 차원에서 전시구제국(War Relief Control Board)을 통해 구제활동을 벌였고, 민간에서 '해외봉사를 위한 미국 협회'를 설립하여 구호활동을 벌였다. CARE(Cooperative for American Remittances to Europe, 유럽구제협회)는 이 협회가 조직한 민간 기구로서 초기에는 유럽을 대상으로 활동하다가 6 · 25전쟁 당시 한국에도 구호물자를 제공했다. 구제품은 주로 식량(잉여농산물)이었지만, 의료품, 의류 등도 포함되었다. 구제품은 구제를 받는 나라와의 협약에 따라 해당국가에 보관되었다. 단, 관세 등 세금이 면제되고 해당국 정부물자 배급과 별도로 다루어지도록 했다.

제38회 국무회의

일시 : 1958년 5월 6일(화)
장소 : 중앙청 회의실

1. 선거 결과에 관한 건[179]

이근직 내무 당선된 자유당 공천자와 무소속으로서 입당할 것으로 예상하는 숫자를 합하면 140명에 달함. 무소속 당선자 중 일부는 선거민에 대한 체면을 생각하여 다소 시일이 경과한 후에 입당하겠다고 하고 있음. 자유당으로서는 야당의 당세강화 공작을 도발하는 것을 피하기 위하여 3분지 2선 확보계획을 포기하였다고 선전하고 있으나 개헌의 의도에는 변동이 없음. 선거사범은 여야를 막론하고 엄단할 방침임.

2. 행정 강화에 관한 건

이근직 내무 "이번 선거를 거울삼아 2년 후 대통령 선거에 대한 혁신적인 시책이 필요한 바, 자유당 당선자의 의견 역시 행정의 강화가 필요하다고 하고 있는 차제이니, 국무원으로서는 2년 후의 시책을 연구하고 자유당에 대하여 우리의 희망조건을 제시하여 '바른 행정'에 적극 협력하여 주도록 요청하기 위하여 위원회를 갖도록 하자"는 제의.

문봉제 교통 "도시 몇몇 특권계급의 간섭이 심하였던 것과 김두한 등 폭력배가 요인에 열석하

---

179) 1958년 4대 민의원선거 결과 233개 의석 중 자유당 126석, 민주당 79석, 무소속, 기타 28석으로 자유당은 과반수 의석을 확보하는데 성공했으나 개헌선 확보에는 실패했다. 서울 15개 선거구 중 자유당이 단 1명만 당선자를 낼 정도로 여촌야도 현상이 심화되었다. 자유당 내에서는 야당과 타협한 내각책임제 개헌으로 간선 대통령을 선출하자는 주장이 대두되기도 했다.

고 정부 욕설을 마음대로 하는 것을 방치하여 두는 등으로 정부의 위신을 실추한 소치이다"라고 견해를 표명.

이근직 내무 "앞으로는 무소속은 없어지고 정당정치에 들어가는 징조가 이번 선거에 분명하니 자유당도 당세 확장과 당 출신 국회의원들의 부당한 세도를 부리는 일이 없어야 할 것으로 생각한다"고 추가.

오재경 공보 "우리는 대통령 각하의 '꿈'을 한 번도 실천에 옮겨본 적이 없으며, 경찰의 사병화는 부당할 뿐만이 아니라 경찰이 관이 선거를 한다는 시기는 이미 지나갔다고 지적하고 경남 선거에 실패하고 난 오늘 당은 이용범(李龍範)[180]이나 김상도의 당이 아니라는 것을 다시 깨달아야 하며 이런 것을 시정하기 위하여는 애로를 대통령 각하께 품달하여야 한다"고 흥분.

이응준 체신 자유당에 대한 국민의 감정은 주로 세무관리와 경찰에 대한 감정에 연유한 것이라는 항설이라고 들은 것을 보고(별 반응 없음)

김현철 재무 "은행 대부도 서민층에 안 가고 주로 자유당 관계자에게 나간 것이 사실이며 앞으로 시정되어야 할 문제이며 민심에 영향이 있을 일은 대통령 각하께 솔직히 말씀드려야 한다"고 말하고, 다시 "이번에 도시 표가 야당에 간 것은 민생고에 연유한 것으로 본다"고 첨가.

송인상 부흥 "당과 정부와의 관계는 정책을 통하여 제휴하여 가야 하지 종전과 같은 맨투맨 플레이(Man to Man Play)로 나가서는, 특히 대선거구제를 채택한 2년 후의 선거에서는 절대로 승산이 없을 것이다"라고 의견을 개진하며 "수리조합이나 학교 지서 설치에 공을 세운 입후보자들은 거개가 낙선된 것도 좋은 참고"라고 예를 들어서 설명.

강명옥 법제 "공무원 처우개선과 말단행정의 강화가 필요하다"고 구체안을 제출하였으나, 그 이상 논의되지 않음.

이근직 내무 "당 간부내의 분열이 생기고 있는 바, 이것이 더 나가면 당이 깨지고 의장님의 처지가 곤란하여질 것이며 일부 간부 중에 의장님과 가까운 분을 분리하는 한편 국무위원 간에 이간의 음모를 하고 있으니 주의가 필요하다"고 경고하고, "자유·민주 양당의 도쟁(討爭)은 제3세력의 발호를 용이하게는 하고 있으나 이번 선거에서 진보당의

---

180) 자유당 부산을구 당부위원장 홍재직은 1958년 3월 22일 자유당 경남도당 부위원장 이용범을 상대로 서울지방검찰청에 불법감금, 협박 및 인장위조 등 혐의죄목으로 고소를 제기한 상황이었다. 요지는 홍재직이 부산 매축지 2만 7천평의 불하를 추진 중에 이용범은 그 불하에 도움이 되도록 강부 장관의 동의서를 받아주겠다고 하며 그 매축지를 횡령하였기에 진정서를 제출하였다. 이에 이용범은 불량배를 동원해 홍재직에게 이용범과 타협하라고 강권하였고, 자신의 집에 홍재직을 감금하고 협박하기도 했다.

표가 민주당에 갔다고는 하더라도 사실상 그다지 큰 영향을 미친 것은 아니라"고 첨가.

홍진기 법무 "등록에 있어서 10개구 이내, 투표 개표에 있어서 10개구 이내의 사고로 끝났다는 것은 일반적으로 잘된 것이라고 생각하며, 자유당도 그간에 상당히 건전한 걸음을 걸어왔으며 차차 정화되는 방향으로 가고 있으니 대체로 낙관하고 있으나 소선거구에는 맨투맨 플레이가 혹 효과가 있을지 모르나 2년 후 대선거구에는 정책만이 그 운명을 좌우할 것인즉, 차제에 혁신적인 정책을 세워서 나가야 한다"고 의견을 개진.

정재설 농림 "사실 지금까지의 행정이 잘못된 것이 많다고 말하고, 도의 양곡 취급자가 협잡을 하였어도 자유당 유력자의 배경을 가졌다고 도에서 알고도 이것을 처단하지 못하였으며, 수리사업계획도 가위 배급제같이 배정을 하였고 수리조합은 그 직원들이 뜯어먹는 곳으로서 부민의 증오의 대상이 되어 왔으니 이런 것이 겹치고 겹쳐서 지도층과 정부에 대한 반감으로 변하게 된 것"이라고 예를 들어서 설명.

김일환 상공 "당 운영에는 자금이 필요하니 이것도 고려해야 할 것이 아닌가" 라고 실정 참작론.

손창환 보사 "일선행정 강화가 긴급한 문제이다"라고 재강조.

오재경 공보 "선거 후문(後聞)으로 다음과 같은 것이 항간에서 들린다"고.

"(1) 민주당의 남북통일론은 민주당에 유리하였고,

(2) 경찰의 간섭이 없었던 것에 호평이 있으며,

(3) 공약 3장은 자유당에 불리(시기가 좀 빨랐음)하였다 하니 공약 3장에 논공행상 운운 하고 있으나 고려할 문제이며,

최규남 씨가 2주일간의 운동으로 된 것은 자신의 인망에 의한 것이라고 그 부인이 선전하고 있고, 본인도 투표 전전일에 무소속으로 나왔으면 고생을 좀 덜할 것이라는 소감을 말한 일이 있으며, 자유당의 공천을 얻어 관권의 후원을 받으려고 돈을 쓴 그들이 당선된 지금에는 자기의 인망으로 당선된 것으로 착각하고 있으나 그들은 당에 충성을 할 상당한 의무가 있으며 정부도 그들에 대하여 협조를 요구할 충분한 이유가 있다"고 설파.

김현철 재무 "최 박사의 당선에는 최 박사의 인기도 많은 관계가 있었다"고 말하고 화제를 돌려서 "당에서 내무장관의 진퇴가 문제 되면 국무원으로서 그렇게 하지 않도록 시켜야 한다"고 제의. (전원 응답이 없으나 대체로 동의하는 표정)

김정렬 국방 "군대 때문에 많은 염려를 한 분들이 있으나 이번 선거결과를 보고 잘 알게 되었

다"고 말하고, "이것이 외신에 보도된 것은 이번 국제관계에 좋은 영향을 준 것"이라고 첨가.

조정환 외무 "경찰 간섭이 적었다는 점은 호평을 받았으나 다음과 같은 점에서 도시민의 이탈 원인이 되었다고 본다"고.

    (1) 언론자유의 남용을 허용한 것

    (2) 정권욕을 가진 자들의 책동

    (3) 지식층의 불평

    (4) 공무원 일부의 배반

    (5) 민심의 자극(의미가 분명치 않음)

송인상 부흥 "어떠한 혁신적인 시책이 아니고서는 도시 민심을 돌릴 수는 없다"고 재강조.

이상과 같은 논의를 거쳐 다음과 같은 결론에 달함.

"참신하고 효율적인 행정운영의 필요한 계획을 수립하게 하기 위하여 국무원에 중요 정책 심의회를 두기로 하고 그 위원을 다음과 같이 한다." 내무, 재무, 법무, 부흥, 농림, 상공장관과 공보실장

3. 행정사무 개선위원회안 (법제, 국무원 사무국)

연구 분야별로 분과위원회를 둘 수 있도록 하는 조항의 추가와 자구 수정을 법제실에 위임하고 나머지는 원안대로 통과함 (원안은 별지 참조)

4. 해외 연락에 관한 건

조정환 외무 : "해외 연락에 있어서 다음과 같은 지역에는 외무부의 무전시설을 사용할 수 있으니 이용하기 비란다"고 주지. 홍콩, 타이베이, 샌프란시스코, 워싱턴 디씨, 뉴욕, 일본.

각 장관 "직원들이 좀 친절하였으면 좋겠다"고 과거를 불평하고 시정을 요망.

5. 민수불(民需弗)에 의한 비료 도입금지 해제에 관한 건

(제안요지: 비료사정이 충분치 못하므로 차제에 1957년 4월 26일 제41차 국무회의 의결로 되어있는 수액제한[首額制限]을 철폐하자는 요지)

중요한 문제이니 보류하고 연구한 후 재의하기로 함.

* 본 건은 동일(1957년 4월 26일) 대통령 각하의 다음과 같은 유시에 의하여 결의한 것임. 불(弗)을 축적하는 것이 중요하다는 것을 국민에 알려서 생산이 적으면 절미를 해서라도 금비(金肥)[181] 등 도입에 불을 안 쓰게 할 것이며 대신 퇴비 등 자급비료를 장려하여 이를 보충하고 부득이 하면 현재 5,000만 불을 감하여 2,000만 불 어치만 들여오도록 하라 (금 1958년 4,000만 불 이미 책정)

6. 조악 군납품 단속에 관한 건

김정렬 국방 "KPA[182]를 통하여 일선에 배급된 비누가 질이 나쁘다고 비난을 듣고 있다"고 보고.

김일환 상공 "그 말을 듣고 목하 조사 중"이라고 대답.

홍진기 법무 "고발하도록 하라"고 강경.

(엄벌하라는 것이 전체의 의견)[183]

7. 물가에 관한 건

송인상 부흥 "당분간은 변동이 없을 것이며 최근 상승하였던 곡가도 머리를 숙이기 시작하였

---

181) 화학비료를 말한다.

182) Korean Procurement Agency(주한미육군구매처). USAPAK(United States Army Procurement Agency in Korea)라고도 한다. 주한 미8군 산하에 있는 군수 기관의 하나로, 군수기지 사령관에 직속되어 있다.

183) 1958년 국산 비누 640만개가 한국군에 처음 보급된 이후 이 비누를 사용한 군인들이 탈모, 피부 통증 등의 고통을 호소하는 사건이 발생했다. 검찰에 구속된 업자들은 불량비누를 납품하기 위해 뇌물을 주었다고 진술했다. 국회에 '탈모비누사건 조사반'이 만들어졌고, 현직 상공부장관과 재무부장관이 검찰의 소환 조사를 받았다. 이승만 대통령은 이 사건에 대해 엄벌지시를 내렸다. USAPAK이 한국 비누제조업자로부터 구입한 비누가 물의를 일으키자 한국정부와 미국대사관 등 관련 인사들의 입장이 난처해졌다. 이 사건은 미군 현지 물자구입에 대한 한국 물품 납품의 전망을 암담하게 했다. "미측, 탈모비누사건을 해명, 각료는 자기변명만." 『경향신문』(1958/6/26)

다"고 보고.

8. 공무원 결원 보충에 관한 건

제39회 국무회의

일시 : 1958년 5월 9일(금)
장소 : 중앙청 회의실

1. 국민신생활운동 적극 추진에 관한 건

조정환 외무 "터키 국민은 커피를 먹는 사람조차 드물다고 하는 것으로만 보아도 우리의 생활은 나라가 지금 처하고 있는 실정에 비추어서 개선하여야 할 점이 많다고 생각한다"고 제언.

손창환 보사 "몇 번 하여 보았으나 결국엔 실패하고 말았다"고 곤란을 표시.

송인상 부흥 "앞으로 이 이상의 경제안정을 기하려면 국민 각자의 비장한 각오가 필요하다"고 견해를 표명.

(이상과 같은 의견교환 만으로 결론은 없음)

2. 선거 사후처리에 관한 건

홍진기 법무 "이미 야당에 의하여 제기된 선거소송 4건과 증거보존 18건, 계 22건이 야당에 의하여 제기될 것으로 보며, 선거사범은 제소된 500여 건에 관련자 약 700명, 그 중 당선자가 33명 있는 바 야당이 18명에 여당이 15명"이라는 보고.

김정렬 국방 "김산(金山)[184]의 구속은 물의가 많은데 그 내용은 무엇인가?"

---

184) 김산은 제4대 국회의원 선거에서 이기붕이 처음 출마했던 서대문(을) 선거구의 민주당 경쟁자였다. 본래 "청빈하고 무력한 일 서민에 불과"한 김산이 이기붕을 대적할 수 없다는 사실 하나만으로도 서대문(을) 선거구는 전국적으로 유명해졌다. 낙선한 김산은 "공정증서 부실기재 및 동행사" 혐의로 구속 기소되었

이근직 내무 "선거 전에 하기로 하였던 것을 하지 않으면 이 의장님이 출마하기 위해 없는 일을 조작하였다는 일반의 오해가 있을 것이므로 이를 그대로 둘 수는 없다"고 사정을 설명.

김정렬 국방 "실정은 잘 알았으나 그렇다면 신문보도 등에 유의하여 그 간의 실상을 국민에게 잘 알려 오해가 없게 해야 할 것"이라는 의견.

오재경 공보 "당과 정부의 신문사와의 관계가 너무나 멀었다고 생각하며 동아일보나 경향신문의 사장실은 신구 양파 민주당원의 집회소처럼 되어 있는데 반하여 야당지엔 선불하는 광고요금도 여당지에는 선거 후에 주는 등등, 과거 우리가 해온 태도를 시정하지 않고는 신문으로 하여금 정부나 자유당에 협력케 할 수가 없다"고 선전정책의 맹점을 지적하고 나서,

"장관보다 거물급의 시장을 데리고 일하기 어려운 내무부장관과 마찬가지로 장관 이상의 신문사장을 상대로 하는 공보실장도 답답한 일이 많다"고 서울신문 운영의 애로를 시사.

강명옥 법제 "야당은 상당한 법률가 30여 명으로 대법원에 제기된 선거소송을 위한 변호사단을 조직하였다" 하며, "대법원의 공기도 대법원장 문제 이후 대단 복잡하여 결과의 예측이 곤란하다"는 정세를 설명.

홍진기 법무 "타국의 예를 보아도 선거 소송의 결과가 의석에 영향을 주지 못하는 것이 상례이니 할 수 없다고 생각한다"고 전망을 보고.

3. 현충일 행사 계획안의 보고

(국무원 사무국의 별지와 같은 보고에 대하여 각 부 장관의 유가족대표 위문을 하지 않기로 하고 좌담회에는 관계 장관만 참석하기로 수정하기로 함)

4. 제24회 발명의 날의 발명유공자 포상의 건

(상공부로부터 다음과 같이 포상 신청이 있어서 의논한바 다음과 같은 이유로 부결됨)

다가 징역 1년을 구형받고 6월 8일 석방되었다. "이목이 총집중된 서대문을 선거구." 『동아일보』 (1958/03/28)

"표창을 받아야 할 대상자가 이들만이 아닐 것이므로 8월 15일 건국 10주년 일반 포상 시에 같이 하도록 하는 것이 타당하다."

(제청된 피표창자)

(1) 공병우(公炳禹)[185]: 한글 타이프라이터 발명

(2) 임호연(林虎年): 자동급수변(自動給水辨) 발명, 외국특허 획득

---

[185] 공병우(1907~1995)는 1936년 나고야제국대학에서 의학박사학위를 취득하고, 1938년 안과 전문의원인 공안과의원을 개원했다. 1949년 세벌식 속도 한글타자기를 처음으로 개발했고, 콘택트렌즈 도입 등 기술발전에 이바지했다. 또한 한글학회 이사장을 지내고 한글문화원을 개설했다.

제40회 국무회의

일시 : 1958년 5월 13일(화)
장소 : 경무대(전반), 중앙청(후반)

1. 국무위원 사표 제출에 관한 건

이승만 대통령 "사표제출 운운하는 말을 외설하지 말아야 할 것이며 전부가 일시에 제출하였다가 각하되고 하는 것은 좋지 않은 폐습이니 고쳐야 하며 진정으로 상당한 이유가 있어서 사임하고자 하는 사람이 있다면 언제든지 그만두게 하여 주겠다. 파업(파공)은 공산주의자들이 하는 일이라고 생각한다."

2. 외국제 연초수입에 관한 건

이승만 대통령 "외국 연초를 수입한다고 신문에서 보았다. 끽연(喫煙)186)을 장려할 것이 아니므로 종래 수입하는 것에 반대하여 왔으나 정식으로 수입하여 과세 판매하는 것은 이치 있는 것으로 각오되는 바 있어서 이에 찬성한다."

3. 농업협동소합의 운영에 관한 건

이승만 대통령 "전국에 걸쳐 대대적으로 조직을 한다고 하는데 뒷감당은 어찌할 작정이냐?"
정재설 농림 조합원이 돈을 모아서 생산자로부터 직접 구입하므로 종사하는 자들의 인건비를

---

186) 흡연과 같은 말이다.

가산하여도 일반 상인들보다 저렴한 가격으로 물건을 획득할 수 있다고 낙관적 견해를 보고.

이승만 대통령 "잘 되어갈 때만 생각하지 말고 잘못될 때도 생각해야 하며 외국의 예로 보아서도 성공하기가 어려운 것이라. 처음부터 반대를 한 것을 법으로 공포하였다고 하니 잘 해보되 농회와 금융조합과 관계를 두어서는 안 된다."

4. 외자도입협약(법) 제정에 관한 건

이승만 대통령 "한국인의 힘으로 할 수 없는 대사업을 거액을 투자하는 것은 환영하되 소자본으로 일확천금하려는 협잡배의 투자는 배제하도록 만들어야 한다."

김현철 재무 "위원회에서 결정하도록 된 초안이 미국측 관계자(ICA 계획으로 내한한 전문가도 포함)와 대략 협의를 마치고 일부만이 남아있다"고 보고.

이승만 대통령 "그것은 위험하다. 외국의 원조도 받고 있는 처지에 미국대사 등이 청탁을 한다면 거절하기도 어려운 일이 있을지 모르지 않는가? 광산이면 광산에는 '얼마'라고 딱 정하여 놓는 것이 좋을 것이다. 디한 씨를 잘 활용하도록 하여 보라. 그는 한국의 실정을 잘 알고 있다."

5. 고리대금 근절과 농촌고리채 정리에 관한 건

이승만 대통령 "고리대금은 범법이니 이를 근절하여야 하며 중벌주의로 다스려야 한다. 책임은 내가 지겠으니 국회와도 논의(국회와 상의 않아도 될 것이지만)하여 보도록 하라. 범법을 하는 것을 그대로 두고 농촌고리채를 은행이 저당 대부한다는 말은 내가 있는 동안 하지를 말기 바란다. 자유당이 무어라고 하든 부당한 일은 할 수가 없다."

6. 소득신고제 실시에 관한 건

이승만 대통령 "소득을 각자가 보고(신고)케 한 후 그것을 조사하여 허위가 있으면 중한 벌(체형보다는 벌금)을 주도록 하는 것이 좋을 것이다."

김현철 재무 (그대로 하겠다고 대답)

7. 외환은행 설치에 관한 건

김현철 재무 "외자 도입에 있어서는 중앙은행에서 외환을 취급치 않는 것이 상례이니 만치별도 외환은행의 설치가 필요하여 현재 구상 중"이라는 보고.

이승만 대통령 "은행을 너무 여러 개 만들지 않도록 해야 한다. 소수의 은행이 있어야 든든한 은행이 생길 수 있고 그런 은행이 있어야 국민이 마음 놓고 거래할 수가 있을 것이다."

8. 미 잉여농산물 수입계획과 국내 양곡사정에 관한 건

송인상 부흥 "현재 교섭 중에 있는 7,000만 불(1959년도)로는 농산물만을 도입할 계획이며 그러면 올 가을에 흉작만 안 되면 가을철에 미곡을 약 10만 톤 수출할 수도 있을 것이므로 지금부터 준비를 하려하고 있다"는 보고.

정재설 농림 "약 130만 석을 작년에 이월할 수 있을 것이므로 금년에 평년작만 되면 20만 톤도 수출이 가능한 바, 판로는 주로 일본이 될 수밖에 없다"는 보고로서 각하의 승인 여부를 품청.

이승만 대통령 "와서 많이 사가라고 하라. 대단히 좋은 일이다."

9. 한강인도교 수리완료와 개통식에 관한 건

이근직 내무 "1년 2개월 연인원 78,000명, 총 공사비 9억 8,800만 환으로 공사를 완료, 오는 5월 15일 11시에 개통식을 거행할 예정"이라는 보고 겸 임석 품청.

이승만 대통령 "나도 가서 구경하겠다"고 임석하실 것을 하락.

10. 강경 – 논산간 철도 완성에 관한 건[187]

문봉제 교통 "강경과 논산훈련소 간의 공사를 완료하고 오는 5월 15일에 개통식을 한다"는 보고.

---

187) 1950년대 논산과 육군훈련소 간에는 12km나 되는 거리에 철도시설이 없어, 병력 수송은 물론 물자수송에 지대한 장애를 초래하고 있었다. 또한 군입대자들이 12km 이상 떨어진 강경 등지로부터 보행으로 입소하는 것이 사기에 영향을 미칠 것이라는 이유에서 철도의 조속한 개통이 요청되고 있었다.

11. 무연탄 사용 시험성공 보고

문봉제 교통 "강경—이리간 시험에 성공하였으나 앞으로 타 구간 운행과 연료절약 문제를 계속 연구하겠다"는 보고.

12. 관광에 관한 건

문봉제 교통 "영국왕립아시아협회 주최 관광단 92명이 내한하여 좋은 인상을 가지고 떠났으며 또 많이 올 것을 예상한다"는 보고.

이승만 대통령 "동해안 철도를 연장시킬 수 없는가? 도민의 희망이 많은데…"

문봉제 교통 "ICA 계획은 산업선을 우위로 하므로 4년 후의 계획에 들어 있으나 교통부로서는 준비가 완료(설계)되어 있다"고 보고.

이승만 대통령 "관광도 돈을 많이 남길 수 있는 일이니 잘 생각하여 보라. 그리고 대전—이리간도 잘 고쳐야 한다."

※ 중앙청 회의

1. 토지과세기준 조사와 자산 재평가 사무관장에 관한 건

(1958. 5. 13. 안번 93 법제)
원안대로 통과함.

제41회 국무회의(임시)

일시 : 1958년 5월 14일(수)
장소 : 중앙청 회의실

(공무원 처우개선에 수반한 예산조치를 논의하기 위하여 재무부장관의 요청으로 소집된 임시회의였음)

1. 1958년도 제1회 추가경정 예산안 편성요강

(별첨 재무부안에 다음과 같은 수정을 가하여 통과하였음)

(1) 기구개혁을 동시에 실시하지 않기로 한다.

이유 : 기구의 개혁에는 법규의 개정이 필요한 바, 국회와의 관계 등을 고려할 때 이것을 전제로 하는 공무원 감원 및 처우개선의 재원 염출은 상당한 시일을 요할 것일 뿐만 아니라 때로는 공약 3장의 1개 항목인 처우개선을 못하고 말 위험도 없지 않는 실정을 고려하여 이 문제는 후일 별도로 고려하기로 함.

(2) 감원을 하지 않는다.

이유 : 전항 이유와 상통하는 이유 이외에 기구개혁을 아니하고 감원하려면 경찰공무원 이외에는 감원할 것이 없는 바, 선거 직후에 경찰의 대폭 감원이라는 것은 정책상 고려할 여지가 있다는 것이 보류의 이유임.

(3) 봉급표 개정은 단순히 현행 보수의 2배액으로만 고친다. 고급 공무원 생활에 대한 일반의 의혹을 제거하기 위하여 종래의 상박하후(上薄下厚)[188]의 원칙을 지양하고 상후하박(上厚下薄, 대통령 50만, 부통령, 대법원장 30만, 장관 2만 7천, 차관 22만, 지사 17만,

---

188) 대우하는 데에 윗사람에게는 박하게 하고, 아랫사람에게는 후하게 함을 의미한다.

국장 11만, 과장 7만, 계장 6만, 계원 3만 6천~5만 등)으로 재조정하자는 안이 있어서 연구 중이었으나, 이 역시 차기 개정에 고려하기로 하고 전기와 같은 원칙을 채택함.

2. 정부기구 정비위원회 구성의 건 (내무, 경찰, 구두 제의)

(제안요지: 그간 구상하던 기구개혁과 감원은 특수한 사정으로 차차로 미루게는 되었으나 신년도에는 반드시 해야 할 일이므로 이를 연구하기 위해 소위원회를 조직하는 것이 좋겠다는 요지)

결정: 내무, 재무, 법무, 법제, 국사(國事)로서 조직하고 재무가 주무위원(소집책임 및 대표)
 이 된다.

3. 건설업법 시행령(법제)

원안대로 통과.

제42회 국무회의

일시 : 1958년 5월 16일(금)
장소 : 중앙청 회의실

1. 장 부통령 신문 발표에 대한 조치에 관한 건[189]

이근직 내무 "자유당에서는 정부에서 그러한 반박성명이 있으나 없으나 매 일반이라는 의견인
바, 그 이유로는 국무위원 일동으로 내는 성명이 자유당 같이 신랄할 수는 없을 것이 아
닌가 하는 점에 있다"고 보고.

김현철 재무 "이것을 시작할 바에는 철저히 해볼 작정을 하고서 해야지 어설프게 건드려 놓고
말면 역효과 밖에 없을 것"이라고 경고.

(전원이 이를 시인하고 있으나 구체적으로 어떤 방법으로 하느냐는 언급되지 않고 때때로
필요한 조치를 하자는 것에 의견이 일치)

오재경 공보 (반박성명의 내용을 낭독하고 설명)

(전원 이의 없이 통과하고 대통령 각하께 보고할 위원으로 수석 국무위원과 공보실장
을 선임하여 대통령 관저에 오르게 함)

(양 위원이 대통령 관저로부터 돌아와서)

조정환 외무 "각하를 뵈옵지 못한바 사실 대통령 각하께서 부통령과 국무위원 간에 하는 일에
말씀하실 리가 없으니 우리 국무위원 자체로 강래 힐책을 당할 가오하고 단행하는 것

---

189) 장면 부통령은 5월 14일 담화를 발표하고 "금번 실시된 선거상황을 듣건대 실로 민국 창설 이래 가장 비
법적(非法的)인 사태가 도처에서 발생되었음을 알 수 있는데 만일 이를 묵과한다면 우리나라 민주정치
의 전도는 암담하게 될 것을 우려함으로써 이에 일언을 가하여 관계당국들의 반성개오를 촉구한다"고
하면서 12개 항목의 부정선거 불법사실을 열거하며 비난했다. "장부통령, 5 · 2선거 비법성 열거, 모든
선거무의미."『동아일보』(1958/05/15)

이 좋을 듯하다"는 보고 겸 제의.

오재경 공보 "내용이 좀 미약하니 문면(文面)[190]을 재검토하는 것을 제의한다"고 첨가.

전기 양 의견을 채택하여 '국무위원 일동의 명의로 된 성명서를 공보실을 통하여 발표'하기로 결정하고 성명서 내용을 검토하기로 한 그 축조심의에 있어서 취한 원칙은 다음과 같음.[191]

(1) 이 성명서에 대응하여 나오는 상대방의 태도를 보고 다시 적당한 방안을 강구하기로 하고 본안이 이 정도의 '강경도'에 그친다.

(2) 장 부통령을 고립시키는 견지에서 야당 전반에 자극을 주는 구절은 수정하기로 한다 (동아일보가 자유당의 반박문의 대부분을 게재한 것도 본 사건에 대한 야당 내의 각 파가 각각 그 이해득실을 달리하는 소치라는 추측에서)

---

190) 문장이나 편지에 나타난 대강의 내용을 의미한다.

191) 1958년 5월 17일에 발표된 국무위원 성명은 다음과 같다. "장부통령께서는 최근에도 정부가 발표한 공무원처우개선과 농어촌의 고리채정리 및 인정과세폐지의 삼대 당면 정책을 실현성이 없는 공수표라 언명하였고, 지난 5ㆍ2 총선거가 우리 역사상에서는 가장 명랑한 선거였음은 내외인사들이 모두 인정하는 사실이고 야당인사가 지난 선거를 통하여 많이 진출하였음에도 불구하고 이를 역사상 처음 보는 부정선거라고 단정하였음은 나라의 위신에 중대한 영향을 주는 일이라 아니할 수 없습니다. 일국의 부통령이 일부의 그릇된 자료를 그대로 받아들여 다만 국민으로 하여금 정부를 불신케 하려는 의도 밑에 정부를 비방하는 발표를 한다는 것은 매우 유감된 일이라 아니 할 수 없습니다..." "국무위원 성명."『동아일보』 (1958/05/17)

제43회 국무회의

일시 : 1958년 5월 20일(화)
장소 : 경무대(전반), 중앙청(후반)

1. 일본인 시차(矢次) 면회시 사진촬영에 관한 건

이승만 대통령 "일본인이 공손한 태도를 두 차례나 보였는데 사진은 내가 굽히고 있는 것만을 신문에 냈으니 이 책임은 어떻게 할 것인가를 생각하여 보라."

2. 대일정책과 시차 방한의 의의에 관한 건[192]

이승만 대통령 "유 공사의 말에 의하면 기시 수상이 이번 한국에 대한 문제를 해결하지 못하면 정치적으로 난처한 사정이 있어서 몸이 달고 있다고 한다. 또 시차가 말하기를 '자기가 한국에 온 것은 기시 수상이 이등박문[193]과 동향이며 한국에 가장 가까운 지방의 출생이므로 이등이 저지른 잘못을 사과하고 한일 간의 여러 난문제를 해결하려고 하

---

192) 기시 수상은 특사를 보내 "지난 36년 동안 일본군벌들이 한국에서 저지른 죄악을 깊이 뉘우치오며, 이등박문의 출생지인 야마구치현(山口縣) 출신의 기시 수상은 같은 고향의 선배가 뿌린 모든 전죄(前罪)를 사하기 위해서 서를 한국에 보낸 깃이옵니다"라고 진했다. 『동이일보』(1964/12/19)

193) 이토 히로부미(伊藤博文, 1841~1909)는 1863년 해군학을 공부하기 위해 영국으로 갔고, 다음해 귀국하여 시모노세키전쟁 전후 평화교섭과정에 통역으로 참가하였다. 1864년 막장전쟁(幕長戰爭)에서 조슈번의 실권을 장악했다. 메이지유신 이후 신정부에 참여하여 외국사무국 관사, 효고현 지사 등 요직을 역임하였고, 1878년 내무성 내무경, 1885년 초대 내각총리대신, 1888년 추밀원 의장을 지냈다. 1905년 특명전권대사로 대한제국에 부임, 1905년 을사늑약을 체결하여 대한제국의 외교권을 박탈하고, 통감부 설치에 따라 초대 통감에 부임했다. 1909년 추밀원 의장으로 러시아 재무상과 회담하기 위해 만주 하얼빈을 방문하였다가 10월 26일 하얼빈역에서 안중근에게 저격 당해 사망했다.

고 있다는 뜻을 전하려고 하는 것이다'고 말하였다. 우리도 일본과의 문제해결에 있어서 몇몇 사람은 '붙들어 둘 필요가 있다'고 생각은 하나 당분간 일인이 한국에 온다든지 외교를 한다든지 하는 일은 있어서는 안 될 것이다. 아직도 우리 한국사람 중에 일인이 없어서 적적하게 생각하는 사람이 있는 듯하기 때문이다. 우리는 신문기자나 또 누가 물어볼 때에는 다음과 같은 대답을 해야 할 것이다."

"40년간의 학정에서 골수에 사무친 한국인의 대일 감정이 그리 쉽사리 가서버리는 것은 아니나 일인들 중에 일본의 과오를 솔직히 인정하는 사람이 있다는 것은 앞으로의 한일문제 해결에 많은 관계가 있는 것이며 그들은 앞으로 이러한 점에 계속하여 성의 있는 노력을 하여야 할 것이다."

3. 인도네시아 문제에 관하여

이승만 대통령 "이 문제에 관계하는 것을 내정간섭 운운하는 이도 있으나 공산당의 교란에 의한 것이니 결코 그 나라 내부문제만이 아니다. 자유진영에서 이를 그대로 둔다면 죽어야 마땅하고 또 죽을 것이다. 외무부에서는 호주, 자유중국과 연락하여 이러한 공산주의 침략을 막도록 해야 한다. 글로 좀 써보도록 하라."

4. 비료문제

이승만 대통령 "금비(金肥)194)의 시장가격이 올라가고 있다고 하는데?"

송인상 부흥 "정부는 반당 6관으로 책정한 수요 전량을 이미 준비하여 두었으나 농민은 9관식을 시용(施用)하려 하므로 부족량을 시판에서 구하게 됨으로 자연 비료가격이 앙등하는 것"이라는 보고.

이승만 대통령 "금비를 해마다 사용하면 토질이 척박하여 불원간에 못쓰게 되어버리는 관계로 자급비료를 증산하도록 하라고 말하여 왔다. 국민이 목전의 이익만을 위하여 잘못하는 일을 시정시키고 잘 지도하는 것이 정부의 책임인데 국민이 좋아하는 대로 내맡겨두면 어느 지경에 갈는지도 모르니 이것은 민주주의가 아니다."

---

194) 화학비료 또는 시장에서 파는 유기질비료를 일컫는 말로, 자급비료(두엄 · 외양간두엄 · 풋거름 등)에 상대되는 말임.

정재설 농림 "퇴비를 상당(굉장)히 증산하였다"고 보고.

이승만 대통령 (노하신 표정으로) "퇴비를 많이 만들고서 왜 금비를 도입하는 것이냐. 일을 하려면 욕을 좀 먹을 생각을 하여야 할 것이다."

5. 신문 발표에 관한 건

이승만 대통령 "신문 발표 같은 것도 장래에 어떤 영향을 주느냐를 국무원에서 잘 의논하여서 하는지 알지 못하나 요즘 행정의 대부분에서 손을 떼고 내맡기고 있는 나로서는 국무위원들이 국가의 먼 장래까지 생각해 가며 일들을 하고 있다고 믿어지지 않는 것이 유감이다. 민주주의에 표를 많이 얻는 것이 중요는 한 일이지만 표를 잃어버리더라도 국가의 장래에 필요한 일이면 하여야 한다"고 엄한 훈시를 하심.

6. 군납비누 사건

이승만 대통령 "어찌된 일이냐?"

김일환 상공 "KPA를 통하여 한인업자에 의하여 납품된 2종의 비누 중 세탁비누가 문제가 되어 현재 조사 중이며 업자들을 모아놓고 주의를 환기시켰다"는 보고.

이승만 대통령 "주의만 환기해 무엇하는가?"

홍진기 법무 "현재 당초 견본과 납품한 것을 보고를 하는 도중..."

이승만 대통령 "조사는 하여서 무엇 하는가? 조잡한 물품을 납품하여 인체에 피해를 입힌 것이 분명한데... 이런 일은 장래 우리 상품의 신용문제는 고사하고라도 문명한 사회에 있어서는 안 될 일이다. 잘못하는 사람에게 벌을 주어서 깜짝깜짝 놀라게 하여야 한다."

김정렬 국방 "정부에서 종래에 원만히 하던 것을 단속을 강화하였기 때문에 외부에도 여론화 된 것이니 각하의 의도하시는 방향으로 가고 있는 것"이라고 설명.

홍진기 법무 "엄중 조치하겠다"고 대답.

7. 육묘(산림녹화용) 사업 중지에 관한 건

이승만 대통령 "묘포(苗圃)[195]에 들어가는 경비로 임야를 잘 감시하도록 말한 일이 있었으나 그에 대한 답을 못 들었다."

정재설 농림 "사방사업에는 식목이 절대 필요하므로 육묘를 중지할 수 없으며 이런 사리는 세계적인 통설로 되어있을 뿐 아니라 국군묘지의 사방과 식수를 한 결과를 시찰하시면 아실 것"이라고 육묘의 필요성을 역설.

이승만 대통령 "장관이 기차를 타고 부산까지 가보면 아실 것입니다. 나무를 심어본 흔적이 있나 없나…"

"국군묘지 운운하지만 이것은 산림녹화에 관심이 없는 사람에게는 통할지 모르나 다소 알고 있는 사람에게는 그런 말을 하지를 말으시라"고 (특히 정중한 경어를 쓰셔가며 말씀하시고 나서 '국무위원 중 이의 있으면 거수하라'고 말씀하심에 전원 이의 없음, 결정을 선포하시며 이대로 할 것을 지시하셨음)

※ 중앙청 회의

1. 재정법 시행령(별첨) (법제)

새로 첨가하는 제92조의 2를 수정하고 그 나머지는 원안대로 통과함.

2. 철도국의 명칭, 위치 및 관할구역에 관한 법 중 개정의 건 (법제)

원안대로 통과함.

3. 고등고시위원 선정요강

선정위원회를 조직하여 종래 사무국장 단독으로 선정 내신하는 폐단을 제거하려는 국무원 사무국 안인 바 전원이 종전대로 할 것을 주장함으로 부득이 이를 철회함.

---

195) 묘목 양성에 이용되는 토지. 모밭이라고 한다.

4. 8·15 일반포상계획 실시요강

기준을 구체적으로 입안하기로 하고 보류함.

5. 금비도입에 관한 건

금비 도입량을 극도로 축감하기 위하여 재무, 농림, 부흥의 3부에서 그 구체안을 작성 제출케 하기로 함.

제45회 국무회의

일시 : 1958년 5월 22일(목)
장소 : 중앙청 회의실

1. 판자집 철거에 관한 건

조정환 외무 "경찰관이 판자집을 철거함에 있어서 민주당원이 사는 곳이니 '용서 없다'는 의미
의 언사를 한다고 사회의 비난이 있다"고 참고로 보고.

이근직 내무 "그러한 일이 있을 리 없으며 이 역시 조작하여 정부를 비방하려고 하는 것이라
고 본다"는 견해.

2. 비누사건 취급에 관한 건

홍진기 법무 "관계자 2명을 구속하였다"는 보고.

3. 의사시험 실시 상황에 관한 건

손창환 보사 "신문지상에 모략선전이 나 있으나 사실 종래 대리시험, 컨닝 등을 하거나 시험
관과 응시자 간의 결탁 등 부정 투성이던 것을 시정하려니까 도리어 사고가 난 것처
럼 악선전하고 있다"고 실정을 보고.

4. 1958년도 제1회 추가경정예산안 편성에 관한 건

김현철 재무 "공무원의 처우개선을 8월부터 실시하는 것에 대하여는 대통령 각하께서 승인하시었다"는 보고에 이어, 이에 따르는 방침 변경을 다음과 같이 제의함.

(1) 잡급에 의하여 고용되고 있는 직원의 감원을 보류하고 보수를 배액으로 인상함에 필요한 재원을 염출하기 위하여 공무원의 처우개선을 1개월 늦게 시작한다 (원안에는 잡급 공무원 2할을 감하고, 남는 자의 보수는 인상하지 않기로 되어 있었음)

(2) 전항의 변경에 의하여 발생하는 재원(1개월분 봉급액에서 전항의 조치로서 수입이 감소되거나 타종의 지출이 증가되는 액을 차인한 액) 23억 4,400만 환 중 10억 4,400만 환을 예비비에 편입하고 나머지 13억 환, 전항 기타 삭감이 곤란한 경비의 복구와 특히 필요한 부문에 대한 추가예산의 재원으로 한다.

전기 이외에 보건사회부 소관 생계부조비 4,500만 환은 삭감하지 않는 방도를 재무부에서 강구하기로 하며 보건사회부 소관의 고아원 보조 2억 2,400만 환과 해무청 소관 선박운영비 1억 8,000만 환은 주무부 장관과 재무부장관이 협의 조치한다.

(3) 각 기관에서는 관영요금(전기료 수도료 포함)에 부채를 남기지 않도록 해야 한다.

이상 제의대로 의결함.

제46회 국무회의

일시 : 1958년 5월 23일(금)
장소 : 중앙청 회의실

1. 관광사업과 국토미화사업의 적극 추진에 관한 건

내무부장관의 발의로서 무허가건물의 철거와 예방, 공원지대 침식의 방지, 관광도로의 신설 정비, 주요 공로와 철도부근의 조잡한 건물 난립 방지 등을 논의한 후 다음과 같이 처리하기로 함.

(1) 국립공원법을 제정하기로 하고 법제실에서 입안 제출하기로 한다.

(2) 산림녹화를 위한 무연탄 장려책을 부흥, 농림, 상공의 3부 실무자회의로 하여금 입안, 제출케 한다.

(3) 철도와 중요 도로 연선의 건축은 허가를 받도록 법령을 제정하여 조잡한 건물의 난립을 방지한다.

(4) 이에 대한 구체적인 안을 세우기 위하여 내무, 농림, 보사, 교통, 법제의 실무자회의를 갖는다.

(5) 상점 기타의 간판을 '한글'로 쓰게 한다.

(6) 시내 도로 확장지구는 물론 교통과 미관에 지장이 되는 전주를 정리한다.

(7) 남산을 포함한 시가 주변에 날로 증가하는 무허가 건축의 방지와 철거대책을 강구 실시한다.

(8) 서울시 주변의 국유임야로서 민간에 대부한 것은 이를 취소(해약)한다.

(9) 장래 공원지대로 될 곳 또는 공공목적을 위하여 사용될 지역의 귀속재산은 일체를 국유 또는 공유화 조치한다.

2. 외원(外援)의 추세에 관한 건

송인상 부흥 신년도 미국 대외원조예산은 33억 불(미확정), 그 중 극동지역에 약 5억 7,000만
불, 한국에 대하여는 2억 4,000 내지 2억 5,000만 불을 예상한다는?

"DLF는 이미 3,900만 불 배정을 완료하였다고 하는 바 한국이 그 중에 못 들어가서
유감이나 약 3,000만 불이 우리 한국에 배정되리라 기대하고 있다. 주미 양 대사에게
전보로 연락하고 미국대사에게도 서면으로 항의(?)할 준비를 하는 중"이라고 보고.

제47회 국무회의(임시)

일시 : 1958년 5월 24일(토)
장소 : 중앙청 회의실

1. 1958년도 대충자금 특별회계 제1회 추가경정 총규모(재무)

재무부장관을 대신하여 예산국장이 제안 설명. 각부 장관의 각자 소관에 대한 질의에 재무부장관의 답변이 있은 후 원안대로 의결함 (원안 별첨 참조)

2. 국무회의 비밀논의에 관한 건

조정환 외무 "국무회의 결과가 외부 누설되는 예가 근자에 별로 없었는데 어제 동아일보에 나와 있으니 금후 어떠한 대책이 필요할 것으로 생각된다"고 제의.

이근직 내무 "각자 주의하는 이외에는 도리가 없으며 야당에서는 2년 후 선거를 위하여 자유당과 정부를 계속하여 치고 있으며 여당의 당선자 중 입각희망자는 대부분 포기한 것으로 보이나 일반 자유당(원외) 인사들은 아직도 그런 것을 기대하고 국무위원의 뒤를 파고 상호간의 분열을 획책하고 있으니 각별한 주의가 필요할 것"이라고 보고 겸 주의를 환기.

김일환 상공 "피차에 농담이라도 사임한다는 등의 언사는 하지 말아야 할 것이다"라는 의견.

제48회 국무회의(임시)

일시 : 1958년 5월 27일(화)
장소 : 경무대(전반), 중앙청(후반)

1. 당선 국회의원의 동향에 관한 건

이근직 내무 "무소속 당선자 26명 중 입당할 가능성이 있는 사람이 20명, 그 중 11명이 자유당
에 입당하고 남은 9명이 앞으로 입당하여 올 듯하므로 자유당이 점하는 의석은 현재
137석 앞으로 147석을 기대하나 3분지 2선에는 달할 가망이 없음."

2. 제3세력의 대두에 관한 건[196]

이근직 내무 "진보당을 통하여 의회에 침투하는 공작에 실패한 좌익은 보수 양 세력 간의 정
쟁을 조장하는 한편 포악한 방법으로 전환한 것으로 보이며 요인암살 지령의 발견이
라든가 재산(在山)공비의 준동으로 미루어 보아 거의 확실한 사실"이라는 보고.

3. 장관 사임에 관한 건

이승만 대통령 "선거 후 그에 대한 불만을 가진 이들의 공격을 감내하기가 어렵다고 하여 물러
나간다는 생각을 가진 분이 있다고 하는 말이 있으나, 어렵다고 다 나간다면 곤란한

---

196) 제4대 민의원선거 결과 군소정당이 퇴조한 대신 민주당은 자유당의 독주를 견제할 양당체제의 외형을
갖추게 되었다. 또한 혁신계 정당들은 의석을 획득하지 못했고, 진보당 사건으로 조봉암 등 혁신계 지도
자들이 검거되면서 군소정당들의 선거활동은 더욱 위축되었다.

일이니 만일 그러한 문제가 있으면 나에게 말하도록 하라."

4. 반공투쟁과 국가보위에 관한 건

이승만 대통령 "타국에서 인도네시아에 간 사람들이 돌아오고 있다고 하며 미국정부의 현 정
책은 반공에 완만하며 오열은 계속 침입하여 오고 있으니 무슨 대책이 있어야 하겠
다. 스텀프[197] 제독 같은 유능하고 우리를 잘 이해하는 자의 경질도 역시 미국의 전기
와 같은 정책의 반영으로 볼 수밖에 없으니 미국이 이대로였고 자유세계에 지도자가
없으면 우리는 우리대로 살아갈 수밖에 없으니 데커 장군을 불러서 각각 행동할 것을
말하여 줄까 한 일도 있다."

김정렬 국방 "인도네시아의 실정은 추후 정보를 담당하고 있는 이후락(李厚洛)[198]으로 하여
금 보고케 할 것이나 반란군이 형편없는 세력이고 '수카르노'[199] 그 자신의 성분으로
보아 좌익과 합작하기 곤란한 자"라는 보고.

5. 전화 증설에 관한 건

이응준 체신 "동대문에 2,600대를 증설, 지방에 10개소 중 5개소는 이미 완성하고 5개소는 오
는 6월말에 완성할 예정"이라는 보고.

이승만 대통령 "해저전선수리에 관하여는 어떤가."

---

197) 스텀프(Felix B. Stump, 1894~1972) 미 해군제독은 1944년 필리핀 레이테만 전투에 참전했다. 1953년 7
월부터 1958년 1월까지 미태평양사령부 사령관을 지냈으며, 은퇴 이후 펜실베니아주에서 자유재단
(Freedoms Foundation)을 이끌었다. 1958년 12월 12일 이승만 대통령에게 자유지도자상(Freedom
Leadership Award) 수상 서한을 보냈다. Felix Stump → Syngman Rhee. 12 December 1958. "Freedoms
Foundation at Valley Forge." 「대한민국사자료집 : 이승만관계서한자료집 9」 296.

198) 이후락(1924~2009)은 1942년 울산농업고등학교(현 울산공업고등학교) 졸업 후 1943년 일본 규슈의
다치아라이비행학교(大刀洗飛行學校)에서 6개월간 교육을 받았다. 해방 후 소위로 임관하여 1951년 육
군본부 정보국 차장, 1957년 주미대사관 무관, 1959년 국방부 기관장을 지냈고, 1961년 소장으로 예편
했다. 1970년 제6대 중앙정보부장으로 취임했고, 1972년 평양을 방문하여 김일성과 비밀회담을 하고
7·4 남북공동성명을 작성했다.

199) 수카르노(Achmed Sukarno, 1901~1970)는 1950년 인도네시아의 초대 대통령으로 취임했다. 1955년 제
1회 아시아-아프리카회의(반둥회의)를 주최, 비동맹중립외교로 각광받았으나 내정 혼란이 계속되자
원인이 의회정치에 있다고 판단하여 1957년 지도민주주의를 제창하면서 공산당 및 군부 세력과 연대했
다. 1958년 반수카르노파의 수마트라 반란을 진압하고 다음 해에 이른바 지도민주주의체제를 확립했다.

이응준 체신, 송인상 부흥 "OEC와 기술자 초빙을 협의 중이며 수리용 선박은 해군에서 설계가 완료하는 대로 ICA 원조자금으로 구입하려고 하고 있다"는 보고.

6. 인도네시아인 입국에 관한 건

이승만 대통령 "인도네시아인이 온다는데 자세한 내용은?"

조정환 외무 "비밀로 하고 있으나 1명이 금명간 온다"는 보고.

오재경 공보 "호텔에서 유숙하기 어려운 관계로 반공연맹의 공진항(孔鎭恒)[200]씨에게 부탁하여 당분간 사저에 유숙케 하려고 한다"는 보고.

이승만 대통령 "인도네시아에 대한 정보는?"

조정환 외무 "인도네시아의 수카르노가 다소 미국에 교태를 부리기 시작하고 있다"는 요지의 보고.

김정렬 국방 "자유국가의 아시아군사지도자회의에 당초 수카르노가 참가를 거부하였으나 결국에는 참가를 하게 되었으며 수카르노의 매부를 포함한 친공(親共) 각료를 해임하는 등 대미 반대의 완화가 엿보인다"는 보고.

7. 주택 건축에 관한 건

손창환 보사 각 도에는 할당을 완료하고 시내에 있어서 상가계획과 '아파트' 계획 중 어느 것을 먼저 하는가 하는 것을 결정하는 중에 있다고 보고.

이승만 대통령 "아무리 말하여도 못 알아듣고 생각하는 것이 다르다."

"시내에 대지를 갖고 건축을 않는 것이 있으면 이를 수용령이라도 써서 정부에서 그 위에 건물을 세우고 완성 후에는 이 건물을 처분하여 지주에게는 토지대금을, 건축한 자에게는 건물의 대금을 지불하면 될 것이다. 김태선(金泰善)[201]이 시장으로 있을 때 이 같은 말을 하였으나 도리어 만내방향으로 나가고 선견을 히프로 그만두게 하였던

---

200) 공진항(1900~1972)은 와세다대학 영문과에서 수학하다 프랑스 소르본대학에서 사회학을 전공했다. 만주에서 농장을 운영하다가 만몽산업주식회사를 설립했다. 해방 후 주프랑스 공사, 1950년 농림부장관, 1957년 농협중앙회 회장을 역임했고, 이후 농협중앙회 회장, 천도교 교령을 지냈다.

201) 김태선(1903~1977)은 미국 노스웨스턴대학 영문학과에서 수학하고, 1937년 보스톤대학에서 신문학석사학위를 받았다. 해방 후 1945년 경무부 수사국장, 1948년 수도경찰청장을 지냈으며, 1950년 내무부 치안국장, 1951년부터 1956년까지 서울시 제5, 6대 시장에 임명되었다.

것이다. 상수도 시설과 같이 위생시설도 하도록 하여 변소의 악취를 없이 하여야 문명국가가 될 수 있고 외국인들도 여행 또는 거주할 수 있을 것이다. 남한을 비위생적으로 만들어서 미국인들이 퇴거하게 하려는 것이 일시 공산주의자들의 술책인 시절도 있었다."

하기 중앙청 회의에서는 내무부 소관사항으로 다음과 같이 우선 실시할 것을 의결하였음.

(1) 여관 호텔, 음식점의 변소는 6개월 이내에 수세식으로 고친다.

(2) 신축하는 건물 중 일정한 규격 이상의 것에는 수세식 변소로 않으면 허가치 않는다.

(3) 일반가정의 변소도 점차 수세식으로 하도록 장려한다.

※ 중앙청회의

1. 서울시내 상수도 사정에 관한 건

1일 소요 32만 톤

현재 능력 20만 톤

현재 착수 중 7만 톤(중 4만 톤은 금년 완성 예정, 3만 톤은 내년 완성 예정)

부족 5만 톤 설계 중

ICA 계획으로 조속한 완성을 기하기로 하였음.

2. 원조자재 사후관리에 관한 건

송인상 부흥 "며칠 내에 부흥부와 OEC 합동으로 감사를 실시할 것이며 사무정리의 불비로 변상 등의 문제가 야기되지 않도록 사전에 실무자회의를 개최하겠다"는 통고.

3. 공무원 공석 보충보류에 관한 건 (재무 제의)

신년도 정원책정(감원)에 대비하여 당분간 신규채용은 일절 보류한다는 결의.

제49회 국무회의

일시 : 1958년 5월 30일(금)
장소 : 중앙청 회의실

1. 오열검거와 대공사찰 강화에 관한 건

이근직 내무
"(1) 마포에서 발생한 파주서원(坡州署員) 피살사건의 범인을 어제 29일 우이동에서 체포하였다.
(2) 따로 또 하나의 간첩을 체포하여 현재 조사 중이며 곧 일망타진을 계획 중에 있음."

홍진기 법무 "이북에서는 근일 한국 내에서 소모되는 간첩을 보충하기 위하여 다량으로 남하시키고 있으며 그들을 지휘, 감독하는 책임자는 아직 알려지지 않고 있으니 이것이 문제이다."

2. 서울지구 요(要)보존지역에 대한 처리에 관한 건

이근직 내무, 정재설 농림, 김현철 재무로부터 그간 조사결과를 보고한 후 다음과 같이 의결함.
(1) 내무부에서는 이미 조사된 바에 의하여 필요한 조치를 재무부와 농림부에 요구한다.
(2) 서울 주변의 대지, 임야, 잡종지에 대한 일체의 조사를 재무부, 농림부, 내무부에서 합동 조사하되 7월말까지 완료할 것.
(3) 서울 주변의 국유, 귀속의 토지는 당분간 대부 또는 불하하지 않을 것.

3. 군경 유가족에 대한 민주당의 선동지령에 관한 건

손창환 보사 군경원호회를 통하여 입수된 정보에 의하면 민주당에서는 별지와 같은 지령을 발하여 "6월 6일 현충일을 계기로 하여 유가족을 선동할 것을 계획하고 있다"는 보고에 대하여 내무부에서 조속한 조사를 하여 진상을 발표함으로써 선수를 잃지 않도록 하기로 함.

4. 부산 서독적십자병원 인상에 관한 보도에 관한 건

손창환 보사 "일부 통신에 동 병원 설치본부에서 대한민국정부가 동 병원 운영에 비협조적이라는 이유로 인상할 것을 독(獨) 외무성에 신청하였다는 바, 원래 동 병원 운영에 있어서 한국정부가 부담하여야 할 것이 아무것도 없을 뿐만 아니라 제반사에 적극 협조하여 온 것이므로 서독공사를 만나 의논한 바 그 역시 동일한 의견으로서 의외의 일"이라고 말하며 유감의 뜻을 표하였다. 다만 그 사용 건물이 부산여중 교사(校舍)로서 동교와 간에 원사(院舍) 명도 문제로 설왕설래한 사실은 알고 있다"고 보고.

5. UNKRA 폐쇄에 수반한 재산인수에 관한 건 (부흥 제의)

위의 재산은 부흥부에 인도하여 재무부에 이관, 행정재산과 기타 재산으로 구분하고, 행정재산은 국무원 사무국에서 계획을 세워 각 기관에 보관 전환한다는 취급 절차를 정함.

6. 국방연구원 출신 처우에 관한 건

김정렬 국방 "수일 내 수료하게 된 자들에 대하여 가급적 좋은 직을 주도록 하고 차기 입소생 추천에도 각별한 배려를 바란다"는 요망.

7. 1958년도 하반기 무역계획에 관한 건

김일환 상공 별책과 같이 보고함.

8. 다음 '예비비' 지출의 건을 통과함

(1) 1958년도 공보실 소관 진해방송중계소 신설비 1,740만환

(2) 1958년도 경제부흥특별회계(보건사회부 소관)예비비 1,515만환(상세 별지)

(3) 1958년도 국무원 사무국 소관 독립기념사업위원회 조사연구비 3,980,900환(독립유공
자 조사정리비)

9. 재정법 시행령 재검토에 관한 건 (법제 제의)

보증금, 기타 적당한 방법으로 간단한 절차로서 담합을 방지하도록 다시 연구할 것을 관계
부에 위탁한다는 결의.

(재무, 내무, 법제가 주로 되어 실무자회의를 하게 될 것임)

제50회 국무회의

일시 : 1958년 6월 3일(화)
장소 : 경무대(전반), 중앙청(후반)

1. 프랑스 '드골202)' 씨에 대한 격려서한에 관하여

이승만 대통령 "종래에 형편없던 유럽 각국이 헝가리 의거 이래 차차 공산주의를 알게 되어 가는 것을 다행으로 알고 드골씨에 대하여 찬사를 보내려 하였으나 시기가 너무 이르면 본인의 폐가 될까 하여 기다리다가 어제 편지를 한 장 써서 급히 외무부에 보냈더니, 장관이 오늘 아침 편지에서 몇 가지 점에 의견이 있다고 하니 한번 읽어 보겠다"고 하시며 친히 낭독하고 설명하시고 나서, 이에 대한 외무부장관의 견해가 어떤가 하시고 하문.

조정환 외무 프랑스를 너무 위대한 것으로 표현된 점이 재고할 필요가 있다는 외에 몇 가지 점을 지적함.

이승만 대통령 "의견이 있으면 야반에라도 와서 말할 일이지 그대로 가지고 있으면 안되지 않는가?" 하시며 서면 중 외무부장관의 명의를 삭제하고 직접 자서(自署)하셔서 공보실장에게 발송을 하명하심.

(공보실장이 분부를 받고 난처한 표정으로 서 있을 때)

---

202) 드골(Chales De Gaulle, 1890~1970)은 프랑스의 군인이자 정치가이다. 제2차 세계대전 시기 기갑사단장, 국방차관을 지냈고, 프랑스가 독일에 항복하자 런던으로 망명하여 대독항쟁을 지속했다. 1944년 파리에 귀환하여 임시정부의 수반이 되었고, 1945년 총리, 국방장관을 지냈고, 1947년 프랑스국민연합(RPF)를 조직했으나 1953년 정계은퇴했다. 1958년 프랑스령 알제리에서 군사정변이 일어나 프랑스 제4공화정이 붕괴될 위기에 몰리자 다시 정계에 복귀하여 그 해 6월 총리가 되었다. 사대를 수습하고 제5공화정 헌법을 통과시켜 대통령에 선출되었다.

김현철 재무 "내용은 원문대로 하고 명의는 외무부장관 명의로 발신하시도록 하는 것이 가하다"는 의견을 말씀드림.

이승만 대통령 "그러면 공보실장은 곧 발송하고 신문발표는 이 서신의 도착을 기다려서 하는 것이 예의일 것"이라고 발표에 관한 주의의 말씀.

　　　　(공보실장이 발송을 위하여 비서실로 나가자)

이승만 대통령 "성급한 사람 참 어렵다"고 탄식하시는 표정에 전원 유구무언.

2. 서독적십자병원 인상에 관하여

이승만 대통령 "이에 관하여 아는 것이 있나?" 하고 보사부장관께 물으심.

손창환 보사 "서독공사의 말에도 전연 없는 사실이라 하며 김신실(金信實)[203] 씨를 적십자사 대표로 보내어 보았으나 별로 불평은 없고"하는 보고에

이승만 대통령 "그만 하면 잘 알았다"고 가로 막으시고 "그 병원 운영의 책임자를 나와 만나게 연락하라"고 분부하시는 것으로 보아 직접 안 들어보면 모르겠다고 생각하고 계신 양으로 보이셨음.

3. 화전방지와 낙엽송 식재 등 산림녹화에 관하여

이승만 대통령 "강원도에 산불이 나는 것은 화전민이 하는 것인 듯한데 대책이 무엇이며 군인의 벌목을 금할 방도는 무엇인가? 또 화전을 하는 자를 처벌한 일이 있나?"

정재설 농림 "직원을 파견 조사 중이며 철저히 단속할 것이라"는 보고.

이승만 대통령 "서울에 낙엽송이 적은데 대단히 중요한 목재이니 이를 장려하도록 하여 보라"고 분부하시고, 이어 군 벌목 방지에 관하여 "석탄을 군에서 사용할 수 있게 하고 토탄도 장려하면 벌목을 방지할 수 있을 것이 아닌가?" 하시는 하문.

김일환 상공 "석탄은 충분히 생산되고 있으니 토탄[204]은 필요 없고 군에 내어하여 주도록 하

---

203) 김신실(1889~1993)은 미시간대학, 콜롬비아대학에서 체육학을 수학했다. 1930년 귀국하여 이화여전 교수, 걸스카우트 회장 YWCA임원을 지냈다. 해방 후 이화여전이 대학으로 승격되자, 최초로 체육학부를 설치했다. 여성 체육 교육자로서 다양한 스포츠를 한국에 소개했으며 1952년 국제여성체육회의에 참석했다.

204) 탄화 정도가 가장 낮은석탄의 일종으로 이탄이라고도 한다. 주로 저습지나 소택지 등에서 퇴적된 퇴적물로서 생물의 유체가 불완전 분해된 물질이 퇴적된 것이다. 과거 아일랜드에서는 가정 연료로 중요했다.

겠다"는 보고.

김현철 재무 "현재 군의 경비로는 석탄을 땔 수가 없다고 하니 예산 없는 것을 외상을 주면 후에 곤란할 것이라"는 의견.

송인상 부흥 "연탄제조기의 무상 배부와 아궁이 개량의 시범을 하도록 할 것을 OEC와 협의 중에 있으며 화목(火木)을 구하는 지역을 정하여 별도로 속성 조림하는 것도 연구하여야 할 것이라"는 보고 겸 의견.

이승만 대통령 "탄광의 모든 시설이 생각하였던 것보다 썩 잘되어 있어서 대단 유쾌하였다"고 하시며 "탄광주민들이 중학교를 갖는 것을 희망하고 있으니 지어주도록 하자"고 제의하심.

김정렬 국방 "현재의 연료대는 일인당 10환인데 석탄을 쓰려면 일인당 13환이 있어야 한다"고 말하며 재무부장관의 협조를 요청.

4. 토취장(土取場)205)에 관하여

이승만 대통령 "부락의 토취장을 일정히 하여 놓고 그 외의 채취는 금하여야 한다"고 분부.

정재설 농림 "전에 분부하신 바 있어서 내무부와 협력하여 실시중이라"고 보고.

5. 묘목식재 중지와 산림 감시강화에 관하여

이승만 대통령 "묘포에 드는 비용으로 산림감시를 강화(책임구역제와 표창제로)하도록 하라"는 분부.

6. 신문 발표에 관하여

이승만 대통령 "농림부장관은 신문발표에 주의하라. 일을 맡기고 서로 믿고 말을 하면 신의를 지켜야 한다."

---

205) 도로 등의 토공에 있어서 성토재료의 공급을 위하여 흙을 채취하는 장소를 의미한다.

7. 국비 절약에 관하여

이승만 대통령 "항상 미국이 도와준다는 생각은 위험한 것이니 우리가 절약하여 비상시에 쓸 돈을 갖도록 하여야 한다."

8. 공무원 봉급인상에 관하여

김현철 재무 "미국대사와 OEC 측에서 배액까지 인상하는 것은 경제적으로 위험한 일이라고 반대하고 있어서 며칠 안에 각하께 와서 말씀할지 모른다"고 보고.

이승만 대통령 "나 자신도 어렵다고 생각하였는데 그들의 말도 일리는 있으나 국무위원들의 견해는 여하하냐?"고 하문.

김현철 재무 "해야 할 일이므로 전원이 다른 경비를 절약하더라도 하겠다는 의향"이라고 보고.

이승만 대통령 "미 대사가 오면 어렵기는 하나 해야 할 일이라고 대답하겠다"고 말씀하시고 "못하게 되면 어떻게 되는가?" 하고 하문하심에

김현철 재무 "자유당 공약3장 중의 하나이니 자유당이 곤란할 것이며 재무부장관은 앉아 있을 수 없으리라"고 답변.

이승만 대통령 "재무부장관 뒤에는 대통령이 있다고 생각하라."

9. 시내 상가건축에 관하여

손창환 보사 "내무부와 시와 상의한 바, 다음과 같은 곤란에 봉착하였다"고 보고.

    (1) 토지 소유자에게 건축을 권고하는 시간이 필요.

    (2) 시에서 자금 차용이 곤란.

    (3) 토지대금의 고가 주장 시 해결이 곤란.

    (4) 서민주택이 더 급하다는 여론이 많음.

이승만 대통령 대노하시며 "사회부장관은 내 말을 듣지 못한 사람과 같다. 즉, 정부에 지도자가 없는 셈이다. 종래에도 이 자리에서 말할 때 딴 생각을 가지고 듣고 이 문밖에만 나가면 잊어버리고 딴 짓들만 하여 몇 해를 지나온 것인데 또 그런 짓을 하고 있다. 평시면 몰라도 국토가 이 같이 상한 때에 본인이 하지 않으면 국가가 할 수 있게 법이 되어

있으니까 토지문제는 내가 책임지고 해결하겠다고 하였는데 말을 못 알아듣고 또 그러한 소리를 한다. '작사도방(作舍道傍)이면 삼년불성(三年不成)'[206]이라고 하듯이... 썩 좋은 곳은 후일 건축을 잘할 사람이 나올 것이니 거기에 맡겨두기로 하고 그만 못한 곳을 선정하여 4, 5층의 건물을 짓게 하라는 말인데..." 하시며 탄식에까지 이르심.

10. 인도네시아 문제로 아주 각국에 보낸 서한에 관하여

이승만 대통령 "외무부에서 편지를 낸 것에 회답이 없다. 보내기는 하였는지?"
조정환 외무 "틀림없이 보냈습니다"고 보고.

11. 현충일 소요 선동의 야당 지령에 관하여

이근직 내무 "특무대 정보라고 하였으나 아직 증거가 없다."

12. 1958년도 국방부 소관 토지매수비 및 지상물 보상금을 예비비에서 사용하는 건

(재무부 제의)
(1) 8군사령부 소요기지 요청에 의한 것임
(2) 금액 15,815,500환 지출
위 원안대로 의결함.

13. 정부수립 10주년 기념사업위원회 규정안 (법제)

별지 안건 중 제4조 '하며 명예직으로'를 삭제하고 제2조 '사업' 다음에 '에 관한 사항'을 삽입하기로 수정 통과함.

---

206) 길가에 집을 지으면 3년이 지나도 완공치 못한다는 뜻으로 무슨 일에 여러 사람의 의견이 서로 달라 신속히 결정하지 못함을 말한다.

제51회 국무회의

일시 : 1958년 6월 4일(수) (6월 6일이 공휴일이므로 동일에 있을 회의를 당겨서 개최)
장소 : 중앙청 회의실

1. 상가건물 건축계획 추진에 관한 건

이근직 내무 "공병감(工兵監)[207]은 법적으로 곤란하다고 대통령 각하께 보고하였으나 현행 법규로 실시가 가능한 문제이며, 건축은 시장이 맡지 못하여도 대지문제에 관한 제반 수속절차는 시장이 하기로 하였고, 건축은 중앙 행정관서가 주체가 될 수 없어서 주택영단이 맡도록 하여야 할 것이라"는 의견.

2. 정부 대 국회, 정부 대 자유당 문제 (비공식 의제)

이근직 내무 "의장선거는 7일 또는 9일에 있을 것으로 예상하며 멀지 않아서 장관을 호출하여 공격을 함으로써 2년 후의 선거전을 본격적으로 개시할 것이 대개 확실한 반면 여당 은 항상 소극적인 수세를 취하고 있음으로써 불리한 일이 많았으니 금후는 이러한 일 이 없도록 자유당 간부와 협의하는 것이 필요한 바, 이를 구체적으로 열거하면 다음 과 같다"고 제의.
(1) 자유당은 근본적으로 혁신강화가 필요하다는 것
(2) 개헌을 단행하지 않고는 정국수습이 곤란하다는 것
(3) 참의원에 대한 조치를 시급히 결정할 것

---

207) 공병감실은 육군 본부에서 공병의 운용과 교육에 관한 일을 맡고 있는 참모 부서이며 시설의 계획 수립 과 집행, 군수용 부동산 관리를 담당한다. 이 조직의 수장을 공병감이라 한다.

(4) 정부가 시급히 제정 또는 개정하려는 법률안 통과에 협력할 것(그 내용은 아래)

　①　국가보안법개정(공산주의 단속엔 미비점 허다)

　②　국정보호법제정(공산주의 단속엔 미비점 허다)

　③　국회법개정(분과위원회 치중. 장관 본회의 출석요구의 난발 방지)

　④　형사소송법개정(오열색출에 곤란이 없지 않음)

　⑤　재정법 개정

　⑥　이번에 제출될 추가경정예산의 조속한 통과

　　이상 내무부장관 제의에 대하여 농림, 외무로부터 "당의 개편강화 등 근본문제를 차제에 요구하면 문제를 복잡하게 할 우려가 있으므로 긴급한 것 몇 가지만 협의하는 것이 어떤가?" 란 의견이 있었으나 교통, 법무, 내무 등 다수가 "정부가 강력하게 나가야 할 시기이니 할 말은 해야 한다"는 의견으로 결국은 다음과 같이 의결함.

　　대표로 외무, 내무, 재무를 대표로 이 의장님과 기타 자유당 간부들과 전기 내무부장관이 제의한 사항을 협의하게 한다(금일 하오 1시 30분 쌍방이 회합하기로 함)

3. 아시아경기대회 참석자 환영에 관한 건

문교(차) "오는 6월 7일 하오 1시에 서울운동장에서 환영대회를 개최할 예정"이라는 보고.

4. 현충일 행사에 관한 건

　　국무원 사무국장으로부터 계획의 개요를 청취한 후 6일 경회루에 참석할 장관을 다음과 같이 정하고, 그 외는 부평의 전몰경찰관충혼각 제막식에 참석하기로 함.

제52회 국무회의

일시 : 1958년 6월 10일(화)
장소 : 경무대(전반), 중앙청(후반)

1. 서독적십자병원에 관하여

손창환 보사 "어제 병원의 책임자(대리)와 보사, 외무, 문교의 실무자가 회합한 바, 서독 측으로서는 오는 6월 13일 주한공사가 귀국하는 기회에 다음과 같은 4개의 안을 본국 정부와 협의하여 보도록 하겠다는 것으로 낙착되었으나 이것은 어디까지나 실무자간의 의견교환이며 정부로서는 의과대학을 원조 완성하는 제1안을 지지한다는 것을 말하여 두었다"고 보고.

제1안 의과대학(어느 한 대학을 의미)을 원조(협조) 완성시키도록 하는 것

제2안 독립된 병원을 경영하는 것

제3안 지방병, 전염병을 연구하는 기관으로 하고 동시에 환자의 치료를 하도록 하는 것

제4안 도립병원(어느 한 도립병원을 말함)과 협조하여 그것을 완성시켜 보는 것

(이상의 설명은 보건사회부장관에게 재확인한 것이나 경무대 회의 당시의 보사부장관의 설명이 너무 빠르고 분명히 이해하기 어려운 점이 있었음. 대통령 각하께서는 전기 장관의 보고가 '메디컬 센터'와 관계되는 것으로 생각하시었는지 다음과 같은 말씀을 하셨음)

이승만 대통령 "메디컬 센터에 관한 말을 끌어내서는 일을 버려 버린다. 내가 말을 해놓고 남 보고 말하지 말라는 것은 잘못이겠으나, '스칸디나비아 제국'과의 관계는 덮어두어야 한다. 서독공사(손원일, 孫元一)[208]는 갔다가 온다고 하는가? 그 사람은 딴 생각이 있

---

208) 손원일(1909~1980)은 중국 남경 중앙대학 항해과를 졸업하고, 상해독립단체에서 활동하다 옥고를 치

어서 하는 것 같은데 그런 사람이면 다시 오지 않도록 하는 것이 좋으리라고 생각된다"는 지시.

손창환 보사 "결정이 아니고 실무자간의 의견교환 정도이었으며 메디컬 센터와는 하등의 관계가 없고, 주한 서독공사의 '딴 생각'은 대개 짐작할 수 있으므로 주의를 하고 있는 중이라"는 설명 겸 보고.

(보건사회부장관 말에 의하면, 어제 회합에서 메디컬 센터와의 합작에 대한 의견을 타진하는 것 같은 말씀을 대통령 각하께서 하신 일이 있으며 서독공사는 이 병원 경영에 있어서 한국정부와 간에 모종의 협약이라도 체결하였으면 하는 의도인지 손 공사를 통하여 대한민국정부가 적극 협력하겠다는 말을 자국 외무성에 말하여 주기를 희망하였다고 함)

2. 제주도의 점토조사에 관하여

정재설 농림 "분부에 의하여 조사한 바 상당량이 있으며 저수지 누수방지에 효과적이라"는 보고.

이승만 대통령 "제주도는 화산회토(火山灰土)[209]가 되어 저수지에 누수가 심하여 여러 가지 계획에 지장이 많으니 그것을 잘 이용할 도리를 강구하여 보라."

3. 장기부흥계획에 관하여[210]

송인상 부흥 "종래에는 당년분 계획에 한하여서만 OEC 측하고 논의할 수 있던 것인 바 신임 ICA장관이 지난번 ICA 지방책임자 회의에서 '원 씨'가 주동이 되어서 주장한 것을 채

르고 1931년에 출감했다. 1945년 해방 후 해방병단을 창설하고 초대단장에 취임했다. 1948년 해안경비대가 해군으로 편입되면서 초대 해군참모총장에 임명되었고, 해군 중장 예편 뒤 1953년 국방부장관에 임명되었다. 1957년 주서독 초대한국공사로 임명되었다.

209) 화산 폭발 당시 높고 멀리 날아간 재가 지면에 내려 앉아 퇴적층을 이룬 뒤, 다시 토양 생성 작용을 받아 형성된 토양을 말하고, 제주도와 울릉도에 분포한다.

210) 1950년대 말 자립경제건설을 위한 장기 경제개발계획의 필요성이 제기되었다. 1955년 2월 설립된 부흥부는 원조정책의 틀 내에서 주한 원조기구 대표들과 세부적인 원조자금 이용계획을 심의, 결정하고 그에 필요한 경제정책을 협의하는 기구가 되었다. 물론 기획국의 주요 기능이 '경제부흥에 관한 종합적 계획'을 수립하는 것이었고, 1955년 7월 5개년부흥계획 시안, 1956년 2월 부흥 3개년 계획, 1957년 2월 부흥 5개년 계획안 등 중·장기 경제계획들이 작성되었다.

택하여 장기계획이 필요한 것에 대하여는 장래에 대한 구속을 하여도 좋다는 것을 승인하여 왔으므로 앞으로는 Long Ridge Economic Overall Program을 수립할 수 있게 되었으며 앞으로 1년 계획으로 천연자원조사에 착수할 것에 '윈 씨'와 합의를 보았다"는 보고.

이승만 대통령 "Very good."

4. 제3대 국회에서 폐기된 법률안 재제출에 관하여

강명옥 법제 "폐기된 것 54건 중 43건을 재제출하기로 하고, 기타는 도안 또는 수정하여 추후 제출하기로 하겠다"는 보고.

(법률안의 목록은 별지와 같음)

5. 대법원장 승인요청에 관하여

홍진기 법무 "어제(9일) 발령 즉시로 국회에 승인 요청을 보내었다"고 보고.

6. UN군에 협조할 경찰배치에 관하여

이근직 내무 "데커 장군으로부터 UN군의 군수물자를 지키는 경찰관 1,300명을 배치하여 줄 것을 요구하여온 바, 경비 일체를 UN군에서 부담하는 것이므로 청원경찰로 하여야 할 것이며 경비를 받아들이는 관계도 있어서 법적 조치가 필요하다고 생각됨으로 법안을 국회에 제출하려고 한다"는 보고

이승만 대통령 "이것은 우리 측에서 요구하여 온 일이므로 하여 주도록 하되 경험 있고 우수한 자를 선발하여 보내어 지키는 자가 도리어 협잡을 하는 등의 일이 없어야 하며, 법을 만드는 것이 좋지 않으니 법을 안 만들고 하라. 너무 법이 많으면 그 약속을 받아서 일이 안 되는 수가 많다"고 주의의 말씀.

김현철 재무 "예산과의 관계라면 법을 만들지 않고 할 수 있을 것"이라고 보고.

7. 무장간첩 체포 사살에 관하여

이근직 내무 "고양군 송포면에서 무장간첩 4명 중 3명을 사살, 1명을 생포하였다"고 보고.

이승만 대통령 (마포사건을 예로 들으시며) "경찰관이 공을 세우려고, 관계기관 간에 협조하여 성과를 거두는 것을 잊어서는 안 된다. 이번 것도 생포를 하였어야 앞으로 연달아 오는 것을 잡을 수 있었을 것이라"고 주의의 말씀.

이근직 내무 "사전 정보를 입수하고 군경 합동작전한 것이나 먼저 무기를 사용하여 왔으므로 도피를 방지하기 위하여 사격한 결과가 이리된 것"이라고 보고.

8. 통신검열에 나타난 불온문서에 관하여

이응준 체신 "최근 홍콩, 일본 등을 경유하여 불온문서가 우편으로 오는 것이 격증하고 있다"고 보고.

이승만 대통령 "선전을 하여 공산주의 침략에 완만한 태도를 가지고 있는 미국 현 정부를 경각시켜야 한다."

9. 국방연구원 수료자와 국방대학 졸업자 관계 인사이동에 관하여

김정렬 국방 "국방연구원 수료생 6명, 국방대학 100명, 미 국방대학 수료자 약간 명을 포함하는 인사이동을 곧 할 예정으로 있다"는 보고.

10. 원자력 연구생 해외수학에 관하여

문교(차) "36명이 수학하고 돌아왔으며 117개 부문에 350명이 현재 수학 중에 있다."

이승만 대통령 "이런 일에는 경쟁을 시켜야 한다."

11. 영월탄광 광부를 위한 학교시설에 관하여

문교(차) "조사한 결과 고등학교가 필요하므로 조속한 시일 내에 '콘쎗'211)으로라도 개교할 것을 계획 중이라"고 보고.

이승만 대통령 "금년 중으로 설치할 것을 희망한다는 것은 아닌 듯하므로 '콘셋'으로까지 할 필요는 없을 듯하나 계획한 것이면 그대로 하여 보라"고 승인하심.

12. 아시아경기대회 출정선수 환영대회에 관하여

문교(차) "지난 7일에 서울운동장에서 성대히 거행하였다"고 보고.

이승만 대통령 "미국에서도 운동경기가 아니면 학교 명성을 높이기가 어려운 실정이듯이 국제적으로도 일반이니 애슬레틱(athletic)을 장려하여야 한다".

김현철 재무 "종합운동장에 약 50억이 필요한데 국비로서 매년 10억씩 5년을 내기가 어렵고 기부대상으로는 법이 허용치 않는다"고 애로를 보고.

이승만 대통령 "이것은 돈을 모아서 같이 일을 하는 것이지 기부와는 성격이 다르니 그리 알도록 하라."

13. 공원, 풍치지대, 국·시유지를 조사한 상황 여하

정재설 농림 "재무·농림 양부에서 7월 말일까지 조사를 완료하기로 하고 그것이 끝나는 때까지 대부 불하는 일체 중지하기로 하고 있다"고 보고.

김현철 재무 "귀속재산에 대하여는 조속히 민유화하라는 각하의 유시가 하달된 일이 있다"고 보고.

이승만 대통령 "과거에 잘못된 것이면 시정할 것이니 보고하여 주기 바란다. 그리고 과거 처분에 있어서 협잡이 있으며 연루자를 동시에 조사하도록 하라."

14. 중요 도시에 매음유행 방지책 여하

이근직 내무 "단속이 곤란하여 전국에 약 27,000명을 추산하며 사회적인 근본대책 없이는 시정이 곤란하다"고 보고.

---

211) 병영생활관은 1950년대 천막·콘셋막사(반원형 막사)로 이루어졌는데, 당시 제대로 된 주거시설이 없어서 미군부대에서 사용하던 '콘셋막사'에 병사들을 수용했다.

이승만 대통령 "외국군이 있는 한 아주 없으면 양가처녀를 보호하기가 곤란할 것이니 지역을 한정하고 출입증을 교부하여서 일정한 지역에 국한하게 하라."

15. 귀속재산 대금체납에 관하여[212]

이승만 대통령 "체납이 20억이라는데?"

김현철 재무 "곧 강력한 대책으로 정리하겠으며 중앙청 회의에서 각부 장관과 협의하겠으나 재산 그 자체를 회수할 것이 많이 생길 것이라"는 보고.

이승만 대통령 "협의할 것 없이 재무장관이 책임지고 단행하라."

(중앙청 회의에서는 3개월 이내에 정리하기로 회의하였음)

16. '대충자금 동결'이라는 것에 관하여

이승만 대통령 "'대충자금동결'이라는 것은 무엇인가?"

송인상 부흥 "저물가정책에 있어서 다른 곳에 필요한 자금방출을 위하여 일시 대충자금의 방출을 억제한 것인데 이제 이를 풀어놓고 있다"고 보고.

이승만 대통령 "대충자금은 건축(건설을 말씀하시는 듯)에 쓰는 것이니 동결하지 말도록 하라. 그리고 미국의 원조가 있는 중에 건물을 많이 짓도록 하라."

송인상 부흥 "상가건물을 대충자금으로 건축하기는 곤란하므로 시 교외로 통하는 전차를 미국의 지하철같이 만들어서(이 용도에는 대충자금 사용이 가능) 시내 상인들의 주거를 외곽으로 분산시킬 것을 고려중"이라는 보고.

이승만 대통령 "대충자금을 초과하여 사용하는 일이 없나?"

송인상 부흥 "그러한 일은 없으며 일단 책정하여 변경하는 것도 한미 양측의 회의를 요하는 형편이므로 말씀과 같은 일은 없다"고 보고.

---

212) 1958년은 귀속재산 처리 등 경제 문제들을 수습해야 하는 과제를 안고 있었다. 귀속재산은 1945년 일본 패전 직후 한국 총재산의 80%에 이르렀을 것으로 추정되었고, 귀속재산처리법에 따라 귀속재산이 불하되었다. 1950년대 활동했던 대기업들 중에서 귀속기업체가 차지하는 비중은 매우 높았고, 당시 지배적인 대기업가들의 대다수가 귀속기업체의 불하 및 인수를 계기로 성장했다. 또한 중소기업의 경우에도 고무공업 귀속기업체들이 본격적으로 불하되며 성장했다.

17. 경남 양곡사고에 관하여

이승만 대통령 "처리상황은 어떤가"

정재설 농림 "7명을 구속 조사 중이며 내무, 법무와 합동으로 전국적인 조사를 계획을 며칠 내에 착수할 예정"이라고 보고.

※ 중앙청 회의

1. 사정위원회 존폐문제

재무장관의 제의로 심의한바 결론에 이르지 못하고 다음 화요일 국무회의 시 대통령 각하께 보고하고 지시를 받기로 함. (법무, 법제는 존속 주장, 기타는 폐지를 주장)

2. 농업통계조사위원회 규정안 (법제)

원안 통과(별지)

3. 상공부직제 중 개정의 건 (법제)

원안 통과(별지)

4. 외자관리법 시행령안 (법제)

원안 통과.

5. 소방법 시행령안 (법제)

원안 통과.

6. 교통부 소관 1958년도 경제부흥특별회계 예비비 지출의 건 (재무)

목조차량을 철제로 재조하는 경비 1억 6,500만 환.
위 지출하기로 결의함.

제53회 국무회의

일시 : 1958년 6월 13일(금)
장소 : 경무대(전반), 중앙청(후반)

1. 정부관리 양곡사고에 관하여

정재설 농림 "3월 중에 조사하려 하다 선거에 주는 영향을 고려하여 4월에서야 조사하여 사고의 대부분을 정리하고 조속한 시일 내에 이를 완료하려고 하는 차에 내무부 지방국에서 조사(사실은 조사한다고 흙탕물만 일으키고 숫자는 농림부에서 얻어간 것)한 결과라고 하는 신문발표가 있어서 세간에 시끄럽게 되고 관계자들의 도피로 조사와 정리에 지장을 초래하고 있다"고 보고.

홍진기 법무 "내무, 농림, 법무의 3부 합동으로 조사하기로 하여 놓고 내무부에서 단독으로 조사 발표한 경위를 설명하라"는 요청.

내무(차) "실정을 조사하여 추후 보고하겠다"는 답변.

(추후하여 내무부장관이 출석하여 아래와 같은 답변이 있었음)

"실은 그 사건이 정치자금과 관련이 있다고 하여 조사하여 만일의 야당공세에 대비하려고 하였던 것인 바 조사결과는 정부자금과는 관계가 없으며 지방국을 시킨 것은 경찰을 시키면 말썽이 커질까 염려하여서 한 일이다"고 설명.

2. 군납 비누사건에 관한 소위 정보의 누설에 관하여

오재경 공보 "세간에 이 같이 물의를 야기한 사건의 책임자에 대하여 시말서만 받고 그대로 두고 있다고 하면 이러한 정부 안에서 일할 수 있는 사람이 어디 있겠는가? 말썽이 된 것이 재무나 상공부장관이기에 다행이지 내무부의 장차관이었다면 어찌할 뻔하였 나?"

내무(차) "이 사건의 책임자를 그 자리에서 처단하면 사건을 대단히 복잡하게 만들 우려가 있 어서 우선 시말서만 받은 것이다"는 답변에 대하여

홍진기 법무 "고위층의 압력으로 '있는 것을 없다'고 검찰에서 한 것이 아니고 사실이 없는 것 이니 사건책임자를 처분하여도 '문제를 복잡'하게 할 리가 없으니 내무부는 의당 필 요한 징계를 즉시 요구하여야 할 것이라"는 의견.

문봉제 교통 "수사 도중에 기밀을 누설하는 것은 형사상의 책임도 물을 수 있다고 생각한다" 고 형사책임까지 추궁할 것을 강조.

김정렬 국방 "내무부는 세론의 오해를 풀기 위하여 와전된 사실을 벌써 해명하였어야 할 것이 라"고 항의.

이근직 내무 "조사한 곳이 법무부이었으므로 법무부에서 해명하도록 법무부장관과 협의하였 기 때문에 내무부로서는 침묵을 지켰던 것"이라고 설명하고,

"이러한 것이 신문에 난다는 말을 들은 것이 어젯밤 11시였는데 그때부터 노력을 하 였으나 이것을 막지 못하고 말았다"고 첨가.

문교(차) "이 보도가 북한의 선전에 이용되었으니 정부기관 내에 야당은 물론 공산당의 '프락 치'가 들어 있다고 추측할 수도 있지 않는가 한다"고 의견.

김현철 재무 "이러한 처지에서 그 자리에 있을 체면도 없고 있을 기분도 안 나므로 추가예산 안 제출이 끝나면 물러가겠다"고 결의를 표명.

김일환 상공 "실제 내용이야 여하간 이 자리서 물러가겠지만 앞으로 이러한 일이 다시 우리 각료들에게 없도록 여러분이 잘들 하여 주시기 바란다"고 비장한 충고.

이근직 내무 "대단히 미안하며 깊이 사과한다. 책임자는 대기를 명하고 징계요구를 하도록 조 치 중이라"고 보고.

3. 국회대책에 관하여

이근직 내무 "현재 필요한 것은 강경책이지 유화책은 아니므로 국회 본회의에 국무위원을 호 출하는 일이 없도록 하고 필요하면 분과위원회에 출석하여 답변하는 정도로 할 것이 며 야당의 공세에는 자유당도 실증을 들고 나서서 적극적으로 공격을 할 것이지 종래 의 수비 내지 반격의 소극적 태도를 버리고 나가라는 것을 자유당 정책위원회에 요청

(국무위원 전원의 의견으로)한 바, 정책위에서도 이를 이해하고 내일 회의에 논의하기로 한다고 약속하였다"고 보고.

4. 법령안 심의

다음 법령안을 심의 의결함

(1) 외환 특별세법안(법제)

　　별지와 같이 수정 통과.

(2) 벌금 등 임시조치법 중 개정법률안(법제)

　　원안대로 통과.

(3) 인지세법 중 개정법률안(법제)

　　원안대로 통과.

(4) 외국산 제조연초정가 임시조치에 관한 법률안(법제)

　　별지 원안대로 통과.

(5) 자동차규칙 중 개정의 건안(법제)

　　원안대로 통과.

(6) 수렵규칙 중 개정의 건안(법제)

　　원안대로 통과.

(7) 무역법 시행령 중 개정의 건안(법제)

　　원안대로 통과.

(8) 의사, 치과의사, 한의사 국가시험령 중 개정의 건안(법제)

　　원안대로 통과.

(9) 약사 예비시험령 중 개정의 건안(법제)

　　원안대로 통과.

(10) 약사 국가시험령 중 개정의 건(법제)

　　원안대로 통과.

(11) 마약법 시행령 중 개정의 건안(법제)

　　제12조 제2항 중 100환을 1,000환으로 수정 통과.

(12) 국유재산법 시행령 중 개정의 건안(법제)

　　원안대로 통과.

(13) 체신병원 식별폐지의 건(법제)

　　원안대로 통과.

(14) 중앙의료원 직제안(법제)

　　별지와 같이 수정 통과.

(제10조로 특별수당조항 신설하고 나머지는 원안대로)

5. 일반회계 추가경정예산 규모 수정안

김현철 재무 "미국 측과 협의한 바 난색을 표명하여 재무부로서도 원래 무리를 한 것이어서 대통령 각하께 말씀드리어 하락이 있으셨기로 봉급 인상을 10월부터 하기로 하고 별지와 같은 수정안을 제출한다"고 제안 설명.

　　국방부를 제외하고는 이의가 없었음으로 국방부 관계만은 별도 국방부와 재무부가 협의하기로 하고 일단 원안을 승낙한 셈이 되었음.

국방부 주장

　　"감군을 전제로 하고 30억 삭감이 가능하다고 본 것이므로 49억 삭감은 불가능하며 감군을 하지 않는 경우에는 30억 조차 곤란하다. 국방부 예산의 75%가 인건비이므로 기타의 예산이 얼마 안 되며 반 년 간에 이미 그 상당한 부분을 지출하였으므로 사실상 몇 푼 안 남는다."

제54회 국무회의

일시 : 1958년 6월 17일(화)
장소 : 경무대(전반), 중앙청(후반)

1. 사정위원회 존폐에 관하여

김현철 재무 "예산상 무리를 하고 있는 사정위원회는 폐지하는 것이 가하다고 생각하는 바 결정을 지어주기 바란다"고 그 폐지를 제의.

강명옥 법제 "신문 등에 발표가 안 되어서 그렇지 상당한 성과를 거두고 있을 뿐만 아니라 감찰원을 정부가 비토(veto)하여 설치가 안 되고 있는 차제에 이것마저 없애면 국회에서 말이 좀 있을 듯하다"고 존치를 주장.

홍진기 법무, 김현철 재무 "감찰원 문제와 사정위원회 문제는 분리하여 처리하는 것이 가하다"는 의견.

오재경 공보 "사정위원회는 폐지하고 감찰원 관계는 따로 고려하는 것이 좋겠다"는 의견.

이승만 대통령 "사정위원회가 별로 하는 일이 없으니 만치 폐지하는 것이 좋으니 그 직원의 조치와 감찰원 문제를 어떻게 할 것인가를 여기서 의논하라"고 지시.

김현철 재무 "직원 약 40명에 대하여는 2개월분 봉급을 주어서 내보내는 것이 종래의 예로 보아 좋을 듯하다"고 진언.

이승만 대통령 "그러면 다음과 같이 의결한다"고 선포.

　　　(1) 사정위원회는 폐지한다.

　　　(2) 감찰원제도를 폐지하기 위하여 정부조직법 개정안을 국회에 제출한다.

2. 법관 연임문제에 관하여

홍진기 법무 "법관 중 금년 내에 임기가 만료하는 자가 58명 있는 바 그 연임 문제로 여·야당 간의 의견의 대립을 보고 있다"고 보고하고, 그 내용을 "법관과 야당은 임기 만료자는 법관회의에서 해면하는 제청을 않으면 그대로 연임되는 것"이라는 견해를 취하고 있으나 임명권자가 해임되는 자에 대하여만 관계할 수 있다는 것은 조리에 안 맞으며 외국의 예를 보아도 그런 일은 없으므로 정부로서는 "대통령이 연임발령을 하지 않는 한 임기 만료된 법관은 해면(解免)²¹³⁾된다"는 견해를 취하고 대립 중에 있으나 정부 측 견해가 타당한 것이므로 이러한 것을 규정하는 법안을 국회에 제출하고자 하고 있다고 보고.

이승만 대통령 (아무 말씀도 하시지 않음)

3. 조봉암 등의 진보당사건에 관하여

홍진기 법무 "조(曺)에 사형, 양(梁)에도 사형 기타 각각 징역형을 구형하였다"고 보고.

4. 군납비누사건

홍진기 법무 "관계자 구속 기소하였으며 신문에 보도된 장관 유관(有關)²¹⁴⁾ 운운은 정보취급자의 불찰에서 온 것이고 사실은 전연 없는 일이라"고 보고.

김현철 재무 "정부 위신도 위신이거니와 경제상의 손해도 적지 않은 것으로서 책임상 앉아있을 수 없어서 물러나가야 한다고 상공장관도 같은 의견으로 있다"고 사의를 표명.

김일환 상공 "비누 잘못 만든 것도 감독 불충분의 소치로 항간의 소문도 부덕의 소치이니 후일 다시 모시고 일하는 수는 있을망정 일단 물러나는 것이 타당하다"고 사의를 표명.

이승만 대통령 "이러한 일이 고의건 우연이건 외부에 유포되고 있는 것은 유감스러운 일이며 앞으로 정부문서의 단속에는 각별히 주의할 필요가 있다. 상공, 재무 양 장관은 그러한 일이 없으리라고 내가 믿는 것이니 이 문제는 이상 더 말하지 말고 국무위원의 직에 있는 사람은 자기 개인의 처지만 생각하지 말고 전체를 생각하여 거취가 명백해야

---

213) 관직이나 직책 따위에서 물러나게 함을 의미한다.
214) 관계나 관련이 있음을 의미한다.

할 것이니 외부의 오해를 풀도록 노력하여야 한다"고 지시와 주의의 말씀.

민병기(閔丙祺)[215] **내무** "책임을 진다면 내무부장관이 져야 할 문제라"고 소문의 책임 소재를 밝힘.

송인상 부흥 "한국산 물품을 써주도록 미군 측과 협의하여 온 것이 하루아침에 이리된 것이 유감이며 경제면에서 볼 때 이 문제를 너무 두드리는 것이 좋지 못하다고 생각한다"는 의견.

김정렬 국방 "미군 간부도 충분 이해시켰으나 이 같이 신문에 나고 하면 곤란하다고 한다"고 보고.

이승만 대통령 "신문에 잘못 내는 것이 있으며 가져오라고 하여도 안 가져오니 답답하다. 그런 짓하는 놈을 가두라고 하여도 안 가둔다."

5. 이북의 정보에 관하여

민병기 내무 "최근 이북에서 밀봉교육을 받고 남하 자수한 자의 진술은 다음과 같다"고 보고.

(1) 자수자 — 강원도 강릉 출신 보전, 고대졸, 9년 전 월북, 밀봉교육 받고 월남(5월 13일) 이북 선전과 판이한 우리에 대한 실정에 감탄하여 자수함.

(2) 이남 정당 중 북한과 통할 수 있는 것은 진보당만이라고 규정하고 이를 원조하여 5·2 선거에 30석의 국회 진출을 획책.

(3) 무장간첩으로 민심교란을 계획 남파.

(4) 자유당에 침입하여 내부 분열을 조장.

(5) 민주당에 침입하여 정부 공격을 조장.

(6) 이상에 의하여 신당(제3세력)으로 진보당 재건을 기도.

(7) 이상의 선전에는 동아, 경향, 한국일보가 주로 이용되고 잡지로는 『실화』 잡지와 『신태양(新太陽)』[216]이 이용되고 있다.

---

215) 민병기(閔丙琪, 1901~1973)는 경성의학전문학교를 졸업하고, 경성제대에서 의학박사학위를 받았다. 이후 전라남도 보건사회국장, 광주시장, 전남도지사, 충남도지사를 역임하고 1958년 내무부장관을 지냈다.

216) 『신태양』은 1952년 8월 전쟁이 한창이던 때 피난지 대구에서 대중지로 창간되어, 1954년부터 본격적인 종합지가 되었다(1961년 6월 종간) 1957년 8월호(5주년 기념호, 통권 59호)를 보면 김팔봉(金八峰), 정비석(鄭飛石), 장덕조(張德祚), 최정희(崔貞熙), 조지훈(趙芝薰), 박목월(朴木月), 박두진(朴斗鎭), 박영준(朴榮濬), 구상(具常), 전숙희(田淑禧) 등이 필자로 참여했다.

(8) 민생은 말이 못되며 언론통제는 극단이다.

(9) 대남공작비에는 무제한의 예산이 허용되고 있다.

6. 한해(旱害)[217]에 관하여

정재설 농림 "6월 15일 현재 이앙[218]은 43%, 비가 안온다면 65%가 가능하다."

이승만 대통령 "관개시설은 어떤가?"

정재설 농림, 송인상 부흥 "종래의 방침을 변경하여 209개소 중 88개소만을 우선 완성하는 방침을 취하고 있음으로 내년에는 수리안전답이 75%, 최종년도에는 80%에 달할 것으로 본다"는 보고.

이승만 대통령 "중요한 문제이니 농림, 부흥 양부에서 강력한 시책을 하도록 하라."

7. 산림보호에 관하여

이승만 대통령 "묘포보다도 기존림의 보호에 힘쓰고 입산을 금하도록 할 것이며 국방장관은 군용열차에 의한 임목운반을 단속하라."

8. 대학설치 기준령 공포 이후의 정비 상황

문교(차) "많이 정비되어 가고 있으며 금후 설비뿐 아니라 내용 충실을 기하려고 한다"고 보고.

9. 역사관계의 특별지시 사항에 관하여

이승만 대통령 "문교부에 조사 보고하도록 지시한 것이 있는데 어떻게 되었나?"

문교(차) "오늘 중으로 보고하겠다"고 보고.

---

217) 가뭄으로 인한 재해를 의미한다.

218) 식물을 옮겨 심는 것을 이식(移植)이라 하는데, 특별히 벼농사에서는 이앙(移秧)이라고 한다.

10. 문교서적주식회사 운용에 관하여

이승만 대통령 "운영 상황이 어떠한가?"

문교(차) "정부에서 51% 주식을 합법적으로 가지게 된 후 금년도 국정교과서 출판에는 좋은
성과를 거두었다"고 보고.

이승만 대통령 "법적으로 잘된 것인지? 또는 잘 운영되어 가고 있는지? 법무부장관이 알아보
아서 보고하라."

김현철 재무 "법적으로는 법제실과 합의하여 처리할 것이다"보고.

11. 구서(驅鼠)[219]에 관하여

손창환 보사 "2개월간에 26,994,758마리를 잡았으며 성적 우량한 도는 표창하기로 하였다"는
보고.

12. 관광에 관하여

문봉제 교통 "지난 번 다시 관광단 일행을 데리고 차내에서 숙식을 시켜가며 김제(금산사) 변
산반도, 부여, 은진 등을 보여주고 돌아왔다"고 보고.

※ 중앙청 회의

1. 대통령 각하의 분부 전달

유 비서관 "워싱턴과의 연락은 외무부 무전을 쓸 수 있는데 RCA[220]를 통하여 타전하는 일이 있
으니 앞으로 주의하라"는 말씀이 있었다고 전달.

---

219) 쥐잡기를 의미한다.
220) Radio Corporation of America. 미국 내에서 라디오와 텔레비전을 보급한 전자 기업이다. 1919년 이탈리
아의 무선통신 발명가 마르코니가 영국정부와 합작으로 마르코니 무선전신회사(Marconi Wireless
Telegraph Company)를 설립했는데, 제너럴일렉트릭(GE)사가 마르코니 무선전신회사와 판아메리카 텔
레그래프(Pan-American Telegraph Company)를 인수하여 RCA를 세웠다. RCA 서울 지사는 1956년 6월
16일부터 서울 지역을 대상으로 상업 TV 방송 HLKZ를 시작했다.

2. 귀속재산 국유화에 관한 건

(백운장을 교통부 소관 외인접대소로 국유화하는 것으로서 관계서류는 별첨과 같음)

원안대로 국유화하기로 함.

3. 1958년도 상공부 소관 광업기술자 해외파견 여비를 예비비에서 지출의 건 (재무)

원안(별지)대로 통과함.

제55회 국무회의

일시 : 1958년 6월 20일(금)
장소 : 중앙청

1. 사정위원회 폐지에 관하여

강명옥 법제 "지난번 회의 시 결정으로 대통령령안까지 통과된 것으로 볼 것인가?" 라는 질의에 대하여

홍진기 법무 "이 의장님을 위시하여 자유당 간부의 의견이 덮어놓고 이것만 폐지하는 것은 좀 곤란하다는 것이니 다시 한 번 대통령 각하께 말씀드려 보는 것이 어떤가?" 하며 기왕 의결의 시행 보류를 제의.

오재경 공보, 문봉제 교통 "지금 말한 것은 국무회의에서 의결되기 전 논의되었어야 할 문제라고 생각한다"고 주장.

이상과 같은 논의 끝에 다음 폐지에 관한 대통령령안을 통고함.

사정위원회 규정 폐지의 건

사정위원회 규정을 폐지한다.

본령은 1958년 6월 30일부터 시행함.

2. 국회대책에 관하여

김현철 재무 "국회에서 장관을 불러 질의를 하고 국정감사를 한다고 하는 바, 야당은 2년 후에 대비하는 대정부 내지 대자유당 공세인데 자유당에서는 체면 운운 하여 또 이에 응할 기세가 보이니 이에 대한 시책이 필요하지 않은가 한다"고 제의.

홍진기 법무 "그 간에도 자유당 측과 논의하였으나 결국은 오늘의 사태를 가져온 것이니 대통령 각하께 말씀드려서 자유당에 지시하시도록 하거나, 전원 다 가서 말하는 등의 강력한 방법이 아니고서는 지난번과 같은 결과를 가져올 것이라"는 의견.

외무, 공보, 상공, 부흥으로부터 이를 강조하는 의견이 있은 후 다음과 같이 의결함.

"자유당 간부와 국무위원 간에 국회 대책을 논의하는 회합을 가질 것과 그 시간 장소를 정하기 위하여 외무, 내무, 재무, 법무를 대표로 정하여 자유당 측과 연락을 취하게 한다."

3. 비료기술자 대만 파견에 관하여

김일환 상공 "충주비료공장에서 장래 근무할 직원을 같은 종류의 공장이 먼저 완성된 대만에 파견하여 교육하고자 하는데 어떠한지?" 하는 질의에 외무를 위시하여 전원 이의 없음.

4. 외국기술자 초빙에 관한 ICA 방침 변경에 관하여

송인상 부흥 "미국인 이외의 외국인을 초청할 수 있게 되었으며 한국인도 ICA 직원으로 채용될 수 있게 되었으니 그 등록에 관한 절차를 연구하여 차회 회의에서 논의하도록 하자"는 보고 겸 제의.

5. 1958년도 경제부흥 특별회계 보건사회부 소관 중앙의료원 건축비 예비비 지출에 관한 건 (재무)

(내용) 중앙의료원 건축비 당초에 비해 증액 464,921,000환 중, 이미 지출 304,821,000환을 제외한 1억 6,000만 환 중 1억 3,000만 환을 금회에 지출.

위 원안대로 가결함.

6. 1958년도 경제부흥 특별회계 공보실 소관 세출예산 예비비 지출의 건 (재무)

(내용) 영화제작소 내부 개수비 700만 환

위 원안대로 가결함.

7. 중앙의료원 직제안에 대한 제53회 국무회의 의결사항 중 일부 변경의 건 (법제)

제10조를 삭제하고 제11조와 제12조를 각각 제10조, 제11조로 한다.

(직원의 특수근무수당 지급에 관한 규정의 삭제)

제56회 국무회의

일시 : 1958년 6월 24일(화)
장소 : 경무대(전반), 중앙청(후반)

1. 한해(旱害) 대책에 관하여

정재설 농림 "현재 이앙(移秧)은 55%. 이대로 비가 안 오면 65%까지 가능. 나머지는 대파(代播)[221]를 할 예정이다"는 보고.

2. 대한문교서적주식회사에 관하여

홍진기 법무 "51%에 해당하는 주식(2,900만 환 상당)을 금일 재무부에 보내었다"고 보고.
이승만 대통령 "대표는 누구인가?"
문교(차) "조동식(趙東植)[222]이라고 하며 다년 교육계에 있었고 인격이 고매할 뿐 아니라 정부 시책을 적극 지지하는 분이라"는 보고.

---

221) 벼대신 다른 곡식을 심음. 오랜 가뭄이나 홍수 등으로 인하여 파종 시기를 놓쳐 대신 다른 곡식의 씨앗을 뿌리는 일로서 '대용갈이'라고도 한다.
222) 조동식(1887~1969)은 기호학교 사범과를 졸업하고 사립기호학교를 설립했다. 1912년 동덕여학교 교장에 취임했다. 1938년 조선지원병 제도 제정축하회 발기인, 1939년 국민정신총동원조선연맹 참사, 1942년 국민총력조선연맹 사무국 의례개선조사위원으로 활동하는 등 친일단체에 가담했다. 1946년 조선교육자협회 의장과 성균관대학교 이사장을 지내고, 1950년 동덕여자대학을 설립했다. 1958년 대한교육연합회 회장에 선출되었고 이후 안중근기념사업회, 손병희기념사업회 등의 회장을 지냈다.

3. 선거 근황에 관하여

홍진기 법무 "최근 김익노 당선구가 선거 무효로 대법원의 판결이 있었다"고 보고하고 그 이유
는 "중앙선거위원회의 입후보등록 취소 조치가 부당하였다"는 것이라는 것을 설명.

4. ICA의 직원 채용방침 변경에 관하여

송인상 부흥 "종래 ICA에서는 미국인만을 고용하던 것을 타국인도 고용할 수 있게 되어 우리
가 유럽 각국 기술자를 데려올 수 있고 또 한국인도 ICA 직원으로 채용될 수 있게 되
었다"는 보고.

5. 장기산업부흥계획에 관하여

송인상 부흥 "다음과 같은 장기 계획에 합의를 보았다"고 보고.
     (1) 광물매장량 조사
     (2) 탄광의 기초조사
     (3) 토질 조사
     (4) 임산자원 조사
     (5) 수력자원 조사

6. 체신관서 복구상황에 관하여

이응준 체신 "이번에 부산우체국의 입찰을 마지막으로 대부분의 중요한 우체국의 복구공사의
입찰을 완료하였다"고 보고.

7. 수력발전 상황에 관하여

김일환 상공 "갈수(渴水)[223]로 인하여 화력발전에 의존할 수밖에 없다"고 보고.

8. 한강 준설[224]에 관하여

김일환 상공 "한강 준설의 소관 결정이 필요하다"고 보고하고 "내무부 소관이 어떠한가"하는
　　　　의견을 품신.

이승만 대통령 "내무부에 무엇이 있나?"

민병기 내무 "토목국이 있다"고 보고하고, "추후 양 부 간에 회의 결정하겠다"고 일시 보류를 앙청.

김일환 상공 "준설선의 명칭은 '마포호'[225]가 어떤지?" 라는 의견에,

이승만 대통령 '마포호'로 하라고 결정하심.

9. 대일관계에 관하여

이승만 대통령 "현황이 어떤가?"

조정환 외무 "일본의 총선거도 일시 지연되었으나 최근 위원회가 활동을 보이고 있으며 유 공
　　　　사에 대하여는 하부 교섭을 지양하고 책임자 간에 협의하도록 지시하였다"고 보고.

10. 교통부 석탄문제에 관하여

문봉제 교통 "59년도부터는 석탄의 수입은 않기로 하였으며 동절기의 연구가 아직 미비함으
　　　　로 계속 추진할 예정이라"는 보고.

11. 원자로에 관하여

문교(차) "콜터 장군에게 의뢰한 원자로 종류 문제는 그 부하 중의 전문가가 검토한 것을 금일
　　　　중으로 알려주기로 하였다"고 보고.

---

223) 오랫동안 비가 내리지 아니하여 강물 따위의 물이 마름을 말한다.

224) 물속의 흙 또는 모래, 자갈을 파내는 작업을 말하는 것으로, 준설의 목적은 수로, 하천, 항만공사에서 수
　　심의 증가 및 수심을 유지하기 위한 것이다.

225) 마포호는 운크라 원조로 도입된 52톤짜리 준설선으로, 1958년 6월 27일 여의도 공항부근 백사장에서 거
　　행된 명명식에는 이승만 대통령, 운크라 단장 등이 참석했다. 남북 분단 이후 물류의 기능이 소멸된 한강
　　에서 유일한 산업은 모래채취였다. 한강에서 채취된 모래는 한강의 기적이라고 불리게 되는 경제발전에
　　기여했다.

12. UNKRA 철수에 관하여

김현철 재무 "수입 120억에 지출 155억으로 35억의 적자를 내고 있어서 알아보려고 하고 있다"는 보고.

송인상 부흥 "조만간 사무인계를 하게 된다며 그때 알고 넘어가야 할 문제라"고 의견.

이승만 대통령 "콜터 장군이 지금 철수 연기를 생각하고 있는 듯하니 지금 잘못하면 그의 일을 방해하기 쉽다. 후일에는 알아야 할 일이지만 지금은 좀 주의하는 것이 좋을 것이다."

13. 병력 편성에 관하여

이승만 대통령 "통일되기 전에는 감축할 수 없다."

14. 운동경기 장려에 필요한 경비에 관하여

이승만 대통령 "국가에서도 도와줘야 하지만 거기에 의존만 하지 말고 민간의 기부를 받을 수 있는 길이 열려야 할 것이다."

15. 선전에 관하여

이승만 대통령 "정부나 자유당은 선전에 뒤져서 기관지의 협조도 못 받고 있다고 하니 대책이 있어야 할 것이다."

16. 비료가격에 관하여

이승만 대통령 "원가가 하락한 비료가 중간수수료 때문에 더 비싸게 되었다고 하니 그런 일이 없어야 할 것이다."

※ 중앙청 회의

1. 산업유공자 표창에 관한 건 (상공)

운크라 광업부문 책임자 엘 지 노니니[226] 씨에 대하여 식산포장 수여를 상신하기로 함.

2. 군수용탄 수송대책에 관한 건 (국방, 상공)

재무부로서는 난점이 많다고 주장하고 타 부에서도 찬성하지 않으므로 보고사항으로 접수하여 두기로만 함.

---

[226] 노니니(L. G. Nonini)는 1951년 11월 28일 이승만 대통령에게 한국의 중석광산 사업시행 제안서를 발송하여 가능성 있는 기업들의 계획서 및 예산서 검토를 요청했다. 1952년 5월 Mining Consultant로서 미국의 광산기업과 협정을 맺는 문제를 보고했고, 1954년 상동광산에 중석 화학공장 설립사업에 일에 관여했으며, 유엔한국재건단(UNKRA) 광업부분 책임자로서 한국 재건에 기여했다. L. G. Nonini → Syngman Rhee. 28 November 1951. "Summaries of Proposals to operate Korean Tungsten Mines."; L. G. Nonini → Syngman Rhee. 15 May 1952. "Comments on the "Rough Draft" of the "Retainer Agreement" between the ROK."; L. G. Nonini. "Comments on the tentative Agreement between the ROK and Union Carbon & Carbide Corporation." 연세대 이승만연구원. 2009. 이승만 대통령 재임기 문서 B11.

제57회 국무회의

일시[227)

장소 : 중앙청

1. 사정위원회 폐지에 관하여

신두영 국무원 사무국장 "사정위원회 규정 폐지안을 법제실에서 대통령 각하 재가에 올렸던 바, 장차관은 물론 대통령까지라도 조사할 수 있는 기관을 만들어야 한다는 말씀이 있으셨다고 경무대 이 비서관으로부터 연락이 있었다"고 보고.

공보, 외무, 교통으로부터 이미 결정한 것이니 그대로 하는 것이 좋을 것이라는 의견과 재무부장관의 동 위원회는 필요 없다는 의견의 진술이 있은 후 다음과 같이 결정함.

"오는 7월 1일 화요일 국무회의에서 다시 대통령 각하께 폐지하실 것을 말씀드리기로 한다." (제의는 수석 국무위원이 하고 설명은 법무부장관과 법제실장이 하기로 함)

2. 동상문제에 관하여

오재경 공보 "밴 플리드, 콜터 양 장군의 동상건립위원회에서 본인의 승낙없이 발기인 또는 위원이 위촉된 것 같은데 이것이 옳은 일인지 또 동상을 이 같이 제 마음대로 세우게 내버려 두어서 상관없는가를 검토하여야 할 것이다"고 제의.

홍진기 법무 "좀 연구하여야 할 문제이지만 법적으로 이를 금하기는 곤란하다고 생각된다"는 견해.

각 부 장관이 발기인 또는 위원으로 되었으나 역시 전연 알지 못하는 사실이라는 말

---

227) 해당일 회의록은 날짜가 기재되어 있지 않음. 27일(금) 또는 29일(일)에 진행한 것으로 추정됨.

이 이구동성으로 나왔음.

조정환 외무 "이런 문제는 양 장군이 공로가 있는 것은 사실이니 문제가 안 났으면 모를까 문제가 이미 알려진 바에는 신중히 할 필요가 있으니 문교부에 맡겨서 선처케 하는 것이 좋겠다"는 제의에 대하여 전원 이의 없이 가결.

3. 수해의연금 처리에 관하여

손창환 보사 "작년 경남북 수해의연금 모집을 작년 12월로 마감하였으나 그 후 도착된 것이 960만 환 있으니 수해대책위원회가 해산된 이 마당에 보사부로서 처리가 곤란하니 처리방법을 정하여 주기 바란다"는 제의에 대하여 다음과 같이 의결함.

"수해의연금 잔액처리는 내무, 농림, 보사의 3장관에게 위임하기로 한다."

4. 난민정착용 유기비료에 관하여

손창환 보사 "항간에 무슨 부정이나 있는 듯이 유포되고 있으나 농림부와 협의하여 비료 종류를 정한 것이며 납품 지연에 관하여는 계약조항에 의하여 처리할 것이다"는 보고에 대하여.

정재설 농림 "품질을 비난하나 본래의 성상이 그러한 것이지 잘못 되어서 토탄이나 소목편이 들어있는 것은 아니며 납품 시에는 기술자로 하여금 검사를 하게 한 것이며 가격에 있어서도 유기비료로서는 고가가 아니라고 생각한다"고 첨가.

5. 한해대책에 관하여

정재설 농림 "금일 관계부의 실무자회의를 열 예정이었으나 지금 비가 내리고 있다"고 보고.

6. 하곡(夏穀)228) 매입가격 결정에 관하여

금년도에는 작년도 가격 그대로 하기로 하는 것으로 별지 원안대로 통과함.

---

228) 여름에 수확하는 곡식을 의미한다.

7. 1959, 1960년도 및 차후년도 원조자금에 의한 물동계획 편성요강에
   관하여

별지 안건을 보고사항으로 접수하기로 함.

8. 1958년도 국무원 사무국 소관 훈장제조비 예산집행에 관하여

신두영 국무원 사무국장 "국회 예산의결 시 부대조건에 '일반 경쟁입찰로 할 것'이라고 되어 있
   는데 그 방법은 어찌할지"라는 질의 겸 제의에 대하여,
   "사안의 특수성에 비추어 종래의 방식대로 한다"는 결론에 이름.

9. 배상판정의 집행 절차에 관하여

법제실에서 제출된 원안대로 통과함.

일시 : 1958년 7월 1일(화)
장소 : 경무대(전반), 중앙청(후반)

1. 이앙 상황에 관하여

정재설 농림 "금일 강우로 예정 식부(植付)[229]면적 전부의 이앙이 가능할 것이며 앞으로 기후만
좋으면 평년작 이상의 수확이 확실하다"는 보고.

2. 수해에 관하여

문봉제 교통 "송정리, 정읍 일대가 침수되어 기차가 연착되었다"는 보고.

3. 양곡사고에 관하여

정재설 농림 "중요한 피의자 1명을 체포하지 못하고 있었으나 일전에 마산(일본으로 밀항하
였다 밀선으로 귀환한 곳)에서 체포하였다"는 보고.
이승만 대통령 "경찰관을 표창하여야 할 것이 아닌가?"의 하문.
민병기 내무 "이미 현상금을 걸었던 것이라"고 보고.

---

229) 나무나 풀을 심음.

4. 앵속(罌粟)230) 재배단속에 관하여

손창환 보사 "비밀리 재배하고 있는 것을 경찰과 협력하여 단속하고 있으며 그 발견을 위하여
는 헬리콥터도 이용하였다"는 보고.

5. 물가의 동향에 관하여

송인상 부흥 "일반 물가에는 별 지장이 없고 곡가가 앙등할 우려가 있었으나 이번 강우로 완
전히 안정되어 앞으로는 정부에서 조절할 수 있게 되었다"는 보고.

6. 경제원조의 전망에 관하여

송인상 부흥 "현재 미 국회에서 진행되고 있는 경제원조 예산으로 추측할 때 신년도 대한 경
제원조의 액수는 약 20만 불이 증가될 것으로 보인다"는 보고.

7. 사정위원회 예산 계상에 관하여

김현철 재무 "사정위원회 폐지안을 부결하였으므로 그 소요 경비를 추가경정예산에 계상하겠
다"고 보고.

이승만 대통령 "그들은 조사기관인데 권한을 요구하는 등 생각을 잘못하고 있는 것으로 보아
서 별로 존속하라고 고집하는 것은 아니지만 입법부와 사법부까지도 조사할 수 있어
야 할 줄로 안다"고 말씀.

8. 종합통계조사계획에 관하여

민병기 내무 "1960년에는 인구조사를 하는 해로 되어 있는 바 그때에 인구통계만이 아니고 농
업통계, 기타 통계 일체를 종합하여 조사하기 위하여 '라이스'231) 박사가 와 있는 것

---

230) 양귀비, 약담배, 아편꽃이라고도 한다.
231) 라이스(Stuart A. Rice, 1900~1969)는 사회학자, 통계학자로서 1950년부터 1960년대 초반 한국에서 통

을 계기로 구체적인 계획을 세우려고 한다"는 보고.

이승만 대통령 "ECA[232] 당시 같이 조사보고서만 만들어 놓고 나가는 그들의 조사가 사실상 필요한 것인가"하고 하문.

송인상 부흥 "통계조사는 절대 필요한 것이며 소요 경비는 약 40억이라고 하나, 다시 계산을 하여 보아야 할 문제일 뿐만 아니라 재무도 일반회계에서 부담할 수 없다면 대충계정에서 지출하는 것도 교섭하여 보아야 할 것"이라고 보고.

9. 토지조사비에 관하여

이승만 대통령 "내용이 무엇인가"라고 물으심.

김현철 재무 "일정(日政) 때에 일본인에 유리하게 사정된 것도 있고 그후 변동을 정리하지 않은 것도 있어서 불균형한 것이 많으므로 이를 일단 정리하고 앞으로는 5년에 1회씩 조정하여야 할 것인 바 3개년 예정으로 상당한 경비가 필요는 하나 매년 30억 정도의 세수입의 증가가 될 것이므로 재정상에는 유리하다"고 설명 보고.

이승만 대통령 "그대로 하라"고 재가.

10. 무장간첩의 침투에 관하여

이승만 대통령 "이에 대하여 보고할 것이 없나?"라고 물으심.

민병기 내무 "일전에 영광에서 경찰 1명이 피살되고 파주에서 12명이 침입하다 도주하였다"고 보고.

홍진기 법무 "군경검 3자가 합동하여 성과를 거두고 있다"고 보고.

김정렬 국방 "통계상으로 보면 간첩이 월남하여 오는 수가 증가된 것은 아니고 다만 신문에

게업무 시찰을 진행했다. 그가 남긴 기록은 미국 국립문서보관청(National Archives and Records Administration)에 173개의 박스로 보관되어 있다.

232) ECA(Economic Cooperation Administration, 경제협조처)는 ICA의 전신이다. 1948년 4월 전후 유럽 경제 부흥 지원을 목적으로 설립된 미국의 대외원조기구이며, 당시 미국 국무장관 마셜이 주도한 마셜 플랜 실시를 위해 대통령 직속기관으로 ECA(Economic Cooperation Act, 경제협력법)에 의거해 출범했다. 1951년에 MSA(Mutual Security Agency, 상호안전보장본부), 1953년에 FOA(Foreign Operations Administration, 대외활동본부), 1955년에 ICA(International Cooperation Administration, 국제협조처)로 변경되었다.

보도되고 경찰에 보고되는 수가 많을 뿐이라"는 보고.

이승만 대통령 "군경검이 합력하여 이에 대처함은 물론 해안선과 항구에는 해병을 배치하도록 하라"는 분부.

김일환 상공 "일어선 1척을 체포한 바 승무원 6명을 잡고 2명은 다른 일선으로 도피하였다"고 보고.

11. 외자도입법에 관하여

이승만 대통령 "외자도입법 제정의 진행상황이 어떤가?"라고 물으심.

김현철 재무, 강명옥 법제 "차기 국무회의에 상정하도록 준비 중이라"고 보고.

이승만 대통령 "일본과 같이 국민이 '깨어' 있으면 몰라도 우리 국민같이 잘 모르면 위험하기 때문에 주의하라고 한 것이나 너무 시일이 늦어지면 타국에 뒤질 염려가 있으니 다소 불리한 점이 있더라도 속히 정하는 것이 좋겠다"고 하시면서 조속한 시일 내에 국회에 제출할 것을 지시하심.

12. 비료 조작비에 관하여

이승만 대통령 "그간 수립한 대책이 어찌 됐나?"고 하문.

정재설 농림 "아직껏 관계부 간에 협의 중이므로 차회 회의 시에 보고하겠다"는 보고.

13. 금비(金肥) 사용절감에 관하여

이승만 대통령 "이를 절감하도록 해야 한다"는 종래의 분부를 재강조하심.

정재설 농림 "작년도 5,100만 불을 금년 4,500만 불로, 내년에는 다시 더 감하려 한다"는 보고.

송인상 부흥 "신년도 계획에는 3,000만 불을 우선 책정하였으나 농림부의 자급비료 증산상황을 보아서 조절할 예정으로 있다"는 보고.

14. 묘포중지와 산림녹화에 관하여

이승만 대통령 "중지하였는가?"의 하문.

정재설 농림 "사방용(砂防用)[233] 이외에는 중지하였다"는 보고.

이승만 대통령 "사방에 식목하느니 보다 낙엽 채취를 금하여야 한다"는 말씀.

정재승 농림 "내무부의 협력을 얻어서 '갈퀴'의 판매까지 금하고 있다"고 보고.

15. 수리사업에 관하여

이승만 대통령 "수리사업은 언제 끝나는가?"의 하문.

정재설 농림 "209개소 중 속히 준공할 수 있을 것을 우선적으로 추진하고 있으며 3년 후에는 전부를 완성할 수 있을 것이라"는 보고에 겸하여, "676개소의 수리조합은 200개소 내외로 축감하여 수리조합의 경비절약, 즉 농민의 부담경감을 기하려고 한다"는 것을 첨가 보고.

16. 군산, 장항에 관하여

이승만 대통령 "실정이 어떤가?"라고 하문.

김일환 상공 "군산은 7,000톤 급을 취급할 수 있는 정도에 그치고 장항에 주력하여 창고시설을 정비 중에 있으나 충남선 철도의 개수가 필요하다"고 보고.

이승만 대통령 "장항제련소의 운영상황은 어떤가?"라고 하문.

김일환 상공 "세계적인 광산품 가격의 하락으로 곤란을 겪고 있으나 근일에는 다소 앙등하였고 또 손해가 나더라도 광업계 전체에 주는 영향을 고려하여 계속 작업을 않을 수 없으며 작년도에는 약 1억 환의 손해를 보았으므로 철도운임(원철의 수송임)의 할인 등의 대책을 강구중이라"고 보고.

---

233) 산·바닷가·강가 등에 바위가 무너지거나 흙모래가 바람과 비에 씻기어 밀려 내리는 것을 막기 위해 시설하는 일. 산비탈에는 듬성듬성 층이 지게 흙을 쌓아 떼를 입히거나 나무를 심으며, 골짜기에는 돌을 쌓아 올리는 등 여러 가지의 시설을 의미한다.

17. 인천에 있는 서상록이 경영하는 공장에 관하여

이승만 대통령 "실상이 어떤가?"의 하문.

김일환 상공 "회의가 끝난 후 별도로 말씀드리겠다"고 보고.

18. 주택건축에 관하여

송인상 부흥 "충주비료공장 주택건축계획에 대하여 외국인이 극구 칭찬하고 있어서 서울 교외에도 이와 같은 설계의 주택을 짓기로 논의 중에 있다"는 보고.

이승만 대통령 "주택문제라면 무엇이고 협력하겠다"고 격려의 말씀.

19. 밴 플리트 장군 주택에 관하여

이승만 대통령 "농림부장관은 유 비서관과 연락하여 조치하도록 하라. 본인한테서 그에 관한 의견을 적은 편지가 와 있다"고 지시하심.

20. 제주도 연락선에 관하여

이승만 대통령 "연락선이 1척으로는 부족하다고 하는데 대책이 있는가?"라고 하문.

김일환 상공 "상공부 소관이므로 맡아서 선처하겠다"고 보고.

※ 중앙청 회의

1. 밴 플리트, 콜터 장군 동상에 관하여

불순한 자가 저지른 일로 인하여 국민에게 준 오해를 풀고 입질에 오르내린 양 장군의 체면이 손상되지 않을 대책을 외무부장관과 상공부장관에게 위임하기로 한다(부흥부장관 제의)고 결의.

(외무부장관은 실정을 잘 모르고 일단 승낙은 하였으나 "상부의 의도를 알아본 후에 한다" 조건부로 한 것이라고)

2. 안중근(安重根)[234] 의사 동상문제에 관하여[235]

(본 건은 작년도 제94회 국무회의 결정으로 왜성대[236]로 하기로 한 바 그 교섭을 맡고 있는 문교부 측과 위원회 측의 그 위치―문교부는 부정기념탑 자리를, 위원회는 과학관 자리를 주장―에 관하여 합의되지 못하고 있다는 문교부 차관의 보고에 대하여 논의 결정한 것임)

안 의사 동상문제는 기왕의 결정대로 문교부에서 처리하도록 한다.

3. 동상 등 건립감독법령 제정에 관하여

동상의 위치, 규모 등에 관하여 행정부에 감독을 할 수 있는 법령을 법제실에서 입안 제출하기로 한다.

4. 정부 신청사 사용 구분에 관하여

(본 건은 현재 설계 중에 있는 정부 신청사 8층 중 3층(6, 7, 8층)을 OEC 측이 사용할 것을 정부로서 승낙하여 달라는 OEC 측의 요망이 있는 바 본 신청사 건축의 경위와 현재 OEC 청사 실정으로 보아 부득이한 것으로 생각된다는 부흥부장관의 제의에 대한 논의 결정임) 정부 신청사의 일부를 OEC 측에서 사용할 수 있게 승낙하는 문제는 부흥부장관과 국무원 사무국장에게 대통령 각하의 재가를 받아서 정할 것을 위임한다.

5. 화재발생 보고 (내무)

47건, 211호, 210세대, 이재민 1,026명

인명 피해 사상 20명, 피해액 122,167,000환

---

234) 안중근(1879~1910)은 1897년 천주교에 입교해 토마스라는 세례명을 얻었고, 러일전쟁 이후부터 독립운동에 종사하였다. 1906년 삼흥학교(三興學校)를 세웠고, 1908년 연해주에서 의병운동에 참가했다. 1908년 6월 동의회의 발기인으로 참여했고, 연해주의병의 우영장에 올라 국내진공작진을 빌였다. 1909년 10월 26일 이토 히로부미(伊藤博文)를 사살하였다. 체포 후 뤼순[旅順]의 일본 감옥에 수감되었고 1910년 2월 14일 재판에서 사형 선고, 3월 26일 형이 집행되었다. 옥중에서 『동양평화론』을 집필했다.

235) 1958년 초부터 안중근 의사 동상 건립문제를 두고 갈등이 이어졌다. 안중근동상건립협회와 대한애국선열기념사업협회가 서로 각기 동상을 건립하겠다고 주장했고 이에 문교부는 건립추진회의 갈등은 애국선열을 모독하는 것으로 판단하고 양 협회의 동상 건립을 모두 취소하기도 했다.

236) 왜성대(倭城臺)는 조선시대의 지명으로 현재 서울특별시 중구 예장동과 회현동 1가에 걸쳐 있던 지역이다. 임진왜란 때 일본군이 주둔한 데서 유래된 명칭이다.

제59회 국무회의

일시 : 1958년 7월 4일(금)
장소 : 중앙청 회의실

1. 동상 건립에 관하여

조정환 외무 "콜터, 밴 플리트 장군 동상 건립 문제에 대한 조치는 어찌 됐나"하고 상공에 문의.

김일환 상공 "이 의장님은 위원회의 내용을 다소 고쳐서라도 이미 발표된 사항은 하여야 할 것이라는 의견을 가지신 것으로 추측하니 대통령 비서실 공기는 그다지 급히 필요할 것은 없다는 의견 같아서 아직 정하지 못하고 있다"는 경과 보고.

2. 조봉암사건에 관하여

홍진기 법무 "법원은 조봉암을 위시한 진보당원의 판결에 있어서 평화통일론은 문제로 하지 않고 따라서 진보당이 불법단체라는 것도 규정하지 않았음으로 만일 진보당이 행정소송을 하며는 가처분이 있을지 모르니 진보당을 불법으로 처분한 공보실의 입장이 곤란할 것이라고 생각하며, 본건 판결에 대하여 검사는 즉시 공소하였으나 제1심에 비하여 고법, 대법원의 판결이 검찰에 유리하도록 될 것이 예상되는 차제에 공연히 판사들을 자극하는 것은 득책이 아니라고 생각한다"는 보고와 견해.

오재경 공보 "진보당이 불법단체가 아니라면 평화통일도 합법적이라 해야 할 것이니 앞으로 우리는 무엇을 가지고 국민을 지도하며 행정을 하여 갈 수 있나. 좀 신중히 생각하여야 하겠다"고 그간 내무, 법무가 말하는 것만 믿고 지금껏 하여온 것이 이러니 걱정이라는 탄식.

3. 선거소송에 관하여

홍진기 법무 "사실 중대한 문제는 없다. 착오된 것이 발견은 되고 있으나 피고와 원고 쌍방이 일반이며 투표수의 변동은 다소 있으나 선거 결과에 영향을 줄 만한 것은 아직까지의 상황으로서는 없을 것으로 본다"고 말하고 "야당지는 정부 비난을 목적으로 대대적으로 써대고 있는데 여당지는 여당에 유리한 것조차도 쓰지 않고 있으니 이래서는 안 되겠다"고 선전 강화를 공보실장에게 요청.

4. 공무원 식량배급에 관하여

정재설 농림 "2월부터 배급하기로 한 공무원 양곡배급을 자금까지 보류하여 왔었으나 소맥분 가격이 앙등하고 있는 차제에 이를 실시함이 어떤가"라는 제의.

신두영 국무원 사무국장 "현재 소맥분 시가 2,800환(포대당)에 관급 가격이 2,600환(앞으로 2,310환으로 인하할 예정이나 국회의 동의를 요함)이면 공무원에게 이익보다 해가 되는 수도 있을 것이니 희망자에 한하여서만 배급하는 것이 타당할 것이라"는 의견이 있은 후 다음과 같이 의결함.

"공무원 양곡배급은 희망자에 한하여 배급하기로 하되 각 기관의 신청에 의하여 농림부가 실시하고, 신청량의 산출기준은 월 정맥(보리쌀) 일인당 1가마 또는 소맥분 일인당 3포대로 한다."

5. 정부수립 10주년 행사 계획에 관하여

공보, 국사[국무원 사무국]로부터 성대히 거행할 것을 재강조한 후, 다음과 같이 의결함.

"오는 7월 7일 상오 9시 30분 다음 위원이 국무원 사무국에 회합하여 각 부에서 제출된 계획을 검토하여 구체적인 방안을 강구하기로 한다."

위원: 외무, 내무, 재무, 국방, 문교, 상공, 공보, 국무원 사무국

제60회 국무회의

일시 : 1958년 7월 8일(화)
장소 : 중앙청 회의실

1. 수해대책에 관하여

조정환 외무 "상당한 인명의 피해까지 있었다고 신문에 보도되었으니 대책이 필요치 않는
가?"하는 질문 겸 제의.

손창환 보사 "지방장관의 보고만으로 대책을 수립하는 것은 정확을 기하기 어려워서 본부 직
원을 출장시키고 있으므로 정확한 실태를 알게 되면 필요에 따라서 위원회 등을 조직
하겠으나 우선은 내무부와 연락하여 선처하도록 하겠다"고 보고.

이상 논의 후 다음과 같이 의결함.

"수해대책은 일단 내무, 농림, 보사의 3부에서 협의 조치케 한다."

2. 정부수립 제10주년 기념 행사계획 진행상황 보고

정부수립 제10주년 기념행사 계획위원(가칭이며 외무, 내무, 재무, 문교, 상공, 국방, 공
보, 국사의 8명이 위원으로 지명되었음)으로부터의 진행상황의 보고로서 그 내용은 별지와
같음.

3. 정부 또는 그 기관의 명의로 외국정부나 또는 국제기관에 발송하는 전보취급에 관하여

신두영 국무원 사무국장 "국제연합노동기구(ILO)[237]로부터 장학생 파견에 관한 일반협정에 대하여 한국정부가 ILO의 제의를 수락하였다는 보건사회부장관의 전보를 받았다는 통보를 받고 그 사실을 알아본 바 보건사회부에서도 알지 못한다 함으로 다시 조회하여 전신번호를 알아서 국제전신전화국에 조회한 바 보건사회부장관의 명의를 도용하여 발송된 전보인 것을 알게 되었다"고 보고하고 앞으로 이러한 전보의 취급절차를 정할 것을 제의.

본 건에 관하여는 보사부와 체신부에서 조사 처리하기로 하고 앞으로 이러한 사고 미연방지책을 체신부에서 성안 제출케 하였음.

4. 토취장 조치에 관하여

문봉제 교통 "대통령 각하께서 1년 만에 기차여행을 하신 바 산림녹화, 기타 연도의 상황이 대부분이 좋아졌으나 함부로 흙을 파는 버릇이 아직도 남아서 보기 흉한 곳이 곳곳에 있으니 관계부와 연락하여 선처하라는 분부를 받았다"고 보고.

본 건은 소관 장관인 내무부장관이 조속히 처리하기로 하고 일단락을 지음.

5. 다음 예비비를 지출하기로 함

(1) 경제부흥특별회계(상공부 소관)

　① 중앙지질광물연구소 선광사업 및 광물분석에 필요한 경비를 UNKRA로부터 차입하였던 것을 반환하는 것 4,235,070환.

　② 인면선별기술자 양성을 위한 강습회의 경비 200만 환.

(2) 일반회계(내무부 소관)

부천군 청사를 공용하다가 명도하여야 하게 된 옹진군청의 청사를 매수함에 요하는 경비

---

237) 국제노동기구(International Labor Organization). 1919년 4월 베르샤유조약 '제13편 노동'에 의거하여 국제연맹 산하기구로 설립되었고, 1946년 12월 국제연합 전문기구로 편입되었다. 사회정의에 기초한 세계평화 실현, 근로조건 개선을 위한 국내적, 국제적 노력 실천, 결사의 자유 확보를 목적으로 하였다.

400만 환. (경남 고성군 청사의 부속건물 신축비에 충당하기 위하여 7,818,000환의 예비비 지출이 동시에 제출되었으나 성질상 예비비에 적당치 않다는 이유로 부결되었음)

6. 1958 미곡년도 정부관리양곡 판매가격 중 '소맥분' 가격개정에 관한 건 (농림 제의)

원안대로 통과함.

참고: 본 안건은 현행 판매가격 포대당 2,618환은 국산 소맥을 원료로 하는 것을 전제로 한 것인바 금년도의 원료는 대부분이 도입 원소맥이므로 원료가격이 저렴하니 차제에 판매가격을 포대당 2,310환으로 인하한다는 안인 바 대통령 각하의 재가가 있으면 국회에 동의를 요청하여야 할 것임.

상세 별지 참조.

7. 한국산업은행의 자금증가에 관한 건 (재무부 제의)

재무부 원안대로 통과함.

참고: 현재 산은의 불입자금 4억 환을 8억 환으로 하는 것으로서 이것으로 산은은 80억 환 까지 채권을 발행할 수 있게 되는 것인 바, 채권발행에 대하여는 이미 대통령 각하께 서 재가하셨다고 하는 재부부장관의 보고인 동시에 이 여신은 그 자금을 유효 적절 히 활용하는 한 '인플레이션'을 조장하는 일은 없을 것이라는 부흥을 위시한 경제장 관들의 의견이었음.

8. 한국조폐공사법 중 개정법률안 (법제)

원안은 다음과 같이 수정 통과함(원안 별지와 같음)

"제2조 가운데 열(列) 사장의 임명은 종래대로 대통령 발령으로 하고 재임기간도 현행대로 두기로 하고 자구 수정을 법제실에 위임한다."

제61회 국무회의

일시 : 1958년 7월 11일(금)
장소 : 중앙청 회의실

1. 자유당 정책위원회의 자료요청에 관하여

김현철 재무 "자유당 정책위원회로부터 각 기관에서 재무부에 제출한 예산 요구서의 사본을
보내달라는 요청이 있으나 예산안이 국무회의를 통과하여 대통령 재가가 있을 때까
지는 그 내용을 자유당과 협의할 수 없는 것이므로 이에 응할 수 없다고 생각한다"고
보고 겸 의견.

오재경 공보 "부당한 일이라고 생각하며 시정업적을 보내달라는 요구가 있으나 이 역시 공식으
로 응할 일이 못 된다"고 재무의 의견에 동조.
이상과 같이 논의만 하고 결정은 하지 않고 말았음.

2. 수해대책에 관하여

손창환 보사 "관계부 장관회의에서 내무, 재무, 농림, 보사의 4부 장관으로서 수해대책위원회
를 조직하고 위원장에는 농림부장관이 맡기로 하였다"는 보고.

민병기 내무 "내무부에 집계된 보고에 의하면 총 피해액은 110억 내외며 내용은 별지와 같다"
고 보고.

홍진기 법무 "각 부에서 조사한 결과가 구구한 숫자로 발표되었다"고 지적.

오재경 공보 "정부에는 구호대책에 필요한 예산도 없는데 정확하지도 않은 이 어마어마한 숫

자를 발표하여 놓고 대책이 없으면 국회에서나 신문에서 얻어맞기만 하니 신중을 기하여야 할 줄 안다"고 대외발표 중지를 암시.

민병기 내무 "통계숫자에는 참으로 자신이 없다고 자신도 생각하는 터이므로 발표는 하지 않겠다"고 약속

3. 무장간첩 침입기도에 관하여

민병기 내무 "동서 해안에서 침입을 기도하는 것을 해군하고 합작하여 체포 또는 격퇴(추격)하고 있다"는 보고.

4. 양곡 조사결과의 신문보도에 관하여

오재경 공보 "조사한 것을 신문에 발표하여 세간에 물의를 조장하는 것은 결국은 정부의 실정을 광고하는 것 같이 되는 것임에도 불구하고 보조기관(이 경우에는 대검)이 함부로 이를 발표한다면 공보실장이 10명 있어도 소위 민심수습은 못하고 말 것이라"고 오늘 신문에 게재된 대검 발표를 논박.

홍진기 법무 "견해가 다르다. 세간에는 20만 가마 운운하고 있는 형편이므로 이를 밝히는 것이 정부에 유리하다고 하여 발표한 것이라고 한다"고 그 경위를 해명.

5. 소위 외자청 옥수수 사건에 관하여

홍진기 법무 "결국 미국대사관 직원이 관계가 된 사건이며 간단히 말하면 가공한다고 할 것을 위반하고 그대로 처분한 사건이다."

정재설 농림 "농림부에 추천을 요구하여 왔으나 거부하였으며 부흥부에서도 추천한 사실이 없다고 하니 결국은 미국대사관 한인 직원의 책동으로 실시자 회합에서 처리된 것이라"는 경과보고.

김현철 재무 "적당히 처리하여야 할 것이라"는 의견

6. 한일회담 진척상황에 관하여

(내용 생략)

7. 도의원 보선에 관하여

민병기 내무 "7개소에 자유당 5명, 기타 2명으로 현 수준을 유지하고 있다"는 보고.

8. 울산 을구의 선거소송에 관하여[238]

홍진기 법무 "대법원의 조사에 의하면 김성탁(金成鐸)[239]의 표 중에서 위조표가 207표 발견되었으나 결국 표수의 차이가 325표이므로 선거무효로 되는 것은 아니라고 보며 다만 위조표가 누구의 장난인가 하는 것이 문제인데 현재 관계자를 구속 조사 중이라"고 보고.

9. 수해의연금 모집에 관하여

손창환 보사 "공무원이 갹출하는 의연금의 취급방법을 정하도록 하자"는 제의에 대하여 다음과 같이 의결하였음.
　　　"공무원이 임의로 갹출하는 의연금은 편의상 국무원 사무국에서 수합하여 수해대책위원회에 넘기기로 한다."

---

238) 당시 언론에 의하면 "울산 을구의 선거소송은 6월 28일 대법관들의 검표 결과로 6,755표에 달하는 무효표 속에 약 5할에 해당하는 정해영씨의 유효표가 섞여있는 사실을 비롯하여 혼표, 부정계표 등 원고측 주장이 입증됨으로써 동선거구에서 2913매에 달하는 투표용지를 일일이 들추어 부정계표 여부를 검토하였는데 혼표, 무효표 조작 등 부정이 들어날 때마다 법정은 흥분의 도가니를 이루었다"고 보도했다. "울산 을구 부정표 속속 탄로." 『경향신문』(1958/06/29)
239) 김성탁(1922~2007)은 경희대학교 법과대학을 졸업하고 풍곡탄광주식회사를 경영했다. 1958년 제4대 민의원 선거에서 현역 지역구 국회의원인 정해영이 자유당에서 제명되자 자유당 후보로 경상남도 울산군 을 선거구에 출마해 무소속 정해영을 제치고 당선되었다.

10. 산업부흥국채에 의한 수리자금 취급내용 일부 변경에 관한 건 (재무 제의)

원안대로 통과함.

11. 교육세법안

원안대로 통과함.

참고: 내무부와 문교, 재무 간에 의견의 대립이 있어서 자유당 정책위원회에까지 문제가 되었으나 해결을 못보고, 다시 관계부 실무자회의에서도 결말을 못 지은 문제인 바 금일 회의에서 재무, 문교부 안대로 통과된 것임)

12. 외국인의 서명날인에 관한 법률 공포의 건 (법제)

공포하기로 함.

(본 법안은 정부 제출의 법령정리안의 하나로서 국회에서 통과되어온 대로 공포하는 것임)

제63회 국무회의

일시 : 1958년 7월 15일(화)
장소 : 중앙청 회의실

1. 수해대책에 관하여

손창환 보사 "지방에 가본 바 그다지 피해가 큰 것은 아니며 피해를 당한 자들의 소위 자력갱생의 정신이 부족한 듯한 인상을 받았다"는 보고.

조정환 외무 "공보실에서 신문사를 통하여 구제운동을 할 수는 없는가?"라는 질문에

오재경 공보 "서울신문에서 하고 있으나 피해의 정도가 작년과 닮은 만치 국민의 생각도 그다지 심각하지 않으니 대대적인 구호운동에는 애로가 많을 것이라"는 대답.

2. 영문서 작성에 관하여

오재경 공보 "영문으로 작성하여 외국인에게 주는 인쇄물에 잘못된 것을 왕왕 보니 앞으로 공보실에 있는 미국인들을 활용하여 주면 좋겠다"고 제의.

전원이 앞으로는 이런 것을 공보실에 의뢰하겠다고 대답.

3. 동해안지역 시찰보고에 관하여

송인상 부흥 "공산주의와 대치하는 최전선이며 공업지대로 중요한 곳인데 이제껏 잊어버리고 있은 감이 없지 않다. 앞으로 이 지대를 개발하려면 제일 먼저 철도 부설을 해야 되겠

다. 양양광산에는 괴뢰 치하 때부터 계속 근무하는 직공이 허다하며 어선들도 공산침략에 대결하여 출어하고 있으니 특별한 보호와 원조가 필요하다고 본다. 탄광 기타 광산에 대하여는 기본 조사가 완료하는 대로 투자계획을 세워서 OEC와 협의하겠다. '삼척시멘트'가 개인기업으로 된 후 낡은 시설을 활용하여 좋은 성과를 거두고 있으니 중요 사업의 민영화에 좋은 참고라고 생각하였다"는 보고.

문봉제 교통 "이 지대는 냉전의 제1선이므로 앞으로 특히 주력을 하여야겠고 철도는 노반은 구축된 것이 있을 것이니 경비도 타에 비하여 적은 경비로 될 수 있으므로 꼭 하도록 해야겠다"고 강조.

(이북의 철도는 장전까지 와 있다고 함. [부흥])

4. 공무원 감원에 관하여

김현철 재무 "신년도 예산에는 일반회계만 13,000명의 감원이 예산상 필요하므로 그 실시를 국무원 사무국에 요구하였으니 조속히 추진하여 주기 바란다"는 제의.

신두영 국무원 사무국장 "일반회계 행정부 직원(정규) 정원 73,466명 중 45,736명이 내무부 소속이요 그중 39,007명이 경찰관으로서 총수의 53%를 점하고 있으며 이외에 국방부의 문관(정규직원 40명 군속 8,880명)이 12%를 점하고 있으므로 전과 같이 경찰과 국방부 문관은 감할 수 없다면 감원이 불가능하니 이 근본 문제를 정하여야 입안에 착수할 수 있다"고 설명.

송인상 부흥 "경찰을 감축할 내무부장관의 결의 여하가 문제이니 소신이 어떠하냐?"는 질문.

강명옥 법제 "장관의 소신만으로 안 되니 부하 직원의 책동을 단속하여야 한다"고 과거 계획 실패의 전철을 안 밟을 것을 경고.

민병기 내무 "사정상 곤란하다"고 모호한 답변.

이상과 같은 논의 끝에 다음과 같이 의결함. "내무, 재무, 법무, 법제, 국무원 사무국의 5개 부로 조직된 정부기구정비위원회에 부흥, 교통을 추가하여 감원방안을 검토 보고케 하되 시급을 요하니 오는 16일부터 회합하여 조속히 결말을 짓도록 할 것."

5. 나주비료공장 건설용 기계 도입에 따르는 제세(諸稅) 지불 조치에 관한 건 (재무 제의)

본 건은 국무회의 의결사항이 아니므로 보고사항으로 접수하기로 하였음.

제64회 국무회의

일시 : 1958년 7월 18일(금)
장소 : 중앙청 회의실

1. 정부수립 10주년 기념행사에 관하여

신두영 국무원 사무국장 "각 부에서 행사계획을 확정 못하고 있음으로써 전체 계획에 지장이 적지 않으니 조속한 시일 내(특수한 사정이 없는 한 금주일 내로)에 결정을 지어서 국문과 영문으로 작성하여 송부하여 주기를 바란다"는 재촉에 이어

오재경 공보 "서울신문사의 지방유세를 위시하여 공보실에서 주관하는 대부분의 행사는 민간단체에 시키기로 하였으며 상세한 것은 추후 보고하겠다"는 개황만을 설명.

2. 중동사태에 관하여

김현철 재무 "당분간 전력(戰力)에 관계되지 않는 사업에 대한 융자를 중지하도록 지시하셨다"는 보고.

오재경 공보 "대공시설을 한다든지 하는 방법으로 민심무장이 필요치 않은가 생각한다"고 제의.

송인상 부흥 "그것은 다른 여러 정책과 병행해야지 잘못하면 외화나 금값을 앙등시키는 결과가 될 것이니 간단한 문제는 아니다"는 신중론.

조정환 외무 "사태를 잘 알고 앞을 잘 보고 국민을 지도해야지 잘못하여 정부에서 말한 것이 맞지 않으면 위신을 실추하게 된다"고 주의를 환기.

김현철 재무 "정부로서 만반의 대책이 필요하다고 생각하는바 적절한 방법이 없나"의 질문에

오재경 공보 "이미 구성되어 있는 국방정책위원회(가칭 1958.1.2 제1회 국무회의 의결로 조직한 소위원회이며 위원은 외무, 내무, 국방, 재무, 부흥)로 하여금 필요한 정책을 수립하게 한 것이 좋겠다고 생각한다"는 제안.

전원 이의 없이 상기안을 채택하기로 결의함.

(10시부터 국회 참석하는 국무위원이 다수인 관계로 조기 폐회)

일시 : 1958년 7월 22일(화)
장소 : 중앙청 회의실

1. 소년법 공포에 관하여

강명옥 법제 "소년법이 국회에서 의결되어 7월 18일자로 정부에 이송되어온 바, 정부 원안의 일부가 수정되었으나 하등 지장이 없을 것으로 인정되니 공포하기를 제의한다"고 제안.

홍진기 법무 "소년에 관한 것이라 사형과 무기형이 없어서 국가보안 등 중요한 문제에 지장이 있을지 모르나 필요하면 보안법 제정 시에 이를 고려하도록 하고 본 법은 그대로 공포하는 것이 좋다고 생각한다"는 의견.

위와 같이 논의를 한 후 다음과 같이 의결함.

"국회에서 의결되어 이송되어온 표기법안(標記法案)을 공포하기로 한다."

2. 벌금 등 임시조치법 중 개정법률 공포에 관하여

강명옥 법제 "표기 법률안이 국회에서 의결되어 7월 18일자로 정부에 이송되어온 바 그 내용의 일부(이미 공포된 법령에 있는 벌금은 이를 3배액으로 한다는 조항의 삽입)가 수정되었으니 그 실시에 하등의 지장이 없는 것이므로 그대로 공포할 것을 제의한다"고 제안(1953년 2월 16일부터 1955년 11월 31일까지 사이에 공포된 법령)

이상 제안 설명에 이어 다음과 같이 의결함.

"국회에서 의결되어 이송되어온 표기법안을 공포하기로 한다."

3. 인지세법 공포에 관하여

강명옥 법제 "표기법률안이 국회에서 의결되어 7월 18일자로 정부에 이송되어온 바 정부 원안대로이므로 이를 그대로 공포할 것을 제의한다"고 제안.

이상의 제안 설명에 이어서 다음과 같이 의결함.

"국회에서 의결되어 이송되어온 표기법안을 공포하기로 한다."

국회예결위로부터 장관 전원 출석 요청에 접하여 이상 3개의 긴급 안건으로서 오늘 회의를 마침(상오 10시)

제66회 국무회의(임시)

일시 : 1958년 7월 24일(목)
장소 : 경무대

1. 대남공작대원 체포상황에 관하여

민병기 내무 "1월에서 6월까지 6개월 간에 63명을 체포하였으며 그 소지하고 있는 불화와
환화는 19,988,900환에 상당한다"는 요지의 보고.

2. 중동사태에 관하여 발생한 '데모'에 관하여

민병기 내무 중동사태 발발 후 전국에 일어난 '데모'(미국의 시책에 찬동하며 민주진영의 강력
한 태도를 지지)
"110건에 480,176명이 참가하였다"고 보고.
이승만 대통령 "이번에 우리가 취한 태도는 외국에서 대단히 잘하였다는 평을 듣고 있다"고
칭찬.

3. 추가예산 심의에 관하여

김현철 재무 "순조로이 진행되어 가고 있으며 8월 5, 6일 경이면 통과될 것이라고 본다"는 보고.
이승만 대통령 "국회에서는 무엇을 말하고 있나?" 하고 물으심.
김현철 재무 "선거자금의 출처를 밝히라고 하며 또 하나는 외제연초의 가격을 재무부장관이

정하도록 한다는 것에 반대하고 있으니 앞으로 재정법 개정에도 곤란이 많을 것으로 예상된다"고 보고.

4. 참의원의원 선거에 관하여

이승만 대통령 "참의원 선거는 어떻게 하고 있나?"하시는 하문.

민병기 내무 "법에는 실시 후 1년 이내이므로 내년 1월 24일까지에는 선거를 하여야 하나 공무원 출마자 사임시기 문제와 선거요원의 정당별 비율을 정하는 방법 등에 최초에 행하는 선거에 필요한 경과규정이 없어서 이런 문제를 먼저 조치하지 않고는 선거에 착수할 수 없는 까닭에 아직 그대로 있다"고 하는 보고에 대하여 법무부장관의 법조문에 대한 설명이 있었음.

이승만 대통령 "참의원을 구성하여야 한다. 어느 정당의 이해득실에 상관없이 법이 잘못 되어 있으면 그것을 고쳐서라도 곧 하여야 한다. 헌법에 있는 것을 정부가 위반하여서는 안 될 것이니 재론할 여지가 없지 않는가?" 하시는 확고한 방침을 말씀하심(강경)

김현철 재무 "민의원 하나로도 행정에 곤란이 많은데 참의원까지 있으면 일층 곤란이 더하며 설사 과반수는 차지한다 할지라도 이번 대구사건과 같이 말썽이 생길 우려가 많다"고 보고.

이승만 대통령 "선거에 협잡이 있으면 시정하여야 한다. 자유당이 실력이 있고 정부가 잘하고 있으며 상대편의 실수가 많았다는데 정부에서 국민에게 잘 알려주면 국민이 이해하게 될 것이니 그렇게 하고 참의원은 구성하여야 한다"고 다시 강조하심.

김현철 재무 "십중팔구는 야당이 유리하며 과반수를 확보하려면 경찰이 손을 써야 할 것이다"고 실정을 보고.

민병기 내무 "민심이 여당에서 많이 떨어져나가 걱정이라"고 재무부장관 보고에 이어 강조.

이승만 대통령 "정부에서 하여가는 일이 잘되고 있어도 국민이 모르고 엉뚱한 선전에 넘어가게 하여서는 안 되니 산업부흥 같은 것도 일반에게 알려주도록 하면 국민은 의외로 현명할 것이다. 그리고 이러한 일에 반대하는 자들은 쫓아내야 한다. 이리하면 꼭 잘될 것으로 믿으니 법에 있는 대로 참의원을 구성하도록 하라."

5. 물가의 변동에 관하여

송인상 부흥 "중동사태의 영향으로 물가의 변동이 있을 것을 우려하였으나 곡가는 도리어 하락(정부수립 이래 7월 곡가하락은 처음)하고 일시 등세로 보이던 금값도 다시 환원되어 안정되었다"고 하며 농림장관의 공로를 찬양.

이승만 대통령 "곡가뿐이 아니라 잘 되어가는 것을 선전하여 국민에 알리게 하라"고 지시하심.

6. 수해대책에 관하여

정재설 농림 "수해지에는 대파(代播)를 하도록 조치하였다"고 보고.

7. 비료 구입에 관하여

이승만 대통령 "비료 구입을 차차 감소시켜 가도록 할 것이며 불가피하면 전량을 정부에서 도입하도록 하거나 작년에 한 대로(여기까지 이원희 비서관 낭독 도중 말을 막으시고) 외국인들은 상인에게 맡기라고 하나 미국 같은 나라에서는 좋아도 한국 실정으로는 곤란하다."

송인상 부흥 "지금 말씀하신 그대로가 미국인과 사이에 항시 의견대립의 초점인 바 외국인에게 말 못 할 사정은 미납대금이 57억에 달하고 있는 것이다"고 보고.

이승만 대통령 "그것도 미국인이 외상으로 주자고 하여서 그리된 것이니 농림장관은 다음과 같은 것을 공표하라"고 지시하심.
    (1) 비료대금 미납을 곧 납부할 것.
    (2) 내년부터 비료는 도입 않는다는 것.

8. 소위원회에 관하여

이승만 대통령 "국무원에 24개의 소위원회가 있어도 그 결과가 아무 것도 없다 하니 곧 보고하라(이상 이원희 비서관 낭독) 원래 위원회를 만들어 보았자 일이 되는 것은 아니다"의 주의 겸 지시의 말씀.

9. 8 · 15 정부수립 10주년 행사에 관하여

이승만 대통령 "행사를 성대히 하여 국내외에 알리도록 하고 그 선전대책을 세워서 보고하도록 하라"는 지시의 말씀.

10. 오대산과 지리산의 벌목에 관하여

이승만 대통령 "벌목이 어떻게 되었는가를 보고하도록 하라. 어디서 빚을 내든지 채권을 발행하여 100억 환을 나에게 만들어 주면 집을 짓고 후에 상환하여 주도록 하겠다. 그리고 목재는 건조하여서 써야 하니 잘 알아서 하라"고 하시는 특별 지시 말씀(전단은 농림, 후단은 재무에 각각 하명)

일시 : 1958년 7월 25일(금)
장소 : 중앙청 회의실

1. 한국산업은행의 1958년도 업무계획에 관한 건 (재무)

원안대로 통과하다(별지)

2. 1957년도 세입세출 총결산 (재무)

원안대로 통과하다.

3. 공탁법 공포에 관한 건 (법제)

강명옥 법제 "법령정리 관계를 국회에 제출하였던 정부안으로서 자구수정이 있었을 뿐 내용
에 변동은 없으니 공포하도록 제의한다"는 제안 설명에 대하여 다음과 같이 의결함.
"표제 법률안은 국회에서 의결되어 이송하여온 대로 공포하기로 한다."

4. 외자관리법 이송문서 중 날인착오 정정에 관하여

강명옥 법제 "국회의 의결을 거처 정부에 이송되어온 표제 법률안 서류 중 날인의 착오가 있
으니 정정해 달라는 1958년 7월 23일자 민의 제214호 통보를 보고로 접수하여 주기

바란다"는 요청에 대하여 제의한 대로 '보고로서 접수'키로 함.

5. 건국공로훈장 수여에 관한 건 (국사)

신두영 국무원 사무국장 "독립기념사업위원회로부터 추천하여 온 건국공로훈장 수여에 관한
　　　　것을 상정한 바 복장, 단장의 대상자에 관하여는 추천된 분과 비등한 분들이 허다하
　　　　여 간단히 결정지을 수 없는 문제이니 추후에 하기로 하고 우선 금장에 해당하는 분
　　　　만을 이번에 포상하는 것이 적절한 방책이리라"는 제안 설명 겸 의견.

민병기 내무, 김현철 재무 앞의 제안에 찬동.

오재경 공보 "동시에 국립묘지 문제를 고려함이 어떤가?" 하는 제안에 대하여 전원이 동의함
　　　　에 국무원 사무국장으로부터 국장령과 군묘지 운영에 관계되는 법규의 설명이 있은
　　　　후 다음과 같이 의결함.

　　　　"독립기념사업위원회에서 추천된 자 중 금장 공로 해당자만을 이번에 포상하고 기타
　　　　는 다음으로 미루기로 하며 금장을 받은 자를 국립묘지에 모시느냐의 문제와 그 구체
　　　　적 방안은 독립기념사업위원회에서 연구하여 답신케 한다."

6. 정부수립 10주년 행사에 관하여

오재경 공보 "정부에서 하고 있는 일과 그간에 하여온 일을 널리 국민에게 알리는 방법으로
　　　　교통, 상공, 기타 각 부가 협력하여 시찰단을 모집하여 안내하여 주도록 함이 어떤
　　　　가?"하는 제의에,

문봉제 교통 "계획을 세우도록 하겠다"고 답변.

상공(차) "기후로 보아 8월 15일은 적당치 못하니 10월이나 11월로 하려고 하는 바 어떠한가"
　　　　라는 의견에,

신두영 국무원 사무국장 "가급적 8월 15일에 집중시켰으면 좋겠다"는 의견이 있었으나 하기에는
　　　　곤란하다는 의견이 지배적으로 됨 "만일 부득이한 사정으로 8월 15일 전후에 할 수
　　　　없는 행사가 있으면 그 계획만이라도 8월 15일 이전에 발표하여 주기를 바란다"는 요
　　　　청.

문교(차) "중 · 고등학교 학생을 전기 계획에 참가케 하겠다"는 제의에 전원 찬의를 표함.

7. 철도 무임승차권 발급에 관하여

문봉제 교통 "국무회의 결의에 의하여 극도로 제한한 바 국회의원의 수행원들의 무임승차권을 안준다고 국회에서 비난이 많은데 어찌 처리할 것인지 결정하여 주기 바란다"고 제의.

홍진기 법무 행정부에도 여비가 넉넉한 것은 아닌데 국회([일부 누락]인이 승무하면 부정행위가 용이함), 고 내무와 국방에 요청.

이상과 같은 논의 끝에 결론을 보지 못하였으나 결국은 부당하다는 것이 지배적인 의견이었음.

제68회 국무회의

일시 : 1958년 7월 29일(화)
장소 : 경무대

1. 농약에 의한 인명피해에 관하여

손창환 보사 "지난 17일부터 19일 사이 목포 근방 도서(임자도)에서 발생한 원인미상의 급환 사망자 17명에 관하여 그 원인을 조사한 바 농약 파라티온240)의 용법을 모르고 가정에서 사용하여 중독을 일으킨 것으로 판명되었다"고 보고.

이승만 대통령 "한강에 익사자가 왕왕 생기고 있는바 보호자 없이 아동들이 선유(船遊)241) 또는 유영하는 것을 막아서 앞으로 이러한 불행한 일이 없도록 해야 할 것이니 내무부에서 특히 주의하도록 하라"고 분부하심.

민병기 내무 "종래에도 60여 명의 경관을 배치하여 감시를 하였으나 완전 방지를 못하였으니 앞으로 더 완전한 대책을 세우려 한다"는 보고.

2. 선거사범 처리 종결에 관하여

홍진기 법무 "선거사범 1,062건 관련자 2,153명에 대한 처리를 완료하였으며 그 중 65건(당선자 3명 관련)을 기소하였다"는 보고.

---

240) 파라티온(parathion)은 살충에 적합하나 사람과 가축에 해로워 제조 및 사용이 금지되었다.
241) 배를 타고 노는 놀이를 말한다.

3. 충주비료공장 건설의 진행 상황에 관하여

김일환 상공 "현재 68% 완료. 내년 3월에는 시운전이 가능하며 그 공장운영에 필요한 기술자를 양성하기 위하여 17명의 기술자를 해외에 파견하려고 한다(미국에 3인, 스위스에 6인, 대만에 8인)"는 보고.

이승만 대통령 "기술자 파견에는 서류를 만들어서 올리도록 하라"고 분부하심으로 보아 재가하실 의향이신 듯.

문봉제 교통 "충주비료공장 건설에 수반한 철도시설은 12월까지 완성될 것으로 예상하고 있다"는 보고를 첨가.[242]

4. 함정 원조에 관하여

이승만 대통령 "미국에서 군함을 얻도록 교섭한 것은 어떻게 진전되고 있는가?" 하시는 하문에,

김정렬 국방 "펜타곤[243]의 애드미럴 버크[244]와의 교섭에 있어서 2척의 구축함을 얻기로 하고 있는바 지난번 국회를 통하여 공표된 것에 안 들어 있다 하더라도 군사원조의 형식으로 주게 될 것이라는 것이 대개 확실하다"고 보고.

이승만 대통령 "급히 하여야 하겠으니 곧 성취되도록 노력하여 보도록 하라. 애드미럴 스텀프와도 연락하여 보는 것이 좋을 듯하다"고 지시의 말씀.

5. 류큐에 대한 미국의 정책에 관하여

이승만 대통령 "미국이 류큐를 돌려주는 것을 중지하였다고는 듣고 있으나 국무성의 태도가

---

242) 충북선은 1955년 11월 17일에 기공하여 1958년 12월 27일 시운전을 성공리에 완료함으로써 충주－봉양 간 35.2km를 연결했다. 이는 연간 85,000톤의 생산력을 가진 충주비료공장에 공급할 무연탄 20만 톤과 유류 6만 톤의 수송로가 되었다.

243) 미국 국방부(U.S. Department of Defense). 워싱턴 D.C.에 위치해있으며 1947년 설립된 연방정부기관이다. 육군성 및 해군성, 그리고 공군의 방위기능을 일원화하기 위한 총괄 기관으로 창설되었다. 5각형 모양이라 펜타곤(Pentagon)이라고도 불린다.

244) 버크(Arleigh Albert Burke, 1901~1996) 미 해군 제독은 6·25전쟁 정전협상 당시 유엔군 측 대표들 중 한 명이다. 1953년에 백선엽 장군에게 "정전 이후를 대비해서 미국과 '상호방위조약'을 대통령으로부터 약속 받아내야 합니다"라고 권고했다. 1955년 미 해군 참모총장(Chief of Naval Operations)으로 임명되어 1961년까지 냉전시기의 중요한 전략들을 실행에 옮겼으며, 미국 전략국제문제연구소(CSIS)를 공동으로 창립했다.

어떤 것인가를 국방부와 외무부가 노력하여 알아보도록 하라"는 특별지시의 말씀.

6. 통신시설 개량 진행 상태에 관하여

이응준 체신 "2년 후의 전화대수는 현재의 배에 달할 것이라"고 보고.

7. 절전에 관하여

이승만 대통령 "시가에 나가면 필요 없이 주간에 점등하고 있는 것을 보니 전기절약을 위하여 이를 단속하되 내무부에서 신칙하여야 할 것이다"는 분부.

8. 해외 군사정세에 관하여

김정렬 국방 "이라크 반란군의 정부를 소위 중립국가들이 승인하게 되고 만일 이집트측에 쏠리게 되면 이란이나 사우디아라비아가 위험하게 될 것으로 보고 있으며, 북한 괴뢰군은 별다른 동정이 없고 이상할 정도로 평온하다"고 보고.

이승만 대통령 "무슨 내분인가가 있다는데?" 하는 하문.

김정렬 국방 "2건이 있었다고 하나 별로 대단한 것은 아니라"는 대답인 바 분명한 설명이 아니었음.

이승만 대통령 "무장간첩이 나오고 있는 바 경찰이 잘 잡고 있고 특무대도 잘들 하고 있으니 격려를 하여 주도록 하는 것이 좋겠다"고 분부하심에,

홍진기 법무 "이번 봄에 표창을 하여준 일이 있다"고 보고.

9. 귀속재산 불하대금 수납에 관하여

이승만 대통령(이원희 비서관 낭독) "대금을 속히 받아 들여라"는 분부에 대하여,

김현철 재무 "당시 예상하였던 것 같이 기업이 순조롭지 못하여 대금이 안 들어오고 있는데 계약조건에 있는 대로 계약을 취소한다면 정부에서 다시 이를 매각하여야 할 것인

바, 적당한 매수인이 다 있으리라고 생각되지 않으며 일시 혼란을 야기할 염려도 있어서 중앙청 국무회의에서 논의하여 선처하려고 한다"는 대답으로 보고를 마침.

10. 정부 불(弗)을 대여한 것의 회수에 관하여

이승만 대통령(이원희 비서관 낭독) "정부 불을 대여한 것은 불화로서 곧 회수하도록 하라"는 분부에 대하여

김현철 재무 "지금에 와서는 당시 예상하였던 것과 같이 불화 수입이 없어서 환화로 상환하겠다고 해며 사실상 곤란할 것 같으므로 환화로 회수하는 것을 고려해야 할 듯하다"는 실정 보고에 영창직물의 예를 듦.

이승만 대통령 "당초 불화로 받기로 한 것을 이제 와서 환화로 받는다는 것은 안 될 말이지만 만부득이하다면 그러한 방안도 연구하되 환산을 잘하여 국가에 손해가 없이 하는 것이 국가의 재산을 맡고 있는 자로서의 주의하여야 할 점이니 잘 연구하여 보라"고 하시는 분부.

11. 주택건축에 관하여

이승만 대통령 "집을 속히 지어야 하겠는데 종래에 교외에 적당한 장소를 선택하여서 하려 하였으나 우리의 부흥과 복구상황을 타인들에게 보여주는 것이 앞으로 일하는데 관계가 깊다고 생각됨으로 시내에 파괴된 곳부터 먼저 건축하도록 하는 것이 좋겠다. 같이 협력을 하여 좋은 장소를 선택하고 공채라도 발행하여 자금을 조달하려고도 하였으나 잘 안 팔릴 것이라고들 하니 주식으로 하는 것을 국민에게 잘 알려서 속히 자금을 만들도록 하라"고 특별하신 분부.

(국무위원의 국회출석 관계로 중앙청 회의는 성원 미달로 개회가 안 되었음)

제69회 국무회의

일시 : 1958년 8월 1일(금)
장소 : 중앙청 회의실

1. 소년원법 공포의 건 (법제)

법제실장으로부터 정부 원안대로 국회에서 의결되어 왔으므로 그대로 공포하도록 제의한다는 설명이 있은 후 다음과 같이 의결함.

"소년원법을 국회에서 의결되어 이송하여온 대로 공포하기로 한다."

2. 물품세법 중 개정법률안 (법제)

물품세법 중 휘발유에 대한 세율 현행 100분지 60을 100분지 100으로 개정(인상)하는 것이라는 제안 설명에 대하여 부흥부장관으로부터 외환세를 부과하지 못함으로 이러한 방법을 강구할 수밖에 없다는 보충설명에 이어 다음과 같이 의결함.

"물품세법 중 휘발유에 대한 세율을 100분지 100으로 하기로 하고 입안과 제정절차는 법제실에 일임한다."

(외무[병], 체신[출장], 문교[병], 상공[출장], 내무[遲參], 국방[遲參] 등으로 성원이 무너져서 이상 2건으로 회의를 폐함)

제70회 국무회의

일시 : 1958년 8월 5일(화)
장소 : 경무대(전반), 중앙청(후반)

1. 임병직(林炳稷)245) 대사의 귀환 보고

임 대사 "일본서는 대접을 잘 받았으며 그들이 하는 일이 전부가 허위라고 생각되지는 않으나 기시, 후지야마(藤山愛一郎),246) 사와다(澤田) 등이 생각하는 진정한 국교회복에 대하여 공산당이나 사회당에서는 압력을 가하고 있고 일본의 여론이 차차 '한국은 자기네 할 일만 하고 쓱삭하여 버리려는 것이 아닌가' 하는 방향으로 돌아가고 있다. 회담의 중점은 역시 어선문제라고 생각된다"고 보고.

이승만 대통령 "일본의 목적이 한국을 먹는데 있다면 공연히 가서 시일만 보내고 있어서 소용이 없다. 일본정부가 잘못하는 것을 일본 국민들에게 알려주어야 할 것인데 아무것도 하지 않고 있으니 그리하지 마라"는 분부.

임 대사 "일본정부의 방침이 말을 삼가고 있으라는 것으로 알고 그리한 것인데 이제 잘 알았으니 그리하겠다"고 보고.

---

245) 임병직(1893~1976)은 미국 오하이오 디킨스대학에서 유학했고, 1919년부터 대한민국임시정부 구미위원부에서 이승만을 도와 독립운동을 했다. 1944년 미국전략사령부에서 근무하며 OSS작전을 수행했고, 1949년 제2대 외무부장관에 기용되었으며, 1951년 주유엔대사로 활동했다.
246) 후지야마 아이이치로는 제당업계를 중심으로 활약한 대표적 재벌인 후지야마 라이타(藤山雷太)의 장남으로 게이오(慶應)대학 정치학과 중퇴 후 가업을 이었다. 대일본제당 · 일동화학공업 사장, 상공회의소 회장 등을 거쳐, 1957년 정계에 들어가 제1차 기시내각의 외무장관이 되었다. 1958년 중의원 의원에 당선, 제2차 기시내각의 외무장관으로서 미일안전보장조약의 개정을 담당하였다.

2. 한 공사의 귀환 보고247)

한 공사 "문화재 전시회는 우리 문화 선전에 효과가 다대(多大)하였으며, 대외원조 예산은 상원에서 많이 회복될 것으로 예상되며, 외자도입법이 조속히 제정되어야 할 것이라 생각되며, 중동사태에 대한 대통령 서한은 미국 관변에서 다대한 관심을 끌고 환영을 받았으며 앞으로의 원조에도 좋은 영향을 줄 것이라"고 보고하고 "20세기 폭스사248)의 한국을 배경으로 한 영화는 한국 소개에 많은 도움이 되었다"고 첨가.

이승만 대통령 "한국은 언제나 외교에 앞을 서야 한다. 남미주에 양 대사가 갔다 온 후 그 뒤를 이어가지 못한 것이 유감이니 2~3인의 외교관을 남미에 주재시킬 것을 생각하여 보아야 할 것이며 중동지역에 대하여도 힘을 써야 하겠다. 서독에서 기술자를 보내준다니 인하대학249)에 가서 우리 기술자 양성에 조력시키도록 하려고 한다"고 말씀.

3. 최 영사(崔龍鎭)의 귀환 보고

최 영사 "학생의 풍기와 면학 상황은 양호하며 한국관은 지난 3월에 개관하여 성과는 좋았으나 판매할 물품 보급이 문제이므로 상공, 기타 관계부와 협의하여 보려고 한다"는 보고.

이승만 대통령 "염가로 단시일에 균등한 물건을 생산할 수 있는 매스 프로덕션250)을 연구해야지 지금 인형 만드는 것 같은 방법으로는 상품이 될 수 없다"고 그 방법을 강구할 것을 지시하시며 "디한 씨를 만나 상의하면 좋은 의견이 있을 듯 생각한다"고 첨가하심.

---

247) 당시 임병직 주유엔상임대표와 한표욱 주미공사, 뉴욕주재 최용진 영사는 광복절기념경축식에 참석하기 위해 귀국한 상황이었다.

248) 20세기 폭스필름(Twentieth Century-Fox Film Corporation)은 1935년에 20세기영화사(Twentieth Century Pictures)와 폭스필름(Fox Film Corporation)이 합병하여 설립된 미국의 영화사이다. 본사는 미국 캘리포니아주 로스앤젤레스에 있다.

249) 인하대학교는 1952년 이승만 대통령의 제의에 따라 1954년 인하공과대학으로 설립되어 초대학장에 이원철(李源喆)이 취임하였다. 교훈은 진(眞)이다. 학교 설립에 필요한 자금은 하와이 교포 자녀들의 교육을 위해 이승만이 설립·운영한 한인기독학원 처분 대금, 하와이 교포들의 성금, 국내 유지의 성금 및 국고 보조 등으로 충당하였고, 인천시로부터 교지를 기증받았다.

250) 대량생산(mass production)은 표준화된 생산품을 거대 시장에 장기적으로 판매하는 것을 목적으로 생산하는 것을 말한다. 포드 시스템(Ford System)에 의해 시작된 근대산업의 특징인데, 생산의 표준화와 컨베이어 시스템을 이용한 이동식 조립방법으로 가능하게 되었다.

4. 장관 불신임안에 관하여

홍진기 법무 "불신임안은 부결되었으나 재무와 농림에 대한 불신임안이 나올 기세인 바 재무
는 산은 융자문제를 이유로, 농림은 지방의 정부관리양곡 피해사건을 이유로 한다고
하나 양곡사고 조사는 농림부장관의 요청으로 법무에서 조사한 것인데 장관의 불신
임 운운은 말이 안된다"는 보고 겸 의견을 품신.

이승만 대통령 "무엇이고 꼬집어 뜯으려고만 하는 것이 국회가 아닌가?" 하시며 문제가 아니
라는 표정을 하심.

5. 8·15 정부수립 10주년 특사에 관하여

홍진기 법무 "하락이 있으시면 안을 올리도록 하겠다"고 보고 겸 품청.

이승만 대통령 "전례에 의하여 하도록 하되 잘못하면 한 보람이 없다."

홍진기 법무 "혼자 하지 않고 몇이 의논하여 하려고 한다"고 보고.

이승만 대통령 "법무부장관이 하는 것은 믿는다. 이 정부는 새로운 정부라고 생각한다"고 의
미심장한 말씀.

6. 외자도입법에 관한 건

강명옥 법제 "오늘 중앙청 회의에서 논의하려고 한다"는 보고.

7. 하곡 수납상황에 관하여

정재설 농림 "목표 458,000석에 대하여 318,000석(68%)을 수납하였다"는 보고.

이승만 대통령 "작년에 비하여 어떤가?"라고 하문.

정재설 농림, 김현철 재무 "상환 기간이 지났으므로 아직 못 받은 것을 받는 관계로 차차 감소하
여 가고 있으며 농민은 현금으로 내는 것을 희망하므로 그 가부를 연구 중이라"는 보고.

이승만 대통령 "국민이 하자는 대로만 할 수는 없으니 신중히 생각하여야 할 것이며 양곡사정
은 어떤가. 식량을 그대로 맡겨두면 무제한 소비하게 되는 것이라"는 주의의 말씀.

정재설 농림 "수급에 지장이 없다"고 보고.

8. 산업개발자금 차입에 관하여

송인상 부흥 "11건 중 전신전화사업에 대해 350[만?]불이 확정된바 이자는 5.25% 8개년 원리
균등상환. 내시(內示)251)가 있으나 조건이 부적당(체신특별회계를 일괄하여 채산하
려는 정부 방침에 대해 DLF 측은 전신전화사업 독립채산을 주장)하여 절충중이며,
동양시멘트에 대하여는 확정을 본 바 이율은 연 5.25% 8개년 원리를 균등하게 500대
1(지금 같으면)의 환산에 의한 환화로 상환하는 것이며, 충주수력발전소에 대한 것도
내락은 왔으므로 기술보고서만 제출하면 확정될 것이라고 생각한다"는 보고에 겸하
여 "이것은 양 대사와 한 공사의 노력이 다대한 것으로 본다"는 보고를 첨가.

김현철 재무 "융자는 좋으나 상환된 환화가 미국인의 재산으로 시중은행 거래에 들어가게 되
면 그것이 한국경제를 좌우하게 된다"고 위험성을 지적.

송인상 부흥 "그것은 미국대사의 다의(多義)로 한은에 예치될 것이라"는 견해를 보고.

이승만 대통령 "건축자금으로 300만 불만 신청하도록 하라"는 지시.

9. 압수한 밀수품 처분에 관하여

김현철 재무 "소각한다고 하다 재수출하라는 분부대로 공고를 하였으나 희망자가 없으니 공
매하는 것이 좋을 듯하다"고 보고.

홍진기 법무 "상공부에서는 국내 산업보호의 견지에서 소각을 주장하나 상금을 안주면 밀고
자가 없어진다"고 소각의 애로를 보고.

이승만 대통령 "내게로 보내면 처분하여 건축비로 하겠다"고 말씀.

김현철 재무 "그러면 상금은 별도 예산에서 지출하여야 한다"고 비명.

홍진기 법무 "왜색 있는 것만 소각하고 기타는 밀고자에게 현물로 지급하는 방편도 있다"고
제안.

오재경 공보 "시중에 범람하고 있는 일본제품(신발, 차종, 기타…)을 일소하고 국민의 정기를
앙양(昂揚)252)하려면 소각하여야 한다"고 강경.

---

251) 공식적으로 알리기 전에 몰래 알리는 것을 말한다.

이승만 대통령 "처음 듣는 말이다. 불태우는 것이 좋겠다. 먹기만 하면 사는 것이 아니니 정신이 살아야 한다."

    (싱공[차]와 부흥으로부터 품목과 수량에 대한 설명 또는 '밀수를 단속하지 않는 밀수방지책' 등에 대한 설명이 있었으나 끝내 소각하는 것이 가하다고 생각하시고 중앙청 문제로 화제를 옮기심)

10. 중앙청 구청사 처치에 관하여

이승만 대통령 "중앙청 구청사는 헐어버리고 자재는 의사당 건축에 쓰도록 하는 것이 좋겠다. 남산기슭에 있는 장소가 다소 협소는 하나 가장 적당한 곳이라고 생각한다"고 의도를 밝히심.

11. 비료대 회수에 관하여

이승만 대통령 "비료대 미수가 작년 말 170억에서 240억으로 증가하였다는 바 국민에게 의타심을 길러서는 안 되니 곧 조치하도록 하라."

12. 시내와 교외의 소공원에 관하여

이승만 대통령 "시내에는 물론 김포-서울 간 도로변에 소공원을 만들어서 아름다운 건설상황을 외인에게 보여주는 것이 좋겠다."

13. 국영기업체 운영에 관하여

이승만 대통령 "적자가 나고 있는 기업체의 운영자를 갈도록 하라."

---

252) 정신이나 사기 따위를 드높이고 북돋는 것을 말한다.

14. 반공사상의 배양에 관하여

이승만 대통령 "공산당에 대하여는 사교, 친분을 초월하여 발을 못 붙이게 하도록 국민의 반공
정신을 앙양하여야 한다."(11시 45분)

※ 중앙청 회의

1. 국가보안법안 (법제)

원안대로 통과함. *별지 No. 23

2. 제1예비병 임시소집의 건 (국방)

원안대로 통과함. *별지 No. 19

제71회 국무회의

일시 : 1958년 8월 8일(금)
장소 : 중앙청 회의실

1. 형사보상법 공포에 관한 건 (법제)

강명옥 법제 "정부 제출안 중 문구와 금액의 일부가 수정되었으나 실시에 지장이 없다고 생각되니 공포하도록 제안한다"고 제의 설명에 이어 전원 이의 없이 다음과 같이 의결함.
"국회에서 의결되어 이송되어온 대로 공포하기로 한다."

2. 민의원의원 재선거 실시에 관한 건 (내무)

내용 : 경상북도 영일을(乙) 선거구 재선거의 실시기일 공고안. 예정선거일은 1958년 9월 12일.
원안대로 통과함.

3. 1958년도 민의원의원 선거비를 일반회계 예비비에서 지출하는 건 (재무)

내용 : 앞의 영일선거에 요하는 선거비 4,074,600환을 중앙선거위원회 소관으로.
원안대로 통과함.

4. 1959년도 예산 총규모안

김현철 재무 "개요 별지와 같은 안을 설명하고 내용에 곤란한 점이 허다할 것이나 관계 각 부의 이해와 협조가 있기를 바란다는 간청을 하는 동시에 오는 화요일 국무회의 시에 상세 검토하기로 하자"는 제의에 전원 동의.

5. 외국투자 촉진법안(법제)

다음과 같이 수정 통과함.

(1) 제3조 제3항은 재무부 수정안대로 함.

(2) 제3조 제4항은 재무부 수정안대로 하되 위원에 외무부장관을 추가하기로 함.

(3) 종전 법령에 외자도입을 제한하는 규정이 있는 것을 배제하는 규정의 삽입을 법제실에 위임해서 하기로 함.

(4) 제6조의 규정된 사항의 처리에는 부흥부장관의 회의를 요한다는 것을 규정하기로 하되 그 삽입은 법제실에 일임하기로 함.

6. 지역사회개발위원회 규정(법제)

다음과 같이 수정 통과. "제10조 제2항을 삭제함."

7. 농림부장관 불신임에 관하여

내무부장관으로부터 내무, 재무, 법무, 국방의 4장관이 자유당의 일부 간부(이재학[李在鶴],253) 한희석(韓熙錫),254) 곽의영(郭義榮),255) 박용익(朴容益)256))와 절충한 결과를 다음과 같이 보고함.

---

253) 이재학(1904~1973)은 경성제국대학을 졸업하고 강원도지사, 춘천농업대학 학장을 지냈다. 1948년 제헌국회의원에 당선되었고, 1954년, 1958년 자유당 소속으로 출마해 당선되었다.

254) 한희석(1909~1983)은 충청남도 공립사범학교를 졸업하고, 1937년 일본 고등문관시험에 합격했다. 1943년 평안남도 내무부 국민총력과장을 지냈다. 1953년 내무부 차관을 거쳐 1958년 민의원 선거에서 당선하여 민의원 부의장을 지냈다.

255) 곽의영(1912~1992)은 경성법률전문학교 졸업 후 광공국 상무과장 등을 지내고, 1950년 제2대, 제3대, 제4대 민의원 선거에서 당선되었다. 대한민국 헌정회 부회장을 지냈다.

(1) 자유당으로서는 농림부장관에 대한 불신임이 야당에서 제기되었을 때에는 부결한다.

(2) 농림분과위원회의 관리양곡사고 조사보고서에 농림부장관이 해당 사고에 책임이 없다는 것으로 결말을 짓도록 해본다.

(3) 농림장관은 위 보고가 국회 본회의에 제출되는 동시에 사임하도록 권고한다.

이상과 같은 사정에 대처하여 내일 이 의장님 귀경을 기다려 10일(일) 오전에 위 4부 장관이 실정을 보고하고 의향을 알아본 후 방책을 정하기로 하고 일단락을 지음.

---

256) 박용익(1905~1977)은 성균관대학교 법학부를 졸업하고 경상북도 상공국장 등을 역임했다. 제3대, 제4대 민의원선거에서 당선되었다.

제72회 국무회의

일시 : 1958년 8월 12일(화)
장소 : 경무대(전반), 중앙청(후반)

1. 주 영사[朱榮翰]257)의 귀임 보고

주 영사 영사로 임명되었을 때의 사정을 설명하고 이 대통령 각하를 모시고 지나온 과거의 회
고담을 종횡으로 말하고 김포로부터 서울에 이르는 길가의 주택 등의 개축정리의 필
요성을 지적함.

이승만 대통령 "김포서 서울에 이르는 도로변 정리는 긴절(緊切)한 문제이니 다 같이 연구하여
보라"는 분부.

2. 재선거 실시계획에 관하여

강명옥 법제 "영일 을구의 재선거는 오는 9월 19일에 행할 예정이라"는 보고.

이승만 대통령 "앞으로는 대통령과 부통령이 각각 타당에서 나오는 일이 없도록 되어야 할 것
이다. 누구나 정치하기를 좋아하는 사람은 없지만 정치에서 물러설 수는 없는 것이니
백성에게 일시 자기에게 이가 되어도 좋지 못한 사람을 선출하면 국정이 잘못되니 결

---

257) 주영한(1894~?)은 1913년 미국 하와이 한인기숙학원, 1920년 인디애나주 테일러대학을 졸업하고,
1924년 구미위원부 사무원을 지냈고, 1924년 오하이오주 클리블랜드 기독교청년회관에서 활동하며 미
국인들을 상대로 한국독립을 호소했다. 1942년 샌프란시스코에서 『공개편지』라는 한글판 월간 잡지를
발행하여 이승만의 외교활동을 지원했다. 1949년부터 샌프란시스코 영사 및 초대 총영사로 일하다
1960년 시임했디.

국은 자기의 해가 된다는 사리를 알려주게 하여 조직을 하여야 할 것이다"라고 분부.

3. 상공부장관 귀환 보고

서독 시찰의 개황을 보고(내용은 지난 국무회의 시의 보고와 같음)

이승만 대통령 "상공, 재무, 법무, 부흥이 적당한 조례를 만들어서 산업발전에 도움이 되도록 하라"고 분부하시고, "포도는 유리한 작물이니 권장하도록 연구하라"는 지시를 첨가.

김일환 상공 "타 장관들이 오는 것을 독일이 찬성하고 있으니 시찰시키시기를 진언한다"고 앙청.

이승만 대통령 "구경만 가는 것은 필요없다. 무엇이고 하나를 하여야 한다"고 일단 찬의가 없으신 말씀.

4. 경제원조의 전망에 관하여

송인상 부흥 신년도분으로 2억 3,000만 불을 예상, 그 중 5,000만 불 내외를 투자로 배정, 그 반액을 광산개발에 충당하고, 영남에 6만 kw의 발전시설, 연산 20만 톤의 시멘트 공장(수요를 능가), 주택 기타 건축계획도 추진, 학생동원에 의한 사방사업도 대대적으로 전개할 예정이라는 등등의 보고.

이승만 대통령 "사방계획은 대단히 좋은 일이다. 실업교육에 대한 원조계획은 나와 상의하여서 하기 바란다"는 말씀.

5. 군사기밀에 대한 신문보도에 관하여

김정렬 국방 "동아일보에 군감축에 관한 보도가 나온 바 이는 이적행위로 규정하고 기자를 구속 조사 중에 있다"는 보고.

이승만 대통령 "외국인들 말에도 신문이 안할 말을 많이 하고 있다고 한다. 없는 일을 조작하여 타인을 해치는 기사가 있으면 보고하도록 비서에 말하여도 하지 않는다"고 철저단속의 의향을 표명하심.

6. 준설(浚渫)258)에 관하여

민병기 내무 "잘 진행되고 있으며 현재 25.8%의 진척을 보고 있다"는 보고.

이승만 대통령 "아산만호로서 인천으로부터 거꾸로 파 올라오는 작업을 병행하는 것이 필요할 것이라"는 주의 겸 지시의 말씀.

7. 건축 상황에 관하여

손창환 보사 "시청 — 역전 간에 5개소, 저동에 1개소, 계 6개소를 공병단에서 4개소, 민간에서 2개소로 나누어서 추진 중이며 주택영단이 교외에 133개 동 건축한 것은 희망자가 다수 있다"는 보고.

이승만 대통령 "시내부터 하도록 하는 것이 필요하다"고 전에 말씀하신 것을 재차 강조하심.

8. 뇌염 발생에 관하여

손창환 보사 "부산 36명 발생에 7명 사망, 전남 1명 발생의 보고를 받고 있는 바, 이는 예년에 비하여 적은 편이라"는 보고.

이승만 대통령 "철저히 방지하여야 한다"고 분부.

9. 교량 조사에 관하여

이승만 대통령 "미국인 기술자의 협력을 얻어서 기존 교량(일정 때 가설)을 조사하되 특히 서울에서 북방으로 통하는 '광장리' '양수리'의 교량 등은 넓혀야 할 것이다. 일인이 만든 것은 약한 것이 많다"는 특별지시(내무부 하명)

---

258) 항만, 항로, 강 등의 수심을 깊게 하고사 물 밑의 보사를 파 올리는 일.

10. 국영기업체 불하에 관하여[259)]

이승만 대통령 "국영기업체를 불하하여야 한다는 것을 발설하는 자가 있다는 바, 그것이 누구이며 또 그 이유는 무엇인지 알아서 보고하라"는 지시(재무, 상공 하명)

김일환 상공 "석공, 해공 불하는 정부 예산에 계획되어 있는 관계로 나온 것으로 보며 근래 석탄생산이 활발해지자 광산 불하문제가 대두하고 있으며 경전(京電) 불하도 논의된 일이 있다"고 보고.

이승만 대통령 "자기가 할 만한 지식과 자본도 없이 덮어놓고 정부가 하는 일만 비난하는 자들은 단속하여야 한다"고 주의의 말씀.

11. 나주비료공장에 관하여

이승만 대통령 "주주들이 현 책임자 이씨를 제거하려고 하고 있다고 들리니 실정을 알아보도록 하라"고 지시하심에 대하여

김일환 상공 "본인에 대한 것이 아니고 그 밑에 있는 상무 배척에 대한 문제를 잘못 전하여 보고된 것으로 생각된다"고 보고.

이승만 대통령 "그런 것만도 아닌 것 같다. 정부가 힘써서 욕심 없고 잘 할 사람을 선임한 것을 그들이 그런다고 하면 잘못 하는 일이니 미리 말을 일러서 그런 일이 나지 않도록 하라"는 분부(상공부 하명)

12. 특사에 관하여

법무, 국방 양 장관의 설명이 있은 후 다음과 같이 의결함.
"정부수립 제10주년을 경축하기 위하여 8월 15일에 다음과 같은 특사를 실시한다."

---

259) 당시 사회일각에서는 국영, 관영기업들이 생산비보다 가격을 비싸게 매기고 있고, 적자 경영을 지속하는 데 대한 문제를 인식하고 있었다. 언론에서는 "우리나라의 기간산업들이 죽어가고 있는 이유가 그것들이 국영이라는 멍에에 얽매어 있는 까닭이라는 것을 지적해왔으며, 우리의 기간산업을 일으키는 길은 그 기간산업들을 얽매고 있는 국영이라는 멍에로부터 기간산업들을 해방시켜야 한다고 역설해왔거니와 정부가 만일에 진정으로 그 산업들을 옳게 개발하고, 그 기업을 옳게 살리기를 원한다고 할진대, 늦은 감도 있기는 하나 이들에 대한 민영화로의 단을 내리는 것 밖에 다른 도리가 있을 것 같지 않다"라고 하며 국영기업에 대한 민영화를 본격적으로 다루고 있었다. "관·국영기업체의 구제책은?"『동아일보』(1958/08/05)

	법무부 소관	국방부 소관	계
특별사면	984	1,334	2,318
특별감형	498	595	1,093
합계	1,482	1,929	3,411

법무부 소관 대상자는 살인, 방화, 강도, 강간, 좌익을 제외한 초범, 부녀, 소년범 등이 주이며, 국방부 소관은 도망병이 주로 되어 있음.

13. 재무부장관 산은총재 진퇴문제

김현철 재무 "산은 총재의 사임이 없이는 예산통과는 곤란하다는 자유당 간부의 의견에 이견이 없는 바는 아니나 그대로 않으면 자유당으로서 야당의 공세를 막지 못하는 한 만부득이하다고 생각하여 사표를 받고 도의상 본인의 사표도 첨부하여 관저에 진달한 바 대통령 각하께서는 국무위원이 다 같이 대책을 논의하라고 분부하시더라"는 보고.

이 문제에 대하여 각 장관의 의견이 있는 바 내용은 대동소이로서 요약하면 다음과 같음.

(1) 재무장관, 산은총재의 진퇴는 대통령 각하께서 정하실 것임에 논의치 않을 것.

(2) 당의 확고한 방침을 세우고 강력히 실천하여 갈 것을 자유당에 요구할 것. 이를 위하여 추경예산을 무조건 즉시 통과시킬 것을 아울러 요구할 것.

(3) 자유당의 이러한 실정을 대통령께 보고할 것.

이상과 같은 논의 끝에 외무, 내무, 법무, 국방의 4장관의 대표가 이 의장님을 뵈옵고 진언하기로 하고 일단 논의를 보류함.

14. 재선거 일자 변경 의결 (법제 제의)

제71회 국무회의 의결사항 '민의원의원 재선거실시에 관한 건' 중 선거일자 9월 21일을 9월 19일로 한다.

제73회 국무회의

일시 : 1958년 8월 14일(목)

장소 : 중앙청 회의실

1. 추가 예산심의의 진행 상황에 관하여

김현철 재무 "자유당에서도 일부에서 산은총재와 재무부장관의 사임을 권고하고 있는 형편이
　　　　니 문제의 해결이 용이하지는 않을 것이며 결국은 자유당 원내인 중에서 정부에 입각
　　　　하여야 한다는 것이 그들의 생각이라고 본다"고 견해를 보고.

오재경 공보 "의장님과 대통령 각하께 보고. 이 불행한 사태를 조속 해결해야지 그렇지 않으
　　　　면 2년 후의 선거를 어떻게 할 것인가가 막연하다" 실정을 개탄.

김현철 재무 "예산은 재무부가 제출하였어도 정부에서 하는 일이다. 각 부 장관의 협력이 전
　　　　연 없음은 대단 섭섭하다"고 원망의 기색.

홍진기 법무 "의제를 정리하는 것이 좋겠다." 즉,

　　　　(1) 추가예산이 통과 안 되었을 시의 대책

　　　　(2) 자유당 일부 간부의 국무위원들에 대한 태도에 대한 처치

　이상의 문제를 논의함에 전제로 되어야 할 것은 '어떻게 하면 정부와 자유당을 강하게 하
느냐?' 하는 것이어야 할 것이며, 대통령 각하의 의도도 역시 같은 것으로 생각된다는 제의에
의견을 첨부.

　이상 논의 후 외무부장관의 제의로써 다음과 같이 의결함.

　"외무부장관과 내무부장관이 이 의장님을 뵈옵고 다음과 같은 문제를 해결하기 위하여 자
유당 간부 대 국무위원 간의 회합을 가질 것을 의논하기로 한다.

　(1) 자유당 간부의 국무위원 사임 권고 내지 요구에 관한 문제

(2) '재무가 민주당과 통한다' 운운의 훼방에 관한 문제

(3) 당내 국회의원의 국무위원 취임 여부

(4) 자유당 내부의 불통일이 추가예산 통과지연의 원인이니 이를 시정하는 방책

(5) 구 총재의 책임추궁은 가혹하니 재고할 것

(6) 추경예산 통과에 있어서 야당에 패배하면 앞으로 자유당에 중대한 영향이 미칠 것이니 이를 기어코 통과시키는 방책."

2. 비료 구입방법에 관하여

송인상 부흥 "어제 합동경제위원회에서 농림부와 자유당의 의견에 따라 전량 관수를 주장하였으니 미측은 50대 50을 강력히 주장하므로 근래에 없는 격론을 하였으며 그 결과로 도입 지연될 것이 예상된다"는 보고.

3. 명예 군계급 수여에 관하여

김정렬 국방 "신문에는 결정된 것 같이 오보되었으나, 아직 결정된 것이 없으며 대통령 각하께서 의논하여서 하라고 말씀하셨으니 의견이 있으면 말씀하여 주기 바란다. 광복군 관계도 있는데 미군에서 활약한 이에 한할 것인가? 하는 의견이 일부에 있다"고 보고 겸 제의.

김현철 재무 "임 대사는 이유가 충분하고 고려할 수 있을지 몰라도 정운수(鄭雲樹)[260]씨가 대통령을 모시고 일한 일이 있는 외에는 별로 깊은 관계가 있다는 말을 못 들었으니 십분 신중히 생각해서 하여야 할 것으로 본다"고 참고로 의견을 진술.

이상 논의 끝에 다음과 같이 결론함.

"신중을 기하여야 할 문제로서 앞으로 더 연구하여 실시하기로 하고 오는 8·15에 실시하려는 계획은 일단 중지할 것을 각하께 진언하기로 함."

---

260) 정운수(1903~1986)는 연희전문학교 졸업, 1937년 프린스턴대학 신학과에서 석사학위를 받았다. 1942년 이승만의 보좌관에 임명되어 구미위원부 주보의 편집과 발송을 담당했다. 1943년 미 공군사관학교에서 훈련을 받고, 1944년 소위 임관 후 중국·버마에서 일본군과 전투했으며 1945년 충청 임시정부 요인들과 광복군 참전문제를 협의했다. 1945년 광복군 장교들과 여의도 비행장에 도착했으나 일본군의 위협으로 시안(西安)으로 되돌아갔다.

제74회 국무회의

일시 : 1958년 8월 19일(화)
장소 : 중앙청 회의실

1. 자유당과의 절충에 관하여

김현철 재무 "국무위원 사임설에 대하여 자유당 측과 절충이 필요하다고 생각한다. 이러한 상태로서는 정부가 일을 못하게 되겠다. 그리고 놀라운 일은 전일에 자유당에서 각 기관의 예산요구서(재무부에 제출한 것의 사본)를 제출하여 달라는 요청이 있으나 이것은 행정 내부의 문제이므로 보내지 않기로 한 것인데 몇 개 부에서는 이것을 보내었다는 것을 알았다"고 정부 내부 자체의 보조 불통일에 대하여 통탄.

오재경 공보 "국무원 개편문제는 당으로서 좀 더 신중히 검토하여 총재를 통하여 행정부에서 처리되어야 할 것임에 불구하고 일부 간부가 대외적으로 이를 운운함은 타당치 않으니 그러한 자유당 간부의 자중을 촉구하여야 할 것이라" 정부의 자정성(自定性)을 강조.

김정렬 국방 "절충할 의제를 정하여 진행하는 것이 좋겠다"고 의사진행에 관한 발언이 있었으나 의사는 여전히 질서 없는 발언으로 계속됨.

조정환 외무 "재무부장관에 대한 문제는 우선 자유당과 협의를 하고 기타 근본문제는 차회 국무회의에서 숙의한 후에 자유당과 의논하기로 하자"는 제의에 대하여.

강명옥 법제 "타 간부하고 의논하여도 소용이 없으니 의장님과 대통령 각하께 말씀드려서 재단을 내리시게 하는 것이 첩경이라"고 그 방법을 제의.

　논의진행 도중 국회로부터 예산이 본회의에 상정되니 국무위원 전원 참석하여 달라는 요청이 있어서 앞의 외무부장관 제안을 채택하여 전에 대표로 정하여진 네 장관이 자유당과 절충을 하기로 하고 산회함(10시 10분)

제75회 국무회의

일시 : 1958년 8월 22일(금)
장소 : 중앙청

1. 야당의 동향에 관하여

내무(차) "박순천(朴順天)[261] 의원의 의장 출석 요구의 동의가[262] 있은 외에는 별다른 동향은 없다"고 보고.

김현철 재무 "이 의장님께서는 국회 형편이 정 곤란하면 무리해서라도 나가실 의향이신 것으로 알고 있다"고 보고.

내무(차) "느닷없이 출석하게 되면 곤란치 않느냐는 의견이 있다"고 첨보.

김현철 재무 "추경예산안을 9월 30일 이내에 통과는 시킨다는 것은 야당 측에서도 생각하고 있다고 들었다"고 보고.

---

261) 박순천(1898~1983)은 부산진일신여학교를 졸업하고 마산의신여학교 교사로 재직하다가 3.1운동에 참여하여 마산감옥에 수감되었다. 1926년 니혼여자대학 사회학부를 졸업하고 농촌계몽운동에 전념했고, 1937년에는 황신덕(黃信德)과 경성가정여숙(京城家庭女塾)을 세워 부교장으로 취임했다. 해방 후 건국부녀동맹을 조직하여 신탁통치 반대운동을 전개했으며, 1947년 독립촉성애국부인회 부회장으로 활동하였고, 1948년『부인신문(婦人新聞)』을 창간, 사장으로 5년 동안 활약하였다. 대한민국 수립 후 감찰위원, 대한여자청년단 단장, 대한부인회 총본부 회장, 1950년 대한부인회 소속으로 제2대 민의원 선거에서 당선되었다. 1956년에는 민주당 최고위원으로 선출, 1958년 민의원 선거에서 당선됐다.

262) 박순천 의원은 1958년 8월 22일 국회 본회의에서 이기붕 의장이 6월 5일 개원식 이후 3개월 동안 국회의 동의 없이 불출석하는 이유를 밝히라고 하였으며, "민주당은 처음 이기붕씨에게 의심이 있었기 때문에 투표할 것을 거절"하였고, "일단 의장이 되었으면 국회 내의 모든 사태에 책임을 가지고 처결토록 해야 할 것이다"라고 강조했다. "이의장 불출석은 괘씸, 박순천 의원 국회서 비난." 『경향신문』 (1958/08/22)

2. 임시외환 특별세법의 공포에 관하여 (별지)

강명옥 법제 "정부안이 수정된 것이 허다하나 예산과의 관련도 있으니 공포하기를 제의한다" 는 제안 설명.

송인상 부흥 "마약이나 화약은 아무나 줄 수는 없고 원면도 실수요자에게 주어야 할 것인데 무역법과의 관계가 제5조에 저촉되지 않는 것인지, 또 CEB의 회의 서명이 제5조 '원 조에 관한 외국과의 협정'으로 볼 수 있는 것인지 이 점에 대한 해석을 분명히 하고 넘 어가야 하겠다"고 질문.

강명옥 법제, 홍진기 법무 "화약, 마약, 원면 등이 무역법의 대상으로 본법 제5조 단서 중의 '법 률에 저촉'에 해당되느냐 여부는 구체적으로 연구한 후에 대답하겠고, CEB의 합의 서 명이 본법 제5조 단서 중의 '원조에 관한 외국과의 협정'에 해당되느냐 여부는 '마이 어 협정'[263]을 연구하여 보아야 알겠다"고 답변.

외무(차) "마이어 협정 그 자체가 비준 공포된 것이 아니라"는 참고 의견.

강명옥 법제 "근래 국회에서까지 논의된 비료에 관하여는 국가가 예산으로 구입하는 것이 아 닌 이상 과세의 대상이 되는 것은 재론할 여지가 없다"고 과세한다는 것을 재확인함.

본안은 정부에서 제출할 당시에도 부흥부와 완전 합의를 보지 못하였던 것을 국회에서 다 시 수정하여 부흥부로서는 앞으로의 처리에 다대한 지장이 있을 것을 예상하고 여러 가지 의견이 있었으나 이미 국회를 통과하였으며 추경예산 삽입과 불가분의 관계가 있다는 점에 서 일단 공포할 수밖에 없다는 결론에 도달하여 다음과 같이 의결함.

"표기법률은 국회에서 의결되어 이송하여온 대로 공포하기로 한다."

3. 안 의사 동상 건립 장소에 관하여

문교(차) "왜성대 서울방송국 옆에 내정하였던 기지에 대하여는 숭의학교(전에 국유지이던 것이 상기 학교에 불하되어 그 기지의 일부로 되어 있으나 아직 사용되지 않고 있음)

---

263) 1952년 5월 24일 부산에서 한국 대표 백두진 재무부장관과 미국 대통령특사 마이어(Clarence E. Meyer) 간에 체결된 협정(Meyer Agreement)이다. 정식명칭은 '대한민국과 통일사령부간의 경제조정에 관한 협 정'이다. 제1공화국 시기 미국과 체결한 15개의 경제협정 중 하나이며, 오랜 기간 연체된 한국은행대출 금 1억 달러를 즉시 상환하고 추후 대출금을 갚는다는 주요 내용이 포함되었다. 제1조에 따라 CEB설치 를 통해 미국이 한국의 거시경제정책을 통제할 수 있었다. "미 특사와 온천서 알몸 협상, 9000만 달러 받 아내." 『중앙일보』(2017/01/29)

측의 반대로 추진이 안 되어 동 건립위원회 측에서는 다시 서울 역전광장에 건립하겠다는 것을 주장하기 시작하고 있다"고 보고.

신두영 국무원 사무국장 "이 문제는 국무회의에서 논의하는 것이 타당치 않으니 이 이상 여기서 논의하지 말고 관계부 간에 합의하여서 처리케 하였으면 좋겠다"고 의견.

오재경 공보 "남산 일대의 기 처분 임야를 국유화하려는 차제에 숭의학교가 사용도 않고 있는 것이면 이러한 사업을 위하여 제공 또는 양보케 하는 것이 타당할 것이라"고 기존 방침의 추진을 주장.

(별 다른 결론이 없음)

4. 수습행정원 정규직원 편입에 관하여

신두영 국무원 사무국장 "120명을 모집하여야 할 것을 정원이 나오지 않아 30명밖에 모집 못하게 되었음으로 앞으로 각 방면에서 논란될 것을 예상하는 바 그 간 누차에 걸친 당 사무국의 요청에도 불구하고 각 부에서는 4급 공무원 임용에 있어서 수습행정원을 등용치 않고 특채 승서를 하여 왔으나 이제는 그러한 일이 없도록 결정하여 주기를 바란다"는 제의.
전원 이의 없이 시정하기로 의결함.

5. 1958년도 국고채무 부담행위에 관하여 (별지)

김현철 재무 "수해대책비로 다음과 같이 재정법 제18조 제2항에 의한 채무부담 행위를 하고자 한다"는 제의(긴급, 구두)
금액 8억 환
내역 내무부 소관 2억 환
　　　문교부 소관 1억 환
　　　농림부 소관 3억 5천만 환
　　　보사부 소관 1억 5천만 환
　　　계　　　　　8억 환
전원 이의 없이 가결함.

6. ICA 자금에 의한 비료도입에 있어서의 관·민수 비율에 관하여

송인상 부흥 "농림부의 전량 관수 주장에 대하여 최대한 양보로 50대 50을 주장하던 OEC 측이 다시 70(관)대 30(민)까지 양보하여 왔으나 이 이상은 더 가망이 없을 것으로 보이며 이로 인하여 발주 절차가 지연되어 적기 도입이 곤란하게 되고 있다"는 보고.

7. 외국신문 보도에 관한 정보

송인상 부흥 "'스트리트 듀너', 약 20만 부가 발행되는 소신문)의 논평에 한국을 극단히 비난한 것에 대하여 최근 미국에 돌아간 '라이스 박사'가 이를 통렬히 논박하였다는 정보를 들었다. 그 내용의 자세한 것은 대통령 각하께 보고하려고 한다"는 보고.

오재경 공보 "일본에 있다 간 자들은 일인의 수단에 넘어가서 한국을 악평하는 것이 상례이다. 일본에는 외국기자의 편의를 위한 시설이 좋은데 한국에는 그것이 없으니 반도호텔과 같은 고가의 숙소로서는 그들의 호감을 살 도리가 없어서 '기자클럽'을 만들 계획을 하고 있으나 돈이 문제다. 서울신문도 이를 확장하려면 매월 1,200만 환의 적자가 난다. 지방에 가면 간부급 공무원도 서울신문을 못보고 있는 이가 허다하다"고 보고.

문교(차) "돈을 안 쓰고도 하는 방법이 있다. 각 부에서 매주 2건씩만 '탑 뉴스'를 서울신문에만 주도록 하면 상당한 성과가 있을 것이라"고 의견.

(국회로부터 국무위원 출석 요청이 있어서 10시부터 국회 본회의에 출석하기로 하고 폐회함)

제76회 국무회의

일시 : 1958년 8월 26일(화)
장소 : 경무대(전반), 중앙청(후반)

1. 국제정세와 그 대책에 관하여[264]

이승만 대통령 "중공군이 자유중국을 침략하기 시작하였다고 보고되었는데 그간의 정세가 어떤가?" 하시는 하문에,

조정환 외무 "그간 미국정부의 유화정책에 대하여는 당지(當地) 미국 군인까지 사적으로는 불만을 말하는 일이 있었으나 이번에는 상당히 강경한 태도를 보이고 있다"고 보고.

이승만 대통령 "멀지 않아 공산당이 우리를 침해하리라는 것을 알고 있으면서도 그대로 앉아 있을 수는 없으니 하등의 조치가 필요하다고 생각한다"고 말씀.

김정렬 국방 "우리는 신무기 장비가 완료되고 작전명령도 완전히 되고 있으므로 하등의 염려할 것이 없다고 생각한다"는 소견을 품신.

이승만 대통령 "세계 전부가 반대를 하더라도 우리는 통일하기 위하여 우리 힘으로 싸워야 한다. 우리 손으로 우리나라를 통일하여야 세계 각국이 우리를 높게 평가하여 준다. 지

---

264) 6 · 25전쟁 이후 냉전체제가 심화되는 가운데 제3세계의 등장이라는 국제정세의 변동은 한국정부에게도 민감하게 다가오는 상황이었다. 미국과 대만(중화민국) 간에는 공동방어조약이라는 안보기제가 있었지만 미국의 태도가 애매했기에 중화인민공화국은 제한적 군사행동으로 미국의 의도를 파악하고자 했다. 1958년 중화인민공화국의 군사행동 가능성에 따라 미국 국무장관 덜레스(John F. Dulles)는 8월 22일 "금문과 마조는 지난 4년 동안 대만과의 관계가 더욱 긴밀하게 되어 이에 대한 공격을 제한적인 무력 사용으로 생각한다면 매우 위험한 일이다"라고 베이징에 경고했다. 하지만 중공군은 경고를 무시하고 나음날 금문(金門)을 향해 집중 포격하여 제2차 대만해협 위기가 시작되었다. 포격 발생 후 미국은 중화인민공화국과의 직접 충돌을 피하려는 모습을 보였다. 그러나 8월 24일부터 미국은 하와이, 일본, 필리핀, 지중해 지역 등에서 항공모함 6척, 군함 130척, 전투기 500대 등을 대만해협에 진입시켰다.

금부터는 다만 기회를 보고 있는데 지금이 적당한 시기인가 아닌가를 잘 생각하여야 할 것이다. 미국 같은 어리석은 짓은 우리가 하여서는 안된다"고 훈시.

김정렬 국방 "'마조265)'와 '퀘모이266)'는 대만의 선전에 쓰여지고 있는 것으로 일시 미국의 작전계획에서 제외되었던 곳이며 그 도서에 포탄이 날아오는 것은 연중 있는 일인데 이것이 계속되는가 하는 것이 문제이니 수일 두고 보는 것이 옳을 것이라"는 의견.

이승만 대통령 "월남과 대만과 우리가 동시에 나가야 강한 힘을 발휘할 수 있을 것이라고 생각한다. 아직 구체적 안을 가지고 하는 말은 아니니 연구하여서 보고하도록 하라"고 분부.

조정환 외무 "국방과 협의하여 보고하겠다"고.

2. 휴전감시위원회에 관하여

이승만 대통령 "오늘 개최한다는 회의의 의제는 무엇이냐?"의 하문.

조정환 외무 "구호물자 장학금 등을 남한에 보내겠다는 것을 제의하지 않는가 추측되는 바 이 역시 선전술로서 나오는 것이 분명하다"고 보고.

3. 국회의 동태에 관하여

이승만 대통령 "예산은 어떻게 되었는가?"의 하문.

김현철 재무

"(1) 예산은 통과되었으나

(2) 야당은 그간 2년 후의 선거를 위하여 갖은 선전을 다하였으나 국회 내 발언은 책임 추궁을 할 수 없다고 하여 도리가 없었으며

---

265) 마조도(Mazu, 馬祖島) 난간탕섬(南竿塘島)이라고도 한다. 중국 남동부 복주(福州) 근처의 본토에서 약 8 km 떨어진(대만 해협. 북서부의 수역) 작은 섬. 바위로 된 불모의 섬으로, 온 섬이 요새로 되어 있다. 대만 군대가 중공군과 맞서서 버티고 있는 최전선이며, 금문도와 함께 군사상의 요지이다. 지정학적으로 금문도와 함께 대륙에 인접해 있으면서 대만(중화민국)의 관할권 아래 있어 두 섬이 모두 핵심적 군사기지가 되어왔다.

266) 금문도(Quemoy, 金門島). 다진먼섬(大金門島), 우저우섬(吾洲島)이라고도 한다. 금문도와 마조도의 첫 글자를 딴 영화제 금마장(金馬獎)이 1962년부터 개최되었는데 중화민국의 반공의지가 담긴 문화행사로 시작됐다.

(3) 여당 간부의 일부는 국회 체면 운운하여 협상을 한다고 하다가 실패만 거듭하였으나 요즘은 강경한 태도로 전환하였으며

(4) 일반적 정세로서 야당은 국회에 79석을 차지하였다고 하여 상당히 강력히 나오고 있으며 정권이 자기 손에 들어온 것 같이 생각하고 있는 태도로서 의사당 내에서 주전자를 던지는 등 행패가 허다하나 피해자가 같은 야당이므로 고소를 않고 있어서 처리할 길이 없었을 뿐만 아니라 예산 통과를 위하여 문제를 일으키지 않았다."

이상과 같은 보고에

홍진기 법무 "국회 내 언론은 자유이나 기타 불법행위는 처벌할 수 있다"고 첨보.

이승만 대통령

"(1) 적극적으로 나가서 자유당을 끌고 나가야 한다.

(2) 언론자유가 헌법에 보장된 것은 국가가 잘되기 위한 것인데 만일 싸움을 붙이고 단결을 해치고 파업이나 태업을 하는 공산당과 같은 술책으로 국가를 해치는 일이 있으면 이를 단속하고 헌법이 잘못되었으면 레퍼랜덤[267]에 의하여서라도 이것을 고쳐서 그런 일을 막아야 한다.

(3) 국회 내에서 행패를 한 자는 잡아서 넣도록 하라. 야당끼리 운운 하나 여야의 문제가 아니다.

(4) 민주당이 정권을 잡으면 무슨 짓을 할지 지금의 형편으로서는 알 수가 없다. 친일, 친공을 경계하여야 할 차제에 지금까지 우리가 하여온 일을 그들 손에 넘겨줄 수 없으니 적극적으로 나서서 조직을 하여 불법이 안 되도록 법을 만들기도 하여 우리가 하던 일을 허사로 만들지 않도록 하여야겠다"고 간곡하신 분부.

구용서 상공 "금일 재무부장관의 불신임안이 상정될 것이며 그간 무수한 고초를 겪었다"고 보고.

이승만 대통령 "범상한 시기에는 비상한 각오가 필요하다. 어려운 일을 할 작정을 하고 나가야 한다. 그간 국방위원이 잘하여 왔으나 대 자유당 관계가 좀 소홀하였다고 생각된다"고 주의의 말씀.

오재경 공보 "이런 시기에 백, 천의 말보다 각하가 생각하고 계시는 것을 국민에게 알리는 것

---

267) 국민투표(referendum)를 뜻함. 특정 사항에 대해 국민이 직접 투표에 참여함으로써 국민의사를 결정하는 직접민주제도의 한 형태이다. 대한민국 헌법상으로는 국민투표에 의해 대통령과 국회의원을 선출하고 (헌법 제41조, 제67조), 헌법개정안에 대해 국민투표에 붙여서 확정하도록 하고 있으며(제130조 2항), 대통령은 필요하다고 인정할 때에는 외교·국방·통일 기타 국가안위에 관한 중요정책을 국민투표에 붙일 수 있다(제72조).

이 가장 효과적이라는 것은 지난 날 진해에서 기자를 접견하신 결과에도 나타나 있는 실정이니 작년 12월 이래 못해주신 신문기자회견을 하여 주시기를 바란다"고 진언.

이승만 대통령 "대단히 고맙다. 좋은 생각이다. 다만 오늘 말한 것은 외설하지 말아야 하며 앞으로 계획을 세워서 실시하여 갈 때 말할 것이 있으면 하여야 한다"고 말씀하시며, 다시 "우리의 통일은 우리 손으로 하여야 한다"를 재강조하심.

※ 중앙청 회의

1. 교육세법 공포의 건 (법제)

공포하기로 함.

2. 괴뢰중앙통신 수신상황 보고 (공보)

내용(생략)

3. 국방정책 연구에 관하여

외무, 내무, 재무, 국방, 부흥장관을 위원으로 선정하여 대통령 각하 자문에 대한 답신안을 성안케 한다.

제78회 국무회의(임시)

일시 : 1958년 9월 1일(월)
장소 : 중앙청 회의실

1. 조선호텔 화재에 관하여

문봉제 교통 "OEC에서 8군에 반환하여 8군에서 수리 중 실화로 4층이 피해를 입은 바 본 재산은 국방부에 의하여 징발되어 8군에서 사용하고 있는 관계로 피해보상에 대한 성문의 약정은 없으나 8군에서 수리할 것으로 생각되며 또 그들은 이 재산을 당분간 계속 사용할 의도로 있는 것으로 추측된다"고 보고.

2. 공무원 기강숙정에 관하여

조정환 외무 "처우개선에 수반하여 공무원의 기강을 숙정하여야 할 것이며 자유당 정책위의 요청도 있으니 그 방도를 연구하기를 제의한다"고 긴급 제안.

김현철 재무 "사정위원회 존폐문제도 결정짓자"고 제안.

오재경 공보 "공무원의 비위(非違)를 예방하기 위한 것으로서는 좋으나 공무원의 비위를 불공평하게 취급하고 이를 공표하는 등으로 정부 위신만을 실추케 한 과거의 예로 보아 2년 후 선거를 앞둔 차제에 신중 고려할 문제라고 생각한다"고 전 감찰위원회의 폐단을 설명.

이상 논의 끝에 다음과 같이 의결함.

"내무, 법무, 국방, 문교, 법제, 국사의 6인으로 소위원회를 만들어서 적절한 방책을 성안 제출케 한다."

"사정위원회 존폐에 관하여는 재무부장관이 소요 예산문제와 아울러 대통령 각하께 여쭈어보고 처리하기로 한다."

3. 개헌에 관하여

조정환 외무 "자유당에서 제의한 개헌에 관한 것을 연구하기 위하여 소위원회를 조직할 것을 제의한다"고 제안.

다음과 같이 의결함.

"헌법개정에 관한 연구를 위하여 외무, 내무, 법무, 재무, 법제의 5인으로 소위원회를 조직하고 외무부장관을 소집책임자로 한다."

4. 차관회의 활용에 관하여

최재유 문교 "국무위원이 주요 정책에 전념할 시간을 얻기 위하여 국무회의 안건 중 특수한 것을 제외하고는 이를 차관회의에 회부 검토케 한 후 그 의견을 들어서 국무회의에서는 단시간에 처리하도록 하기를 제의한다"고 제안.

오재경 공보 "차관회의에 공보실, 법제실, 국무원 사무국이 참가치 못하니 이를 시정해야 한다"고 의견.

이상 논의 끝에 다음과 같이 의결함.

"국무회의 의안 중 중요 정책이나 또는 특히 기밀유지 또는 긴급처리를 요하는 것 이외는 이를 일단 차관회의에 회부하여 검토케 한 후 그 의견을 들어서 처리한다.

법제실 제1국장, 공보실 공보국장, 국무원 사무국 이사관을 차관회의에 참석하여 발언할 수 있게 한다."

5. 지사회의 개최에 관하여

김일환 내무 "오는 9월 16, 17일 경 지사회의를 개최하려고 하며 중앙과 지방의 긴밀한 연락을 위하여 노력하겠다"고 소신을 피력히여 만장의 찬양.

6. 다음 안건을 처리함

(1) 관세법 제125조의 2항 시행에 관한 건(법제)　　　(원안 통과)

(2) 한국조폐공사 1957년도 수입지출 결산보고서와 재무제표 제출에 관한 건(재무)

　　　　　　　　　　　　　　　　　　　　　(원안 통과)

(3) 수산업 장려보조금 교부규칙 중 개정의 건(법제)　　(원안 통과)

(4) 중앙관서 표식 제정의 건(국사)　　　　　　　　(수정 통과)

(5) 귀속재산 공유화에 관한 건(국사) (전남여중 관계)　(원안 통과)

(6) 국민생명보험 및 우편연금적립금 운용령 중 개정의 건(법제)

　　　　　　　　　　　　　　　　　　　　　(원안 통과)

(7) 예술 기타 문화단체에 대한 보조금 교부규정안(법제)(원안 통과)

(8) 해군예비원령안(법제)　　　　　　　　　　　　(원안 통과)

(9) 원자력원 직제안(법제)　　　　　　　　　　　　(수정 통과)

(10) 원자력원 자문위원회 규정안(법제)　　　　　　(원안 통과)

(11) 원자력원 소속공무원 연구수당 및 위험수당급여 규정안(법제)

　　　　　　　　　　　　　　　　　　　　　(원안 통과)

(12) 공무원보수규정 및 전시수당 급여규정 중 개정의 건안(법제)

　　　　　　　　　　　　　　　　　　　　　(수정 통과)

(13) 공무원임용령 중 개정의 건(법제)　　　　　　　(수정 통과)

(14) 외국인 입국출국과 등록에 관한 법률 중 개정법률안(법제)

　　　　　　　　　　　　　　　　　　　　　(원안 통과)

(15) 산림부흥을 위한 연료대책에 관한 건(부흥)　　　(원안 통과)

(16) 1957년도 예비비지출 총조서(재무)　　　　　　(원안 통과)

(17) 외무부직제 중 개정의 건(법제)　　　　　　　　(원안 통과)

(18) 대한민국 재외공관 직제안(법제)　　　　　　　(수정 통과)

(19) 경찰관복제 중 개정의 건(법제)　　　　　　　　(원안 통과)

(20) 대한석탄공사 제8영업연도 1958년도 사업계획 및 수지예산승인의 건(상공)

　　　　　　　　　　　　　　　　　　　　　(원안 통과)

제79회 국무회의

일시 : 1958년 9월 2일(화)
장소 : 경무대(전반), 중앙청(후반)

1. 대만문제에 관하여

조정환 외무 "중국대사가 한국의 강경한 태도에 대하여 감사하다는 말을 전하여 왔으며 소련은 중공에 대한 공격은 소련에 대한 공격이라고 말하고 있는 등 다분히 신경전의 성격을 가진 것으로 보인다"는 의견을 보고.

김정렬 국방 "7월 23일을 최고로 그 후 점차 완화되어 지금은 공격이 상당히 줄어들었으나 공군력이 중공이 우세한 것이 관심사"라는 보고를 첨가.

이승만 대통령 "공산당은 그 같은 방법으로 자유진영을 시험하고 있다는 것을 알아야 한다"는 주의의 말씀.

2. 뇌염에 관하여

손창환 보사 "전국 발생 수 3,384명 중 사망 727명이며 일기에 따라서 점감하고 있으며 필요한 약품에는 부족이 없다"고 보고.

3. 미국의 대한(對韓) 원조정책에 관하여

송인상 부흥 "어제 미국대사의 요청으로 양국 관계자(한국측 국방, 상공, 농림, 부흥장관과 재무차관 및 재무부 직원, 미국측 다우링 대사, 데커 장군, 원 조정관)가 회합한 석상에서 워싱턴에서 전보가 온 것이 있어서 그에 대한 회답이 필요하니 피차 의논하자고 하며 다음과 같은 점을 지적하고 한국 경제정책의 방향을 알고자 한다고 하였다.

    (1) 공무원 처우개선과 산업개발을 병행하려면 인플레이션을 초래할 우려가 없는가?

    (2) 정부관리기업체 운영에 불합리한 점이 있다고 보는 바 어떠한지.

    (3) 자원(인력 포함) 활용이 부족하다고 보는 바 어떠한지.

다시 그들은 한국의 정계나 행정이 부패하였다는 것과 앞으로 이 이상의 경제 원조를 할 수 없을 것이라는 것을 말하여 둔다고 말하고 이에 보충하여 데커 장군으로부터

    (1) 군인 봉급인상은 균일하게 하지 말고 중점적으로 할 것.

    (2) 미군용 물자와 MPC[268]의 시중 유출을 방지할 것 등을 요구하고

원 조정관은

    (1) 공무원 봉급의 일부만을 우선 인상하는 건전한 방책을 취할 것.

    (2) 은폐 보조를 결과하는 시책을 하지 말 것.

    (3) 반납하여야 할 원조를 속히 청산할 것

등을 보충 제의함에 대하여

한국측(송 부흥)에서는 다음과 같이 대답하고 세목(細目)에 대한 답변을 보류한 바, 내일 다시 회합하여 구체적으로 설명하여 줄 자료의 준비를 완료하였다.

    (1) 인플레이션은 미국의 협조만 있으면 막을 수 있으며

    (2) 정부재산(관리기업) 관리에 대하여 현재 필요한 시책을 진행 중이며

    (3) 비료에도 세금을 부과하므로 은폐 보조는 안되고 있고

    (4) 정치부패 운운은 정부에서 이를 시정하기 위하여 적극적으로 적발 처단하는 것이 표면에 나타나서 보일 뿐 증가한 것이 아니며

    (5) 미곡의 대일 밀수 운운은 이해하기 어려우니 실증의 제시를 바라며

    (6) MPC 문제는 Green Back[269]을 쓰면 폐단을 시정할 수 있을 것

등등을 당시 답변하여 준 바 있다"는 보고에 국방이 보충 설명.

이승만 대통령 "전보는 어디서 온 것인가(누가 보내었나?) 알아보도록 하라. 외무부에서 대사에게 서면을 보내서 알아보라. 그들의 부패상은 말하기조차 거북할 정도인데 우리 보고 부패 운운 하고 있다. 한국경제를 이 같이 만든 원인은 그들이 차용한 환화를 장기

---

268) Military Payment Certificate. 미군 군표(軍票) 혹은 미군 화폐.
269) 미국 본토 지폐를 의미. 뒷면의 많은 부분이 녹색으로 되어 있기 때문에 붙여진 이름.

간 반제하지 않았던 까닭이다. 이러한 사실을 조사하여 신문에 발표하고 그들 보고 다 가 버리라고 하라"고 대노하시고 부흥이 다시 설명을 하려는 것을 막으시며, "당신들은 다 신사들이다. 그들 보고 국가의 권한에 넘는 것을 친구로 알고 부탁하니 잘 보아 달라고 말하여만 두라. 남은 것은 내가 하겠다"고 분부.

4. 상환곡 수납상황에 관하여

정재설 농림 "8월말 현재 45만 7천석 완료(목표 45만 8천석)하였다"고 보고.

5. 미곡수출에 관하여[270]

정재설 농림 "평년작 이상이면 20만 톤 140만 석 수출이 가능하며 일본에 수출하면 톤당 165 불 내외로 처분될 것으로 보고 있으나 물물교환 조건으로 나오지 않을까 염려"라는 보고.

이승만 대통령 "물물교환이면 거부하라"는 지시.

구용서 상공 "현금 청산을 일본이 응하지 않을 듯하다"고 보고.

김정렬 국방 "한인 상인이 개재하여 가격이 불리하게 된 예가 있다"고 주의 환기.

정재설 농림 "필리핀에도 알아보고 있다"고 보고.

이승만 대통령 "민간 상인이 일본과 교섭을 못하게 하여야 한다"고 분부.

송인상 부흥 "민간인이 자본은 내더라도 교섭은 정부에서 해야 할 것이라"고 그 방책을 설명.

6. 특별지시사항

(1) 해안경비에 쾌속정을 준비하라.

(2) 일본 물건의 가격이 우리나라서 파는 물건의 배나 된다니 시정하도록 하라.

---

270) 정부는 공정환율 500대 1을 고수하며, 물가에 가장 큰 영향을 미치는 쌀값 안정에 행정력을 집중했다. 양곡관리행정의 책임을 물어 1950년부터 1955년까지 11명의 장관을 경질했으나, 보릿고개와 추수기의 쌀 값 격차는 50%가 넘었다. 1955년부터 PL480원조 식량의 도입으로 풍년이 든 해에는 쌀값이 폭락했다. 이 러한 문제를 해소하고, 달러를 확보하기 위해 쌀수출이 시도되기도 했다.

※ 중앙청 회의

1. 예비비 지출에 관하여

다음 경비를 예비비에서 지출하기로 한다.

    (1) 보건사업비 10,296,300환 재무부 소관 예비비 중에서 지출

    (2) 영화제작비 79,551,800환 경제부흥특별회계 예비비 중에서

2. 1959년도 예산 편성방침 결정의 건 (재무)

별지 안(案)에 대한 각부 장관의 의견(주로 각 소관 사업에 치중한다는 것을 참가할 것을 요구)에 대하여 재정적으로 불가능한 것을 나열만 하는 것은 도리어 곤란하다는 재무부의 의견이었으므로 차회에 다시 논의키로 하고 중단하였음.

제80회 국무회의

일시 : 1958년 9월 5일(금)
장소 : 중앙청

1. 서울시의원 검거에 관하여

김일환 내무 "내무부 간부와 시경 간부 이동과 때를 같이 하여 발생한 문제로서 결과적으로 유감된 점이 없지 않으며 앞으로는 좀 더 과학적인 연구가 필요하다고 본다. 시정구락부(市政俱樂部)[271]에 대한 협조나 지도가 부족하였던 것도 사실이라"고 보고.

오재경 공보 "물론 이러한 문제가 시장의 책임 하에서 행하여졌으리라고 생각도 되지만 과거의 예로 보아 치안국의 강력한 지휘 하에서 행하여지는 수가 많았다. 경찰이 선거를 한다고 하는 구습을 완전히 버려버렸다고 하는 혁명적 사실이 국민에게 인식되지 않으면 민심을 만회하기는 도저히 불가능할 것이다. 1명의 비(非)야계 의원으로부터 23명의 시정구락부를 만들 수 있었던 것인데 진짜 야당도 아닌 민주당 소속 의원 1, 2명을 더 포섭치 못하고 심지어는 구속한다는 것이 누설됨으로써 이러한 풍파를 야기한 것은 유감으로 생각한다"고 공격.

홍진기 법무 "시장, 특히 부시장의 노력으로 시정구락부원이 23명까지 가고 다시 진행되려는 무렵에 시경 사찰과장의 전임으로 일시 중단되었으며 본 사건 관계 2명의 직원에 대한 영장을 신청한 지가 이미 오래인데 결국은 그 전일에서야 나와서 이러한 사태를 야기한 것이라"고 진상을 설명.

---

271) 시정구락부는 1957년 12월 23일 서울시의회 무소속의원 19명과 2명의 자유당의원들이 모여 발족했다. 민주당 소속 의원들만 제외한 채로 구성된 시정구락부는 간사장에 김진용을 선출하였고, 9명의 정책의원과 총무·재정·의사·선전·섭외·감찰 등 6개 부서에 각 2명의 간사를 선출하였다.

2. 정부시책 주지책에 관하여

강명옥 법제 "지방 출장을 가보니 너무들 모르고 있다. 신문 방송을 통하여 주지를 시키기에
주력해야 한다고 느꼈다"고 지방출장 보고.
공보실장으로부터 서울신문 부수 증가 외 조석간의 필요와 계획을 설명하고 결론은
'비용' 문제가 되어 구체적인 결정은 없음.

3. 인천항 정박시설에 관하여

구용서 상공 "1960년에 500여 명의 관광단을 실은 캐롤라이나호가 서울 근방의 항구에 정박
하고 서울 근처의 관광을 한다는 바 3만 5천 톤의 이 선박이 정박할 수 있는 시설을 하
려면 그 소요경비가 약 1억 5천 만 환으로 추정된다"고 보고.

4. UN대표단 후원에 관하여

부흥, 상공으로부터 UN에 파견된 대표단을 후원하여 외교사절로서의 성과를 거양할 수
있게 하는 후원책이 필요치 않으냐고 제의함에 대하여 전원의 동감으로 다음과 같이 의결함.
"외무, 내무, 재무, 공보로 소위원회를 조직케 함."

5. 1959년도 예산 편성방침에 관하여

재무부안(별지)을 제4항만을 보류하고 수정 통과함.
수정 내용은 별지 중 철필 청서와 같음.

제81회 국무회의

일시 : 1958년 9월 9일(화)
장소 : 경무대(전반), 중앙청(후반)

1. 군사정세에 관하여

김정렬 국방 "그간 일시 공격을 중지하였던 중공은 어제 하오 다시 포격을 개시하였으나 대단
치 않으며 중립지대의 발포사건은 조사 결과 신병의 오발로 인한 사고였음이 판명되
었으며, 판문점회담을 열자고 요청하여온 바 구호물자를 주겠다는 것을 다시 제기하
는 것으로 추측된다"고 보고.

이승만 대통령 "이북에 있는 동포들에게 주고 보고하라고 말하라"고 분부.

2. 수해상황에 관하여

손창환 보사 "서울지구의 이재민 28,815명에 대하여 구호의 모금을 기하고 있으며 지금까지
조사된 자료에 의하면 이재민 71,677명, 사망 36명으로 목하 필요한 대책을 강구하고
그 일부를 실시 중에 있다"고 보고.

이승만 대통령 "정확한 조사를 하기 전에 함부로 발표하고 무근한 것까지 과장 발표되는 수가
많은 바, 신문보도까지도 잘 단속해야 할 것이라"는 주의의 말씀.

김일환 내무 "지방의 보고와 신문이 각각 과장하는 까닭에 그러한 숫자가 나오게 됨으로 앞으
로 십분 주의하여 그러한 일이 없도록 하겠다"고 보고.

오재경 공보 "그러한 숫자는 장관에게 보고되기 전에 외부에 발표되어 버리니 단속이 필요하
다"고 보고.

3. 관광에 관하여

구용서 상공 "영국의 여행사 토머스 쿡 앤 썬(Thomas Cook & Son Ltd)[272]의 관광단이 1960년에 한국을 방문한다고 하며 그 용선(35,000t)이 인천항에 정박하기를 희망하는 바…"
(항만시설 개수를 말씀드리라는 차에 말을 막으시고)

이승만 대통령 "대단 좋은 기회이니 시설을 잘 하여 맞아들이도록 하여야 할 것인 바, 시설문제를 여기서 논의하여도 끝이 없으니 위원회를 만들어서 위임하도록 하라"고 분부.

오재경 공보 "교통부 소속 하에 관광위원회가 있으니 거기에 맡기는 것이 좋겠다"는 의견을 품신.

이승만 대통령 "그렇다면 그 위원회와 상의하여서 하라"는 분부.

4. 나병환자 조치에 관하여

손창환 보사 "각 관계단체와 연락 하에 24,337명의 환자와 915명의 미감염아를 수용 보호하고 있는 바 경비난으로 자가 치료 중에 있는 약 동수의 환자를 수용 못하고 있으며 격리를 위하여 도서를 구하여 보았으나 적당한 곳이 없고 일반 주민이 있는 곳은 이전에 반대함으로 아직 성사치 못하고 있다"고 보고.

이승만 대통령 "섬에 격리하고 차차 수가 줄어들도록 방책을 강구해야 할 것이라"는 지시의 말씀.

5. DLF의 추진상황

송인상 부흥 "11건 신청 중 3건 내락. 그 조건 중 불분명하던 아래 사항에 대하여 확실한 것을 통지하여 왔음으로 곧 계약 체결 단계에 들어갈 것이라"고 보고.

"(1) 차입금은 그 당시의 한국정부의 공정 환율에 의하여 환화로 상환한다.

---

272) 1841년에 영국인 토머스 쿡이 세계 최초의 여행사를 창설한 후 외아들 쿡(John Mason Cook)이 합류하면서 '토머스 쿡 앤 썬'이라는 회사가 만들어졌다. 미국 여행 상품, 세계일주 상품 등을 통해 계속 번창하다가 1928년 프랑스—벨기에 회사인 '국제침대차회사'(Compagnie Internationale des Wagons—Lits)에 인수되었다. 제2차 세계대전 때 독일군이 국제침대차 회사의 파리 본사를 몰수하자 1941년에 영국 철도회사 4개가 공동으로 '토머스 쿡 앤 썬'을 인수했으나 1948년에 철도회사가 국유화되면서 영국 정부의 소유가 되었다.

(2) 전기통신사업 수입은 별도로 하지 않고 통신사업 특별회계 전체의 수지에 편입하는 것으로 한다."

다시 이어서

"대만의 사태가 위급하여지자 중국에 대하여 약 2,000만 불의 대여를 승낙하였다 하므로 우리 측에서도 다우링 대사와 원 씨에게 충주발전소 설치자금 2,600만 불에 대한 것을 조속 승낙하여 줄 것을 요청하고 목하 추진 중에 있다"고 보고.

이승만 대통령 "차용자가 갚지 않을 때에는 어찌 되는가?"의 하문에,

송인상 부흥 "산업은행이 대행기관으로서 담보융자의 형식을 취하므로 형식상으로 정부는 책임이 없으나 추천한 체면이 있으니 체면 깎이지 않도록 하여야 할 것이며 따라서 상환 가망이 없는 것에는 대부 추천을 하지 말아야 할 것이라"고 보고.

이승만 대통령 "제2차대전 당시 유럽 각국이 대여를 받고도 안 갚고 만 예도 있으며 우리도 지금 공산당과 싸우고 있는 터이니 할 말은 있다. 차용조건을 너무 분명히 하여 두지 않는 것이 좋겠다"고 주의의 말씀.

6. 물가에 관하여

송인상 부흥 "추석을 끼고 강우로 미곡 출하가 감소한 것 등으로 물가는 다소 등세를 보이고 있으나 작년에 비하여 7.7%가 낮으며 ICA 책정 3,900만 불 중의 일부를 방매하면 곧 조절할 수가 있으나 좀 더 추세를 보고 있는 길이라"는 보고.

이승만 대통령 "금값은 어떤가?"의 하문.

송인상 부흥 "대만사태의 영향으로 5,400환으로 앙등하였으나 거래는 별로 없다"고 보고.

7. 지사회의에 관하여

김일환 내무 "18일에 지사회의를 각부 장관도 참석, 개최하고 그 후 지사 일동이 각하를 뵈옵도록 하겠다"고 보고.

이승만 대통령 "그 전에 지사를 좀 정리하고 필요하면 군수까지도 잘 배치하여야 할 것이라"고 분부.

8. 선전에 관하여

이승만 대통령 "이 시대에 선전을 모르면 살아갈 수 없을 것이라"고 주의의 말씀.

9. 대도시 민심에 관하여

이승만 대통령 "서울, 부산, 대구는 마치 타국인이 살고 있는 듯한 상태이니 대책이 필요할 것이라"고 경각의 일침.

김일환 내무 "농촌에서는 오열(五列)²⁷³⁾ 색출 체포에 협력을 하여 주고 있다"고 근일 오열 검거에 공을 세운 18세 소년과 제대군인의 미담을 보고.

10. 수해구제에 관하여

이승만 대통령 "국민의 동포애로서 자발적으로 나서서 구제사업을 하도록 지도하라"는 분부.

손창환 보사 "이번 수해구제에 대한 부민(部民)²⁷⁴⁾의 미담이 많으며 신문사의 구제금품 모집에도 응하는 자가 많이 나오고 있다"고 보고.

11. 국민지도에 관하여

이승만 대통령 "군주주의도 그렇지만 민주주의에서는 특히 민위방본(民爲邦本)으로 국민을 좋게 하여 주어야 하지만 그렇다고 국민이 하자는 대로만 따라가면 국가가 서가지 못할 염려도 없지 않으니 국민을 위한다는 것이 국가를 해치게 되는 일이 없도록 정부는 주의해야 할 것이라"는 유시의 말씀.

---

273) 내부에 있으면서도 외부의 적대 세력에 호응하여 활동하고 있는 집단을 의미한다.
274) 고전 용어로서 행정구역의 하나였던 부(部)에 사는 사람들을 두루 일컫는 말이다.

12. 한일회담에 관하여

이승만 대통령 "한일회담은 어떻게 진행되고 있나?"의 하문에,

조정환 외무 "일본 정계가 혼란하였던 관계로 시간을 좀 주었더니 안정된 오늘에 와서도 회피
하고 있는 바, 즉 92명의 공산주의자 북한송환을 않겠다는 서면약속 요구에 응하지
않으며 임 대사는 이 문제를 해결 짓도록 노력 중에 있으나 사법성 기타의 하급 직원
과 사회당계의 맹반대로 기시 수상이 고립하고 있으니 추진이 잘 안 되고 있다"고 보
고.

이승만 대통령 "정부에서는 시세를 알아야 한다. 공산당이나 일본한테 선전에 져서는 안된다.
일인이 환품과 무역에 이익을 보리라는 생각이 없으면 우리 하고 협상하려고 할 리가
없다. 외국 신문에 2, 3회만 그들의 야심과 불신을 적발 보도하면 저희들이 기어들어
올 것이다.[275] 최근 일본에 있는 외국 신문, 통신들이 우리를 이해하고 있는데도 우리
대표들은 말 한 마디도 않고 있으니 답답하다"고 지시의 말씀.

※ 중앙청 회의

1. 콜터 장군 동상문제에 관하여

조정환 외무 "콜터 장군 본인은 전에 정모가 주동으로 출발한 동상건립위원회가 그 사업을 진
행중으로 알고 곧 착공될 것을 기대하고 있다(부흥의 보고) 하는데 정부로서는 일단
손을 뗀 일이지만 설치할 수 없을 듯하니 필요한 조치를 강구하자"고 제의.

김일환 내무 "위원회를 조직하여 연구키로 하고 위원을 다음과 같이 정함.
외무, 내무, 재무, 문교, 국사(소집 책임 외무)

---

275) 송인상의 회고에 따르면 대통령의 대일경제관계 전면 중단 지시로 수출입뿐 아니라 원조자금에 의한 대
일구매도 전면 봉쇄되었다. 유태하(柳泰夏) 주일대표부공사는 11월 21일 "만약 일본정부가 재일한국인
들 중 북한송환을 희망하는 자들을 집단적으로 송환하라는 북한괴뢰 요청에 협력한다면 이는 한일회담
에 결정적인 타격을 줄 것"이라고 발표했다. 이로써 재일동포 북송문제는 1958년도 후반기 한일관계의
최대 쟁점으로 떠올랐다. 송인상. 1994. 『부흥과 성장 : 淮南 송인상 회고록』 서울: 21세기북스.
302~303.

2. 1959년도 예산 편성 방침

재무부 원안에 대하여 제80회 국무회의 수정 중 '4'를 다음과 같이 재수정하여 전(全) 안을 통과함.

"④ 공무원의 감원을 실시하며 행정의 쇄신과 능률의 향상을 기함."

3. 법관 연임법에 관하여

법제실 원안대로 통과.

4. 예비비 지출에 관하여

다음 예비비를 지출키로 함.

    (1) 등대 복구비(상공부 소관) 352,892,000환 경비: 부흥부특별회계

    (2) 전신전화 복구비(체신부 소관) 593,535,400환 경비: 〃

    (3) 지역개발사업위원회 운영비(부흥부 소관) 50,000,000환 경비: 〃

5. Evaluation Team[276]의 보고에 관하여

송인상 부흥 "지난번 내한하였던 ICA 사업 Evaluation Team의 보고서의 내용을 알았으므로 각각 관계사항을 며칠 내로 알려주도록 하겠다"는 보고.

---

276) USAID(United States Agency for International Development)의 전신인 ICA(International Cooperation Agency) 평가팀을 의미.

제82회 국무회의(임시)

일시 : 1958년 9월 10일(수)
장소 : 중앙청

예산편성에 따르는 긴급사항을 심의하기 위하여 임시 국무회의를 개최하여 달라는 재무부장관의 요청에 의하여 소집된 것임.

1. 공무원 감원 실시 요강에 관하여

별지(재무부안)에 대한 재무부장관의 설명이 있은 후 신중 검토할 문제이므로 관계 각 기관에서 연구할 시간을 주도록 하자는 외무부장관의 제의가 통과하여 본안은 오는 12일(금) 제83회 국무회의에서 논의하기로 하였음.

2. 수해 대책에 관하여

김현철 재무 "천주교 구제단체에서 다량의 소맥분이 배급되어 인기를 넓히고 있는 반면 정부에 대하여서 불평이 많다"고 보고.

손창환 보사 "잘하고는 있으나 그 계약(협정) 내용이 수정되지 않고 있어서 또 이러한 일이 발생하고 있다"고 설명.

홍진기 법무 "전에 문제가 있을 때에 이를 시정하기로 하고 방치한 것이 원인이라"고 지적.

이상 논의 끝에 다음과 같이 의결함.

"이러한 것을 시정하기 위하여 보사, 외무, 내무를 위원으로 하여 대책을 강구케 한다."

김현철 재무 "국회 수해대책위원회에서 대책비 20억 운운하며 막대한 경비지출을 제의하고 있으나 불가능하다고 말하였다"고 보고.

3. 선전에 관하여

오재경 공보

(1) 판문점회의에 갔던 기자가 이북의 출판물을 얻어온 바 선전적 가치가 많다.

(2) 이북에서는 학생들까지 나서서 구제금품을 모집하는 운동에 참가하고 있다고 한다.

(3) 소위 여성대표 2명을 서울에 파견하여 회담케 한다고 하고 있다.

(4) 판문점 근방의 북한쪽은 선전을 위하여 자재를 들어서 보수하고 있다.

(5) 휴전위 대표들이 여행을 (북경까지) 하고 있으며 사진도 찍게 한다고 한다.

이상과 같은 상대방의 선전에 대항하기 위하여 그 대표들을 오게 하여 우리의 실정을 보게 하는 것을 생각하여 보는 것이 좋지 않을까 한다. 북한을 본 사람 말에 의하여 부흥상이나 활기에 있어서 대한민국이 월등 낫다고 하는데 그들을 무시하고 그 제의를 묵살하느니 보다 한번 오라고 하여서 보여주는 것이 좋지 않으냐고 하는 사람도 있다"고 보고.

유 비서관 "그 방법을 생각하여 보았는가?"하는 질문.

오재경 공보 "방법을 생각한 것이 없다"고 답.

유 비서관 "방법이 없다고만 할 것인가?"(지금까지 싹 무시하고 내려온 것도 정치적으로 사정이 있어서 인데... 라는 의견도 추측되는 말이나 확실치 않음).

김현철 재무 "그들은 그것으로 그칠 것이 아니고 교역을 하니 등등 2차, 3차적으로 나올 것이 분명하니 경계하여야 할 것이라"고 견해를 설명.

송인상 부흥 "부흥지구에 대하여 좀 적극적인 시책을 하여야 하겠다"는 제의에 따라 다음과 같이 의결함.

"현재 내무부에서 입안 중인 사업계획을 중심으로 관계부의 실무자회의를 열어서 구체적인 방안을 입안케 한다."

제83회 국무회의

일시 : 1958년 9월 12일(금)
장소 : 중앙청 회의실

1. 대만해협사태를 중심으로 한 군사정세에 관하여

유재흥(劉載興)[277) 중장으로부터 시찰귀환 보고(내용 생략)

2. 천주교계 구제물자 배급에 관하여

손창환 보사 "위원회를 조직하여 잘하고 있으며 이 이상의 문제는 한미간의 협정과 PL480이
　개정되어야 한다. 배급에 천주교 관계의 특수한 복장을 한 자들이 입회하고 물품에
　'천주교'의 표기가 있어서 선전되고 있는 것은 부득이한 일이라"고 보고.

3. 한미석유운영협정 일부 수정에 관한 건 (상공)

사상(沙上)에 있는 시설을 8군으로부터 한국정부에 이관함에 필요한 일부 수정이라는 상
공의 제안 설명과 부흥의 보충설명이 있은 후 다음과 같이 의결하다.
　"원안대로 하기로 한다."

---

277) 유재흥(1921~2011)은 일본 육군사관학교를 졸업하고, 일본군 육군대위로 근무했다. 해방 후 육군사관
　학교 부교장을 역임, 1950년 6·25전쟁 발발 시 육군 제7사단장으로 참전했으며, 이후 육군참모차장, 연
　합참모총장 직무대리를 지냈고, 1960년 육군 중장으로 예편했다. 5·16군사정변 이후 타이 대사, 스웨덴
　대사, 이탈리아대사에 이어 1971년 국방부 장관에 임명되었다.

4. 수해대책비에 관하여

"각 부의 요구액은 백 수십억에 달할 것이지만 재정형편이 허용치 않으니 다음과 같이 국고채무 부담행위로서 하기로 한다"는 재무부장관의 제의에 대하여 내무, 문교, 농림으로부터 각각 의견이 있었으나 총액은 재무부 제안대로 하고 각부 소관별 배정은 재무부와 주관부 간에 협의 결정하기로 의결함.

(1) 수해대책비를 위한 국고채무 부담행위액 980,810,500환

(2) 부담년도 1958년도

(3) 결제년도 1959년도

(참고: 금년도 한도액 20억의 약 반액에 해당하는 금액을 이번에 채무부담 행위하는 것임)

5. 공무원 감원 요강에 관한 건 (재무)

(재무부 제의 안으로 그간 수차 회의에서 논의되어 온 안을 오늘 최종적으로 심의한 것임)

각 부로부터 감원이 곤란하다는 의견이 있었으나 예산편성의 원칙을 '균형예산'으로 하는 이상 불가피한 사정이므로 다음과 같이 의결됨.

"요령은 별도 성안하여 국무회의에 제출하기로 하고 기타는 원안대로 하기로 한다."

제84회 국무회의

일시 : 1958년 9월 15일(월)
장소 : 중앙청

수해대책과 예산편성에 관하여 의논하고자 재무부장관의 요청에 의하여 소집된 임시회의
임.

1. 공무원 집무시간 개정에 관하여

김일환 내무 "처우개선도 실시되는 차제에 공무원의 근무시간을 개정하되 평일은 매일 30분
　　을 연장하고 토요일에는 하오 1시까지 하던 것은 12시까지로 단축하도록 하자"는 제
　　의.

신두영 국무원 사무국장 "이를 실시하려면 오는 9월 20일로 일광절약시간(썸머타임)[278]이 종료
　　되니 그와 동시에 하기로 하고 9월 22일 월요일부터 하는 것이 좋겠다"는 의견.

오재경 공보, 송인상 부흥 "연중 8시부터 하오 5시까지로 하는 것이 좋다"고 주장.

김현철 재무 "중식 시간을 30분으로 하자"는 제의.

---

278) 대한민국에서는 1948~1951년, 1955~1960년, 1987~1988년에 서머타임, 즉 일광 절약 시간제가 실시
　　되었다. 북한에서는 이 제도를 실시한 적이 없었는데, 한국에서도 반대여론이 강했다. 1955년 7월 20일
　　동아일보 사설에는 "섬머타임을 시행함으로써 무슨 커다란 국가적 이익이 있는지 정부에서는 섬머타임
　　을 조상 위하듯 매년 실시하고 있는데 우리 농촌에서는 불편하기 짝이 없습니다. 시간 생활하는 문화인
　　은 시각의 관념에 섬머타임 아니고서는 이상을 초래케 한다든가 혹은 국민의 건강상 막대한 지장에 있
　　다면 말 못하겠으나 섬머타임 없던 옛날에도 잘 살아왔습니다"라고 하며 섬머타임 무용론을 주장하기도
　　했다. "섬머타임 없애라." 『동아일보』(1955/07/20) 그런데 1471년 발효된 조선의 경국대전은 여름에 관
　　리들의 출퇴근 시간을 조정한다고 규정하고 있다는 점에서 서머타임을 최초로 시행한 독일보다 조선이
　　445년이나 일찍 서머타임을 시작했다는 지적도 있다.

조정환 외무 "실현성을 생각하여 하자"는 신중론.

　이상과 같은 논의 끝에 공무원의 사생활면에 혁신되지 않는 한 8시부터 하는 것은 어려울 것이라는 중론으로 8시 30분부터 하오 5시까지 하기로 의결.

2. 수해대책에 관하여

김현철 재무 "수해대책비 10억 이내의 지출로서는 부족하다고 주장하고 있는 국회 수해대책위(양일동 의원이 주장)에서는 정부에서 국고채무 부담행위 한도(20억)까지 지출하지 않는다면 국회를 소집하여서 논의하도록 하겠다고 주장(사실로 이 의장님께 이러한 요구가 있는 것을 의장님으로부터 들었다고)하고 있으므로 이를 재의하고자 한다"고 제의.

정재설 농림 "사실상으로나 정치적으로나 재고하는 것이 좋겠다"고 의견.

곽의영 체신 "정치적인 마찰을 피하는 것이 좋겠다"는 견해.

김현철 재무 "금년도 수해는 작년도보다는 적었는데 작년 금액인 17억 이상을 지출할 수 없다"고 주장.

　이상 논의 끝에 내일 국무회의에서 보고를 드려서 대통령 각하의 의도를 받들어서 처리하기로 일단락을 지음.

3. 신년도 예산편성에 관하여

김현철 재무 "자유당에서 주장하는 대로 하려면 적자예산을 면할 수 없는 바, 정치적으로 필요해서 한다면 못할 것은 없으나 종래의 균형예산과 저물가정책(경제안정책)을 변경하려면 관계 장관은 물러나가야 할 것이라"고 소신을 피력.

곽의영 체신 "정부에서 추가경정예산을 통과시킨 것도 정부에 대한 여당의 협조이며 장관들이 당에 협력 않는다고 생각하는 사람은 없다"고 국회의원의 처지로서 본 견해를 한 마디하고, "다만 차기 선거를 위하여 농림사업에 치중하여야 한다는 것은 당 소속의원 대부분의 견해라"고 첨가.

정재설 농림 "국회의원으로는 소규모 수리시설을 주장하나 대수리공사를 중지하고 소규모사업을 시작할 수는 없다"고 실정을 설명.

이상 논의 끝에 소규모 수리시설 등을 하려면 자연 균형예산의 원칙을 포기하여야 하므로 설혹 자유당으로서 이를 강력히 주장하는 수가 있더라도 설정 방침인 "균형예산 편성의 원칙을 견지하고 나간다"는 것을 재확인하였음.

제85회 국무회의

일시 : 1958년 9월 16일(화)
장소 : 경무대(전반), 중앙청(후반)

1. 수해대책비에 관하여

김현철 재무 "국회에서 180억 내지 200억의 지출을 요구하여 왔으나 국고채무 부담행위 한도액 범위 내에서 작년도에 준하여 17억을 지출하는 것이 가하다고 국무위원 간에 대략협의된바 각하의 재가를 앙청(仰請)²⁷⁹⁾한다"고 품청하고 나서 다시 "수해를 당한 것은 대개가 서민층이므로 야당은 이 기회에 정부통령선거에 대비하여 정부의 냉정을 규탄하여 정부를 공격하려고 하고 있다"고 첨가 보고.

김일환 내무 "치도(治道), 치수(治水)는 긴급을 요한다"고 보고.

이승만 대통령 "결국은 내년은 어찌 되었든 금일 먹고 말자는 생각으로 내년 예산을 당겨서 쓴다는 것은 안 될 말이다. 국회에서 돈을 들여놓으라고 해야지 정부에서만 재해대책에 필요한 돈을 내놓으란 말은 무리한 일이다. 국비를 얻어 쓰는 것이 제일 쉬운 일이며 그 돈 속에서 사적 이익을 볼 수도 있는 것이지만 국재(國財)를 가지고 자기의 생색을 내려는 자는 국고금을 훔치는 자와 같은 것이다. 누구나 원하지 않은 불의의 재해에 준비한 것이 정부에 없을 경우에는 주인 된 국민이 그에 대한 방책을 해야지 정부에만 돈을 내라고 하는 것은 이치에 안 닿는 말이다. 천재시변에는 국민들이 협력하여서 극복하여 가야지 무조건 정부에 의존하여서는 안 된다는 것을 국민에게 알려야 한다. 이러한 방법을 이 자리가 아니라도 의논들 하여보라"고 분부하심에 대하여

오재경 공보 "이 문제를 저희들 간에 아무리 의논하여도 결말을 지을 수 없다고 생각되며 민

---

279) 우러러 청함을 의미한다.

간에서 하는 의연금 모집으로서는 이 난경을 극복하고 갈 수 없는 실정이니 이것을 지출하지 않는다는 것은 우리 정부에 플러스(+)되는 것이 아니라고 생각됨. 이번 수해대책비만은 재가하여 주시는 것이 좋겠다"는 의견을 품신.

2. 1959년도 국고채무 부담행위에 관한 건

수해대책비에 충용하기 위하여 아래 금액의 국고채무 부담행위를 하기로 한다.
17억 환 이내

3. 한미소포협정 개정에 관하여

곽의영 체신 "한미 간의 소포우편물에 대한 보증을 하도록 협정을 개정하려고 하고 있다"고 보고.
이승만 대통령 "그러한 치욕을 이제껏 당하고 있는 줄 몰랐다. 시급히 시정하도록 하라"고 분부.

4. 우표를 해외에 판매함에 관하여

곽의영 체신 "이제까지 판매한 금액은 1,800불인 바 앞으로 UNESCO[280] 신청사 낙성식을 계기로 기념우표를 발행하고자 한다"고 보고.
이승만 대통령 "미국에는 약 800만의 수집회원이 있다. 너무 남발하면 위신이 떨어져서 팔리지 않으며 사람을 잘못 쓰면 중간이득을 당하여 수입이 없이 되는 수가 있으니 이것을 함에는 잘 알고 있는 사람―주식교환이나 거래와 같이 시세가 있는 것이니―을 시켜서 하여야 한다. 유럽 각국에서는 일전짜리를 몇 환씩 비싸게 팔아서 거액의 이득을 본 나라도 있다"고 잘 연구할 것을 지시.

5. 전기체신시설 파손수리에 관하여

곽의영 체신 "국제전신 케이블은 한강의 일부를 남기고 복구되었으며 무선시설 피해는 연내

---

280) United Nations Educational, Scientific and Cultural Organization. 1946년 교육, 과학, 문화 보급 및 교류를 목적으로 설립된 국제기구. 본부는 프랑스 파리에 있다.

에 완전 복구될 것이고 제주 동부선의 전화시설도 12월 중에는 완성되리라"는 보고.

6. 박장로교파 교인의 안수기도 치사사건[281)]에 관하여

홍진기 법무 "안수기도한다고 사람을 죽게 한 자에 대하여는 의법 처단할 것이며 박 장로의 천년성(千年城) 등에 대하여는 목하 조사 중이라"고 보고.

이승만 대통령 "미국에도 그런 종류의 문제가 있으나 거기서는 법의 한계가 있어서 처리하고 있다. 이 문제의 처리는 민간으로 하여금 잘 알게 해야 한다"고 분부.

홍진기 법무 "신문기자들이 들어가서 실정을 조사하고 있으므로 검찰은 그들을 앞에 세워놓고 조사하여 가고 있다"고 보고.

7. 불량배 단속에 관하여

이승만 대통령 "불량배가 많아서 위험한 지경이라는 바, 그들의 이면에는 공산당이 움직이고 있을지도 모르니 철저 단속을 하되 청년단 등을 조직하여 수상한 행동을 하는 자를 적발하도록 해야 한다"고 분부.

김일환 내무 "어제부터 단속을 강화하여 어제 하루에 126명을 잡았다"고 보고.

이승만 대통령 "군, 경, 검이 합력하여 철저한 단속을 하도록 하라"고 다시 강조하심.

8. 비료 도입에 관하여[282)]

이승만 대통령 "작년에 75대 25로 하였다는 바, 미국 생각만 하고 국무위원 간에 의견의 소통이 잘 안되고 관수니 민수가 분명치 않으니 이에 대한 방책을 연구하도록 하라"고 분부.

---

281) 박태선(朴泰善) 장로는 "나마이 하나님의 성신, 성화를 받을 수 있다"며 하나님의 선지자라고 자칭하면서 기성교회에 정면으로 도전했고, 천년성의 성주, 신앙촌의 주인이 되었다. 1958년 12월 김시장 집사의 소년치사사건을 계기로 사기, 상해, 위증 혐의로 구속되었다.

282) 1959년도 ICA 자금 3,000만 달러에 의한 비료구매방법이 논의되고 있었는데 한미 간의 의견 대립이 있었다. 한국은 관수용과 민수용을 75대 25로 하고 관수용 비료가격과 민수용 비료 가격을 동일하게 적용할 것을 미국 측에 제안하였다. 하지만 미국 측은 관수, 민수의 구매비율을 50대 50으로 할 것과 관수용이라도 500대 1의 공정환율이 아니라 외환세법에 의하여 150대 1을 적용하자는 절충안을 제의하고 있었다. "관수 75, 민수 25%."『동아일보』(1958/08/14)

정재설 농림 "작년 75대 25이던 것을 정부에서 배급하면 대금이 잘 안들어 온다고 하여 70대 30으로 OEC 측과 내약하고 있다"고 보고.

이승만 대통령 "미국 측에 대하여는 그들의 의견을 충분히 짐작할 것이니 '이래라' '저래라'는 하지 말라고 하라. 그들은 타국의 실정은 모르고 자기 나라와 같이 하면 무슨 일이든 잘된다고 생각하고 있는데 그것이 그들의 큰 결점이다. 비료를 적게 들여오도록 하여 야 농민의 자동력이 생기면 그 돈으로 우리가 비료를 생산하는 시설을 만들어야 한 다"고 분부하심에

정재설 농림 "재작년에 5,300만 불, 작년에 4,600만 불이던 것을 금년에는 3,500만 불로 줄이 도록 계획 중이라"고 보고.

이승만 대통령 "부지하세월(不知何歲月)[283]이니 금년에 농민으로 하여금 내년부터 비료가 안 들어온다는 것을 잘 알리고 2,000만 불 이내로 도입을 줄이도록 하라"고 엄중하신 분 부.

9. 외국기관 또는 외국인과의 협약에 관하여

이승만 대통령 "외국기관이나 외국인과의 사이에 협정이나 무슨 약정을 할 때에는 잘 생각하 여서 하여야 할 것이다. 우리 국민은 아직 깨이지 못하여 외국인과 같이 사업을 할 때 에도 당연히 받아야 할 이익 배당을 받지 못하는 말하자면 억울한 계약을 하는 수가 왕왕 있으니 정부가 모르는 체하고 있어서는 안 된다. 이런 것을 지도할 방도를 강구 하라"는 특별 분부.

10. 운크라 사업 인수에 관하여

송인상 부흥 "사무 이관에 대한 협정에 콜터 장군만이 서명을 하고 떠나갔으며 우리 정부로서 는 추후로 서명을 하도록 되었다"고 보고하고, "오래된 일일 뿐 아니라 잘못된 것도 없지 않으므로 이를 adjust하기 곤란한 점이 허다하다"고 첨가.

이승만 대통령 "그런 것은 관계 장관이 다 잘하고 있을 줄 안다. 그는 우리 한인의 좋은 친구이 며 만일 그가 최초부터 여기 와서 일을 하였으면 더 많은 성과를 거두었을 것이다. 그

---

283) 일이 언제 이루어질지 그 시기를 알지 못하는 것을 의미한다.

는 ICA의 몇 십분지 일의 자금으로 훨씬 더 큰일을 한 것도 없지 않다. 그는 한국을 떠나려 하는 생각이 적었으나 그 부인이 있기를 꺼려하여 가정적으로 곤란한 사정이 있다는 것을 알고 있으나 그의 말에 의하면 내년 2월에 다시 온다고 하였다"고 장군의 업적을 칭찬하였음.

※ 중앙청 회의

1. 국제연합 한국재건단의 사업 종결에 수반한 잔여 자금, 사업, 물자의 처리 및 책임에 관한 대한민국과 국제연합 한국재건단과의 협정에 관한 건

원안대로 통과함.

2. 1956년 이후 미국 잉여농산물 판매대금 징수에 관한 건 (부흥)

원안대로 통과함.

3. 교통부용 ICA도입물자 취급비 및 국외 해송비 청산에 관한 건 (부흥)

원안대로 통과함.

4. 1956년도 유엔 확대기술 원조계획 요청변경에 관한 건 (국사)

원안대로 통과함.

5. 전화규칙 중 개정의 건 (법제)

원안대로 통과함.

6. 공무원신규임용에 관한 건 (국사)

원안대로 통과함.

7. 수렵도입금지에 관한 건 (내무)

제출부 요청에 의하여 환송함.

8. 1958년도 총 예산규모

국방과 농림 양 부의 사업비 부족(국방은 130억 부족)하다는 주장으로 논의하다 일단 중지하였음.

제86회 국무회의

일시 : 1958년 9월 19일(금)
장소 : 중앙청 회의실

1. 건설업법 중 개정법률 공포의 건 (법제)

법제실장의 "국회에서 의결되어 이송되어 온 것의 내용이 정부안과 같으니 공포할 것을 제의한다"고 제안 설명이 있은 후 전원 이의 없이 다음과 같이 의결함.
"국회 의결하여 이송하여 온 대로 공포하기로 한다."

2. 임시외환 특별세법 시행령 (법제)

부흥부장관으로부터 재무부와 완전 합의를 보았다는 설명이 있은 후 원안대로 통과함.

3. 전보규칙 중 개정의 건 (법제)

법제실장으로부터 배달일시 지정전보 취급 등에 관한 개정이라는 설명이 있은 후 전원 이의 없이 원안대로 통과함.

4. 한미간 민간구호 활동에 관한 협정 개정의 건(보사)

보고사항으로 접수하기로 함.

참고: 다음과 같은 취급절차로 개정하고자 추진한다는 내용임.

(1) 민간구호단체의 도입물자는 정부에 기증하여 행정관서를 통하여 배급케 함.

(2) 민간구호단체의 도입물자의 포장에는 미국시민의 기증이라는 표식만을 표시케 함.

5. 예비비 지출에 관하여

공무원훈련원 시설 보수비(국무원 소관) 16,607,000환, 경제부흥특별회계에서 지출.

사정위원회 경비(사정위 소관) 31,568,100환, 일반 회계에서 지출.

위와 같이 지출하기로 의결함.

6. 감원에 관하여

김현철 재무 "직종별 감원에 대한 원칙을 정하여 주기 바란다"고 제의.

신두영 국무원 사무국장 "각부에서 제출된 것을 보면 4, 5급에 집중하여 감원하기로 되어있는 바 이는 정책상 불가하니 각 부의 재고를 요망한다"는 의견.

이상 논의 끝에 다음과 같이 의결함.

"보직이 있는 것 이외의 직은 각 급별로 현 정원 비율에 의하여 감원한다. 단, 현 정원에 있어서 상급 직종이 하급 직종보다 수가 많을 경우에는 하급 직종을 감하지 않는다. 각 부에서 제출된 계획의 상기 원칙에 부합치 않을 때에는 법제실, 재무부, 국무원 사무국에서 조절한다."

제87회 국무회의

일시 : 1958년 9월 20일(토)
장소 : 중앙청 회의실

1. 신년도 예산 편성방침에 관하여

김현철 재무 "자유당에서는 오는 선거에 대처하여 사업비의 증액을 요구하고 있는 바, 균형예산을 견지하고 나가려면 절대 불가능하므로 "근본방침을 변경치 않는 한 이러한 조치는 불가능하다"는 재무부로서의 처지만은 밝혀두었으나 중대한 선거와 관련되는 문제이니 만치 재의를 요청한다"고 제의하고 자유당 정책위측 요구액의 내용을 다음과 같이 설명함.

사업비 추가요구 내역

수리사업비로　　　　105억 증
일반사업비(각부 소관) 99억 〃
농림고리채 정리　　　100억 〃
미곡담보융자　　　　100억 〃
계　　　　　　　　　404억 〃

송인상 부흥 "지금 경제안정정책을 포기하고 나가면 앞으로의 외원 획득에 곤란이 많을 것이라"고 의견.

최재유 문교 "자유당과 정부가 합심이 되어 강력하게 나가야 할 시기이니 만치 신중히 검토하여야 할 문제라고 생각한다"고 당과의 타협을 주장하는 듯한 발언.

오재경 공보 "정부의 기정 방침을 변경할 수 없을 것이니 종래 대통령 각하께서 말씀하시는 조림 등 시급을 요하지 않는 경비를 전용하여 가급적 당의 정책에 접근되도록 노력할 것은 몰라도 원칙의 변경을 하여서는 안 될 것으로 생각한다"고 의견.

곽의영 체신 "각부 소관 예산 내에서 자유당의 정책에 되도록 가깝게 하겠다는 것으로 당 측을 납득시켜야 할 것으로 생각한다"고 방책의 하나를 제시.

최인규(崔仁圭)[284] 교통 "산림조성 경비와 같은 급하지 않은 경비를 돌려서 앞의 긴급한 것에 쓰도록 할 수가 있다고 본다"고 원칙 범위 내에서 할 수 있는 방책을 제시.

김현철 재무 "사업비는 경제부흥예산이 대부분인데 미측에서 응할 리가 없다. 더구나 선거를 위한 것이라면 그들은 절대 반대할 것이다"고 불가능하다는 것을 설명.

곽의영 체신 "일반 사업비 증액은 주무 장관이 그 소관예산 범위 내에서 필요한 부문에 치중하기로 하고 대, 중지구 수리사업비의 일부 20억 정도를 소류지(沼溜地)[285] 공사비로 전용하는 정도로 하고 조림 등 다소 불급한 사업은 차기에 미루고 미곡담보 200만 석 요구를 100만 석으로 하여놓고 전출할 수 있게 되면 더 매상(買上)하는 것으로 하고, 고리채는 신청이 희소할 것이니 과히 염려하지 않아도 좋다는 것을 자유당과 절충하여 보기를 제안한다"고 구체안을 건의.

이상 논의 끝에 다음과 같은 결론에 낙착하였음.

"정부는 기정 방침대로 균형예산으로 한다는 원칙을 견지하고 자유당과 다시 협의하기로 한다."

---

284) 최인규(1919~1961)는 1949년 뉴욕대학 상과대학을 졸업하고, 1950년 대한교역공사 이사장, 유엔한국재건단(UNKRA) 주미한국대표, 1951년 한국무역진행주식회사 상무이사, 1955년 국제연합한국부흥위원회 뉴욕주재 한국대표, 1956년 외자청장 등을 역임했다. 1958년 민의원선거에 당선되었고, 교통부장관에 발탁된 후, 1959년 내무부장관을 지내고, 4·19혁명 이후 구속되었고, 1961년 12월 사형이 집행되었다.

285) 하천이 잘 발달되지 않은 지역에서 경작지에 공급할 농업용수를 확보하기 위한 소규모 저수시설로써 평지를 파고 주위에 둑을 쌓아 물을 담아 놓은 형태를 의미한다.

제88회 국무회의

일시 : 1958년 9월 23일(화)
장소 : 경무대(전반), 중앙청(후반)

1. 오열검거 공로자 표창에 관하여

김일환 내무 "지난 21일(일) 전북에 출장하여 오열 적발에 협력한 민간인에게 감사장과 금일 봉을 주고 관계 경찰관은 일계급 특진케 하였다"고 보고.

2. 영일 선거에 관하여

김일환 내무 "결과에 있어서는 김익노(金益魯)[286]가 당선하였으나 개표에 말썽이 있어서 조사 중이라"는 보고.

홍진기 법무 "야당 기자 8명에 여당 기자 1명이었으므로 마치 여당에서 '표도둑질'한 것 같은 감을 주게 되었으므로 이를 엄중 조사하여 조치하고자 한다"고 의견.

이승만 대통령 "말썽이 되면 선거를 다시 하도록 하는 것이 가할 것이라"고 지시.

홍진기 법무 "정부로서 재선거를 언급할 시기가 아니니 우선 대통령 각하께서 '엄중 조사하도록 하라'는 것을 발표하시는 것이 효과적일 것이라"고 의견.

이승만 대통령 "일에는 지속(遲速)[287]을 가려서 해야 하는데 만일 시기가 늦어지면 야당의 선

---

286) 김익노(1905－?)는 일본 동경농업대학 실과에서 공부했다. 해방 후 삼우공업회 사장, 한국독립당 경상 북도 지부 부장을 지내고 제헌국회의원 선거에서 당선되었다. 2대와 3대 국회의원, 4대 민의원 선거에서 당선되었으나 4대민의원 선거에서의 부정행위로 기소되어 1959년 대법원에서 선거무효 판결을 받았다.
287) 더딤과 빠름을 말한다.

전에 좋은 기회를 주는 것이 아닌가 한다"고 주의의 말씀.

3. 불량배 단속에 관하여

홍진기 법무 "시내 불량배의 두목을 검거하고 그 조직을 분쇄하고 있다"고 보고하고 "피해자
가 후사를 우려하여 신고를 않으므로 처단에 애로가 있다"고 첨가.

김일환 내무 "검거하여 송청하고 검찰에서 기소하여도 법원에서 집행유예로 내보내므로 효과
가 없다"고 미군 물자 도난사건 관련자 처리를 예로 하여 보고.

이승만 대통령 "그러한 법관은 파면을 줘야 한다. 그러한 판사를 처분하는 법을 만들도록 하고
그게 안 되면 법에 구애되지 말고 처분하도록 해야 한다"고 분부.

홍진기 법무 "조 대법원장은 이러한 점을 신중히 고려하여 폭력배 단속과 사상관계 담당 판사
를 지정하려고 하고 있으며 법관 정년을 계기로 판사들을 재검토한 기회가 되고 있
다"고 보고.

4. 물가 동향에 관하여

송인상 부흥 "추석 무렵이 되어도 미가가 하락하지 않는 것이 예년과 다르나 앞으로 앙등할
기세는 없다"고 보고하고, "금값이 5,400환에서 5,300환으로 하락되고 있다"고 첨가.

5. 국무성 서한에 관하여

이승만 대통령 "그 후 어떻게 처리되었는가?"의 하문에

김현철 재무 "미국대사관에 온 편지였으며 미 대사가 그에 대한 회답을 하기 전에 피차 의논
하기를 요청하여 왔기로 정부측 관계자가 그 회석에 참석하여 십분 납득이 갈 만치
설명하였던 바, 그 후 별 말 없는 것으로 보아 일단락된 것으로 본다"고 보고.

이승만 대통령 "잘들 처리하였을 줄 알고 있으나 전에 필리핀에 대하여도 그런 일이 있어서 필
리핀 국민이 들고 일어선 일이 있었는데 이럴 때에 그것을 밝혀서 혼을 내야 다시는
그런 일이 없을 것이라고 생각되어서 하는 말이라"고 유시.

6. 동상 건립에 관하여

김일환 내무 "밴 플리트(Van Fleet) 장군과 콜터 장군의 동상 건립이 일시 논의되어 본인들도 상당히 기대하고 있는 것으로 추측됨으로 적절한 조치를 강구하여야 할 것으로 생각한다"고 보고.

이승만 대통령 "인천에 건립된 '맥아더' 장군 동상은 한국민은 의리가 있는 국민이라는 것을 외인들에게 보여주는 데 효과가 있었으나 생존자의 동상을 세우는 예는 외국에도 매우 드물어 남산에 내 동상을 세우려 할 때도 말리려고 하였으나 이미 된 것이라 방치하였다"고 시기가 적당치 않은 것을 암시하시는 듯한 말씀.

7. 정유공장에 관하여

구용서 상공 "관계자회의를 하여 보았으나 정부 의존의 기미가 농후하여 외자 관계도 있어서 애로가 없지 않다"고 보고.

이승만 대통령 "밴 플리트 장군이 말하는 회사를 잘 보아주도록 하되 국가에 손해가 되는 일이 있어서는 안 될 것이라"는 말씀.

8. 중석광 운영에 관하여

구용서 상공 "중석광산의 화학처리 시설은 생각하여 주시기 바란다"고 품청하고 서류는 비서실에 제출하겠다고 보고.

이승만 대통령 "현 실정은 어떤가?"하시는 하문.

구용서 상공 "현재 70% 내외의 함유량을 가진 것을 상급품으로 만들려면 화학처리가 필요하다"고 보고.

김현철 재무 "현재는 수지가 안 맞고 화학처리 시설을 완성하려면 또 상당한 액의 외화가 필요한 반면 작업은 원료관계로 2개년 밖에 못하게 되면 운영면에서도 기존 해고자 500명의 퇴직금이 8억에 달하며 남은 인원을 해고하려면 또 10억을 요하니 결국엔 20억이 있어야 처리가 된다"고 보고.

이승만 대통령 "지금 투자하면 자금이 고정되니 손해고 또 국제시장 가격이 저렴한 때 다 파서 수출하여 버리면 후일 유리한 시기에 생산이 없게 되니 2중의 손실이라고 본다. 잘 조사 정산하고 문을 닫도록 하라"고 분부하시고 "앞으로는 누구든지 빚을 남겨놓고는 물러가지 못하는 것으로 만들어 놓아야 한다"고 분부.

9. 정부 사업계획에 관하여

이승만 대통령 "정부서 하는 일에는 순서를 정하여 긴급 중요한 것을 우선적으로 하되 재무가 주장이 되어서 안을 만들도록 하라"고 분부.

10. 예산편성에 관하여

김현철 재무 "자유당에서는 내후년 선거를 앞두고 민심수습이 필요한 바, 그에 요하는 사업비 등을 약 300여 억을 요구하고 있으나 적자예산을 하지 않는 한 불가능한 실정이라"고 보고.

김정렬 국방 "국방비에 약 100억이 부족하도록 재무부에서 편성 중에 있는 바, 만일 그대로라면 대단히 곤란하게 될 것이라"고 보고.

김일환 내무 "경찰 감원도 해야 하겠으나 현 세태로 보아서 할 수가 있을지 결단을 못하고 있다"고 보고.

이승만 대통령 "재정상 할 수 없으면 도리가 없으니 국방도 좀 연구하여 보고 경찰 감원도 하라 마라 하는 말을 않을 것이니 협의하여 잘하도록 하라"고 재무의 처지를 이해하시는 말씀을 하신 후 "재무는 욕을 좀 보더라도 참고 나가야 한다. 재무장관 인선에는 그러한 점도 참작한 것이니"하는 농이 섞인 훈시의 말씀을 하시고, "내가 여기 있는 한에는 선거에 필요하다고 하여 빚을 지는 일은 용허하지 않을 것이라"고 하시고 "공무원의 봉급 증액의 전부를 일시에 내지 않고 그 일부만을 먼저 주는 것 같은 것을 생각하여 보아야 할 것이다"는 분부.

※ 중앙청 회의

1. 예비비 지출의 건

제주목장 축사시설비로(농림부 소관) 17,920,000환 재무부소관 예비비에서 지출.
위 금액을 처리하기로 함.

2. 신년도 예산편성에 관하여

(국방부 소관에 대한 주무 장관의 설명을 들음)

제89회 국무회의(임시)

일시 : 1958년 9월 25일(목)
장소 : 중앙청 회의실

1. 공무원 기강숙정에 관하여

김현철 재무 "자유당에서도 기강숙정을 강력히 추진할 것을 발표할 것이므로 정부에서도 이에 호응하여 공무원을 엄중 단속한다는 것을 시달 공표하여 주도록 당 정책위(원용석[元容奭][288] 의원)의 요청이 있었으니 이에 관한 심의를 요망한다"고 제의.
위 제의에 대하여 전원 찬성으로 다음과 같이 할 것을 의결함.
"수석 국무위원 명의로 격문을 발표한다."

2. 공무원법 개정에 관하여

김현철 재무 "무능한 공무원을 제거할 수 있도록 공무원법을 개정해야 한다는 자유당 측의 의견이 있다"고 제의.
법제실장, 국무원 사무국장으로부터 현재 개정안을 연구 중이나 다소 시일을 요할 것이라는 보고가 있은 후 다음과 같이 의결함.
"공무원법 개정안을 법제실과 국무원 사무국에서 협의 성안하기로 한다(10월 말까지)"

---

288) 원용석(1906~989)은 보성학교, 경성고등공업학교를 졸업하고, 일제강점기 조선식량영단 이사 등을 지냈다. 대한민국 수립 후 외자총국 비서실장, 농림부 차관, 기획처장을 지냈다. 1958년 제4대 민의원에 자유당 소속으로 당선되었다.

3. 인사사무 원활을 위한 특수정원 협정에 관하여

김일환 내무 "인사 사무상 일시 대기를 명하여야 할 경우에 그것을 할 방법이 없으니 그것을
가능하게 하는 방법을 강구할 것을 제의한다"고 제안.

송인상 부흥 "정부 내 적당한 기관에 상기 목적에 충용할 특수 정원을 배치할 것을 제의한다"
고 성안 제의.

법제실장, 국무원 사무국장으로부터 법규상의 제 문제에 관한 참고 설명이 있은 후 다음과
같이 의결함.

"전기 특수정원을 국립공무원훈련원에 배치하기로 하고 동 훈련원 직제를 개정하되 이사관
급 20명, 3급 갑류 40명, 3급 을류 40명, 계 100명을 현 정원에 추가한다. 법령 개정의 제 절차
는 법제실에서 취하도록 일임한다."

4. 1959년도 예산안 제출에 관하여

국회(사무차장 출석) 대법원(대법원장 출석) 심계원(심계원장 출석)의 예산안에 대한 의견
을 들은 바, 대체로 요구액을 부활하여 줄 것을 요청하는 것이었으나 전체 예산으로 보아 그
에 부응할 수 없음으로 의견을 청취하는 정도로 하되 국회 각 분과위원회 식사대를 행정부
각 관계기관에 부담시키는 폐단을 시정하기 위하여 상당 경비를 계상하도록 하자는 체신, 교
통의 제의에 대하여 거대한 금액만 아니면 고려할 수 있다는 재무부장관의 증언으로 일단락
지음.

이어 각 부별 심의에 들어가서 제1차로 제출된 "100억을 증가하지 않으려면 2개 사단과
65,000명을 감하지 않으면 안 된다. 일반회계에 91억 증액된 반면 국방비만 줄었으니 3군에
대하여 무어라고 해명할 것이냐?" 하는 국방장관의 강경한 반대가 있어서 국방, 재무 양 부의
상세한 설명이 있었으나 결론을 못 짓고 결정을 내일 회의로 미루었음.

제90회 국무회의

일시 : 1958년 9월 26일(금)
장소 : 중앙청 회의실

1. 예비비 지출에 관하여

다음 예비비를 지출하기로 하다.
(1) 공예기술 원조비(상공부 소관) 48,319,000환 경제부흥 특별회계서 지출
(2) 전국체육대회 경비보조(문교부 소관) 12,500,000환 일반회계 예비비서 지출
(3) 충북선 및 주인선 건설비(교통부 소관) 740,200,600환 경제부흥 특별회계서 지출
(4) 정부수립 10주년 사업비(국무원 소관) 23,999,000환 일반회계 예비비에서 지출
(5) 정부수립 10주년 사업비 및 홍보선전비(공보실 소관) 72,300,000환 일반회계 예비비에서 지출

2. 1959년도 예산안 제출에 관한 건 (재무)

제89회 국무회의에서 합의된 바에 의하여 국방부와 재무부의 실무자회의에서 합의된 바는 다음과 같다는 재무부의 보고에 의하여 양자간의 타협될 수 있는 점을 찾고자 전 국무위원이 노력하였으나 결국 양자간의 차액 50억(정확한 숫자는 53억 6,200만 환)은 대충자금에 의존하기로 하되 재무부장관에게 일임하기로 일단락을 지었음.

재무부안 1,370억 환(당초) 1,396억 6,900만 환(금회)
국방부 요구 1,470억 환(당초) 1,450억 3,100만 환(금회)

3. 수복지구 행정조치법 제6조 시행에 관한 건 중 개정의 건

원안통과.

제91회 국무회의

일시 : 1958년 9월 30일(화)
장소 : 경무대(전반), 중앙청(후반)

1. 국회의 야당계 공세에 관하여

곽의영 체신 "개회 즉시로 야당의 공격이 전개되리라"는 보고.

김일환 내무 "국회에서는 다음 3개 항목의 공세를 취하여 올 것이며 10월 2일 대구시장 선거를 싸고 여야가 논쟁이 벌어질 것이라"고 보고.

이승만 대통령 "대구는 야당이 삐꾸러 맨 곳같이 되어 있는데 그 이유는 무엇인가?" 하시는 하문에,

김일환 내무 "주민이 비판적이고 잘 해주어도 만족하지 않는다"고 보고.

2. 민심 수습에 관하여

김현철 재무 "민심이 야로 돌아간 것은 대도시만이 아니고 종래에 순박하던 농촌까지도 정부나 자유당에서 이반되어 가고 있다"고 보고.

이승만 대통령 "당의 간부와 정부 각료 몇몇이 상의하여 대책을 강구하도록 함이 어떤가?" 하시는 하문에,

김현철 재무 "당 간부들과 수차 의논하였으며 그들도 당황하고 있는 형편인 바 농촌시책을 위하여 '돈'을 쓰자는 당의 의견과 정치적 곤란에 경제적 곤란이 겹치면 못 쓸 것이므로 재무부로서는 이에 반대하여 의견의 합치를 보지 못하고 있다"고 보고.

김현철 재무 "영일(迎日) 선거결과에 대한 국민의 의혹은 정부에서 철저히 조사하여 신중 처

단하면 민심이 돌아올 것이라"고 보고.

홍진기 법무 "민주당의 신문은 30만 부가 넘고 여당지는 불과 5~6만 부에 불과하다"고 보고.

곽의영 체신 "공무원의 비행도 그 원인의 하나가 되고 있으며 종래의 대통령 절대 지지이던 충청북도도 천주교 밀가루 관계로 차차 야당에 쏠려가고 있다"고 보고.

이승만 대통령 "영일 선거는 부분적인 문제이며 사실 국민이 싫어한다면 나부터 이대로 앉아 있을 수 없는 것이다. 정부가 하는 일에 잘못이 없다고 보는데 허위보도를 하는 신문을 그대로 두고 있으니 답답하다. 경찰에 말하여도 안 되고 비서들도 신문을 안 주는데 어찌할 도리가 없지 않은가? 재무, 내무, 법제가 중심이 되어서 방책을 연구하도록 하라. 그리고 민심을 수습하기 위해 나부터 나서서 각지를 다니려 하니 장관들이 계획을 세워서 정부에서 하는 일을 국민들에게 알리도록 하여 상대방의 허위선전에 대항하여 가야 할 것이며, 국민에 대하여는 성의와 열을 가지고 말을 하여야 그들을 각오케 할 수 있을 것이다. 국무위원에게는 그러한 책임이 있는 것이다."

오재경 공보 "야당이나 국민들이 보필하는 자들을 책하지 대통령 각하가 잘못하신다고 생각을 않으니 직접 말씀을 하실 기회를 얻기 위하여 신문기자회견을 하여 주시기 바란다"고 품청.

이승만 대통령 "날짜를 정해서 비서실에 연락하여 두도록 하라. 다만 나라를 잘 하여 가자는 자와는 손을 잡고 하여 가지만 고의로 성가스럽게 하려는 자들을 당하면 그대로 보지 못하는 것이 산 사람인 나의 성격이므로 그런 짓을 하지 않으려는 생각에서 그래온 것이다"고 주의의 말씀.

오재경 공보 "그러한 소견 없는 짓을 하는 자는 저의들이 조치하여 그러한 일이 없도록 하여야 할 것이다" 고 보고.

3. 교통부 수입에 관하여

최인규 교통 "추석을 전후하여 5일간에 5억 5,000만 환의 수입을 올리고 사고는 없었다"고 보고.

4. 대충자금 사용에 관하여

송인상 부흥 "대충자금으로 적자를 메꿔 가는 것이 아니고 동결한 자금을 정상 비목(費目)[289]

---

289) 어떤 일이나 살림을 하면서 들어가는 돈의 용도를 목적에 따라 나눈 항목을 의미한다.

에 이월하는 것이 오보된 것이라"고 보고.

이승만 대통령 "대충자금을 그런 데 써서는 안 된다. 오보가 났을 때는 정정하도록 하여야 한다. 그리고 신문 발표는 너무 과장하지 말고 모디스트(modest)[290] 하게 하라. 또 미곡도 풍년이니 팔아야겠다는 것을 신문에 나게 하는 것은 불리한 짓이라"고 주의하시는 말씀.

5. 정부수립 10주년 행사계획에 관하여

최재유 문교 "미술전람회, 체육대회, 백일장을 개최한다"는 보고.

6. 추곡 생산고에 관하여

농림(차) "9월 15일 현재 조사 1,673만 1,000석으로서 8월 15일 예상고에 비하여 62만 7,000석의 감소(원인: 수해, 냉기, 강우)를 보았으나 평년에 비하여는 210만 석 작년에 비하면 100만 석 증산되는 것이라"고 보고.

7. 수도(手稻) 2회 수확시험에 관하여

정재설 농림 "시험으로서는 성공하였으므로 실시재배에 관하여 계속 연구하려고 한다"고 보고하고 실물을 보여 올림. 이어 "올 가을 곡가는 폭락을 예상한다"고 첨가 보고.

8. 화폐 발행고 격증에 관하여

이승만 대통령 "발행고가 격증하여 폐가 되고 있다는데 어떤가?"하시는 하문에

김현철 재무 "추석 명절에 임금 밀린 것을 지불한 것과 공무원 봉급지불이 동시에 되어 급증하였으나 재고물자가 충분함으로 물가의 변동은 없을 것이라"고 보고.

이승만 대통령 "추석 임박하여 예년 같은 미가 하락이 없었는데 어떤가?" 하시는 하문에,

---

290) 대단하지 않게. 보통으로.

농림(차) "곧 하락할 것이며 곡가의 조절은 보유 양곡으로 조절이 가능하다"고 낙관적인 보고.

송인상 부흥 "8,000만 불의 ICA불을 연내에 6,000만 불 매각할 예정이므로 이로서 약 300억 환을 회수할 수 있어서 물가에는 자신 있다"고 보고.

9. 신년도 예산편성에 관하여

이승만 대통령 "명령으로 할 생각은 없으니 이 자리에서 피차 논의하여서 정하도록 하되 서로 양보해야 결말이 날 것이라"고 분부.

김현철 재무 "국방 주장 중 인건비 26억을 깎고 타 부 관계 24억을 줄여서 50억 문제를 해결하도록 할 수 있을 듯하다"고 보고.

김정렬 국방 "25대 25로 피차의 양보는 부득이하면 지시에 순종하겠으나 비목(費目)에 있어서는 완급을 검토하여 국방과 재무가 협의 결정하겠다"고 보고.

하오 중앙청 회의에서 전반 결의에 국방부 소관에 25억을 추가하고 타 부 소관에서 25억을 삭감하는 수정을 가하여 '1959년도 세입세출예산 제출에 관한 건'을 통과한바 내용은 별지와 같음.

10. 선전강화에 관하여

대통령 각하의 분부에 따라 다음과 같이 지방 유세를 하기로 함.

(1) 각부 장관, 실장은 지방을 담당하여 유세를 하기로 한다.

(2) 각 장관, 실장은 각기 계획을 공보실에 제출한다.

(3) 공보실은 강연의 요지를 만들어서 장관, 실장에게 배포한다. 각부, 실은 소관사항 중 유세에 필요한 사항을 공보실에 제출하여 전항 요지 작성의 참고에 제공하도록 한다.

일시 : 1958년 10월 1일(수)
장소 : 중앙청 회의실

1. 감원 및 공무원 정리 요령

원안을 별지와 같이 수정 통과하였음.

2. 기강 숙정에 관하여

신봉급 시행과 동시에 공무원에 대하여 별지와 같은 격문을 발표한다고 함.

3. 공무원 보수규정 개정에 관하여

정부 본래의 방침은 현 봉급 수당의 각 배액으로 인상하는 것이었으나 자유당 당무회의로 부터 상후하박(현 예산범위 내에서 하는 것이므로 하급 공무원은 배액이 못됨)으로 고려하여 봐 달라는 요청이 있어서 재론된 것인 바, 고급공무원이 국가가 지불하는 보수로서 생활을 할 수 있게 되어 솔선수범하도록 하는 것의 필요성을 피차 인정할 수 있으나 배액 인상한다 는 이미 공표된 방침을 변경하여 수많은 하급공무원을 실망케 함은 현명치 못하다(문교, 체 신, 교통)는 의견이 지배적으로 되어 다음과 같이 의결함.

"공무원 보수개정은 무조건 배액인상의 기정방침대로 하기로 한다. 단, 도지사급은 타에 비하여 월등 차가 있으므로 차제에 조절을 고려한다."

4. UN총회 대표 후원에 관하여

외무부와 UN 한국협회에 위임 처리케 한다는 것에 합의를 봄.

제93회 국무회의

일시 : 1958년 10월 7일(화)
장소 : 경무대(전반), 중앙청(후반)

1. 대만해협사태에 관하여

이승만 대통령 "상황이 어떤가?" 하시는 하문에

조정환 외무 "중공은 인도적 견지에서 보급을 허용하기 위하여 일주간 공격을 중지한다는 것을 발표한 바, 미국은 이를 환영한다는 발표를 하였으며 이면에는 전쟁 발발을 방지하려는 영국의 책동이 있는 것으로 본다"고 보고.

김정렬 국방 "사실은 보급이 어느 정도 가능케 되었으며 공산측 공군력이 부족한 관계로 시간적 여유를 얻으며 동시에 자유중국과 미국의 보급을 원만케 하려는 술책으로도 간주된다"고 보고.

2. 드골 씨에 대한 서한에 관하여

이승만 대통령 "편지를 보내는 것이 좋겠으니 외무부장관이 하도록 하라"는 분부.

조정환 외무 "그는 실질적인 수반이며 차기 대통령 당선이 확실하니 각하의 친서로 하는 것이 좋겠다"고 의견.

이승만 대통령 "만들어 보라"고 분부.

3. 덜레스(Dulles) 씨 발언에 관하여

이승만 대통령 "덜레스 씨가 이러한 어려운 시기에 자유중국을 무시하는 언사를 함부로 하였

으니 그대로 두면 버릇이 되어 누구에 대하여나 그런 짓을 할 것이다. 차제에 우리로서 무슨 말을 좀 하는 것이 좋을 듯한데 자유중국은 어떻게 하는 것인가. 외무장관이 중국대사를 만나서 말을 하여보라"는 분부.

4. 중앙의료원 개원에 관하여

손창환 보사 "스칸디나비아 3국의 장관급 내빈은 만족하고 귀국하고 지사급 2명은 아직 남아서 중앙의료원 운영에 관한 것을 협의하기로 하고 있다"고 보고.

이승만 대통령 "언제 업무를 개시하느냐?"의 하문에

손창환 보사 "1개월 이내에 할 수 있다"고 보고.

5. 문화포장 수여에 관하여

최재유 문교 "비숍 레인291)과 안더슨 씨에 대하여 문화포장을 수여한 바, 감격하더라"는 보고.

이승만 대통령 "이번 기회에 말하여 두는데 배재대학 기지 후보지인 '월곡'과 '우이동' 두 곳을 다 필요하다고 하나, 전자만으로 하는 것이 좋겠으며 은행 가격(감정가격)이 나로서는 헐한 것 같으나 일반은 정당한 것이라고 한다. 잘 알아서 처리할 것은 내가 나온 학교라고 저렴한 가격으로 주었다는 말은 안 듣도록 하여야 할 것이라"는 분부의 말씀.

6. 대구 선거에 관하여

김일환 내무 "민주당이 98,000표로 당선되고 자유당 공천자는 15,000표를 얻었다"고 보고.

이승만 대통령 "선거는 싸움인데 경쟁심이 없는 사람은 누워 있어야 한다. 반정부당의 부통령이 나오게까지 두었으나 권력으로라도 못된 놈들을 서울서 몰아내야 한다. 정부가 이대로 가만있으면 멀지 않아 대통령을 내놓아야 할 것이라"는 주의의 말씀.

---

291) 1958년 10월 5일 언론은 "최문교부장관은 4일 상오 10시 정동제일교회에서 대통령을 대리하여 우리나라 종교교육과 난민구제에 공로가 많은 미국감리교본부 세계종교부장 '리챠드 C. 레인시' 씨에게 문화포장을 수여하였다"라고 보도했다. "레인시氏 文化褒章, 난민十제에 공로." 『경향신문』(1958/10/05)

7. 간첩 체포에 관하여

김일환 내무 "지난주에 3명을 검거하였다"고 보고.

이승만 대통령 "몇 명이 들어온지를 모르면 아직 남았는지 안 남았는지를 알 수 없지 않느냐?"
고 하문 겸 주의 말씀.

곽의영 체신 "이북에서 많은 편지가 일본을 경유하여 각계 요인에게 오고 있는 것이 검열에
나타나고 있다"고 보고.

이승만 대통령 "간첩 침입이나 이런 편지문제를 신문에 발표하고 외국인 서신도 검사한다고
하여야 한다. 물론 그들은 반대를 하겠지만 이렇게 하여 두어야 외국인에게 피해가
있을 때에 우리가 할 말이 있게 된다"고 분부.

8. 제주목장 시찰에 관하여

정재설 농림 "밴 플리트 장군과 동행하여 시찰하고 돌아왔다"는 보고.

이승만 대통령 "수지를 맞추어야 하니 지금 계획하고 있는 축사 하나만 완성하면 그 이상 돈을
내지 않도록 유의하라. 한국인이 밥을 많이 먹는 민족이라는 외국인의 비난을 없이
하려면 육식을 시켜야 한다"고 분부.

9. 미가(米價)에 관하여

정재설 농림 "일시 17,300환까지 상승하였던 것이 어제는 대단히 하락하여 15,000환(신미
14,000환)을 보이고 있다"고 보고.

김현철 재무 "미가가 너무 하락하여도 곤란하고 2만 환까지 앙등하면 수출하기 어렵게 된다"
고 견해를 보고.

송인상 부흥 "비공식 연락에 의하면 류큐에 쌀을 팔 수 있다고 OEC와 미대사관 측에서 말하
고 있다"고 보고.

10. 물가 동향에 관하여

송인상 부흥 "추석에 미가와 광목값이 올라서 일시 33.6%가 되었으나 완전히 정부의 통제 하에 있다"고 자신있게 보고.

11. ICA 차장 영접에 관하여

송인상 부흥 "색시코 차장의 경제4부 장관과 만나서 충분히 이해할 만한 설명을 듣고, 산업부흥시설을 본 후 좋은 인상으로 돌아간 것으로 생각한다"는 보고.

이승만 대통령 "미국이 일본을 잘못 도와주면 한번 다시 진주만사건을 당할 것이고 그때 한국이 없으면 위험하다는 것을 알아야 한다. 그리고 일본은 '아카시아 나무'와 같이 저 잘 살려는 것만 아니라 남을 못살게 하는 민족이다. 덜레스 씨 말에 일본은 살아야 한다고 하니 말이지 누가 일본을 못살게 하느냐 말이다. 다만 다른 민족도 살아야겠기 때문에 말이지" 하시며 "이런 것을 미국인을 만나는 대로 말하여 주라"고 분부.

12. 중석광산에 관하여

구용서 상공 "중석 채광은 중지하고 536명을 해고(남은 직원 600명)하였다"는 보고.

김현철 재무 "중석회사의 부채는 20여 억으로서 그 중 8억을 대출하여 메꾸었으나 화학처리 공장시설에 이미 들어간 50만 불 이외에 다시 27만 불이 필요하나 장래성은 없다"고 보고.

이승만 대통령 "빚을 지게 한 사람 보고 물어놓으라고 하라. 어물어물하여 정부돈을 뺏어먹기로 작정인데 거기다 돈을 더 줄 수 없다"고 단정하심.

13. 해태 수출에 관하여

구용서 상공 "작년산 100만 속(束)이 그대로 있는 바 자유당 국회의원 김모(?)[292]가 일본에 가서 교섭한 결과 잘 될 것 같다"고 보고.

---

292) 남선무역주식회사 사장이며 민의원이었던 김원규(金元圭)를 지칭하는 것으로 보인다.

14. 치외법권에 관하여

이승만 대통령 "일본이 가지고 있는 것이 우리에게는 없다. 만일 우리가 요구하는 것을 안 들 겠으면 타국에 대한 것도 취소하라고 요구하여야 한다. 우리 국민이 일어나서 이것을 요구한다면 미국 국회에서도 생각을 다시 할 것이니 연구 조치하라"는 분부.

15. 수출 감소에 관하여

이승만 대통령 "수출이 증가하도록 하는 방안을 연구 보고하라."

16. 관세법에 의한 몰수물품 처분에 관하여

김현철 재무 "밀수 방지를 위하여 기왕에 미지불로 있는 상금을 지불해야 하겠고 그 재원을 얻기 위해서는 압수한 것을 매각하여야 하겠다"고 보고.

홍진기 법무 "약 17억에 달하는 물품이 있는 바 그 중 일부는 국내 생산업자에게 불하하고 왜 색이 농후한 것만 처분하고 상금을 주는 것이 좋겠다"고 의견.

이승만 대통령 "상금 상당의 물품을 남기고 수출하도록 하여 보되 안 되거든 소각하고 일반에 공표하도록 하는 것이 좋겠으나 전원이 다시 협의하여 적당한 방안을 보고하라"는 분 부.

(본안은 하오 국무회의에서 별지와 같은 재무부 안을 가결하였음)

※ 중앙청 회의

1. 다음 의안을 심의함

(1) 2급공무원 훈련요강(국무원 사무국 소관)

원안 통과.

(2) 등대 근무수당 급여규정(법제)

원안 통과.

(3) 한국조폐공사의 자본금 증가불입에 관한 건(재무)

원안 통과.

(4) 사환곡(社還穀) 법안(법제)

원안 통과.

(5) 고용규정 중 개정의 건(법제)

원안 통과.

(6) 교육공무원 보수규정 중 개정의 건(법제)

원안 통과.

(7) 전시수당급여규정 중 개정의 건(법제)

원안 통과.

(8) 공무원보수규정 중 개정의 건(법제)

원안 통과.

(9) 지방공무원령 중 개정의 건(법제)

원안 통과.

(10) 발명보호위원회규정(법제)

원안 통과.

(11) 발명보호 시행령(법제)

원안 통과.

(12) 형무관학교직제 중 개정의 건(법제)

원안 통과.

(13) 형무소직제 중 개정의 건(법제)

원안 통과.

(14) 기상기술원양성소규정(법제)

수정 통과.

2. 공무원 신규임명에 관하여

"제48회 국무회의 의결 '공무원 신규임명 중지'를 해제한다"고 의결.

3. 국무원 사무국 예비실원 사용에 관하여

"양곡사고 관계 공무원이 1958년 10월 8일 이내에 징계위원회의 결정을 보지 못할 경우에는 그들을 일단 국립공무원훈련원 예비직위에 전배치한다"고 의결.

4. 공무원 중 고령자 처리에 관하여

"행정 각 기관에 있어서는 감원 유무에 불구하고 감원 및 공무원 정리요령에 규정된 고령자는 정리하도록 한다. 감원이 없는 경우에는 권고 사직케 하며 특례를 인정치 않는다"고 의결.

제94회 국무회의

일시 : 1958년 10월 10일(금)
장소 : 중앙청 회의실

1. 1959년도 예산안에 대한 시정방침 (1958.10.10. 재무 긴급)

원안대로 통과함.

2. 정부관리 양곡사고에 관련된 공무원의 신분조치에 관하여

국방차관(장관대리로 회의에 참석)으로부터 어제 10월 9일 특별징계위원회의 심의 결과와 그 심의 내용의 개략의 설명을 듣고 앞으로는 행정조치에 대한 각 국무위원의 의견을 들은 바 다음과 같음.

내무(차관) "요구한 대로 안 된 것이 유감이며 금후에 있어서의 이 문제의 처리에 관하여는 차관으로서 말할 수 없다."

정재설 농림 "직접 책임이 있는 자들에 대하여는 파면이 타당하다."

곽의영 체신 "정치적 관계도 고려되어야 할 것이다."

홍진기 법무 "국회가 문제가 아니고 국민의 이해 여하가 문제인데 이대로 발표한다면 아무 것도 않느니만 못할 줄 안다."

오재경 공보 "사무책임을 묻는 특별징계위원회의 의결로서는 이대로 한 것이니 할 수 없을 것이며, 정치적인 문제는 별도로 장관을 상대로 하여 논하여 질 것이라고 생각한다."

제95회 국무회의

일시 : 1958년 10월 14일(화)
장소 : 중앙청 회의실

1. 미군 잉여물자 처분에 관하여

조정환 외무 "미군의 잉여물자 처분에 관하여는 그간 2년여에 걸쳐서 해결을 보지 못하고 있는 문제인 바, 최근 미국 정부 측에서는 다우링 대사를 통하여 그 조속한 해결을 요청하여온 바 그 제의 내용은 개요 다음과 같으니 각부 장관의 의견을 말하여 주기 바란다"고 제의.

(1) 미군에서 잉여물자를 처분하고자 할 경우에는 상공부에 통보하고 정부에 대하여 우선권을 주도록 하며 그 가격은 상호 협상하는 바에 의한다.

(2) 20일 이내에 전기 협상이 성립되지 않을 경우에는 그 물자를 일반 공매에 부친다.

(3) 수입 금지된 것, 또는 소지를 금하고 있는 품목은 대한민국 밖으로 가져갈 것(Removal from Korea)을 조건으로 이를 처분하되 한국 정부는 이에 대하여 하등 제한을 과하거나 과세를 하지 않는다.

(4) (3)의 경우의 판매대금은 미군이 이를 쓴다.

(5) 쓰레기는 미군이 임의로 처분한다.

홍진기 법무 "(3)에 의한 처분은 법적으로 그에 응할 수 없다고 생각한다"는 의견.

조정환 외무 "외국으로 수송은 미군의 명의로 출하하고 그때까지는 보세창고에 보관하는 방도로 하는 것이라고 듣고 있다"고 답변.

구용서 상공 "품목이 명시되지 않고 있음으로 일반적으로 가하다 할 수 없다"는 의견.

홍진기 법무 "품목과 수량, 그리고 잉여물자의 한계가 분명치 않으면 고의로 물건을 들여올 수도 있을 것이다"고 그 맹점을 지적.

송인상 부흥 "근본문제를 논하여야 한다. 첫째로 미군이 한은에서 500대 1로 환화를 교환 획득하는 것에 불만이 많은데 이러한 자유경쟁입찰에 의한 잉여물자 처분으로 유리하게 환화를 획득하게 되면 은행에서 환금을 하지 않게 되고 나가서는 500대 1의 환율을 위협하게 될 것이며, 둘째로 품목과 수량에 제한이 없으면 베트남에서 여자용 양말을 수만 타 불하할 것과 유사한 일이 생길 우려가 없지 않으며, 셋째로는 정부를 상대로 하여 협상가격으로 처분케 하는 종래의 정부 제안을 견지하고 나가는 것이 안전책이라고 생각된다. 하여간 이 문제의 해결은 이 이상 미루기에는 곤란하다"는 의견.

조정환 외무 "이 문제에 관한 각부 실무자회의에서는 상공부장관이 무역계획 수행상 필요하다고 인정할 경우에는 그 품목과 수량을 제한할 수 있도록 할 것을 미측 제안에 첨가하도록 협의하자는 데에 의견의 일치를 보았다"고 설명을 첨가.

유 비서관 "외국에서는 가위(可謂) 거저 주다시피 정부에 넘겨준 예가 있다는 것을 대통령 각하께서 말씀한 일이 있었다"고 참고 의견.

곽의영 체신 "미국정부에 악감정을 주게 하여서는 안 될 것이니 적당한 처리를 해야 할 듯 하다"고 하며 영군 철수 시 물자를 바다에 버리고 간 예를 듦.

이상 논의 끝에 다음과 같이 하도록 의결함.

"외무부에서 외국에 있어서 이러한 일이 어떻게 되었던가를 연구하여 보고 정부에서 일단 인수하는 방향으로 추진하여 보기로 한다."

2. 미곡담보 융자에 관하여

송인상 부흥 "미곡담보의 석당 대여액에 대하여 자유당에서는 2만 환을 강력히 주장하고 있는 일방 OEC에서는 18,000환, 재무부 역시 수출가격을 고려하여 18,000환을 주장하고 있으므로 그 해결을 경제조정관에게 이관하여온 바, 미곡담보 목표 150만 석, 석당 2만 환이면 현금이 150억이 필요한 바, 현재 준비된 것은 85억뿐이며 정부가 쌀값 2만 환 확보의 책임을 진다는 것도 어려운 일이므로 다음과 같은 '말'을 하여 이를 조절하는 수밖에 없다"고 제의.

"석당 1만 환은 현금으로 주고 비료대금은 미곡을 처분하였을 때에 받기로 한다."

곽의영 체신 "비료대금 채무가 없는 자는 미곡담보의 혜택을 못 받게 되어 불행하다고 생각한다"고 주장.

이상 논의 끝에 다음과 같이 의결함.

"농림, 부흥 양 장관으로 하여금 협의 선처케 한다."

3. 법관 연임법 공포에 관한 건 (법제)

국회에서 의결되어 이송되어온 대로 공포하기로 함.

4. 귀속재산처리 특별회계 적립금 운용요강 (재무)

다음과 같이 수정 통과함.

(1) 제7조 중 '하기 조건하에 이를 취급한다'를 '행하되 주택영단으로 하여금 이를 취급케 한다'로 고친다.

(2) 제8조 제7호를 삭제한다.

5. 교육세법 시행령 (법제)

원안대로 통과.

6. 스미스 힌치맨 그릴스 기술협정[293] 제3차 및 제4차 수정에 관한 건 (부흥)

원안대로 통과함.

---

293) 스미스 힌치맨 그릴스(Smith, Hinchman & Grylls, Inc.)와의 기술협정에 관한 자료는 국사편찬위원회 해외사료총서에 소개되어 있다. 운송, 광업, 전신, 전기, 공공사업, 일반산업에서의 기술 용역 계약과 진행 상황이 상세히 보고되었다. 국사편찬위원회, RG 469 「미 해외원조기관 문서철 자료, 해외사료총서 제13권」 2007.

7. 군수품 부정유출 방지책 (국방)

국방, 내무, 재무, 법무, 상공의 5부 합동으로 계몽 단속하는 별지 안에 대하여 논의한 바, 다음과 같은 의견의 속출로 결정을 못보고 앞으로 계속 토의하기로 하고 중단함.

(1) "관계장관 연명 공고문에 부정유출이 심하여 그 물자가 시정에 범람한 것으로 써 있으나 대외관계를 고려하여 수정하는 것이 좋겠다(체신)"

(2) "외국군인이 판 것을 산 사람만 조사함으로써 마치 한국인만이 부정한 짓을 한 것 같이 뒤집어 쓸 우려가 있다(문교)"

(3) "부정 유출하는 '루트'를 막아야지 현재 가지고 있는 물품만을 흡수함은 부당하며 효과도 없을 것이다(상공)"

(4) "외국제품에 대하여는 밀수품으로 다스릴 수 있을지 모르나 그 외에는 압수하는 법의 근거가 분명치 않으니 연구를 요한다(법무)"

(5) "압수한 것을 처분하는 방법도 미리 연구치 않고 그것을 공매 처분하여 다시 시중에 나가게 한다면 외국에 대하여는 물론 국민에 대하여도 석연치 못한 느낌을 줄 것이다(내무)"

제96회 국무회의

일시 : 1958년 10월 16일(목)
장소 : 중앙청 회의실

1. 감원 및 공무원 정리요령에 관하여

김일환 내무 "자유당 정책위원회로부터 공무원 정리방법에 대하여 다음과 같은 요청이 있었으니 심의하여 주기 바란다"고 제의.

"공무원 정리에 있어서는 다음 각 항을 고려하여 주기 바란다.

(1) 정리대상자의 연령제한을 완화(대상 연령을 5세씩 올리는 등)하며

(2) 감원은 일시에 하지 말고 점차적으로 하여 갈 것."

신두영 국무원 사무국장 "정한 요령대로 하여서 자유당의 요청에 응하지 못할 것이 없으므로 그것을 변경할 필요는 없으나 그 실정에 관한 것을 좀 더 구체적으로 정하면 피차에 염려하는 것 같은 폐단이 없을 것이니 자세한 것을 추가 결정하기로 하고 지난번 국무회의에서 별도 의결한 고령자 정리방안은 실시를 보류하는 수밖에 없었다"고 설명.

각부 장관의 협의에 대하여 국사, 법제의 설명이 있은 후 다음과 같이 의결함.

1. 감원 및 공무원 정리요령 2의 (1)에 열거된 우선대상자의 정리순위는 원칙적으로 (다), (나), (가), (라)의 순으로 한다.

2. 동 요령 2의 (2)에 열거된 자로서 (1)의 각 호의 1에 해당하는 자는 우대를 받지 못하는 것으로 한다.

3. 감원 이외의 고령자 정리는 보류한다.

일시 : 1958년 10월 21일(화)
장소 : 경무대(전반), 중앙청(후반)

1. 서독 경제상 내한에 관하여

조정환 외무 (일정에 대한 보고)

김현철 재무 "그와 협의 또는 그에게 요망하는 사항은 부흥부가 주가 되어 메모랜덤[294]을 만들고 있으므로 회담 시에 외무부장관이 이것을 직접 건네줄 것이라"는 보고.

이승만 대통령 "그의 방문의 목적은?" 하시는 하문에,

김현철 재무 "동남아 각국을 돌아서 한국에 들르는 것이며 후진국가에 대한 경제원조사업과 관련이 있는 것으로 추측된다"는 보고.

이승만 대통령 : "그에게 이런 말을 하여 주어야 한다. 한국이 본래 자급자족하던 나라이다. 그것을 이 같이 어렵게 만든 것은 영국과 미국이 일본을 원조하여 한국을 침략케 한 소치이며, 세계는 공평한 입장에서 모든 문제를 봐나가야 한다는 것을 알리도록 하고 구차한 사정을 하며 원조를 요청하느니 보다 자존심과 위신을 지키고 상대하는 것이 효과적일 것이다.

전후 서독이 베를린을 복구한 것과 같이 우리도 주택을 많이 건축하고자 하니 자금을 적당한 이자로서 대부하여 달라고 청하여 보는 것이 좋겠다. 물론 그에 의하여 건설된 건물은 담보로 하고... 그리고 기술자를 고용하는 문제도 의논하여 보라"고 하시는 분부.

---

294) 각서(memorandum, 覺書) 또는 비망록과 같은 말로 통용되며, 주로 사건의 주요 사실을 요약한 외교상의 문서를 말한다. 조약은 아니지만 국가 간의 합의를 나타내는 문서로 조약이나 협정과 같은 공식문서로서의 효력을 지닌다.

2. 체신부 관계 DLF에 관하여

곽의영 체신 "350만 불 배정을 받았으며 이것으로 서울을 위시한 전화시설을 개선할 계획이라"는 보고.

3. 체신청장의 순회강연에 대하여

곽의영 체신 "체신청장들이 지방을 순회하며 강연을 하도록 지시하였다"는 보고.

4. 태국교육시찰단의 내한에 대하여

최재유 문교 "11일에 올 것을 예상하고 준비 중"이라는 보고.

5. 국채 및 미군표 위조범 체포에 관하여[295]

김일환 내무 "국채위조범을 체포한 바 전 민의원 신하순 집에 잠복하였던 관계로 신도 이를 구속 조사 중이며 미군표(10만 불) 위조자 일당을 검거한 바, 그 중 1명은 미국 군인이 므로 미군 수사기관에 이첩하였다"는 보고.

이승만 대통령 "일본은 미국 군인도 일본법에 의하여 처치할 수 있는데 우리는 그러한 대접을 못 받으면서도 섭섭하다는 생각이 없다는 것은 독립이 무엇인가를 모르는 사람들이 다. 우리 수사기관에서 잡아넣고 나서 전부가 일어나서 항의하면 해결될 수 있는 시 기라고 생각한다. 치외법권은 지상에서 없어져 버린 이때이다"라고 하시면서 장택상 씨가 경찰에 있을 당시에 의연한 태도로 외국인의 항의를 일축하여 경찰의 권위를 보 여준 선례를 말씀하심.

---

295) 당시 언론에 따르면 "국채위조단을 좇고 있던 시경수사과 및 중부산서합동수사대는 17일 새벽 주범 이 승권(한국유기비료공업주식회사 사장)을 시내 신당동 전 민의원 '신'모씨 집에서 체포하였다. 위조단을 수배한지 10일 만에 주범 이승권을 체포한 합동수사대는 공범 한국유기비료공업주식회사 부사장 송효 준 상무 등 9명을 체포하였다. 주범 이승권은 한국유기비료주식회사를 만들어 농촌상대로 영업을 시작 하였고 사업부진으로 회사가 점차 망하게 되자 갖가지 방법으로 빚을 얻어 회사를 바로잡으려고 하였으 나 결국 성공에 이르지 못하여 회사운영상 논의 끝에 국채위조를 감행할 것으로 모의하여 지난 5월초부 터 위조에 착수했다"고 보도했다. "국채위조사건 주범 이승권을 체포." 『경향신문』(1958/10/18)

6. 한강철교 보수에 관하여

김일환 내무 "한강철교를 보수하여 비상용으로 계속 사용하려는 바 어떻습니까?"하는 품청.
이승만 대통령 "찬성한다"고 그 조치 계획을 윤허하심.

7. 연료대책에 관하여

구용서 상공 "산에서 채굴된 탄이 충분하고 교통부 배차의 계획이 서 있으므로 금년 서울시의
연료난은 없을 것이라"는 보증.

8. 충주비료공장 기술자 초청에 관하여

구용서 상공 "내년 6월에 개시될 충주비료공장 조업에 대비하여 외국인 기술자를 초청하려고
주미 양 대사를 통하여 교섭 중이라"는 보고.
이승만 대통령 "외교관은 외교를 맡아보게 하여야 하니 외국인 기술자 초청은 어떤 한 기관이
담당해서 잘 연구해서 해야 할 것이며, 독일에서 자국 기술자를 보내준다고 함으로
인하대학에 두라고 하였는데 인하대학에서는 내가 생각하는 것 하고 다른 생각을 하
고 있는 듯하나 최근 새로 이사회가 되었다니 그 이사회가 이 문제를 취급하도록 할
수 없는가?"하시는 물음에 일동 중에 가하다고 대답 드리는 사람이 없음.

9. 중석광 운영에 관하여

이승만 대통령 "빚을 지지 말고 자급태세를 갖추고 시기를 기다리도록 조치하라"고 분부.

10. 수출증가책에 관하여

이승만 대통령 "수출 증가를 기하도록 하라"는 분부.
구용서 상공 "서면보고와 같이 앞으로 감소되는 일은 없을 것이며 수출고의 하락은 중석수출
중지에 영향이 많다"고 보고.

11. 농산물가격 조정에 관하여

정재설 농림 "상환양곡 토지수득세로서 120만 석, 담보융자 150만 석으로 미가 조절은 가능
하며 잉여농산물로서 도입된 잡곡과 미곡의 교환도 계획하고 있다"고 보고.

이승만 대통령 "공무원, 군인은 물론 기타 국민들에게 잡곡식을 장려하도록 하고 미곡은 수출
하도록 하되 한국산미의 품질을 국제적으로 선전할 필요가 있다"고 분부의 말씀.

12. 통화팽창에 관하여

이승만 대통령 "실정이 어떤가" 하시는 질문에

김현철 재무 "통화발행고의 증가는 사실이나 물가에 영향은 없을 것이며 공무원 봉급증액으
로 인한 증발은 현품 지급, 예금 권고 등으로 실증을 가급적 적게 하려고 하고 있는 바
미국대사는 이에 중대한 관심을 가지고 여러 가지 걱정을 하고 있는 반면 OEC 당국
자들은 그다지 염려가 없다고 보고 있고 연말까지 1,720억으로 작년보다 300억이 증
가될 것이나 UN 환화 100억과 경제발전으로 인한 200억의 증가는 부득이하다고 생
각한다"고 보고.

이승만 대통령 "미국대사에게는 우리가 잘하고 있으니 염려 말라고 대답하라"고 하시며 미 대
사의 간섭에 대한 우리의 태도를 명시하시며 '돈'을 우리에게 주면 우리 자신이 유익하
게 쓰겠다"고 하심에,

김정렬 국방 "공무원 봉급 때문이 아니고 사병 봉급문제로 그들이 말하는 것이 있는 바, 이것
은 정부에서 요구하지 않은 예산을 국회에서 증액계상한 관계로 나오는 말이라"는 설
명을 드림.

이승만 대통령 "군을 위하여서가 아니고 군이 가진 투표권 때문에 그런 짓을 하니 큰일이다.
또 그런 일이 있으면 나에게 말을 하도록 하라"고 하시며 흥분하심.

13. 농업협동조합 운영에 관하여

이승만 대통령 "농림장관은 이 운영에 자신이 있는가?" 하시는 하문에,

정재설 농림 "정치에 간여하지 않고 부채를 하지 않도록 할 수가 있으며 그리 하겠다"고 보고

하고 "앞으로 예산서가 제출되면 그것을 검토 보고하겠다"고 대답을 올림.

14. 은행 경영에 관하여

이승만 대통령 "은행은 은행을 할 사람들이 각각 출자하여서 하도록 해야 하며 정부나 타 은행에서 차입해서 하여서는 안 되니 앞으로 유의하도록 하라"는 분부.

15. 대만사태에 관한 국제정세에 관하여

조정환 외무 "중공이 어제부터 포격을 재개하고 있는바 덜레스 씨의 방문과 관계가 있다고 관측하고 있으며 한편은 신무기가 대만에 들어왔다고 보도되고 있다"고 보고.

김정렬 국방 "나이키[296]와 싸이드 와인더[297]를 말하는 것인데 전자는 내년에 주게 되었을 때에 대비하여 훈련을 하고 있는 것이라고 듣고 있으며 덜레스 씨가 도착하는 날 포격을 시작하는 것은 영미간의 협상을 깨트리는 것이 될 것이라고 보고 있다"고 들은 정보를 보고.

이승만 대통령 "한국에 올 것이 대만으로 갔다고 하는데" 하는 하문에,

김정렬 국방 "제트(Z)기[298]로서 우리 주려는 것이 거기로 간 것이 있으나 결국은 마찬가지로 될 것"이라는 보고.

이승만 대통령 "덜레스가 오는 것은 장[장개석]의 어깨를 두드려서 일본 재무장에 대한 것을 납득시키려는 것으로 본다. 일본은 그 헌법과 일부 공산당의 반대로 군을 확장할 수 없었으나 기시 수상이 나온 후로는 재무장하는 방향으로 나가고 있다. 외무장관은 중국대사를 불러서 덜레스가 감군이니 일본 재무장이니 하는 말을 내놓거든 감정을 상할 만치 말을 하여 돌려보내라고 일러주어야 할 것이다. 국방장관은 무슨 핑계든지

---

296) 나이키 미사일(Nike missile)은 미국의 지대공 및 대미사일 요격용 미사일로서, 대상 표적을 레이더가 포착하면 컴퓨터로 고도, 속도, 위치를 확인한 뒤 미사일을 발사, 이를 전파로 유도하여 표적을 격추시킨다. 나이키 미사일에는 에이잭스, 허큘리스, 제우스, 엑스(스파르탄 및 스프린트) 등이 있다.

297) 적외선 추적 단거리 공대공 미사일의 일종. 모델명 AIM9인 사이드 와인더(Sidewinder)는 대상 표적의 엔진 배기가스 및 표면의 열을 감지하여 추적한다. 근거리에서 빠르게 기동하는 목표에 유효하며, 표적에 충돌하거나 목표 근처를 지날 때 감응신관(感應信管)이 작동 폭발하여 적기를 파괴한다.

298) "제트(Z)기"의 알파벳은 jet plane의 오기로서 제트기는 제트 엔진을 사용해 하늘을 나는 비행기를 말한다. 제트 엔진이란 기체나 액체 등의 유체를 아주 빠르게 뒤로 뿜어낸다. 이때 발생하는 반작용을 이용해 앞으로 나아가는 기관이 제트엔진이다.

만들어서 미국에 가서 아는 사람들과 의논도 하고 서신으로도 연락하여 그들에게 '미국이 만일 덜레스 씨의 정책대로 일본을 재무장시킨다면 공산당을 처내 보내고서도 오히려 더 어려운 일을 당할 것이라'는 것을 알려주도록 하여야 한다."

김정렬 국방 "그간 펜타곤 친구들의 초청이 있었으나 감군 문제가 있어서 혹 떼려다 붙이는 격이 됨이 두려워서 못 갔었다"고 보고.

이승만 대통령 "대사(大事)를 하는 사람이 겁이 많으면 안 된다"고 주의.

김정렬 국방 "일본은 우리 전 예산의 3배나 되는 1,200억 환을 군사예산으로 세우고도 21만 이상 증가 못한다고 뻗대고 있으며 5공군의 '래더 사이트'[299)]의 일부를 배속 받으라 하여도 거부하고 있다"고 보고.

이승만 대통령 "그것은 원조를 더 받자는 술책이다. 국방장관은 그 꾀와 지혜로서 미국인에게 말하여 '한국만을 붙들고 있으면 걱정이 없다'는 확신을 가지게 만들어야 한다"고 분부.

※ 중앙청 회의

1. 감원이 수반된 각부 정원개정에 필요한 대통령령 개정에 관한 건

법제실에서 자구 수정하기로 하고 원안 통과.

2. 다음 안건을 원안대로 통과함

(1) 의무교육 재정평형 교부금법(법제)
(2) 계량법(법제)
(3) 주한미군 잉여물자 처분에 관한 협정의 건(외무)
(4) 대한주택영단의 외인주택 집세로 징수한 외환에 대한 임시외환특별세 취급에 관한 건(보사)

3. 다음 예비비를 지출하기로 함

(1) 뇌염방역비(보사부 소관) 16,410,000 일반회계 예비비서 지출

---

299) Radar Site. 방공 경계용 레이더 기지를 의미한다.

(2) 재판 및 등기 제비용(대법원 소관) 15,217,000 〃

(3) 교포인수 및 억류자 송환비(상공부 소관 해무청) 2,116,900 〃

(4) 공무원훈련원 예비정원의 봉급(국무원 소관) 5,249,200 〃

(5) 경비전화보수비(내무부 소관) 149,992,100 경제부흥특별회계 지출

(6) UNKRA 협정 제비용(재무부 소관) 341,334,800 대충자금특별회계 지출

(7) 사회복지시설비(보사부 소관) 75,552,500 경제부흥특별회계 지출

(8) 교실복구비(문교부 소관) 378,328,300 〃

(9) 국회민의원정보비(민의원 소관) 36,400,000 일반회계 예비비 지출

(10) 주택대책비(보사부 소관) 8,460,000 경제부흥특별회계 지출

(11) 중앙의료원 신축비(보사부 소관) 106,000,000 〃

(12) 의료사업 복구비(보사부 소관) 205,911,300 〃

제98회 국무회의

일시 : 1958년 10월 28일(화)
장소 : 경무대(전반), 중앙청(후반)

1. 물가조정에 관하여

이승만 대통령 "지난주 동안에 물가가 상당히 많이 올랐는데 그 주요한 이유가 미가 앙등에 있
는 듯하니 관계장관이 협의하여 필요한 조치를 하여야 할 것이라"는 분부.

정재설 농림 "추수기에 일시 곡가가 앙등하는 것은 예년에 있는 일이므로 며칠 사이에 다시
하락할 것이라"는 보고.

김현철 재무 "물자의 재고가 충분하므로 500대 1 환율을 위협할 정도까지 상승하지는 않을 것
이며 이번 물가의 상승은 1개월 전 추석자금 방출과 공무원 보수 지급이 동시에 된 것
이 지금에 와서 영향을 주는 것인 바, 현재의 앙등상황은 예측보다 덜 심하며 불원간
에 조정될 것으로 생각한다"고 보고.

이승만 대통령 "잘 의논해서 하라"고 다시 분부.

2. 주택자금 차입에 관하여

이승만 대통령 "비료공장 설치 협의 시에는 자금을 예치하라는 등 말이 많던 서독이 이번 경제
상의 내방으로 인식을 새로이 한 차제에 주택자금을 대여하여 달라는 교섭을 하여보
되, 이자는 연 3~4% 10년 내지 15년의 장기채로 하여야 할 것이라"는 분부.

3. 원자력 연구에 관하여

이승만 대통령 "서독에는 원자력의 좋은 기술자가 많다고 하니 그러한 기술자를 얻도록 하라"
는 분부.

4. 관광사업에 관하여

이승만 대통령 "시설 특히 위생시설이 좋아야 한다. 일반 가정에서도 냄새를 제거하는 간편한
방법을 강구하여야 할 것이니 특히 유의하여 연구하도록 하라"는 분부.

5. 사방공사에 관하여

이승만 대통령 "사방이 시급하니 관계 장관이 협의 선처하도록 하라"는 분부.
정재설 농림 "이미 지시하신 바에 의하여 내무, 농림 양부 실무자회의를 개최하여 방안을 수립
중이므로 조만간에 보고케 될 것이라"는 보고.

6. 태국 문교부장관 내방 연기에 관하여

최재유 문교 "태국 정변으로 인하여 무기 연기한다는 통보를 받았다"고 보고.
이승만 대통령 "그 정변은 어떤 것인가?" 하는 하문.
조정환 외무, 김정렬 국방 "대단치 않은 것이며 정책상으로는 보다 강한 반공정권으로 생각된
다"고 보고.

7. 진보당사건 공판에 관하여

홍진기 법무 (진보당사건 공판에 관하여 보고)
이승만 대통령 "법관들만이 무제한한 자유가 허용된다는 것은 이해할 수 없는 말이라"고 하시
며 "이러한 판사들을 처리하는 방법은 없는가?"하는 하문에,
홍진기 법무 "탄핵소추가 있으나 참의원이 없어서 안되고 법관징계위원회가 있어도 법관들끼

리 하는 것이니 소용이 없고 임기 만료자를 그때그때 정리하는 도리밖에 없는바, 이
번 임기 만료된 법관 중에 대법원이 제청 않은 자가 있는 외에 몇 명은 부적당한 자가
있어서 연임을 명하기 전에 조사를 하고 있으며 진보당사건 1심 판결의 책임판사도
이번 임기만료자 중에 들어있다"고 보고.

이승만 대통령 "조봉암사건 1심 판결은 말도 안 된다. 그때의 판사를 처단하려 하였으나 여러
가지 점을 생각하여서 중시하였다. 같은 법을 가지고 한 나라 사람이 판이한 판결을
내리게 되면 국민이 이해가 안 갈 것이고 나부터도 물어보고 싶은 생각이 있다. 헌법
을 고쳐서라도 이런 일이 없도록 시정하여야 한다"는 분부의 말씀.

8. 연료 수송에 관하여

최인규 교통 "원래 영암선 '100화차/일'를 '130화차/일'로 증가하였으므로 금년 겨울의 연료난
은 없을 것이라"고 보고.

9. 관기(官紀)[300] 숙정에 관하여

곽의영 체신 "전 장관이 방치하였던 사고 직원을 일부 징계위에 회부(심계원 통보에 의하여)
하고 여타를 좌천시키는 등 철저한 처치를 취하고 있다"는 보고.

이승만 대통령 "욕을 먹는 사람도 있어야 일이 된다"고 격려의 말.

※ 중앙청 회의

1. 관보 정정에 관한 건 (법제)

이미 공포된 공무원 보수규정 등에 있는 형무관의 직명 변경 부분은 종전대로 하기로 하고
정정 또는 삭제한다.

2. 군인운전사 일반면허 수수료 면제조치의 건 (국방)

---

300) 관리들이 지켜야 할 기강을 의미한다.

원안대로 통과.

3. 스미스 힌치맨 그릴스 기술계약단이 도입하는 물자 무담보 면허전 인취(引取)[301]에 관한 건 (재무)

원안대로 통과.

4. YMCA[302]회관 건축비 모집 협조에 관하여

적극 협조하기로 하고 구체적 방안을 차회 국무회의에서 논의하기로 함.

5. 대통령 각하 월남방문 시 환송영에 관하여

외무, 내무, 문교, 공보, 국사가 협의해서 하도록 한다.

6. 대법관 임명에 관하여

대법원장으로부터 제청된 변옥주(卞沃桂)[303]를 대법관으로 임명하는 것은 제청대로 하기로 하다.

---

301) 인취란 수출면허를 받은 물품이나 외국으로부터 도착된 물품을 우리나라에 들여오는 것을 말한다.

302) Young Men's Christian Association(기독교청년회), 1958년 10월 25일 중앙청 구내 야외 음악당에서 YMCA회관 창립 55주년기념 행사가 열렸다. 이승만 대통령은 YMCA창립 기념일 담화에서, "YMCA가 창립 이래 청년남녀를 많이 지도했고 또 일반사회에 공로가 컸음을 찬양, 전국민은 청년회관의 재건에 성심껏 도우라"고 말했다. "YMCA회관 재건운동 전개 55주년기념일 기해."『동아일보』(1958/10/26) 이듬해인 1959년 9월 3일, 서울 YMCA 신축회관 봉헌식이 열렸다.

303) 변옥주(1906~1962)는 교토 제국대학을 졸업하고 고등문관시험 사법과에 합격하여, 일제강점기 청진지 방법원 판사, 부산지법 통영지청 판사를 지냈다. 해방 후 전주지방법원, 서울고등법원 원장을 역임했으며, 1958년 대법원장에 임명되었다.

제99회 국무회의

일시 : 1958년 10월 31일(금)
장소 : 중앙청

1. 대통령 각하 방월행차에 대한 송환영 절차에 관하여

국무 사무국안(관계부 실무자회의 성안)대로 하기로 함.

2. YMCA회관 건립자금 모집에 관하여

정부로서 협조하기로 하되 세간의 오해를 없이 하기 위하여 표면상의 행동은 YMCA측에서 하도록 권고한다.

3. 국군 전몰장병 묘비 건립비 모집에 대한 협조에 관하여

국군전몰장병묘비건립위원회로부터 별지사항 계획에 대하여 협력하여 달라는 요청이 있었으니 심의 결정하여 주기 바란다는 제의에 대하여 다음과 같이 의결함.

"필요하면 연차계획이라도 세워서 국비로서 하기로 하고 본 계획에 대한 협조의뢰는 이를 거부한다."

(이유)

    (1) 전국적으로 한다 하여도 그 내용은 학생, 군인, 공무원이 주로 대상이 되어 있음.

    (2) 4,000만 주라 하나 현 국군묘지에는 14,000주 내외 밖에 없으며 5,000여만 환의 예

비비 계상이 이해하기 어려움.

(3) 근일 사칭의 모금이 너무 많음.

4. 모금운동 단속에 관하여

(전항에 의하여 자연히 의제에 오르게 된 것임)

근자 성행하는 부당한 모금은 국민생활의 명랑을 해치고 있으며 민의원 의장님을 위시하여 각부 장관 등 정부요인의 명의가 이용되어 차기선거에 불호한 영향을 줄 것이므로 다음과 같이 하기로 의결함.

(1) 모금운동에 대통령 각하나 이 의장님의 명의를 빌려 쓰지 못하게 할 것.

(2) 기부금품 모집금지법에 의하여 철저히 단속하도록 하고 이것을 공보실에서 발표하여 주의를 환기할 것.

5. 한국산업은행법 중 개정법률안 (법제)

원안 통과.

단, 시중은행 측의 반대가 있을 것이며 국회 통과에 애로가 예상되는 재무부에서는 사전에 국회(자유당)측과 긴밀한 연락을 취할 것.

6. 한국산업은행 소유자산 재평가차익 적립금의 자본금 전입에 관한 건 (재무)

원안대로 통과.

7. 군수품 부정유출 방지안 (국방부)

공고문의 내용을 좀 정리할 것을 국방부에 위임하기로 하고 여는 원안대로 통과함.

제100회 국무회의

일시 : 1958년 11월 4일(화)
장소 : 경무대(전반), 중앙청(후반)

1. 외교사절 교환에 관하여

이승만 대통령 "일본에 주재 중인 외국사절이 한국관계 일을 겸하여 보도록 하였으면 하는 의견이 '스칸디나비아 제국(諸國)'과 '이란'에서 제의되었는데 종전에는 거부하여 온 것이지만 이제는 사정도 다소 다르니 이를 승인하도록 할 것인가 여부를 연구하도록 하라"는 분부.

2. 일녀(日女) 입국에 관하여

이승만 대통령 "독일인이나 미국인과 결혼한 일본인 여자의 입국을 전적으로 거부하는 것도 좀 어렵고 그렇다고 무제한 허용할 수도 없을 듯하니 적절한 조치 방안을 연구 보고토록 하라"는 분부.

3. 해외 통신에 관하여

이승만 대통령 "RCA나 Western Union[304]을 통하여 많은 경비를 쓰는 일이 있으나 공보에 시설된 것을 쓰도록 하는 것이 좋겠다"는 분부.

---

304) 미국의 전보 및 송금 서비스 기관. 이승만이 독립운동 당시부터 애용하던 회사.

4. 제방 관리에 관하여

이승만 대통령 "제방의 관리인을 임명하여 각각 그 담당한 구역을 관리케 하라"는 분부.

정재설 농림 "수리조합 제방은 수조(水組)에서 관리하고 있다"는 보고.

5. 추경 여행(勵行)에 관하여

이승만 대통령 "법을 정하여서라도 강행하여 철저히 시행되도록 하라"고 분부.

정재설 농림 "작년 67%를 금년에는 100%하기로 적극 추진 중이라"는 보고.

6. 사방공사에 관하여

이승만 대통령 "적극 추진하도록 하라"는 분부.

7. 세금 체납에 관하여

이승만 대통령 "체납이 많다는데 그 대책을 하고 있는가?" 하시는 하문.

김현철 재무 "정당, 사회단체에 뜯기는 것이 많고, 당초 예상과 같이 사업운영이 안되어 최초의 약속대로 이행 못하는 귀속기업체도 많은 바, 이를 엄중히 처치하면 결국 사업을 못하게 되므로 애로가 많다"고 보고.

이승만 대통령 "돈을 뜯어가는 폐단은 정부가 시정하여 주어야 한다"고 분부.

김현철 재무 "목하 강경한 방침으로 체납정리에 임하고 있다"고 보고.

8. 외환에 관하여

이승만 대통령 "정부가 외화를 교환하여 주는 일을 하고 있는데 이것을 달리하거나 또는 아주 안 바꾸어 주도록 하거나 무슨 조치가 필요하다고 생각하니 연구하여 보도록 하라"고 분부하시고 "운동선수들은 해외에 가서 운동하여 국위 선양에 공헌하고 있으니 돈을 마련들 하여 주어야 할 것이라"는 말씀을 첨가.

9. 수의 계약에 관하여

김현철 재무 "근래 수의계약 동의요청이 많다"고 보고.

이승만 대통령 "정부 일은 경쟁입찰로 함을 원칙으로 하라"고 분부.

10. UNC에 대한 채권에 관하여

김현철 재무 "한국 주장 900만 불에 UN측 400만 불 타협액이 725만 불인 바, 이 금액으로 가
하다 하시면 협정에 외무, 재무가 서명하여 곧 받으려고 한다"고 보고 겸 품의.

이승만 대통령 "받는 것이면 좋겠다"라고 하락하신 후 다시 그 내용을 상세히 들으시고 "몇 푼
안 된다고 들었는데"하시는 말씀. 처음은 설명이 불충분하여 다른 것으로 알고 윤허
하였으나 종래에 문제중이던 그 건이면 다시 고려할 여지가 있다는 듯한 표정에 그치
셨음으로 확실하신 의도를 기록하기 어려움.

11. 상공장려관에 진열 판매될 재일교포 제품에 대한 보증금에 관하여

김현철 재무 "표기 물품을 들여오기 위하여 29,000불의 보증이 필요한 바, 원칙 외이므로 이
에 보고하여 지시를 받고자 한다"는 품신.

이승만 대통령 "한인의 제품이고 아닌 것을 구별키 어렵지 않은가?" 하시는 물음.

구용서 상공 "그것은 구별할 수 있다"고 보고.

이승만 대통령 "그렇다면 허락할 수밖에 없지 않으냐?" 하시며 승낙.

12. DLF 관계자 미국 파견의 건

부흥(차) "원 조정관으로부터 12월말까지 DLF에 대한 결말을 지어야 할 것이므로 OEC 담당
자와 스미스 힌치맨 그릴스 기술자와 부흥부 관계관 각 1명을 워싱턴에 파견하여 달
라는 요청을 받은 바 정부로서는 전기 3명 중 1명의 여비 약 2,000불만 있으면 한다"
는 보고에,

이승만 대통령 "파견하도록 하라"고 윤허하심.

13. 장작 반입금지에 관하여

이승만 대통령 "군경일지라도 장작을 반입치 못하게 단속하라"는 분부.

14. 국민반 운영에 관하여

김일환 내무 "11월 실천사항으로 (1) 국산애용 (2) 추수촉진 (3) 환경정리 (4) 문패첨부 (5) 추경 여행(勵行) (6) 납세완수를 채택 하달하였다"는 보고.

15. 학생의 날 행사에 관하여

최재유 문교 "각도 대표 15,000명이 참가하고 모범학생 39명을 표창하는 등 의의있게 보냈 다"는 보고.

16. 제약 발전에 대하여

손창환 보사 "외국원료를 도입 가공하여 손색없는 제품을 내는 공장이 4개소 생겼다"고 보고 하여 제품을 보여드리고 가격은 30% 저렴하다고 첨가 보고.

이승만 대통령 "안약 중 좋은 것이 특허가 아닌 것이 있으니 연구하여 만들게 하고 외국약을 잘 분석하여 우리가 만들 수 있게 연구하여야 한다"는 분부.

17. 주택건축의 진행 상황에 관하여

이승만 대통령 "상황이 어떤가?"라고 물으심.

손창환 보사 "60억 자금 중 30억이 방출되어 활발히 진행 중이라"는 보고.

18. 청년단에 관하여

이승만 대통령 "어떻게 되어가고 있는가?" 하시는 하문에,

김일환 내무 "김용우(金用雨)[305] 씨가 맡아 잘하여 가고 있다"고 보고.

※ 중앙청 회의

1. 국세조사위원회 설치요강 (내무, 부흥)

원안대로 통과.

비고: 비공식 의제로서 문교부장관의 사친회비(師親會費)[306]의 실태에 관하여 국방부장관
      의 해공군참모총장 임명에 관하여 각각 설명이 있었음.

---

305) 김용우(1912-1985)는 1930년 배재고등보통학교, 1934년 연희전문학교 수물과(數物科), 1939년 미국
    남캘리포니아대학 대학원을 마쳤다. 1946년 서울시 후생국장에 기용되었고, 1950년 5·10총선거에서
    서울시 서대문 갑구에 무소속으로 입후보하여 제2대 민의원의원에 당선되었다. 1954년 국회 사무총장
    을 거쳐, 1955년 국방부차관, 1956년 국방부장관에 기용되었다. 1957년 주영(駐英) 초대대사가 되었다.
    1958년 국제해양법회의 한국수석대표로 참석했고, 1959년 대한반공청년단 단장이 되었다.

306) 사친회는 아동의 교육효과를 증진을 위한 교사와 부모의 상호협동체를 말하고, 사친회의 운영을 위해
    학부모들이 내는 돈을 사친회비라 한다. 한국에서는 해방 후 교원 후생비를 지원하기 위한 후원회 조직
    이 있었으며 6·25전쟁 기간 중 사친회가 제도화되었다. 그러나 사친회는 본래 기능을 상실한 학교운영
    및 교사 후생을 위한 재정지원 단체의 구실을 하다가 1962년에 해산되었다.

제101회 국무회의

일시 : 1958년 11월 11일(화)
장소 : 경무대(전반), 중앙청(후반)

1. 물가 동향에 관하여

김현철 재무 "물가지수가 하락한바 주요한 이유는 미가의 하락으로 생각되며 앞으로 동절기
가 오면 건축자재가 하락할 것이므로 물가는 더 떨어질 것으로 본다"는 보고.

2. 미곡 수출에 관하여

정재설 농림 "오키나와에 미곡을 유리하게 수출(대만미 147불/톤에 대하여 국산미 155불/톤)
하게 된 바 이는 대통령 각하께서 이번 행차에 들어가신 것의 영향이 많았다고 본다"
는 보고.

김현철 재무 "미국대사관과 8군의 노력도 컸었다고 듣고 있다"는 보고.

이승만 대통령 "미국 군인은 오키나와를 확보할 것을 주장하고 많은 시설을 하고 있는 한편 국
무성은 그 귀속을 주민의 의사에 따르겠다는 말을 하고 있는 바, 설사 류큐인들이 일
본 치하에 들어가겠다고 말한다 하여도 본심이 그런 것이 아니고 다만 무서워서 그러
한 것이리"고 소명히 심.

3. 원자로 구입에 관하여

최재유 문교 "종래 미국정부의 일부 보조 하에 50KW 원자로 도입을 교섭 중에 있는 문교부 출장원의 보고에 의하면 예정보다 더 저렴한 가격으로 100KW 짜리를 도입하도록 하는 교섭이 대개 확정적이라고 하므로 미국정부의 승낙이 있는 대로 재가를 품청하 겠다"고 보고.

4. DLF 관계자 내한에 관하여

구용서 상공 "DLF 매킨토시307) 씨 일행 3명이 현지 협의차 내한하였다"는 보고.

5. 군산발전소에 관하여

구용서 상공 "ICA 계획에 들어있으며 '스미스 힌치맨 엔드 그릴스' 기술단에 의한 조사가 완 료되면 착공하도록 한다"는 보고.

6. 나주비료공장 건설에 관하여

구용서 상공 "기타 정리에 시일을 요하여 다소 지연되었으나 앞으로는 좀 더 빨리 진척될 것 이라"는 보고.

7. 한미화학공업주식회사에 관하여.

구용서 상공 "소규모의 공장이나 잘 운영되어 황산을 생산하고 있다"고 보고.

---

307) 매킨토시(Dempster McIntosh, 1896~1984)는 미국 외교관이자 사업가로서 워싱턴 소재 ICA 내 DLF의 수석관리관(the first manager)이었다.

8. 외래우편물 중의 불온문서에 관하여

곽의영 체신 "이북 공산당의 불온문서가 외국우편을 통하여 여러 기관의 문서인 양 가장하고 들어오는 것을 압수하여 한편은 간첩 적발의 자료로 쓰고 한편은 선전자료로 하고 있다"고 보고.

이승만 대통령 "선전을 할 줄 알아야 한다"고 분부.

9. 서울시의원의 교육위원선거 부정사건에 관하여

홍진기 법무 "교육위원 선거에 수뢰한 사실이 있어서 일부(5명)는 구속 조사 중인 바 민주당으로 구성된 의회에 관한 것이니 만치 사회에 미치는 영향이 특이할 것이라"는 보고.

10. 중앙의료원 시료 개시에 관하여

손창환 보사 "도착 물품 중 약 200상자의 물품이 미정리로 있는 바 그 정리가 완료되어 보아야 환자를 받을 수 있나 없나를 알 수 있으므로 며칠 안에 보고토록 하겠다"고 보고.

이승만 대통령 "주권(주도권을 말씀하신 것으로 추측됨)을 항시 염두에 두고 나가야 한다. 그리고 운영비는 자기들이 종래에 하던 대로 일부를 부담하고 필요하면 한국정부에서도 그 일부를 부담할 것이나 거기에 있는 이들이 잘하여야 할 것인데 그 책임자는 어떤 사람이냐?" 하시는 하문에

손창환 보사 "의료원 실치 시에 보사부에 있던 직원으로 적당한 인물이며 주의하여 하고 있다"고 보고.

11. 석탄 반입에 관하여

최인규 교통 "철암역에 적화된 석탄이 많으며 금년엔 도시만이 아니고 지방이나 군에서도 이것을 쓰고 있는 관계로 현재 배차하고 있는 일당 130 화차를 더 증가해야겠다"는 보고.

12. 철도 신설에 관하여[308]

최인규 교통 "석탄 수송을 위하여 충북선을 연내로 준공케 하고 통리(桶里) 근방의 교통의 애로를 제거하기 위하여 황지선(黃池線)을 신설하려고 '스미스 힌치맨 엔드 그릴스' 기술단으로 하여금 조사를 하게 하고 있는 바 약 40일을 요한다"는 보고.

13. 탄광 시설에 관하여

이승만 대통령 "돈을 안 들이려고 하다가 낙반사고를 내면 귀중한 인명을 상하게 되니 각별히 주의토록 하라"는 주의의 분부.

14. 산림녹화에 관하여

이승만 대통령 "일본이나 기타 지역에 비하여 우리 산들은 황폐하여 있다"고 하시고 "공연히 묘포를 만든다고만 하고 식목의 실효가 없으니 협잡만 같아 보인다. 차라리 칡이나 잔디를 심도록 연구하여 보라"는 분부에

정재설 농림 "칡은 토후(土厚)[309]한 곳에나 됨으로 척박한 지대에는 부적당하므로 다른 것도 연구하여 보겠다"고 보고.

※ 중앙청 회의

1. 다음 예비비를 지출하기로 하다

(1) 정부 직영 인쇄공장 시설비와 선전물 인쇄비(공보 소관) 1억 2,000만 환 경특 예비비 지출.

(2) 목조차를 철제차로 재조하는 경비 4억 환 중 지출잔액(교통 소관) 2억 3,500만 환 경특 교통부 소관 예비비에서 지출.

---

308) 당시 한미 간에 황지선 개통 문제가 본격적으로 논의되고 있었는데, 이는 강원도 통리와 황지를 연결하는 20km의 석탄수송로로서 탄전개발 10개년 계획의 일환으로 추진되었다.
309) 땅이 기름짐을 의미한다.

2. 국가보안법안 처리에 관한 건 (법제)

(하오 2시 별도 집합하여 협의한 사항이며 양해사항임)

이미 국회에 제출한 것을 철회하고 일부를 수정하여 법무부장관 별서(別署)만으로 국회에 제출한다.

참석자 : 외무, 재무, 법무, 농림, 보사, 체신, 공보, 상공(차), 교통(차), 법제, 유비서관.

제102회 국무회의

일시 : 1958년 11월 13일(목)
장소 : 중앙청

1. 국가보안법 철회 및 재제출에 관한 건 (법제)

1958년 8월 일자로 국회에 제출한 국가보안법 개정법률안을 철회하여 수정 재제출한다.

2. 국가보안법안 (법제)

원안대로 통과하다.

제103회 국무회의

일시 : 1958년 11월 14일(금)
장소 : 중앙청

1. 일본에 주재하고 있는 외국대사 또는 공사가 한국에 대한 외교사절을 겸무하는 것의 허용 여부에 관하여

조정환 외무 "태국의 경우에도 이것을 거부하고 주대북(駐臺北)[310] 대사로 하여금 겸하게 한 사례가 있으며 당면 문제로 스칸디나비아 3국의 요청이 문제인 바, 그들을 명예영사 제도에 의하는 것을 고려중이라는 것을 듣고 있다"고 설명.

최인규 교통 "사변을 통하여 밀접한 관계가 있는 태국에 대하여 거절한 것을 전기 3개국에만 허용한다는 것도 좀 이상스럽다"고 의견이 있어서 결국 다음과 같이 하기로 함.
"명예영사제로 하게 한다."

2. 외국인과 결혼한 일녀 입국에 관하여

조정환 외무 "과거에는 이것을 허용치 않았으나 이 방침을 그대로 가지고 나가기는 곤란한 문제가 많으니 다소 방침 변경이 필요하다"는 외무부의 그간의 실정에 대한 설명이 있은 후 다음과 같이 의결함.
"일본 이외의 반공국가의 국적을 가진 자로서 반공주의자나 친한주의자에게는 이를 허용하기로 한다."

---

310) 당시 중화민국의 수도 타이베이.

3. 해외에 근무하던 공무원의 자녀로서 공무원이 귀국 후에도 남아서 수학을 계속하는 자들에 대한 여권 발급에 관하여

조정환 외무 "허가하여 여권을 발급하는 것에 대한 문교, 국방의 견해가 어떤지?" 하는 질문에,

최재유 문교 "소수 인원의 관계이므로 문교행정 전반에 직접으로 미치는 영향은 대단치 않을 것이라"는 답변.

김정렬 국방 "역시 문교부와 같은 이유로 병무행정에 직접적인 큰 영향은 없다"고 답변.

홍진기 법무 "공무원 또는 유력층의 가족을 우대하는 것이라는 비난을 들을 우려가 있다"는 의견.

이상 논의 끝에 다음과 같이 의결함.

"전부 다녀오도록 한다."

4. 광복선열 합동추도식 거행에 관한 건 (보사)

제출처의 요청에 의하여 반송하기로 함.

5. 다음 법률안을 원안대로 통과함

　(1) 소득세법 중 개정법률안

　(2) 영업세법 중 개정법률안

　(3) 등록세법 중 개정법률안

　(4) 임시토지수득세법 중 개정법률안

　(5) 광세법(鑛稅法) 중 개정법률안

제104회 국무회의(임시)

일시 : 1958년 11월 17일(월)
장소 : 중앙청

1. 국무원과 자유당과의 관계에 관하여

(농림장관에 대한 일부 자유당원의 불평을 중심으로)

정재설 농림 "대통령 각하를 뵈옵고 실정을 말씀드리고 사임하려 하다가 도리어 '장관은 국회나 자유당을 위하거나 대통령을 위하여 있는 것이 아니고 국사를 위하여 있는 것이니 앞으로 더 잘 일을 하도록 하라'는 꾸중의 말씀을 들었으며, 현 자유당 창건 당시부터 관계를 하여 왔으며 사실로 자유당의 발전을 기원하고 있는 터인데 야당 아닌 자유당원 중 모략을 하고 있는 것은 유감된 일이며 연계자금문제나 양곡사건 등도 그들 일부 인사(2명)의 장난이라고 보고 있으며 일전 농림분과위 회합에는 참가치 않고 모 야당원과 석식을 같이하고 있던 그와 같이 경향신문 기자가 있었다는 것은 우연한 일이었을지 모르나 석연치 못한 일"이라고 실정을 보고.

조정환 외무 "장관 경질에는 시기가 있는데 지금은 적당한 시기로 생각되지 않으며 장관이 갈린다면 신임자는 일을 할 수 있도록 상당 기간 임기가 있어야 할 것이라고 생각하니 국무위원과 자유당 간부가 회합을 가지는 것이 어떠한가?"하는 제의에,

곽의영 체신 "간부만이 아니고, 도 총무들도 만나서 의논하는 것이 좋겠다"고 의견.

홍진기 법무 "당무위원들의 위신이 떨어져서 신출 국회의원 군(群)을 통솔하지 못하고 있는 차제에 그들을 만나 의논하여도 하등 선책이 있을 리 없으며 도리어 그들의 감정을 살 것이요, 또 그렇다고 그들을 상대로 하면 그들을 위대하게 만들어서 가제나 곤란한 당무회의의 처지가 더욱 더 곤란한 것이 될 것이므로 의장님과 의논을 할 필요가 있다고 생각한다"는 반대의견.

오재경 공보 "당 간부가 직접 경무대에 올라가서 말씀을 드리면서도 국무위원들과 의논을 아니한 것으로 보아서 그러한 회의를 하는 것은 소용이 없을 줄로 생각되며, 국가보안법을 통과시키는 것은 중요한 일이며 이로써 자유당원 또는 친자유인사로서 시시비비파의 인물(예: 김형근[金亨根][311])은 우리로부터 떨어져 나가게 될 것을 예상하여야 할 차제에 자유당과 정부 간의 긴밀한 단결이 한층 요구되고 있으니 만치 국무위원은 자유당을 수습하기 위하여 언제든 사임할 각오를 하고 있다는 것을 의장님께 말씀드리고 같이 대통령 각하께 가서 보고를 하여 재정(裁定)을 하시도록 하여야 할 줄 안다"고 의견.

곽의영 체신 "자유당원이라도 국회의원으로서의 개별행동은 의장님은 물론 대통령 각하께서도 말씀하시기 곤란한 것이며 만일 그들이 당을 나가게 되어 과반수선을 유지 못하게 될 경우에는 정부가 존립하기 어려운 제 사태가 속출할 것이므로 그 점을 고려하여야 하며 또 당의 방침도 아닌 사소한 일을 가지고 심각히 생각하여 문제 삼지 않는 것이 좋겠다"고 의견.

신두영 국무원 사무국장 "국회의원일망정 개인행동을 함부로 하지 않기 위하여 자유당이 있는 것이며 조직의 생명이 그것이니 당의 방침과 상반되는 개인행동은 제어되어야 하며 현실이 그것이 안 된다면 그것이 가능하게 만들어야 할 줄 안다"고 참고 의견.

구용서 상공, 손창환 보사 "복잡한 문제이니 앞으로 연구하기로 하고 농림장관 진퇴에 관한 도 총무들이 한 일은 이 이상 논의하지 않는 것이 좋겠다" 같은 의견.

이상 논의 끝에 별 결정을 못 보고 일단 보류로 됨.

2. 법인세법 중 개정법률안

학교재단의 수입을 과세대상으로 하느냐 않느냐의 양론이 대립되어 대상으로 하되 본래의 목적(육영)에 쓰여진 부분에 대하여는 면세한다는 재무부와 조사과정이 용이치 않으며 수입은 내후년에나 있을 것을 이 중대한 시국에 시작하여 민심을 잃는 일은 세(稅) 이론이나 재정적 견지에서 타당하다 하더라도 보류하는 것이 좋다는 문교부.

이상 양론 중 일반적으로 문교부 정책론이 유력하였으나 차기 회의로 결정을 미루고 보류함.

---

311) 김형근(1915~1993)은 일본 와세다대학[早稻田大] 법학부를 재학 중이던 1939년 일본 고등문관시험 사법과에 합격하여 1942년 경성지방법원 판사를 지냈다. 해방 후 서울고등법원 부장판사, 1949년 대검찰청 검사, 1950년 대통령 비서관, 1954년 내무부차관, 1955년 내무부장관, 1956년 서울신문 사장을 역임했고, 1958년 변호사로 개업해 활동했다.

일시 : 1958년 11월 18일(화)
장소 : 경무대(전반), 중앙청(후반)

1. 국산연초 애용에 관하여

이승만 대통령 "국산연초를 애용하도록 하라"는 분부.
김현철 재무 "종래 프랑스제 텊을 사용하여 평이 나빴으나 미제를 사용하게 한 후 성적이 좋
아졌다"고 보고.
이승만 대통령 "텊도 국내에서 제조하도록 하라"는 분부.

2. 외교원 파견에 관하여

이승만 대통령 "유능한 외교원을 내보내서 물품의 선전과 판매를 하여야 한다. 송필만(宋必滿)[312]
같은 이는 유능한 외교원이었다"고 분부의 말씀.

3. 관세에 대한 호혜조약 체결에 관하여

조정환 외무 "베트남과 이를 체결하기로 하였다"는 보고.

---

312) 송필만(1890~1978)은 1908년 무렵 일본에 유학해 도쿄세이소쿠영어학교[東京正則英語學校] 중등과,
주오대학[中央大學] 법과를 졸업한 후 연희전문학교 법률 교수가 되었다. 1923년 도미하여 『태평양잡지
』 발간을 맡았고, 1931년 6월 하와이로 건너가 『태평양주보』의 발행을 담당했다. 1932년 귀국하여 농업
에 종사했다. 해방 후 국민대회준비회, 대한국민총회, 대한독립촉성국민회에서 일했고, 1948년 5월 제
헌국회의원 선거에서 한민당 후보로 출마하여 당선되었다. 1950년 민주국민당 후보로 2대 민의원선거
에 출마했으나 낙선했고, 1958년 민주당 중앙상무위원으로 활동했다.

이승만 대통령 "그것은 생산 수출이 많은 나라가 약한 나라와 체결하여 온 조약이나 한국과 베트남 간의 이 종류의 계약은 무방할 것이다"고 주의의 말씀.

4. 주일외국외교사절이 주한외교사절의 임무를 겸하는 문제에 관하여

조정환 외무 "종래의 방침을 그대로 하여 명예영사제로 하도록 하는 것이 좋겠다는 전체의 의견이라"고 보고.

이승만 대통령 "그럼 그대로 하여 보라"는 말씀.

5. 외국인과 결혼한 일녀(日女) 입국에 관하여

조정환 외무 "우방국민의 처로서 반공, 친한하는 자만 입국케 한다는 것이 국무위원들의 의견이라"고 보고.

이승만 대통령 "일인 행세를 하지 않으면 무방하리라"는 말씀.

6. 재외근무자 가족의 수학을 위한 계속 체류에 관하여

조정환 외무 "일절 체류(잔류)를 허용치 않는 것이 가하다는 국무위원들의 의견이라"고 보고.

이승만 대통령 "장래 국민을 양성하는 견지에서는 좋으나 한국이 아직 국제적으로 충분한 대우를 받지 못하고 있는 현상으로서는 국민을 많이 잃어버릴 우려가 없지 않아서 주저하였던 것인데 국무위원들의 의견도 역시 같다면 그대로 하도록 하라"는 분부의 말씀.

7. 국가보안법 국회 제출에 관하여[313]

홍진기 법무 "국가보안법은 금일 국회에 제출한 바 민주당은 미리부터 성명을 내고 자유당은

---

313) 홍진기에 따르면 국가보안법 개정 사유는 다음과 같았다. "민주당 정부에서 더 많이 선전된 바와 같이 현행법은 6·25 전 남한에 남로당이 존재할 때 남로당을 다스리기 위하여 만든 것이다. 지금 그 법을 가지고 북한에서 내려오는 간첩이나 남한에서 월북하는 간첩을 처벌하기에는 법의 흠점이 하나 둘이 아니다. 법 이론보다도 지극히 사무적인 이유에서 기안되어 제안하게 된 것이다. 그렇게 때문에 실무가가 기안한 것을 일자(一字)도 정치적인 고려로 고친 것이 없다"라고 했다. 김영희. 2011.『유민 홍진기 이야기: 이 사람아, 공부해』서울: 민음사. 218-219.

일부 무소속의원과 같이 원내 반공투쟁위원회를 조직하여 이에 대치하고 있다"고 보고.

곽의영 체신 "그들은 이 문제를 가지고 선거운동을 하고 있다"고 보고.

이승만 대통령 "민주당에서 못되게 하면 전부 몰아넣겠다. 당분간은 하고 싶은 대로 하게 놓아 두어라"고 분부하시며 "민주주의로서는 공산당의 침입을 막을 수 없다는 것을 잘 국민에게 알려서 그들이 오해하지 않게만 만들어 놓도록 하라"는 주의의 말씀.

8. 국회의 동향에 관하여 (자유당과의 관계를 포함)

김일환 내무 "월급을 올린 것은 좋으나 사업비가 적고 불만이 있으며 미가 하락에 대한 불만에서 농림 불신임 운운의 문제가 나오고 있고 국가보안법은 연내에 통과시킬 것으로 보인다"고 보고.

이승만 대통령 "의장과 몇몇 분이 자유당과 일을 하여 가기 어려운 일이 있으면 내게 알려주기 바란다. 내 걱정은 하지 말고…" 하시는 분부.

9. 원자력기술자 해외연구에 관하여

부흥(차) "기술자가 선결문제이므로 미국과 영국에 파견하기로 하고 있다"고 보고.

10. 비료구입에 관하여

부흥(차) "이번 2,100만 불 비료입찰에 그 가격이 종래에 비하여 톤당 4~5불 저렴하게 되었다"고 보고.

이승만 대통령 "아무리 말하여도 안 되는데 금년 금비는 그 이상 하지 않는 것이 좋겠다"고 다시 분부.

11. DLF 교섭진행 상황

부흥(차) "DLF 관계로 온 이들이 금일 마지막으로 떠나가는 바, 앞으로 미국에서의 교섭에 저 차관이 오도록 하라는 장관의 전보를 받았다"고 보고.

이승만 대통령 "좋다"고 윤허.

12. 노동자 우대에 관하여

이승만 대통령 "노동자에 대하여는 6·25사변 때를 위시하여 정부에서 빚을 지고 있는 것이 많 으므로 그렇다는 것을 안다는 표시를 하려 하여도 여의치 못하였다. 노동회관을 건립 하여주고 퇴직보험제도를 열어주도록 하라"는 분부.

손창환 보사 "노동회관 건축비로 신년도 예산에 8,900만 환 계상된 것이 있으며 퇴직보험제도 는 법제실에서 입안 중에 있다"고 보고.

이승만 대통령 "준비 중이라니 좋으나 8,900만 환을 1억 환으로 할 수 없나 연구하도록 하라" 고 분부의 말씀.

13. 중소기업 육성에 관하여

이승만 대통령 "말로만 하고 있지 잘 안되어 가는 듯한데 적극 추진하도록 하라"는 분부.

부흥(차) "48개의 중기업과 150개의 소기업을 육성 중이며 앞으로 적극 추진하려고 한다"고 보고.

구용서 상공 "목하 상공부에서 입안 중이므로 근일 중으로 국무회의에 걸어서 결정하도록 하 겠으며 DLF로도 1,000만 불을 교섭 중이라"고 보고.

14. 영월 탄광지대 고등학교 신설에 관하여

이승만 대통령 "약속한 것인데 그 후 진행상황이 어떠한가?" 하시는 하문에 대하여,

최재유 문교 "내년 신학기에는 필요한 학급을 설치하겠으며 인가는 이미 내주었다"고 보고.

이승만 대통령 "문교부장관이 책임진다고 하니 더 말 않겠다... 꼭 실현되도록 하라"는 주의의 말씀.

15. 유교정신 보급에 관하여

이승만 대통령 "공자의 도가 없는 나라로서 문화를 자랑하기 어렵다고 생각한다. 우리가 삼강 오륜(三綱五倫)을 내놓고 나가야 동양에서 하여 가기가 좋고 서양인들을 개명시킬 수 있을 것인바 이번 베트남 방문에서 얻은 『명심보감(明心寶鑑)』을 문교부에 보내었으 니 우리말로 만들어서 어린이들을 가르치도록 하고, 전일 내 생일에 유생들이 좋은 글을 많이 지어 보내주었는데 답을 못하였으니 잘 말하여 주면 좋겠다. 불교도 우리 가 없앨 수 없는 것이며 우리 불교가 본래 타국의 불교와 달리서 고상한 것이고 상당 한 재산이 있던 것을 일인들이 대처승을 대치하여 버려놓은 것이기로 이것을 시정하 려고 하여 왔으나 아직도 대처승이 남아 있는데 이것을 결말지우지 못하고 내가 없어 지면 다시 혼란이 있을까 염려된다"는 주의의 분부.

최재유 문교 "삼강오륜을 말씀하신 이후 유생들이 총궐기하여 지방유세를 하는 등 유교정신 보급운동을 적극적으로 전개하고 있으며 비구승은 수가 적은데 재정이 곤란하여 욕 을 보고 있다"고 보고.

※ 중앙청 회의

1. 다음 안건을 심의 의결함.

(1) 1959 미곡연도 정부관리양곡 수급계획에 관한 건

원안대로 통과.

(2) 법인세법 중 개정법률안　　　수정통과(교육재단 수입은 대상에서 제외)

(3) 물품세법 중 개정법률안　　　원안통과.

(4) 유흥음식세법 중 개정법률안　　　원안통과.

(5) 입장세법 중 개정법률안　　　원안통과.

(6) 관세법 중 개정법률안　　　원안통과.

(7) 내무부직제 중 개정의 건　　　원안통과.

(8) 토목시험소직제 중 개정의 건　　　원안통과.

(9) 자동차세법안　　　수정통과 (수정은 법제실에 위임)

(10) 지방세법 중 개정법률안　　　수정통과 (수정은 법제실에 위임)

(11) 대충자금 특별회계법 중 개정법률　　　원안통과.

제106회 국무회의

일시 : 1958년 11월 21일(금)
장소 : 중앙청 회의실

1. 국무회의 내용 신문발표에 관하여

김현철 재무 "국무회의 내용이라고 신문에 발표되는 기사 중 대통령 각하께서 모르시는 일이 왕왕 있다고 주의하라는 말씀이 계시었다"는 보고에 의하여 다음과 같이 의결함.

"국무회의의 내용은 대통령 각하의 재가없이 발표하지 못한다. 단 필요한 경우에는 법령심의, 예산심의 등 일반적인 발표를 하는 수가 있으되 건명(件名) 등 구체적 내용은 공표치 않는다."

2. 부산 및 사상(沙上) 유류시설 인수에 수반한 경비에 관하여

구용서 상공 "지난 9월 24일자 석유협정 일부 개정으로 표기된 유류시설을 내일 22일 인수하기로 된 바 그 경비문제가 내무, 국방, 상공의 관계부 간에서 해결을 못 보았으니 결정을 지어주기 바란다"는 제의.

"내무, 국방 양 부에서 병력관계로 불가능하다"는 보고가 있었으나 내일로 박두한 대외문제를 방치할 수 없으니 원칙문제는 추후로 하고 응급대책을 다음과 같이 하기로 함.

"1958년 12월 31일까지만 그 경비를 군에서 담당한다."

3. 인사이동설 신문보도에 관하여

김현철 재무 "최근 도하 신문지상에 보도된 서울시장 경질설은 전연 무근한 것인 바, 이러한 것이 신문에 나면 공무원이 일을 못하게 된다고 하여 대통령 각하께서 걱정하시고 앞으로 그러한 일이 없도록 하라는 분부가 있어서 보고한다고 보고"한다고 보고. (공보 실장 부재로 논의는 안 되었음)

4. 동아일보 3면 기사에 관하여[314]

홍진기 법무 "대상을 논의하여 대통령 각하께 보고한 후, 필요한 조치를 취하도록 해야 할 것인 바, 그 대책으로서는,

　a. 사법에서 사건으로 취급하는 것

　b. 신문으로 하여금 사실을 밝히도록 하는 것

　c. 친척으로 하여금 사실을 신문을 통하여 밝히게 하는 것

　등이 생각되는 바, 각각 의견을 제출하여 주기 바란다"는 제의.

공보국장 "대통령 각하의 친척 2명에게 해명케 하는 것이 좋겠다는 경무대의 의견을 박 비서관으로부터 들었다"고 보고.

최재유 문교, 손창환 보사, 곽의영 체신, 최인규 교통 "일단 신문에 써놓은 이상 아무리 좋은 대책을 한다 하여도 대통령 각하께서는 손실이며 일국의 원수의 기사를 함부로 써서 냈다느니 보다도 3면 전부를 차지하는 이 기사가 일부 신문사 직원의 소행이라 할 수 없으며 어느 목적 하에 계획적으로 행하여진 것이라고 추측되니 그 내용을 조사하여 처리하도록 하여야 할 것이라"는 의견.

　외무, 내무, 법무가 대통령 각하를 뵈옵고 와서

홍진기 법무 "그것을 가지고 문제 삼을 수 있느냐"고 말씀하시었으나 "내무로 하여금 그 진상을 자세히 조사하여 명확한 방책을 정하기로 하였다"고 보고.

---

314) 1958년 11월 21일 『동아일보』 3면에 "나의 오라버님 이승만씨는 어디있소?"라는 기사가 실렸다. 그 내용은 "나의 오라버님은 이승만씨다. 그분이 미국서 돌아오시기를 60년 동안이나 기다렸다. 41년 전에 어머님이 돌아가시고 37년 전에는 아버님마저 작고하실 때까지 오라버님만 하루 속히 돌아오기를 기다렸으나 끝내 오시지 않고 다만 아버님이 돌아가실 때 주신 가승(家乘) 한 권과 호적 등을 가지고 아버님의 유언을 따라 오라버님에게 드리려고 오늘도 기다리고 있다"는 노파에 대한 소식이었다. 그녀의 이름은 이원희(李元熙)였는데, 그 오빠의 이름과 가계, 과거의 경위가 이승만 대통령과 흡사하다는 데서 혹시 이승만 대통령이 자기의 오빠가 아닌가 해서 찾고 있다는 기사였다. "나의 오라버님 이승만씨는 어디있소?" 『동아일보』 (1958/11/21)

제107회 국무회의

일시 : 1958년 11월 25일(화)
장소 : 경무대(전반), 중앙청(후반)

1. 도로보수에 관하여

이승만 대통령 "예산과 일정한 계획에 의하여 하는 것만이 아니고 통행인이나 경관의 통보에 의하여 즉시 출동하여 수시로 약간 파손된 부분을 수리하는 방법을 강구하도록 하라"는 분부.

2. 국제회의에 필요한 설비에 관하여

이승만 대통령 "국제회의를 할 수 있는 장소와 참석자를 위한 숙사를 정비하도록 하라. 여러 회의가 동경에서 열려서 일인들의 돈벌이가 되고 소위 국위를 선전하고 있는 것은 유감이라"는 분부.

3. 주일외국사절이 한국에의 사절을 겸무하는 것에 관하여

이승만 대통령 "종래 이것을 거부하여만 왔으나 이번에 이란에서 또 이런 제의를 하여 왔으니 전같이 거부할 것인가 또는 받아들일 것인가를 연구 보고하도록 하라"는 분부.

4. 관광사업에 관하여

이승만 대통령 "타인의 돈을 먹으려면 제 돈을 들여야 하는 법이다. 숙소뿐만 아니고 환경을 정리(악취의 제거, 악당들의 배회 단속 등)해야 하니 말로만 하지 말고 실지로 주력하여 보도록 하라"는 분부.

5. 중석광 노임지불에 관하여

이승만 대통령 "중석값이 차차 올라가고 있다고 하니 차제에 미불 노임을 지불하도록 할 수 없는가"의 하문.

김현철 재무 "약 2억 환이 되는 바 지불할 수 있다"는 보고.

이승만 대통령 "지불하여 주도록 하는 것으로 알겠다"고 다지는 말씀.

6. 민주당의 남북통일론에 관하여

이승만 대통령 "북한과 관련된 이면이 있는지 또는 종래의 하던 것의 단순한 과장인지가 의문이며 자유당과도 연락이 있다는 말이 있는데 내용이 뭔지" 하문.

홍진기 법무 "국가보안법 통과를 위하여 자유당에서 결성한 반공투쟁위원회에 대립하여 결성된 소위 국가보안법 개악반대투쟁위원회의 원칙에 대한 논평에서 조(趙) 박사가 말한 것이 전에 진보당의 그것과 같다고 하여 자유당에서는 이를 반박하였으며 조씨 자신도 '제네바' 14개조를 지지하는 것이라고 다시 자기의 태도를 밝혔으나 이북과의 연락 유무는 당분간 알 수 없다"고 보고.

이승만 대통령 (국무위원들의 의견을 물으심에 대답이 없음) "공산당에 주어버리는 것이 제일 좋은 방법이리라"고 하시며 앞의 민주당의 지각없는 생각을 개탄하셨음.

조정환 외무 "외세를 이용하려는 것으로서 그들의 이런 문제를 재론할 여지도 없다"고 보고.

김현철 재무 "조 박사는 민주당의 최고위원의 하나로서 그 발언은 국제적으로 미치는 영향이 다대하니 여야 간에 앞으로 이런 일이 없도록 주의하여야 할 것이라"는 의견.

홍진기 법무 "2대, 3대 국회에서도 국회의 통일방안에 대한 태도를 국회의 의결로 정하여 온 것이므로 4대 국회도 이것을 정하도록 자유당에서 생각하고 있다고 한다"는 보고.

곽의영 체신 "정책위원회에서 작성한 문안이 있으니 그것으로 하겠다"고 보고.

7. 장개석 정권에 관하여

이승만 대통령 "전에 반공유대 결성에 일본을 넣어야 한다고 하여 말을 하였더니 일시 중지하였다가 근일 다시 또 친일 태도를 보이고 있다. 일본 교육을 받은 인간이라 할 수 없는 것 같으니 그런 자를 상대로는 협조할 길이 없다"고 개탄하심.

조정환 외무 "한국의 의도를 따라서 잘하려고 하고 있다는 김 대사의 보고가 있었다"고 보고.

8. 드골 승리에 관하여

조정환 외무 "이번 투표에 절대 우세한 바, 각하의 분부로 그가 나와야 프랑스정부가 잘 될 것이라고 발표한 한국정부의 예견에 그들은 감사하고 있다"는 보고.

이승만 대통령 "이런 때 공보실에서 무슨 말을 하여야 한다"고 분부.

오재경 공보 "국내 신문에도 그것을 대대적으로 취급하고 있다"고 보고.

※ 중앙청 회의

1. 민주당의 남북통일론에 관한 대책

다음과 같이 하기로 한다.

(1) 헌법과 국시에 어긋나는 발표를 함부로 하여 민심을 현혹케 하는 일이 없도록 경고하는 담화를 공보실에서 발표한다.

(2) 기왕의 통일 방침을 4대 국회로서 다시 한 번 의결하도록 자유당에서 추진한다.

2. 일본 공산당의 북한 공산당에 보낸 편지 처리에 관하여

체신부장관으로부터 편지 내용에 대한 설명이 있은 후 다음과 같이 의결함.

"법무, 내무, 체신이 그 방안을 강구하도록 한다."

3. 12부 장관 연명담화 발표에 관하여

국가보안법, 지방자치법, 경찰관직무집행법 개정안 제출에 즈음하여 각부 장관 연명으로 발표할 담화를 발표하기로 한다. 초안을 전기 법안의 심의가 완료되는 대로 성안하여 대통령 각하의 재가를 받는다.

4. 지방자치법 개정에 관하여

자유당으로서는 시, 읍, 면장의 임명을 주장하고 있으나 선거에서 임명으로 하는 것은 민주행정에 역행하는 것인 만치 과도한 변경을 피하는 방법으로 다음과 같은 원칙을 자유당과 협의 절충하기로 한다.

(1) 시, 읍, 면장은 간접선거로 한다.

(2) 부(副) 시, 읍, 면장은 국가공무원으로 하여 임명제로 한다(시 · 읍 · 면장의 제청이 필요치 않은 것으로 함)

(3) 시, 읍, 면장은 시, 읍, 면의 의장을 겸하지 않는 것으로 한다.

5. 경찰관 직무집행법 개정에 관하여

현행법을 잘 운영할 경우에는 개정이 그다지 필요치 않음에 불구하고 이 중대한 시기에 이를 제출할 필요가 없다는 것을 자유당과 절충하기로 한다. 내무부 설명에 의하면, 현행법으로도 하려고 하면 일본이 현재 개정하려다 문제화되고 있는 같은 법안이 할 수 있는 일을 할 수 있다고 함.

6. 1958년도산 추곡 정부수납분 매입가격 및 1958미곡연도 정부관리양곡 판매가격 결정에 관한 건 (농림)

부대조건 제4조를 삭제하고 통과하다.

7. 일선장병 연말연시 위문에 관한 건 (국방)

원안대로 통과하다.

8. 예비비 지출

다음과 같이 지출하기로 하다.
상수도사업비(내무부 소관)
4억 환(경제부흥특별회계에서 지출)

일시 : 1958년 11월 28일(금)

장소 : 중앙청 회의실

1. 송 부흥부장관의 귀환보고[315]

송인상 부흥

(1) 직접 가서 의논하는 것이 효과적이다. 대사관의 보고도 국무성 고위층까지 안가며 OEC의 보고도 Korean Desk에서 그치고 말아버리는 형편이다.

(2) 한국경제 부흥을 찬양하고 있다. 필리핀은 '욜'[316]을 50만 불로 사가고 있고 파키스탄 역시 계속 부진. 베트남은 자금을 되돌려 왔음(쓰지 못하고) 터키는 물가가 80여% 나 앙등하였으니 결국은 한국만이 미국의 원조를 제대로 활용한 것이라고 말하고 있다.

(3) 사태에 특별한 변동이 없는 한 대한원조는 현 수준을 유지할 수 있으리라고 생각한다. 그들은 한국에서까지 경제원조에 실패하면 미 정부로서 대(對) 국회 체면이 곤란하여 진다는 것을 알고 있으므로 성공되기를 바라고 있는 형편이고 도울 수 있는 것이면 무엇이고 도와주려는 기색이 농후하다.

(4) 원조에서 대여로 전환하려는 경향이 국회에 있으나 아직 결정되지 않고 있다.

(5) 미국정부 대 한국정부, 기타 정부 간의 직접거래로 하지 않고 UN이나 세계은행을 통

---

315) 송인상은 1958년 11월 워싱턴에서 미 국무부 담당자들과 미국원조 비료도입, 국제협조처(ICA)를 통한 한국의 7개년경제발전계획 원조, 충주수력발전소 건설을 위한 2,500만 불의 미국개발차관 신청 회담을 벌였다.

316) 욜은 주트(jute)를 지칭한 것으로 보이며, 주트는 황마(黃麻) 혹은 황마에서 얻은 섬유이다. 열대지방에서 많이 재배되며 인도와 방글라데시가 세계적인 재배지로 유명하다.

하는 원조(광의) 방식이 논의되고 있으나 정부 측에서는 이를 반대하고 있다. 또 미국 실업가들에게 주어서 외국을 원조케 하는 것도 논의되고 있다.

(6) 환율에 대하여는 500 대 1일을 유지하는데 당분간은 말이 없을 것이다. 국무원은 500 대 1 유지 의견이나 재무성에서 800 대 1을 주장하고 있어서 곤란한 점은 있다고 한다.

(7) 우리의 DLF 신청은 실패. 인도는 무수한 안을 가지고 와서 그 중에서 통과되는 것만 얻어왔는데 7,500만 불이나 된다고 한다. 우리도 기술면으로 보아서 대여를 받을 수 있는 것을 신청하였으면 이런 일이 없을 것이라고 생각한다. 충주발전소만은 3,200만 불(2,500만 불 신청)까지라도 대여하여 준다고 하고 있다. 선박은 미국정부 방침상 안되고, 철도는 더 좀 실정을 잘 이해시킬 필요가 있다고 생각한다.

(8) 미국은 대만원조를 위하여 추가예산을 고려 중이라고 한다.

(9) 외자도입법이 통과되면 ① 투자보장법 ② 2중과세면제협정이 필요하다고 미측에서 말하고 있다.

(10) 맥아더 장군은 "한국문제를 평화적 방법으로 해결하려고 하는 사람은 알지를 못하는 사람이라고 하더라는 말씀을 대통령 각하께 드려달라"고 하더라.

(11) 렘니처 대장은 그 연설에서 "한국에 대한 우리의 투자를 잃어버리지 마라"고 주장하고 있다.

2. 1958년도 하반기 무역계획과 1959년도 상반기 무역계획의 대조표 (상공)

구용서 상공 "표제의 건을 보고사항으로 제출하니 의견이 있으면 말하여 주기 바란다"고 제출.

정재설 농림 "중고 마대는 국내 수요에도 부족한 것일 뿐만 아니라 마대조각, 미가공 삼[麻]조각과 같이 제지(조폐지) 원료로서 필요하며 사료와 당밀은 수입이 필요치 않을 뿐 아니라 PL480 잉여농산물 처분에 영향하여 국방비 조달에 지장이 될 것이니 각각 삭제를 요한다"고 일부 수정을 주장.

송인상 부흥 "당밀 수입은 지장이 많을 것이므로 반대한다"는 의견.

구용서 상공 "당밀은 재무부의 의견(세입과 유관)도 있을 것이며 중고 마대 등 마류(麻類)는 수출을 안 시키고는 수집이 곤란하니 이 점도 동시에 고려하여야 할 것이며 본 건은 12월 1일에 공표하여야 할 것이므로 어떻든 조속한 결정이 필요하다"고 설명.

이상 논의 끝에 다음과 같이 하기로 함.

(1) 사료와 중고 마대, 마대 조각은 삭제한다.

(2) 당밀과 미가공 삼조각은 보류하고 추후 결정한다.

3. 수출 진흥을 위한 당면시책에 관한 건 (상공)

다음과 같이 수정하도록 하는 의견을 부쳐서 보고사항으로 접수하기로 함.

(1) 2의 (6)의 (2)를 삭제한다.

(2) 2의 (7) 중 '확대한다'를 '확대하도록 한다'로 한다.

4. 국보 반입에 관하여

최재유 문교 "사변 중 소개(疏開)[317]한 국보를 가져올 것이냐 여부와 그 방법을 의논하고자 하며 찾아오기로 하면 현재 전시 중에 있는 국보와 같이 가져오는 것이 좋을 듯하다"고 제의.

조정환 외무 "유럽 각국에서의 전시를 협의 중에 있으므로 그 결과와 같이 처리하는 것이 좋 겠다"는 의견.

찾아온다는 원칙에는 전원이 일치하므로 다음과 같이 하기로 함.

"찾아오기로 하고 유럽에서 전시하는 것을 하지 않기로 되면 현재 전시 중인 국보를 가져올 때 같이 가져오도록 한다."

5. 주일 타국외교사절이 한국에 대한 외교사절을 겸무함에 관하여

조정환 외무 "여러 가지 점을 생각하여 이를 허용하도록 하려 한다"고 제의.

전원 이의 없이 가결.

6. 감군 협약에 관하여

김정렬 국방 "내일 쌍방에 의하여 서명될 것이라"는 보고.

---

317) 공습이나 화재 따위에 대비하여 한곳에 집중되어 있는 주민이나 시설물을 분산함을 의미한다.

제109회 국무회의

일시 : 1958년 12월 2일(화)
장소 : 경무대(전반), 중앙청(후반)

1. 귀환 보고

송인상 부흥 "미국의 공기는 과거 어느 때보다도 좋으며 한국에 투자하는 희망자도 몇 명 만
나보았으며(화장품회사, 사이로[silo]318) 업자 등) 외자의 도입을 위하여는 투자보장
협정과 2중과세면제법을 속히 해결하여야 한다고 생각하며, 재미교포 중에서도 고국
에 투자하려는 자가 생기고 있으며, 미국 민주당 급진파는 경제원조 전폐를 주장하고
있으나 그것이 대한원조에 직접 영향이 올 정도까지는 가지 않고 있다"고 보고.

이승만 대통령 "우리 한인이 이번에 송 장관 같이 대우를 받기는 처음인데 이것은 원 씨나 다
우링 대사의 이면의 노력이 컸으며 그들이 송 장관으로 하여금 연설을 할 기회를 많
이 만들어준 것은 우리도 이런 경제가가 있다는 것을 알리는데 대단히 효과적이었다.
그들과 같이 식사라도 할 기회를 가지려 생각하고 있다"는 말씀.

2. 국회의 동향에 관하여

곽의영 체신 "자유당에서는 조 박사의 발언을 취소 사과케 하는 것을 추진 중이며 국가보안법
에 대하여는 당초 자유당 의원 중 약 20명의 반대자가 있었으나 내무, 법무의 연설과
대통령 각하 담화로서 136명이 완전 단합되었다고 생각하며 장택상 의원이 반공투쟁

---

318) 수분 함량이 많은 목초류 등 사료작물을 사일로(Silo) 용기에 진공 저장하여 유산균 발효시킨 다즙질사료
인 사일리지(silage)를 만든다.

위원회 위원장으로 취임할 의사를 표시하였다"는 보고.

3. 체신의 날 행사에 관하여

곽의영 체신 "정부수립 제10주년을 축하하는 체신의 날 행사가 오는 12월 4일 상오 중앙전화
국에서 거행되는 바, 대통령 각하의 임석을 앙청한다"고 품청.

이승만 대통령 "내가 나가는 것으로 일이 잘된다면 나가도록 하겠다"고 승낙의 말씀.

4. 자유당에 대한 주의

이승만 대통령 "자유당이 노력을 하여 민심을 얻고 권력을 갖게 된 오늘날 더 한층 주의하여
전전긍긍 하여야만 그것을 길게 존속할 수 있을 것이라"는 분부.

5. 반공집회와 데모 금지에 관하여

김일환 내무 "오열의 준동을 막기 위하여서 한 일인데 야당에서는 국가보안법 때문에 한 것이
라고 비난하고 있다"고 보고.

이승만 대통령 "치안이 위급하면 계엄령이라도 쓸 것이므로 사태가 그렇다면 부득이한 일이
라고는 생각하나 너무 과한 조치가 되면 비난을 면치 못할 것이니 우선 국민에 대하
여 공산 오열 침입활동의 위태로운 실상을 잘 말하여 주도록 하라"는 분부.

6. 재일교포 제품전시에 관하여

구용서 상공 "본인들이 대단히 감격하고 있으며 전시품의 질이 의외로 우수하여 대단히 반가
운 현상인즉, 대통령 각하께서 한번 가서서 보심이 어떠신지요?" 하는 품의에 별 말씀
없으심.

7. 충주비료공장 기술자 양성에 관하여

구용서 상공 "현재 구체적으로 협의 중"이라는 보고.

8. 충주발전소 건설계획에 관하여

구용서 상공 "당초 '댐'을 127m 높이로 하였으나 기술적으로 재검토하여 본 결과 135m 높이
　　가 유리하다고 봄으로 그대로 할 것을 ICA측과 협의하고자 하는 바, 단양읍을 위시한
　　매몰지구의 범위가 상당히 넓어진다"라고 보고.

이승만 대통령 "다른 발전시설에 비하여 유리한 정도가 어느 정도인가?"의 하문에,

구용서 상공, 송인상 부흥 "수력발전소 신설은 이것이 최초임으로 다른 곳과 비교할 도리가 없
　　다"는 보고.

9. 인권선언일 행사에 관하여

홍진기 법무 "UN측의 요청도 있어서 대대적으로 하려고 하는 계획인 바, 각하의 담화를 내려
　　주시기를 앙청한다"고 보고 겸 품청.

이승만 대통령 "나보고 말하라면 UN은 인권을 위하여 무엇을 하고 있느냐고 묻고 싶다. 소련
　　의 거부권 행사로 우리의 국권이 침해(남북통일 못하고)당하고 있는데 인권이 무슨
　　인권이냐고 말하려 한다"는 말씀.

홍진기 법무 "이 기회에 공론을 그 같은 방향으로 나가도록 지도하고 있다"는 보고.

10. 산림 보호에 관하여

이승만 대통령 "남산의 나무껍질을 다 벗겨놓았다고 하니 놀랄 일이다. 농림, 내무는 서울시에
　　잘 알려서 이런 일이 없도록 해야 하며, 실정을 조사 보고하고 관계책임자를 엄단하
　　여 앞으로 그 관리를 방치하는 일이 없게 해야 한다."

정재설 농림 "남산은 농림 소관으로 서울시가 담당하고 있으며 곧 조사하여 엄단하고 보고하
　　겠다"고 보고.

11. 고급공무원의 출근 상황의 불충실에 관하여

이승만 대통령 "비밀히 조사하여 처단하여야 할 것이니 단속책을 강구하라"고 분부.

12. 국기 게양에 관하여

이승만 대통령 "국기 게양에 관한 일정한 규례가 없다니 이를 정하도록 하라"는 분부.

13. 신문 발표에 관하여

이승만 대통령 "국민생활이나 국가정책에 영향되는 말을 함부로 외부에 발표하는 것을 삼가 도록 하라. 앞으로 자기 생각만으로 타에 영향을 미치는 것을 함부로 발표하는 경우에는 다른 조치를 해야 되겠으니 잘 의논하여서 하도록 하라"는 분부.

14. 주일 외국외교사절의 한국에의 사절 겸무 허용 여부에 관하여

(지난번 회의에 허용 않기로 하는 의견을 품신하였다가 다시 연구하도록 분부를 받은 외무장관이 다음과 같이 이를 허용하는 것이 좋겠다는 의견을 품신함에 다시 더 연구들 하여 보자로 말씀하시고 결정을 지우시지 않음)

조정환 외무 "외교관계의 발전을 위하여 이를 허용토록 하기로 저희들의 의견을 결정하였습니다."

15. YMCA회관 건축기금 보조에 관하여

이승만 대통령 "YMCA, YWCA[319])에만 협조하면 다른 단체의 불평이 있을까 염려하였더니

---

319) 기독교 여자청년회(Young Women's Christian Association). 1877년 영국에서 최초로 기독교정신에 입각하여 여성교육과 사회발전을 목적으로 설립되었다. 스위스 제네바에 본부를 두고 109개국에 지부가 있다. 한국에서는 1922년 조선여자기독교청년회연합회로 창설되었고, 1924년 세계 YWCA에 가입했다. 1938년 일본 YWCA에 강제로 통합되고 1941~1945년 기간에 활동을 중단했다가 1946년 3월 활동을 재개했다.

관습상으로 관계없으리라고 하니 원조를 하여 주었으면 하는데 재무장관, 얼마나 낼 수 있는가?" 하시는 하문에,

김현철 재무 "예비비 5,000만 환 중 소방경찰의 긴급수요를 제하면 지출할 것이 없이 되며 국비예비비 보조대상 여부도 문제인바 약 1,000만 환은 개인 기부를 주선하여 줄 수 있다"고 보고.

최재유 문교 "전국극장협회에서 모금에 협조하도록 되었다"고 보고.

이승만 대통령 "시작은 자진으로 하여도 말단에 가면 강제가 되니 주의하라"는 분부.

최재유 문교 "이 극장협회 관계는 그런 것이 아니라"는 보고.

16. 유학생 파견국에 대하여

이승만 대통령 "미국은 자유개방으로 청소년의 교육에 부적당하니 스칸디나비아 각국이나 오스트리아 같은 나라로 보내도록 하라"는 분부.

17. 원자력 연구생 수학에 관하여

이승만 대통령 (유 비서관 대독) "원자력 연구생은 이론만 연구하지 말고 실지 기술을 배워오도록 일러 보내도록 하라"는 분부.

18. 인하대학 교사 초빙에 관하여

이승만 대통령 "일본시대에 배운 사람을 교사로 써서는 우리가 생각하는 것을 가르치지 못하니 손 대사와 연락하여 옷을 벗어놓고 들어와서 실제로 일을 할 사람을 가르칠 교사(기술자)를 6, 7명 초빙하도록 하라. 거기 돈이 남은 것이 있을 것이다"하시는 분부에 특히 '프레밍'을 좀 가르치라고 구체적인 예를 지시하심.

※ 중앙청회의

1. 감찰원법 제정에 관하여

조정환 외무 "자유당 정책위원회에서 이를 제정하여 달라는 요구가 있었으니 처리방안을 논의하자"고 제의.

홍진기 법무 "자유당에서는 사정위원회에 법적 근거를 주도록 하는 정도를 말하고 있다"고 들은 바를 보고.

강명옥 법제 "대통령 각하의 의도하시는 것을 알고 처리하는 것이 좋겠다"고 의견.

곽의영 체신 "정부서 제출하여 통과시켜야지 자유당에 시키면 대통령 각하의 의도와 동떨어진 것이 나올 우려가 있다"는 견해.

이상 논의 후 다음과 같이 의결함.

"법제실에서 성안된 후 논의하기로 한다."

2. '야담과 실화' 폐간 처분에 관하여

오재경 공보 "수차 경고에도 불구하고 본래의 사명을 망각하여 사회악을 조장하는 이런 잡지를 방치할 수 없어서 폐간 처분과 발행금지 처분을 하고 내무부에 필요한 조치를 의뢰하였다. 이에 대하여 문교위의 의견이나 신문의 논조는 거의 이를 지지하고 있으며 이에 대한 담화도 발표하였다"는 보고에 전원이 대찬성.

3. 참의원법 시행에 관한 법률안

강명옥 법제 "내년 1월 25일이 기일이므로 그 전에 본 법을 시행하여 필요하면 기일을 연기할 수 있게 하려는 것이라"는 제안 이유를 설명.

홍진기 법무 "대통령 각하께서는 내용이 민의원과 같고 의장 문제도 있으나 일단 하여 보는 것이 좋겠다고 말씀하였다"는 보고.

강명옥 법제 "부칙에 있는 선거 기일문제는 국회에서 넣어 주었으면 좋겠는데 자유당에서는 정부가 하라고 한다"고 보고.

이상 논의 끝에 다음과 같이 의결함.

"원안대로 하기로 한다."

4. 충주수력발전소 건설을 위한 DLF 융자의 건 (상공)

다음과 같이 부대조건(세부적 문제)을 붙여서 원안을 통과하다.

(1) 단양을 지방의 모범적인 도시로 새로 건설한다.

(2) 농토가 없어지는 농가의 구제책으로 시멘트 공장의 건설을 계획한다.

(3) 본 계획에 따른 모든 문제를 종합적으로 추진하기 위하여 상공부에서는 강력한 위원
회를 만들도록 한다.

제110회 국무회의

일시 : 1958년 12월 5일(금)
장소 : 중앙청 회의실

1. 건설업법 시행령 중 개정의 건 (법제)

원안대로 통과한다.

2. 불량아 보호책 확립의 건 (보사)

보고사항으로 접수하기로 하다.

3. 예비비 지출의 건 (재무)

다음 예비비를 지출하기로 한다.
  (1) YMCA, YWCA에 대한 보조(문교부 소관) 1,000만 환 일반회계에서 지출
  (2) 군청, 경찰서, 소방서 복구(신축 포함)비 (내무부 소관) 34,860,400환 일반회계에서
     지출

4. 정부청사 신축공사 계약에 관하여

신두영 국무원 사무국장 "합동경제위원회에서 합의된 바에 의하여 정부청사 신축에 대한 계약

은 국무원 사무국에서 하기로 된 바, OEC 측 제안의 계약권유 조건을 한국정부에서 수락하기 전에 그 중요한 내용에 대하여 사전 심의를 하여야 할 것이므로 일단 사무국으로서의 안을 제출한다"는 제안 설명을 하고 다음 각 항을 열거함.

(1) 청부계약은 입찰에 의하되 미국상사만이 응찰할 수 있다는 것은 공사의 특수성(최신 구조)과 그 규모로 보아서 미국 업자에게 시키는 것이 편리하고 완전하다는 점에서 OEC의 제안에 동의하려고 한다.

(2) 계약형태에 있어서 불화로 지불되는 것은 총액제로 하고 환화로 지불되는 것은 실비보수가산제로 한다는 OEC 측의 제안이나, 실비지출의 인정방법이 사실상 곤란한 것과 한국 물가의 변동이 심하다는 것을 이유로 하는 전기 실비보수가산제는 필요 없는 것이며 종래에 이런 제도로서 충주비료에서 논의를 야기하여 일반의 인식이 좋지 못한 점 등으로 보아 전부를 총액제 계약으로 할 것을 주장하고자 한다.

(3) 세금면제에 대하여는 재무부와 지난번 협의된 바에 의하여 면제하여 주거나 만일 과세되었을 때에는 이것을 물어주도록 한다는 OEC의 제안을 수락한다.

송인상 부흥 "사무국의 의견을 충분히 이해하나 다음과 같은 이유로서 사무상의 애로를 별도 타개하기로 하고 OEC의 제안을 그대로 받아들일 것을 요망한다"고 총액제에 반대.

(1) 실정을 모르는 외국상사에 대하여 총액제를 하면 계약금액이 증가될 우려가 있다.

(2) 총액제로서 남은 돈은 외국에 나가지만 실비제도로 하면 환화 지출은 전액이 한국에 떨어진다.

(3) 지불이 잘못되는 때는 업자로 하여금 시정케 할 수 있다.

(4) 이것은 오래된 문제이므로 더 이상 우리가 말을 심하게 하면 건물이 서지 않을까 걱정이다.

(5) 그들이 아무리 헤프게 쓴대야 4억 환이다.

(6) 신청사 하나를 더 짓도록 하려면 이 문제를 속히 해결지어야 한다.

이상 논의에서 전기 (4), (5), (6)(부흥부 의견)이 중요한 것이라는 일반적 의견으로서 전기와 같은 결정을 보게 되었음.

일시 : 1958년 12월 9일(화)
장소 : 경무대(전반), 중앙청(후반)

1. 화재 발생에 관하여

김일환 내무 "어제 밤 동대문시장에 화재 발생이 있었다"는 보고.
이승만 대통령 "화재의 위험이 있는 것을 제거하도록 경찰이 단속하는 것도 필요하지만 그보
　　　다도 필요한 것은 그 위험성을 인식하고 각자 주의하도록 영화 등을 통하여 가르쳐
　　　주어야 한다"는 분부.
최재유 문교 "그러한 방법으로 가르쳐주고 있다"고 보고.

2. 부산 갱사건과 범인 체포에 관하여

김일환 내무 "범인을 어제 서울에서 잡았다"고 보고.

3. 국회 동향에 관하여

곽의영 체신 "조병옥 의원 발언에 자유당이 공격을 개시하자 통일당의 김준연(金俊淵)320)이 합

---

320) 김준연(1895~1971)은 동경제국대학, 베를린대학에서 법학을 전공했고, 1925년 『조선일보』 모스크바
　　특파원, 1928년 『동아일보』 편집국장을 지냈다. 해방 후 송진우와 함께 국민대회준비회를 조직했고,
　　1950년 법무부장관, 제3대 민의원, 유엔한국대표를 역임했다. 1957년 민주당에서 제명되자 통일당을 결
　　성하여 총재가 되었고, 제4대 민의원 선거에 당선되었다.

세하여 맹공을 가하였으며 방청객도 이에 동조하는 기세였고 이 논쟁은 오늘 회의에서도 계속될 것이라"고 보고.

이승만 대통령 "그런 자들을 국회에 두어서 아무 말이나 함부로 하게 하여서는 안되니, 국회에 일시 못나오게 한다든지 어떠한 조치가 필요하며 국민들도 무슨 말이 있어야 할 것이다. 법무와 기타 대사(미 대사 말씀인 듯)와 의논하는 사람들은 이런 일을 좀 보라고 말하고 미국과 달라서 한국에서는 그런 것을 그대로 방치하면 공산당의 침해를 막을 수 없다는 것을 잘 알라고 일러주고 사과하라고 말하라"는 분부.

4. 전기통신사업을 위한 DLF에 관하여

곽의영 체신 "350만 불로 3만 대를 증설할 예정이라"는 보고.
이승만 대통령 "차입금을 상환하는 방법이 적당치 못하면 허락치 않겠다"고 주의의 말씀.

5. UNESCO 기념우표 해외 판매에 관하여

곽의영 체신 "김법린(金法麟)[321] 씨 편에 1만 매를 부탁하였더니 다 나가고 다시 1만 매를 보내달라는 요청을 받고 있다"고 보고.

6. 체신의날 행사 경과 보고

곽의영 체신 "내외귀빈 다수 참석하에 성대히 끝났다"는 보고.

---

321) 김법린(1899~1964)은 14세에 출가하여 1915년 동래 범어사에서 비구계를 받았다. 3·1운동 때 영남의 불교계 독립만세운동에 참가했다. 1920년 불교중앙학림, 1926년 파리대학교 철학과를 졸업하고, 1930년 일본 고마자와[駒澤]대학에서 불교를 연구했고, 1931년 도쿄에서 조선청년동맹을 조직했다. 1938년 만당(卍黨)사건으로 진주에서, 1942년 조선어학회사건으로 함흥에서 복역했다. 해방 후 불교 중앙총무원장, 동국학원 이사장, 1952년 문교부장관, 1953년 유네스코 한국위원회 위원장·3대 민의원, 1959년 원자력원 원장 등을 역임했다.

7. 러스크 박사[322] 방한에 관하여

손창환 보사 "성대한 환송영을 받고 어제 이한하였다"는 보고.

이승만 대통령 "외설을 하지 말아야 할 일이지만 알아는 둬야 한다. 러스크 박사는 AKF[323]를 위하여 일을 많이 하였으나 모집자금의 대부분을 인건비 등 운영비에 소비하여 사업난에 빠져서 밴 플리트 장군도 떨어져 나오고 자기도 사임할 지경까지 갔었으나 다시 재기할 것을 계획하고 그 협의(협조요청)차 내한한 것인바 밴 플리트 장군이 하는 것과 상치가 될 점도 고려하여 정부로서는 그다지 적극적으로 나가려 하지 않는다"고 방침을 지시.

김현철 재무 "러스크 박사는 제주도에 의료시설을 지어 1년간 경영하다가 그 일체를 한국에 이양하여 줄 것을 고려하고 있다고 하며 AKF는 Crusade for Freedom,[324] CARE와 같이 미국에서 기부를 자유로 받을 수 있는 3개 사회사업단체의 하나이라"는 보고.

8. 간디스토마[325]에 대한 조사 연구에 관하여

손창환 보사 "전문가들의 조사에 의하면 전국적으로 있는 병이라는 것이 발견되었으므로 하천어류의 생식을 하지 않도록 지도하여야 하겠다"는 보고.

이승만 대통령 "대단히 좋은 연구이며 어육을 생식하는 습관은 시정하여야 할 것이라"는 보고.

---

322) 러스크(Howard A. Rusk, 1901~1989)는 제2차 세계대전 때 군의학 분야를 개척하고 이후 연구분야를 민간 의료분야로 확대해나갔다. 제2차 세계대전 이후 뉴욕대 의대에서 가르쳤고, 1951년부터 33년 동안 뉴욕대 의료재활연구소(The Institute of Medical Rehabilitation at New York University) 소장을 역임했다.

323) 한미재단(American－Korean Foundation). 한국의 재건과 부흥을 위해 1952년에 설립된, 비영리사설 원조기관. 미국의 밴 플리트 장군, 크리스턴베리 소장, 휘트콤 준장, 아이젠하워 대통령 러스크 박사 등이 재단 설립을 선도했으며, 한국의 교육기관과 여러 단체 및 개인에게 경제적 원조를 제공하고 양국 국민간의 친선을 도모했다.

324) 1950~60년대 미국 선전전(宣傳戰)을 수행하던 기관. Crusade for Radio Free Europe의 기금을 모금하기도 했다. 김현철 재무장관은 AKF도 이와 유사한 전략을 사용하여 기금을 모아야 한다고 제안했다.

325) 간디스토마는 담즙의 통로에 기생하며 산다. 디스토마는 두 개(di)의 입(stoma)이라는 뜻으로 몸통 중간에 입이 하나 더 있어서 이 이름이 지어졌다.

9. 마이크로 프린트 리더에 관하여

최재유 문교 "다울링 대사가 이를 기증하여 온 바, 앞으로 원자력 연구에 많은 도움이 될 것이라"는 보고.

10. 원자력원 운영에 관하여

이승만 대통령 "파견한 연구생들은 잘 연구하고 있는가?" 하시는 하문.

최재유 문교 "잘하고들 있으며 원자로 구입이 확정되면 기술자 8명을 회사에 보내서 실제 조종방법을 습득케 하려는 바 원자력원장을 조속히 임명하셔야 하겠다"는 보고 겸 의견 품신.

송인상 부흥 "시험용을 먼저 구입하는 것이 좋겠다고 요구한 것과 기술자를 그간에 다수 양성하였다는 점에 호감을 가지고 우리 요구보다 대형을 준다고 하였으며 궁극의 목적은 원자력 발전에 있는 것이지만 이 시험용 원자로도 동양에서는 일본(영국제)을 제외하고 우리가 최초"라는 보고.

이승만 대통령 "항상 일본한테 져서는 안 된다는 것을 잊고 나가면 안 된다. 원자력원장은 중요한 직위이니 만치 널리 원자력원장 재목을 구하여야 할 것이라"는 분부.[326]

11. 외국인에 대한 농산물 공급에 관하여

정재설 농림 "8군을 상대로 월 200만 개의 계란을 유상 공급하는 계획은 월 110만 개 내외까지 달하고 있으며 동양사료에 의하여 안양에 건축된 도살장은 매일 30두를 처리할 능력이 있으며 위생시험이 끝나면 8군과 외인가족에 식육을 공급할 수 있을 것이며 8군의 기술자가 시설 당시부터 지도를 하고 있으며 육우 생산은 매년 10~20만 두까지 소비하여도 지장이 없다"고 보고(현재 8군은 일본에서 호주산 육우를 수입, 도살하여 납품하고 있음)

김현철 재무 "위의 회사가 자금이 부족하여 대부하였다고 국회에서 비난을 받고 있다"고 보고.

---

326) 1959년 초대 원자력원장에 불교계의 저명한 독립운동가로서 서울신문사 사장을 지낸 김법린(金法麟)이 임명되었는데, 과학자가 아닌 사람이 초대 원자력원장에 임명되는 것에 대한 비판도 제기되었다. "김법린 씨를 발령, 초대원자력원장에." 『동아일보』 (1959/01/22)

12. 공산군에 나포되어 간 어선과 어부에 관하여

이승만 대통령 "공산군은 42척이라 하고 우리 측은 30여 척이라고 하는데 이 문제의 처리는 어찌할 것이냐?"고 물으심.

김일환 내무 "현재 직원이 가서 조사 중이며 오는 11일에 판문점에서 이 문제를 가지고 회담을 하기로 되어 있다"고 보고.

조정환 외무 "선전을 해야 한다"는 의견.

이승만 대통령 "휴전협정을 없애버리든지 배를 찾아놓든지 하라고 주장하여야 할 것이라"는 분부.

13. 맥주회사 관리에 관하여

이승만 대통령 "맥주회사를 정부가 관리하고 있다는데 손해를 보게 된 것을 정부가 받아가지고 어찌 하려고 하는가?"라고 물으심.

김현철 재무 "세금 체납과 부채가 많아 법원에서 재산을 차압하고 관리인(재무부 직원)을 임명하여 재산실태를 조사 중이므로 그 결과에 의하여 처리할 것이라"는 보고가 불충분하였음으로 법무부장관이 다시 법적으로 풀어서 보고를 드림.

14. 주택자금 방출 상황에 관하여

이승만 대통령 "주택자금의 방출이 막혀서 건설에 지장이 있다는데 실정이 어떤가?" 라고 물으심.

김현철 재무 "다 나가고 13억이 못나가고 있는데 보사부와 연락하여 곧 방출하겠다"고 보고.

손창환 보사 "재무부에서 자금이 잘 안 들어오는 모양이나 현재 본인 부담분(40%)이 준비된 것에 해당하는 13억은 곧 방출될 것이라"고 보고.

김현철 재무 "귀속재산 매각대금이 잘 안 들어오는 데는 조선공사를 불하하지 않기로 한 것과 기타 몇몇 대회사는 불하하려 해도 살 사람이 없어서 불하 못하고 있었기 때문이라"고 보고.

15. 조선공사 사장인사에 관하여

이승만 대통령 "이철원(李哲源)[327]이 잘못 운영하고 있다는데 잘하는 사람을 보내야겠으나 일전에 추천이 들어온 사람은 적당한가?"하고 물으심.

구용서 상공 "그는 석상옥(石常玉)[328]으로 교통부장관을 지냈던 만큼 그 방면에 좀 알고 있으며 지금껏 위대한 거물급을 임명하여 보니 도리어 폐단이 있어서 이번에는 이 같은 실무자로 하는 것이 좋다고 생각하여 상신한 것이라"는 보고.

이승만 대통령 "사회주의 국가에서도 공공시설은 국영으로 하는 나라가 있다. 전차회사는 팔릴 수 있는가"라고 물으심.

김현철 재무 "팔릴 수 있다"고 보고.

구용서 상공 "방법을 강구중이며 오늘도 그 때문에 회합이 있다"고 보고.

16. 중소기업자금 적기대여에 관하여

이승만 대통령 "중소기업자금이 적기에 대부가 안 되는 일이 있다는데 실정이 어떤가" 라고 물으심.

김현철 재무 "대충자금에서 나갈 50억 중 37억이 아직 남았는데 5,000만 환 이상엔 한은의 심사를 요하는 것과 담보물에 있어서 은행 측이 서울 부근의 재산담보를 요구하는 데서 잘 해결이 안 되고 기업 측에서 불평이 나오고 있다"고 보고.

구용서 상공 "업자가 9,000여나 되는데 50억의 자금은 절대액이 부족하며 내년 55억을 예정하고 있으나 역시 부족하다"고 보고.

김현철 재무 "업자의 요구대로 하려면 물가를 억제할 수가 없다"고 보고.

이승만 대통령 "있는 돈 가지고 하라는 말이라"고 현재보다 더 이상 새로 화폐를 증발치 않고 할 것을 지시.

---

327) 이철원(1900~1979)은 3·1운동에 가담했다가 상해로 망명한 후 도미하여 콜롬비아대학에서 철학박사 학위를 받았다. 제헌국회 사무총장, 공보처장, 조선공사 사장 등을 지냈다.

328) 석상옥(1911~1986)은 1957년 교통부차관에 취임하였고, 1960년 4월부터 8월까지 제9대 교통부장관을 역임했다.

17. 불화(弗貨) 보유에 관하여

이승만 대통령 "불화를 되도록 많이 보유하여야 한다. 일본이 25억, 독일이 30억이라니 우리도 세계 4대 강국이 되려면 10억은 최소한도 가지고 있어야 하겠다"고 분부.

김현철 재무 "UNC에서 이 달 200만 불을 교환해 갔으며 현재 6·25 이후 제일 사정이 양호한 상태라"고 보고.

18. 중석광 노임에 관하여

이승만 대통령 "노임은 지불하였나?" 하시는 물으심에.

구용서 상공 "지불하고 있으며 동시에 기업의 운영도 고려해서 하고 있는바 신문지상에 보도되는 것은 노조가 관리자 측을 상대로 시끄럽게 하고 있는 소치라"고 보고.

19. 소액체납자에 가혹하다는 징세방법에 관하여

이승만 대통령 "납세를 받는데 소액체납자에만 심하게 한다는 말이 있는데 정말 그런가"라고 물으심.

김현철 재무 "차별을 하고 있지 않으나 대기업은 주주와 노동자가 붙어 있어서 만일 심하게 하면 경제면에 영향이 많을 것이므로 신중을 기하고 있는 것이며 대한방직도 그 예의 하나라"고 보고.

20. 국영기업체 실태에 관하여

이승만 대통령 "국영기업체의 태반이 손해를 보고 국가재산에 손실을 주고 있다는데 그 실정이 어떤가?"라고 물으심.

구용서 상공 "조선공사, 해운공사도 제 자리를 잡아가고 있으며 석탄공사도 내년 3월이면 자립이 가능할 듯하니 사실은 세간에 알려진 것과는 다르며 전기회사도 부채는 있으나 시설이 그만큼 나아졌으므로 순손실은 아니다"라고 보고.

김일환 내무 "재정법을 고쳐서 전기, 석탄 가격을 국회가 문제 삼는 일이 없어야 한다"고 재정법 개정을 주장.

이승만 대통령 "정부에서 힘을 덜 쓰니까 법이 통과되지 않는 것이니 전 상공, 현 상공, 체신, 교통이 협력하여 통과시켜 보도록 하라"는 분부.

곽의영 체신 "보안법과 예산이 끝나는 대로 조속히 통과시키도록 하겠다"고 보고.

21. 군용물자 유출 매매단속에 관하여

김정렬 국방 "1개월 전부터 단속에 착수한 것이 내일부터 실제 조사에 들어가게 되는 바 미군에서 불하한 것도 있어 부정유출품인지가 식별하기 곤란하며 이를 철저히 하면 국회에서 말썽(경제 혼란이니 물가 앙등 등의 이유를 들어서)을 부릴 것이나 이번에는 이 것을 단행하려고 한다"고 보고.

이승만 대통령 "그런 것을 방치하는 것은 자기를 사랑하는 것은 되어도 국민을 사랑하는 길은 아니다. 그런 일을 고쳐서 법이 법대로 행하여지도록 해야 한다. 전에 자동차 조사를 명령하였더니 하부 직원으로서는 차주나 연고자의 압력에 못 견디어 효과를 못 거두고 상급 직원에게 명령하였더니 최초에는 잘되던 것이 나중에는 관계관들 간에 분열이 생겨 그만 둔 일이 있다. 각부 장관이 분담한 일 외에 또 많은 일을 정부가 할 것이었으니 상호 협조하여 앞으로 그런 일이 없도록 하라"는 분부.

※ 중앙청 회의

1. 지방자치법 중 개정법률안

원안대로 통과(하등 이의 없음)

2. 예비비 지출에 관하여

중앙방역연구소(보사부 소관) 신축비 59,608,800환(경제부흥특별회계지출/UNKRA)

3. 군수물자 단속에 관하여

김정렬 국방 "당분간 시장에서 판매하고 있는 것만 단속하고 은닉된 것의 색출은 하지 않으며 유출 루트 봉쇄에 주력할 것이며 소비 중에 있는 것도 당분간은 조사를 않으며 기한 이 없음으로 시정될 때까지 계속하려고 하고 있다"고 보고.

정재설 농림 "물가가 앙등하기 쉬운 연말에 시장을 단속하는 것은 물가에 악영향을 줄 우려가 있다"고 의견.

(이상 논의하였으나 별 결론 없이 국방부 계획대로 추진하는 것으로 되어 버렸음)

일시 : 1958년 12월 12일(금)
장소 : 중앙청 회의실

1. 충주발전소 설치에 관한 기술보고에 관하여

송인상 부흥 "최대발전량 15만 KW, 평균발전량 9만 KW를 낼 수 있게 하려면 4,350만 불과 150억 환이 필요하다는 보고를 받았다"고 보고.

2. DLF에 적용한 환율에 관하여

송인상 부흥 "미 국무 측과 절충한 결과 Effective Latest Rate[329]라고 하는 것을 '한국에 한하여는 현 정세 하에서는 공정환산율을 말한다'는 것으로 주를 달기로 되었다"고 보고.

3. 국회 동향에 관하여

김현철 재무 "자유당에서는 가예산을 하여야 한다고 함으로 세법이 통과되지 않으면 가예산도 할 수 없다고 말하였다"는 보고.

곽의영 체신 "지방자치법 개정에 있어서 시, 읍, 면장 선임문제는 직접선거와 간접선거의 찬부가 반반이었다"고 보고.

---

329) Effective Interest Rate의 오기로 파악되며, Effective Interest Rate는 실효금리 혹은 유효이자율을 의미한다.

김현철 재무 "지방공무원 감원을 부활(감하지 않기로)시키는 것을 주장하고 있으나 원칙에 위반되는 것이므로 국무회의를 통과하여 대통령 각하 재가가 있기 전에 그러한 변경을 승낙할 수는 없다"고 보고.

김일환 내무 "법안만 심의하려고 하여도 시일이 부족한데 예산까지 심의하려고 하는 의도는 이해할 수 없으며 옥외집회금지 등 경찰의 긴장상태를 이 이상 지속할 수 없다"고 보고.

홍진기 법무 "어제 법사위에 제안 설명을 하러 갔다가 다음과 같은 말을 하고 구두 설명을 않고 돌아왔다"고 보고.

"오늘로서 3일간을 출석하였으나 이 상태로서는 국무위원의 위신을 지켜가면서 제안 설명을 할 수 없으므로 이미 제출한 서면 설명을 원용하기로 하고 구두설명은 하지 않겠다."

"오늘은 차관을 참석케 하였으며 앞으로도 분위기가 제대로 돌아서서 나오라고 하기까지는 안 나가겠다"고 보고.

4. 국가보안법 반대운동에 관하여

오재경 공보 "대한변호사협회와 신문편집인협회가 연석회의를 하기로 하였다가 후자 측에서 보안법 제17조 5항 이외는 관계치 않겠다고 함으로써 양자가 분열되어 신문편집인협회만이 근일 중 시공관(市公館)에서 언론대회를 개최한다고 한다"는 보고.

5. 추곡 수납 독려에 관하여

정재설 농림 "금년은 일기 관계로 작년에 비하여 성적이 좋지 못하므로 각부 장관의 독려 출장을 요청한다"고 제의(별반 결정한 것은 없음).

6. 한월관세협정 체결의 건(외무)

원안대로 통과.

7. 대학설치 기준령 부칙 제2조에 관한 건(법제)

원안대로 통과.

8. 병역법 시행령 개정의 건(법제)

(안건내용 심의에 앞서서 이 사무를 내무, 국방 중 어느 부가 관장하느냐의 문제를 논의하다 결론에 달하지 못하고 차회 국무회의로 그 결정을 미룬바 논의된 내용은 개요 다음과 같음)

김정렬 국방 "종래 사실상 2원적 사무체계로 나왔으며 그로 인한 폐단이 적지 않았음을 감안하여 이번 개정에 있어서는 이를 내무부 주관으로 일원화하는 것이 가하다고 생각한다"고 제의.

김일환 내무 "예산과 인원이 없이 이 방대한 사무를 받을 도리가 없다"고 당장 인수하는데 반대.

강명옥 법제 "정부조직법상으로 내무부 주관은 부당하다"고 의견.

홍진기 법무 "정부조직법상 내무부 주관으로 하는 명문은 없으나 저촉되는 것은 아니므로 국무회의 결의로 할 수 있는 것으로 생각한다"고 법제실장의 의견에 반대.

9. 잉여농산물 도입에 대한 농정상의 애로에 관하여

송인상 부흥 "5,000만 불을 예정하고 그 중 한국이 쓸 것이 82%나 입하 관계를 고려하여 80%로 보고 200억을 국방비에 충당하기로 예산을 세웠는데 근래 농림부로서는 양곡정책상 그 같은 다량이 필요치 않을 뿐 아니라 곡가 유지에 지장이 있다는 견해이며 국회 농림분과위원회로서도 부흥부장관을 마치 역적 나무라듯 하니 어떻게 하는 것이 좋은지 연구하여주기 바란다"는 제의.

정재설 농림 "실정은 농림부가 더 답답하다"고 간단한 말로 그 동안의 애로를 표명.

이상 논의 끝에 경제 4부 장관이 논의 성안하여 제출하도록 하기로 함.

제113회 국무회의

일시 : 1958년 12월 16일(화)
장소 : 경무대

1. 비료 구입에 관하여

이승만 대통령 "신문에 비료구입에 관한 것이 났는데 1년만 금비를 도입하지 말고 농민이 금비를 안 쓰고 농사짓는 것을 배우게 하고 금비를 아껴 쓰는 습관을 양성하는 동시에 질이 좋지 못한 비료를 과량 사용하여 지질을 척박하게 하지 않도록 하여야지, 나라가 하여가는 것은 오늘 있다가 내일 없는 것이 아니니 주의하여서 하라"는 분부.

2. 미군인 살인사건에 관하여

김일환 내무 "사건 즉시 체포 못하고 이미 귀영(歸營)330) 후에 알게 되었음으로 우리 측에 인도할 것을 요구 중에 있다"고 보고.

이승만 대통령 "외무부에서 강경히 교섭하여 범인을 인수하도록 하라"는 분부.

3. 일본과 대만에 있는 교포학생을 위한 경비지출에 관하여

이승만 대통령 "효과가 있는 것인가?" 하고 물으심.

최재유 문교 "감사하다고 눈물 흘리며 반가워 한 일도 있어서 대단히 효과적이라"고 보고.

---

330) 군인이 부대 밖의 업무나 휴가를 위해 부대에서 벗어났다가 돌아오는 일.

이승만 대통령 "매년 예산에 계상하여서 하기로 결의한다"고 의결을 선포하심.

4. 일반재판에 따른 사형집행 절차에 관하여

이승만 대통령 "나라에 따라서는 사형이 없는 나라도 있으나 우리 형편은 만일 중죄를 진 자
는 나의 친척이라도 할 수 없이 사형을 할 것이로되 신중을 기하여야 할 것으로 생각
되는데 법무부장관 전행(專行) 사항으로서는 재고할 여지는 없는가? 물론 법무장관의
역량을 모른다든가 불신하여서 하는 말이 아니다?"하시며 물으심.
홍진기 법무 "앞으로 사전에 보고하겠다"고 방책을 품신.
이승만 대통령 "좀 신중히 하는 것이 좋으니 연구하여 보라"는 분부.

5. 공업기계 수입에 관하여

이승만 대통령 "무슨 돈이 되든 공업에 쓰는 기계를 도입하도록 하라. 인형 만드는 기계 같은
것이 들어오면 염가로 생산, 수출할 수 있을 것이라"고 분부하시고,
"일본인이 인형을 많이 만들어서 무상으로 미국에 보내어 그 몇 배의 이익을 본 것을
기억한다"고 첨가하심.
송인상 부흥 "각자가 한은에서 달러를 사서 기계를 도입하여 성공적으로 운영해 가고 있으며
안경테나 바늘 같은 것을 생산하고 있다"고 보고.

6. 미곡 수출에 관한 신문보도에 관하여

이승만 대통령 "일본에 쌀을 사달라고 청하고 사가기로 된 것이 반갑고 감사한 것처럼 신문에
보도되는 일이 있는데 좀 더 위신을 지켜서 '사간다면 팔겠다'는 태도로 나가야 할 것
이라"는 분부.
정재설 농림 "풍년을 당하여 농림에서 미곡을 낭비하는 폐단이 있어서 이를 방지하기 위하여
발표한 것인데 앞으로 주의하겠다"고 보고.

7. 외국인과의 계약 체결에 관하여

이승만 대통령 "여러 사람이 연구하여 국가에 손해가 없게 하여야 한다"고 분부.

홍진기 법무 "상당수의 율사(律士)[331]가 있어서 각부에서 문의하여 오는 것에 수응하고 있으나 충분치는 못하다"고 보고.

8. 추경 여행(勵行)에 관하여

이승만 대통령 "잘 된 곳도 있으나 안 된 곳이 많다"고 주의의 말씀.

정재설 농림 "작년에 67%, 올해는 현재 73%에 달하고 있음으로 90%까지는 할 수 있겠다"고 보고하고 내무의 협력이 크다는 것을 첨언.

9. 연말 방범책에 관하여

이승만 대통령 "연말이면 범행이 증가되는데 그 대책은 무엇인가?" 고 물으심.

김일환 내무 "오는 20일부터 신년에 걸쳐 방범기간을 설정하기로 되었으며 통금시간을 엄수케 하고 응급환자 치료를 위하여 구급차를 대기시켰으며 기동반을 편성하여 수시로 범행을 색출할 계획으로 있다"고 보고.

10. 정부청사 신축계약에 관하여

송인상 부흥 "계약은 내년 3월 이내로 체결하고 공사기간은 16개월, 주 청부업자는 미국 상사, 설계감독은 Pacific Architect & Engineers INC. 계약은 한국정부, ICA, 업자의 3자 계약. 계약집행관은 경제조정관(미측) 경비 약 17억. 계약형태는 불화(弗貨) 지불분은 총액제, 환화 지불분은 실비제로 할 예정이라"는 보고.

---

331) 율사는 법률을 연구하여 법률의 해석, 제도, 적용 따위에 종사하는 법률 전문가를 의미한다.

11. 철도 신설 개통에 관하여

최인규 교통 "이달 말 시운전, 1월 10일경 개통식을 할 예정이다"라고 보고.

송인상 부흥 "당초에 미국기술자가 와야 한다고 한 것을 우리 기술자들이 기일 전에 완성하였으니 그 기술자들을 포상하여 주는 것이 좋겠다"고 진언.

12. 월동연료 수송에 관하여

최인규 교통 "일선 군인과 일부 촌에까지 사용하게 된 관계로 화차를 증가하여 수송을 하여 55환의 구공탄 가격을 유지하고 있는 바, 필요하면 앞으로 증차하겠다"는 보고.

13. 철도용 석탄에 관하여

최인규 교통 "다년간 현안이던 국산탄 전용으로 이달 말에 전환할 계획이라"고 보고.

이승만 대통령 "안 상공 그 사람이 일본탄 없이는 안 된다고 하여 큰 소리까지 치며 강행하라고 하였던 것을 김 내무가 상공부에 가서 이같이 만들어놓았다"고 칭찬의 말씀.

14. 예산 심의에 관하여

김현철 재무 "가예산 편성을 요구하던 자유당과 다음과 같이 합의되어 연내 통과가 가능한 것으로 본다"는 보고.

　　"당초 100억을 사업비로 요구하던 것을 25억으로 하고 국방비에서 12억 5,000만 환 기타 예산에서 12억 5,000만 환을 각 삭감하여 그 재원에 충당하기로 함."

이승만 대통령 "예비비는 안 만들었는가?"라고 물으심.

김현철 재무 "약 4억이 될 것이라"고 보고.

이승만 대통령 "예비비에 많이 넣어놓고 마음대로 쓰면 예산을 짤 필요가 없으니 이것은 시정되어야 한다"고 하시며 "금년도 잔액은 얼마냐?"고 물으심.

김현철 재무 "약 1,500만 환이라"라는 보고에 남긴 것은 잘 하였다고 말씀하심.

15. 국가보안법 심의에 관하여

홍진기 법무 "자유당 의원 단결하여 잘 하고 있으므로 크리스마스 전에 통과될 것으로 생각한다"고 보고.

16. 장관 명의 감사장 수여에 관하여

김일환 내무 "의정부간 도로 보수에 진력한 공로를 치하하는 감사장을 주었다"고 보고.

17. 미술품 증여에 대하여

최재유 문교 "주불 미국대사로부터 김 주불공사[332]에게 현재 프랑스에서 전시 중에 있는 예술품 중의 무엇인가(미상)를 한국에 기증하겠다고 알려온 바 그 이유는 그 작품이 한인학생의 착상에 의한 것이라고 함으로 외무부를 통하여 그 물품의 내용과 학생의 성명을 조회 중이라"고 보고.

---

332) 김용식(1913~1955)은 1937년 일본 주오[中央]대학 법학부 졸업, 1940년 고등문관시험 사법과 합격 후 1941년부터 해방까지 경성지방법원, 청진지방법원의 검사대리와 판사 등으로 근무했다. 1946년 변호사 개업, 1948년 '장덕수(張德秀)암살사건'에서 김구와 한국독립당의 변호인으로 활동했다. 1949년 외무부에 들어가 주홍콩 영사, 주호놀룰루 총영사를 지냈다. 1951년 주일본 한국대표부 특명전권공사, 1952년부터 1953년까지 한일회담 한국측 대표, 1957년까지 주일본 한국대표부 공사, 1957년 주프랑스 공사, 1960년 주영국 대사를 지냈다. 1971년부터 1973년까지 외무부 장관을 맡았다.

제114회 국무회의

일시 : 1958년 12월 19일(금)
장소 : 중앙청 회의실

1. 경향신문 사과광고에 관하여

김일환 내무 (내용 신문보도와 같음)

2. 경무협회 부정사건에 관하여

송인상 부흥 "외자청에서 처분난에 봉착하고 있던 돼지기름을 치안국에서 500대 1로 불하받는다고 함으로 믿고 준 것이 이런 사고를 내었으니 유감이라"고 보고.

3. 병역법 시행령 개정안

다음과 같이 수정하여 하기로 함.
"부칙 제2항을 다음과 같이 신설한다.
본령에 의한 내무부장관의 소관사항은 1959년도까지는 국방부장관이 담당한다.
부칙 제3항 중 「병사구사령관과 특별시장 또는 도지사 사이에 사무이관을 마칠 때까지」
를 「1959년도까지는」으로 한다."

4. 내무부직제 중 개정의 건 (병사[兵事]사무 이관에 따른 개정)

원안대로 통과한다.

5. 국방부직제 중 개정의 건 (병사 사무 이관에 따른 개정)

원안대로 통과함.

6. 예비비 지출

SAC[333] 물자 취급비(재무부 소관) 201,087,000환

외자특별 1958회계 예비비에서 지출

위 금액을 지출하기로 함.

7. 정부청사 신영 청부계약 권유안에 관한 건

신두영 국무원 사무국장 "이미 의결된 바 환화분 실비계약에 있어서 업자를 용이하고 효과적인 계약조항의 삽입을 OEC 측과 절충하였으나 업자를 과도히 구속하는 계약조건은 일류업자의 입찰포기와 계약액의 증가를 가져올 우려가 있음으로 용어의 완화와 추상적 규정을 두자는 OEC 측이 장차 감독을 하는데 애로가 없지 않을 것이나 시일 관계로 더 이상 지연시킬 수 없다는 부흥부의 의견이 있어 성안 상정하였으며, ICA의 규정과 그 간의 전례로 보아 해결이 곤란한 다음 각 항에 관하여는 그간 동 의안을 법무부, 법제실, 재무부에 보내 검토하도록 의뢰한 바 있음으로 그 의견을 말하여 주기 바라는 바, 특히 다음 몇 가지에 주의를 환기한다.

(1) 의견대립 시 결정권은 계약관(미 경제조정관)에게 있다.

(2) 전항 결정에 업자가 불복할 경우 ICA 장관에게 소청을 하면 동 장관이 재정한다.

---

333) Surplus Agricultural Commodity(잉여농산물). 1955년 5월 한미잉여농산물협정을 체결하고 미공법 480호에 의한 원조를 추진했다. 미국의 과잉생산으로 인한 문제를 줄이고, 6·25전쟁으로 인한 한국의 식량난을 해소하기 위해 도입되었다.

(3) 전항 재정이 불복일 경우 업자는 미국 법률이 정하는 바에 따라 적당한 법원에 제소한다.

(4) 본 계약에 대한 해석은 콜럼비아 지구(D.C.)의 법률에 의한다.

(5) 본 공사에 필요한 물자의 수입에 대하여는 물론 그 종사원의 소득, 일용품의 수입(수량 제한)에 대하여 면세 또는 한국정부가 대신 지불한다.

(6) 본 공사 수행에 필요한 허가, 인가, 증명 등의 수수료는 면제하거나 한국정부가 부담한다.

는 등의 조항을 논의하여 주기 바란다.”

홍진기 법무 “국무원 사무국장이 말하는 전기 (1), (2), (3), (4)와 계약집행관이 미 경제조정관이라는 점에 대하여 법무부로서 의견은 있으나 실정이 해결하기 곤란한 것이라면 알고는 있어야 할 줄로 생각한다”고 의견.

송인상 부흥 “실무자 회의에서 상당한 부분을 고쳤다고 생각하여 이것으로 일류업자가 참가할런지 의문이며 청부금액이 증가할 우려는 있으나 한국정부로서는 상당히 안전해진 것은 사실이라고 OEC 측이 말하고 있으며, 소송 관할 관계는 전에 유사한 일이 있어서 대통령 각하께 말씀드려서 그대로 한 일이 있는 바 당사자 3인 중 2인이 미국 측이니 이상 고집하기 곤란할 것이며, 계약집행관(Contracting Officer) 문제는 당초 공사 설계와 감독이 미국 상사 대 OEC로 되어 있는 것과 ICA 본부와의 연락 등을 고려하여 OEC 제안대로 미측 경제조정관으로 하고 집행에 있어서 한국정부의 계약책임자와 연락하여서 하도록 CEB에서 합의를 본 바 있으며, 내년 3월말까지 계약을 체결하지 않으면 자금이 달아나게 되어 있어 이를 역산해 보면 이번 달 27일까지는 이 권유서를 발송해야 함으로 대통령 각하의 재가는 본 계약 체결 시까지 받기로 하는 것이 좋다고 생각한다”고 보고.

(전원 이의 없음)

신두영 국무원 사무국장 “이 권유에 의한 입찰은 예비입찰 즉 ‘신입’에 불과함으로 그 입찰의 전부라도 거절(무시)할 수 있는 것이나 체면상 곤란할 것이므로 대통령 각하의 재가를 받아 시행하는 것이 좋다고 생각하나 만일 각하의 재가를 본 계약 시에 받기로 하려면 권유서 중에 “별첨된 계약서는 변경되는 수가 있을 것이며, 그러한 경우에 업자가 이미 제출한 예비입찰 내용의 변경을 요한다면 협의(at its time of negotiation) 시에 고려하도록 한다”는 조항을 삽입해서 하는 것이 좋겠다”고 의견.

이상 논의 끝에 원안에 전항의 구절 삽입을 부흥부장관과 국무원 사무국장에게 일임하고 통과하기로 함.

8. 1958년도 수습행정원 수습계획에 관한 건 (국사)

원안대로 통과.

제115회 국무회의

일시 : 1958년 12월 20일(토)
장소 : 중앙청 회의실

1. 중요정책 심의와 그 당면과제에 관하여

다음과 같이 의결하다.

(1) 1958년도 5월 7일자 의결로 설치된 중요정책심의회의 조직을 다음과 같이 변경한
다. 외무장관, 내무장관, 재무장관, 법무장관, 부흥장관, 체신장관, 공보실장

(2) 각 부실로 하여금 자료를 제출케 하여 정·부통령 선거에 대비할 정책을 입안하여
국무회의에 상정한다.

전항의 목적에 합당한 것은 과거의 업적 발표사항도 이를 포함한다.

제116회 국무회의(임시)

일시 : 1958년 12월 22일(월)
장소 : 중앙청 회의실

1. 민주당의 농성사건을 중심으로 한 정계 동향에 관하여

김일환 내무 "민주당은 다음과 같은 이유로 농성을 풀 이유를 마련하기 위하여 협상안을 들고
　　나왔다."
　　(1) 농성과 동시에 국민을 선동하여 호응, 봉기케 하려던 것이 경찰의 시책으로 실패로
　　　　돌아간 것.
　　(2) 개인적으로도 지칠 만큼 지친 것.
　　(3) 외부에 나와서 활동하는 것이 도리어 유리하다는 것.
　　(4) 정부에서 부산과 같은 비상조치가 있지 않을까 두려운 것.
　　(5) 분과위원회를 여당에만 맡기는 것이 불리하다는 것.
　자유당은 정책적으로 일단 야당의 희망을 들어서 오늘 22일 휴회하기로(1일간) 하나 다
음과 같은 대책을 하도록 함.
　　① 분과위원회를 개최한다(법사, 내무, 재경 등)
　　② 외부 치안의 완벽을 기한다.
　　③ 의사당의 경비를 강화한다(출입하는 자의 제한) 수행경관의 권총 영치.
　　④ 만일의 경우에는 국회법 91조의 경위권 발동.
　　⑤ 국가보안법 원안통과와 지방자치법, 예산안의 연내 통과 단행.
홍진기 법무 "조병옥 씨가 신문사의 주필, 편집국장을 방문하고 협조를 구하였으나 한국일보
　　부터 깨지기 시작하였으며 정부의 봉입차단주의가 효과를 거두었으므로 앞으로 별로

염려는 않으나 군대가 사주를 받아 경거하는 일이 없도록 하여야 할 것이라"고 보고
와 의견.

이응준 체신 "자유당으로서는 보안법의 일언일구도 변경하는 일은 없으리라고 생각한다"고
보고.

2. 자유당의 소위 협상파의 동향에 관하여

홍진기 법무 "자유당의 지방유세에 있어서 전례 없는 국민의 참석으로 보아 자유당원이나 공무
원의 사기가 앙양된 관계로 협상 운운이 통하지 않는 것이 현재 내부의 실정이므로 입
도 못 떼고 있다"고 보고.

김일환 내무 "낙관은 금물이라고 생각한다. 부통령도 이 같은 지각없는 짓을 하는데 공무원
중에 어떠한 사람이 있을지 누가 알 수 있느냐? 하는 염려를 않을 수 없다"고 보고.

3. 반공투쟁위원회의 동향에 관하여

홍진기 법무 "장택상 위원장은 민주당의 농성은 좋으나 의장석을 쳐부수는 것은 폭도라고 볼
수밖에 없음으로 앞으로 민주당과의 협상은 하지 않겠다고 말하였다"고 보고.

4. 선전에 관하여

홍진기 법무 "장택상씨 말에 의하면 국회 농성에 관한 반공투위의 발표를 방송하여 주지 않고
자유당 선전부장이 발표하는 담화의 방송도 민주당이 요구하면 곤란하다는 이유로
거부하였다는데 고려할 문제라고 생각한다"고 자유당의 공보에 대한 불만을 전달.

오재경 공보 "그런 일은 없었을 줄로 생각하며 만일 그러한 경우에는 실장에게 직접 말하여줄
수 있을 것으로 믿는다"고 도리어 원망.

조정환 외무 "오늘 느닷없이 의사당의 교통을 차단하니 영문을 모르는 사람이 많았다. 이러한
경우 내무는 공보와 연락하여 그것을 방송으로 국민에게 알리도록 하는 게 좋겠다"는
의견.

5. 장 부통령 국회의사당 방문과 담화 발표에 관하여

정재설 농림 "중대한 문제이니 경고를 발하도록 하자"고 제의.

홍진기 법무 "의장석을 부순 불법행동을 찬양하는 것을 규탄하는 골자로 공보실에서 성안하여 국무회의에 상정키로 하자"고 제의.

오후 5시 이를 심의하기 위하여 국무회의를 재개하였으나 초안이 불충분하다는 중의로서 개안을 공보실에 지시하고 성안 후 법무, 공보의 심사를 받아 내일 조간에 발표되도록 하기로 의결함.

6. 국영사업 운영개선에 관하여

조정환 외무 "대통령 각하께서 마산발전소를 보시고 먼지에 파묻혀 있었다고 주의의 말씀과 동시에 전 기업체에 대하여 각별히 주의하라는 분부가 있으셨다"고 전달.

7. 충주발전소 건설에 관하여

송인상 부흥 "DLF 당국의 추산에 의하면 5,500만 불을 요한다고 하여 이것을 하게 되면 다른 사업의 차입이 불가능하다고 하는데 어느 것을 우선적으로 할 것인가를 논의 결정하여 주기 바란다"고 제의.

충주발전소를 우선적으로 하자는데 전원 찬동하여 다른 사업은 못하여도 이 건만은 한다는 방침을 의결함.

8. 미곡 매입차 내한한 류큐인에 대한 취급에 대하여

구용서 상공 "우호를 증진한다는 것을 말하고 있다"고 보고.

정재설 농림 "공동담화라도 발표하여 주었으면 하니 외무부에서 고려해 주기 바란다"고 요망.

조정환 외무 "이번 거래를 계기로 우호를 증진한다는 것도 중요한 것의 하나이니 상공, 농림이 협의하여 안을 보내오면 검토해 보겠다. 단 장관명으로 할 것인가는 연구해 보겠다"고 찬동.

9. 국회 민의원경비 예비비 지출에 관하여

모월 모일자로 의결한 700만 환의 예비비 지출을 취소하고 다음과 같이 지출하기로 함.

국회 민의원 일반경비로 1,500만 환 일반회계 예비비에서 지출

제117회 국무회의

일시 : 1958년 12월 23일(화)
장소 : 중앙청 회의실

1. 다음 안건을 원안대로 통과함

 (1) 국립중앙관상대 지방관측소 및 출장소 직제 중 개정의 건
 (2) 공군기술원 양성소령
 (3) 전역전상장교에 대한 특별급여금 지급에 관한 건
 (4) 국립학교 설치령 중 개정의 건
 (5) 1948년의 해상에 있어서의 인명안전을 위한 국제협약가입에 관한 건
 (6) 부녀자의 정치적 권리에 관한 협약 가입에 관한 건
 (7) 교육법시행령 중 개정의 건
 (8) 우편규칙 중 개정의 건
 (9) 해양경비대원 보상금 급여규정

2. 다음 안건을 제출처의 요청에 의하여 각각 환송하기로 함

 (1) 사범대학 출신자 확보에 관한 건
 (2) 전매사업 감시강화 요강
 (3) 공무원의 부정전매품 사용 특히 부정외래연초 끽연금지에 관한 건

3. 예비비 지출

다음 예비비를 지출하기로 함.
김포공항청사 복구비(교통부 소관) 3억 환 경제부흥특별회계 예비비 지출

4. 감찰원법안 (법제)

다음과 같이 수정하는 것을 법제실에 일임하고 통과함.
"피조사자의 묵비권을 인정함과 동시에 감찰위원 및 조사관에 대하여 비밀보지의무를 규정할 것."

5. 사상(沙上) 유류시설 경비에 관하여

구용서 상공 "금년 말까지 국방부에서 담당하기로 하고 그 이후의 대책이 관계부간에 협의되지 않으니 여기서 결정해 주기 바란다"는 제의.

김정렬 국방 "이 이상 더 계속할 수 없다"고 보고.

김일환 내무 "경찰을 이런데 쓸 여력이 전연 없다"고 보고.

홍진기 법무 "COSKO에서 책임져야 할 문제라"고 의견.

이상 논의 끝에 다음과 같이 하기로 함.
"1월 말까지 국방부가 담당하고 1월 15일까지 상공, 부흥, 재무, 내무, 국방이 협의하여 방안을 국무회의에 보고한다."

6. 경제원조에 관계되는 사무 처리에 관하여

송인상 부흥 "1959년도 계획(Proposed Defense Support Assistance Project Assistance Operational Program, FY[334] 1959)을 설명하고
(1) PROAG(Project Agreement, 사업계획승인서)의 절차를 조기에 취하고
(2) OEC 측과 합의가 잘 안되면 부흥부에 연락한다"고 의뢰.

---

334) Fiscal Year(회계 연도). 예산의 세입과 세출을 구분하여 정리하기 위한 단위 기간. 현 '국가재정법' 제2조에 따라 정부 및 지방자치단체는 회계 연도를 매년 1월 1일부터 같은 해 12월 31일까지로 규정하고 있다

제118회 국무회의

일시 : 1958년 12월 24일(수)
장소 : 중앙청 회의실

1. 국가보안법 중 개정법률

국회에서 이송되어온 대로 공포하기로 함.

2. 지방자치법 중 개정법률

국회에서 이송되어온 대로 공포하기로 함.

3. 참의원의원선거법 시행에 관한 법률

국회에서 이송되어온 대로 공포하기로 함.

제119회 국무회의

일시 : 1958년 12월 26일(금)
장소 : 중앙청 회의실

1. 육군본부 직제개정의 건 (법제)

내부기구의 명칭 중 '부'에 관하여는 여군부의 '부'는 '처'로, 기타의 명칭 중의 '부'는 '국' 또는 '감실'로 하기로 하고 자구 수정을 법제실에 일임하기로 통과함.

2. 발전장려금 보조규칙 (법제)

"제5조 중 「정부회계연도 개시 후 3개월 이내에」와 부재(附財) 제2항을 삭제한다"로 수정 통과.

3. 재외공관공무원 보수에 관한 특례 중 개정의 건 (법제)

원안대로 통과함(별지 참조)

4. 철도국의 명칭, 위치 및 관할구역에 관한 건 중 개정의 건 (법제)

원안대로 통과함.

5. 수렵규칙 중 개정의 건 (법제)

원안대로 통과함.

6. 법령 공포에 관하여

다음 법률을 국회에서 이송되어온 대로 공포하기로 함.

   (1) 신보세법 중 개정법률

   (2) 영업세법 중 개정법률

   (3) 법인세법 중 개정법률

   (4) 임시토지수득세법 중 개정법률

   (5) 광세법 중 개정법률

   (6) 물품세법 중 개정법률

   (7) 입장세법 중 개정법률

   (8) 유흥음식세법 중 개정법률

   (9) 관세법 중 개정법률

   (10) 자동차세법

   (11) 대충자금 특별회계법 중 개정법률

   (12) 의무교육재정교부금법 중 개정법률

   (13) 조세범 처벌법 중 개정법률

   (14) 지방세법 중 개정법률

7. 1959년도 예산에 대한 국회 증액 동의 및 공포에 관한 건(재무)

원안대로 통과함.

8. 국가보안법 통과 후의 정계동향에 관하여

김일환 내무 "민주당에서는 이 의장님과 최 사무총장을 고소한다고 나온 동시에 민중을 선동할 계획을 진행 중이며 자유당으로서는 애련(愛聯)을 통하여 국민계몽을 실시하여 본 법안의 필요성과 통과의 경위를 국민대중에 알리려고 하고 있다"고 보고.

홍진기 법무 "민주당 측은 본회의 개최를 요구(50명 이상 연명으로 가능)할 것으로 보이는 바 자유당으로서는 불참으로 유회시키느니 보다 나가서 대응하는 것이 좋겠다는 의견으로 있으며, 야당에서는 축출 또는 감찰당한 것처럼 선전하고 있으나 사고를 일으키지 않고 자리에 있는 자를 퇴장시킨 일이 없으며, 조병옥 외 23명은 애국가를 부르고 제 발로 걸어나갔다"고 보고.

송인상 부흥 "미국 국무성만이 아니고 미국 전 국민과 기타 우방의 정부나 국민에게 오해가 되어서는 안 되니 신문에 내는 동시에 재외 공관장에게 상세한 실정을 알려주어야 할 것이라"고 의견.

조정환 외무 "미 국무성 발표는 대단히 잘 된 것으로 생각한다"고 의견.

송인상 부흥 "미 국무성만이 문제가 아니라 미국 국민으로 하여금 우리가 한 일이 정당하다는 것을 알게 하여야 할 것으로 생각한다"고 의견에 "'*Korean Republic*'을 통하여 외국인 에게 알리도록 공보실에서 유의하도록 해달라"는 요망을 첨가.

9. 국회 민의원경비 예비비지출의 건

원안대로 통과함.

일시 : 1958년 12월 30일(화)
장소 : 중앙청 회의실

1. 국회에서 이송되어온 법률안 환부에 관하여

강명옥 법제 "국회에서 의결되어 이송되어온 입장세법 중 개정법률안은 그중 일부 요율에 대한 국회의 수정이 심히 부당하므로 이를 국회에 환부하고자 한다"고 제의.

전원 이의 없이 다음과 같이 의결함.

"입장세법 중 개정법률안은 국회에 환부한다."

2. 국회에서 이송되어온 법률안 심의

다음 각 법률안을 심의하였으나 공포 여부의 결정은 차기 회의로 미루었음.

(1) 법원조직법 중 개정법률안

검찰청법 중 개정법률안과 같이 공포 또는 처리하기 위하여 보류.

(2) 검찰청법 중 개정법률안

경찰수사와 군정보기관과의 관계 등으로 내무, 국방의 이의가 있고 대통령 각하의 분부사항도 있어서 차회 국무회의까지 처리를 보류함.

3. 대통령령안 심의

다음 대통령령안을 심의하였으나 결정을 차회로 미루었음.

(1) 지방공무원령 중 개정의 건

시, 읍, 면장 임용 자격을 재검토할 필요가 있어서 차관회의에 회부하기로 함.

(2) 지방자치법 시행령 중 개정의 건

(1)과 동시에 처리함을 요하므로 일단 보류.

(3) 건국10주년기념 기장령(紀章令)

대통령령으로 할 것인가 여부를 재검토하기로 하고 일단 보류.

< 부록 논문 >

―――――― 1958년 국무회의록을 통해 본 대한민국*

1. 1958년 대한민국의 경제정책

미국원조 감축에 따른 자립경제정책의 모색

1950년대 한국정부의 주된 재원은 해외원조였다. 1950부터 1960년 사이 한국은 ECA(경제협조처), CRIK(한국민간구호계획), UNKRA(유엔한국재건단), ICA(국제협조처)[1], PL480 등을 통해 들어온 총 24억 1,000만 달러의 원조에 크게 의존했다. 원조는 재화 이전의 형태였으며, 원조물자 판매 수입은 산업은행에 마련된 대충자금계좌에 적립되었고, 정부 수입의 70%를 상회했다. 이 재원으로 국방비나 재건투자를 위한 지출 수요를 감당했다.[2] 정부는 한미잉여농산물 원조협정을 통해 1956년 23만 8,000톤의 식량을 도입했는데, 이는 당시 양곡 생산량의 15%에 해당했다. 잉여농산물의 판매대금은 국방비와 한국인재들의 해외유학이나 연수비용으로도 활용되었다.[3]

1958년 1월 부흥부장관은 "잉여농산물 계획은 백미보다는 잡곡을 도입하는 것이 양곡정책상 득책이라고 생각한다"는 의견을 제출했다. 이에 대해 대통령은 "잡곡 특히 소맥의 사용을 장려하여 보는 것이 좋을 것이다. 쌀의 영양가치가 소맥만 못한 것이라 관습이 된 것"이며, 미국의 "wild rice는 우리나라 황무지에 적당한 작물"이라고 하면서 연구를 지시했다.[4] 부흥부장관은 백미와 건강한 잡곡 중 어느 곡류로 도입할 지 결정해줄 것을 요청했고,[5] 미국 측과 협의하여 쌀보다 잡곡류인 "밀 4만불, 수수 5만불, 보리 28만 5,000불, 옥수수 3만불"에

---

* 이 글은 『한국정치외교사논총』 제38집 1호에 실린 논문에 기초한 것이다.

1) ICA원조는 원자재의 비중이 72.1%를 차지하고 그중 원료, 반제품의 비중의 원자재의 약 절반을 차지하고 있다(한국은행 『경제통계년보』, 각 년도, 김재훈 1988, 138~139에서 재인용)

2) 김일영. 2004. 『건국과 부국―현대한국정치사 강의』서울: 생각의 나무. 252−253.

3) 김용삼. 2015. 『이승만과 기업가시대: '성공한 나라' 대한민국의 기초가 닦인 피와 땀의 15년』, 서울: 북앤피플 · 연세대학교 이승만연구원. 291−292.

4) "추곡수납상황," 제2회, 「제1공화국 국무회의록」 1958/1/7, 19. 인용구문의 맞춤법 사용은 의미전달을 위해 필요한 경우 원문의 표기를 그대로 따른다.

5) "PL480 잉여농산물 도입 종목에 관한 건," 제2회, 「제1공화국 국무회의록」 1958/1/7, 20.

해당하는 품목을 도입하는 안이 통과되었다.[6]

1958년 4월 잉여농산물대금 관련 김현철(金顯哲, 제8대 재무부장관 1957.6~1959.3) 장관은 "원금잔액이 2,000만 달러에 연 2%의 이자를 지불하도록 되어 있으나 4년간 이자를 지불하지 못했으므로 약 250만 달러가 될 것이며 한국의 처지에서 이를 반제키 어려우므로 갚지 않게 해달라고 미국정부에 교섭 중"이라 보고하자, 대통령은 "당초 전쟁잉여물자 불하 시 비국[필리핀], 일본에 비하여 월등하게 고가로 한국정부에 부담시킨 것이며, 이자도 교육사업에 쓰도록 되어 있으니 주한미국대사를 통하여 교섭"하도록 지시했다.[7]

1950년대 한국은 미국의 원조에 의해 비내구성 소비재분야의 수입대체산업화정책을 추진하였으나 1950년대 말 미국의 원조는 감소추세였다.[8] 1950년대의 수입대체산업은 면방업, 제분업, 제당업 등 3백산업 중심의 소비재산업 위주로 이루어졌고, 비료, 시멘트 등 생산재의 수입대체산업도 일부 이루어졌다.[9] 정부의 수입대체산업화 과정에서 대기업들은 도소매, 무역 등 1차산업 등의 분야에서 기업집단을 형성하고 있었으나, 1950년대 말 원조의 삭감에 따라 위기에 봉착했다.[10] 대통령은 1955년 특별성명을 발표하고, 김현철, 김일환(金一煥 제9대 상공부장관 1955.9~1958.8), 송인상 등 신진세력을 장관으로 기용하여 산업발전과 경제안정정책을 추진했다. 그러나 그 과정에서 1957년부터 경영의 합리화나 자기자본 축적이 충분치 못한 기업은 생산단축, 휴업 등의 현상이 나타났다.[11]

이러한 상황에서 1958년은 귀속재산 처리 등 경제 문제들을 수습해야 하는 과제를 안고 있었다. 귀속재산은 일본의 패전 직후 한국 총재산의 80%에 이르렀을 것으로 추정되었고, 귀속재산처리법에 따라 불하되었다. 1950년대 활동했던 대기업들 중에서 귀속기업체가 차지하는 비중은 매우 높았고, 당시 지배적인 대기업가들의 대다수가 귀속기업체의 불하 및 인

---

6) "PL480 잉여농산물 도입에 관한 건," 제6회, 「제1공화국 국무회의록」 1958/1/21, 32.

7) "잉여농산물대금중 미정부에 배정된 자금을 교육비에 사용하는 건," 제35회, 「제1공화국 국무회의록」 1958/04/22, 98.

8) 박종철. 1996. "남북한의 산업화전략: 냉전과 체제경쟁의 정치경제, 1950년대－1960년대,"『한국정치학회보』 제29집 3호. 226.

9) 이대근. 1987. 「韓國戰爭과 1950年代 資本蓄積」 서울대학교 대학원 경제학과 박사학위논문. 162－165; 박종철. 1996. "남북한의 산업화전략: 냉전과 체제경쟁의 정치경제, 1950년대~1960년대,"『한국정치학회보』 제29집 3호. 228.

10) 이상철. 2004. "1950년대의 산업정책과 경제발전," 문정인·김세중 편.『1950년대 한국사의 재조명』 서울: 선인. 199－200.

11) "第一共和國 國務會議 <24> 財政정책,"『京鄕新聞』(1990/11/10) 남찬섭은 1950년대 경제는 1954년부터 57년까지의 전쟁복구기와 1958년부터의 전반적 불황기 혹은 구조조정기로 나눌 수 있다고 보았다. 1954년부터 58년까지의 연평균 경제성장률은 5.9%였는데, 비슷한 기간 동안의 다른 나라의 연평균 성장률을 보면 멕시코 4.1%, 인도 5.6%, 필리핀 6.2% 등으로 한국경제의 성장속도는 다른 국가들에 비해 결코 뒤졌다고 할 수 없는 수준이었다(남찬섭 2005, 57)

수를 계기로 성장했다.[12] 또한 중소기업의 경우에도 고무공업 귀속기업체들이 본격적으로 불하되며 성장했다.[13] 6월 10일 대통령이 귀속재산의 대금체납이 20억이라는 것을 지적하자 김현철 재무장관은 각부 장관과 협의하여 회수하겠다고 보고하였고, 대통령은 "협의할 것 없이 재무장관이 책임지고 단행하라"고 지시했다.[14] 귀속기업체 불하가 초기 기업형성에 중요한 영향을 미치는 상황에서 정부는 신속한 대금체납을 우선적으로 강조했던 것이다.

정부는 공정환율 500대 1을 고수하며, 물가에 가장 큰 영향을 미치는 쌀값 안정에 행정력을 집중했다. 양곡 관리행정의 책임을 물어 1950년부터 1955년까지 11명의 장관을 경질했으나, 보릿고개와 추수기의 쌀값 격차는 50%가 넘었다. 1955년부터 PL480 원조식량의 도입으로 풍년이 든 해에는 쌀값이 폭락했다. 이러한 문제를 해소하고, 달러를 확보하기 위해 쌀 수출을 시도했다. 정부는 1953년 제1차농업증산 5개년계획 수립으로 식량 자급자족은 물론 쌀수출에 의한 외화획득 목표를 세우기도 했었다.[15] 쌀수출은 1958년 12월에 성사되었다. 이에 대통령은 일본에 대한 쌀수출이 "반갑고 감사한 것처럼 신문에 보도되는 일이 있는데 좀 더 위신을 지켜서 사간다면 팔겠다는 태도로 나가야 할 것이라"[16]고 언급했다. 또한 수출 정책 관련 미국과도 적극적으로 상대하며, 국제시장에서 수출정책 전략 변화와 수출품목 연구에 대해 다음과 같이 언급했다.

> 국제시장을 개척하지 않으면 거래가 안 된다. 돈이 좀 들더래도 외국에 사람을 보내거나 하여 선전을 좀 하야 한다. 가격도 정책적으로 다소 저렴하게 하야할지 모른다. 견직물 같은 것이 외국인들의 찬사를 받고 있으니 좀 더 활발한 선전을 하여 볼만한 것이다. [중략] 견직물 수출에 대한 미국의 정책은 부당한 짓이며 몇몇 사람의 농간이니 이것을 미국에 선전하여 가며 싸워야 한다. [중략] ICA 기타 원조물자를 사오는 나라에 대하여는 그만한 우리 생산품을 사달라고 요구도 하야 할 것이다. [중략] '다시마튀각'은 대단히 유망하니 제법 연구개선을 하여야 할 것이다.[17]

---

12) 이영훈. 2014.『대한민국역사: 나라만들기 발자취 1945–1987』서울: 기파랑. 246; 이상철. 2004. "1950 년대의 산업정책과 경제발전," 문정인·김세중 편.『1950년대 한국사의 재조명』서울: 선인. 173–174.
13) 이상철. 2004. "1950년대의 산업정책과 경제발전," 문정인·김세중 편.『1950년대 한국사의 재조명』서울: 선인. 176–177.
14) "귀속재산대금체납에 관한 건," 제52회,「제1공화국 국무회의록」1958/6/10, 130.
15) "第1共和國 國務會議 <33> 미봉위주의 農政 (下),"『京鄕新聞』(1991/1/12)
16) "미곡수출에 관한 신문보도에 관하여," 제113회,「제1공화국 국무회의록」1958/12/16, 264–265.
17) "국제시장 개척에 관한 건," 제1회,「제1공화국 국무회의록」1958/1/2, 17.

재정안정 정책강조로 1955년까지 60~90% 증가하던 통화팽창이 1958년에는 30%선에 머물고 물가지수는 7% 하락했다. 1958년은 이러한 경제불안 해결을 위한 구상과 설계가 시작된 시기였다. 외자도입법이 마련되고 기간산업 공장의 건설이 추진됐으며 장기적 개발계획의 필요성이 제기되었다.[18] 제1회 국무회의에서 송인상 장관은 "물가지수가 21.2가 되었으며, 500대 1의 환율[19]의 기한이 되었으므로 미국대사에게 물가지수가 이렇다는 것을 통보"했다고 보고했다. 이에 대해 대통령은 "물가가 내려갔으면 그만이지 일일이 그들에게 보고할 필요는 없다"고 언급했다.[20] 당시 한국이 저환율, 고정환율 정책을 고집한데는 물가 안정과 추가 원조라는 목적 외에 두 가지 이유가 더 있었다. 하나는 유엔에 대여한 환화의 대가로 상환 받는 달러의 양을 늘리기 위해서였고, 다른 하나는 환율체계가 복잡하게 나누어져 있는 상황에서 외환에 접근한다는 것은 엄청난 차익을 보장받는 일이었다.[21]

2월 국무회의에서 외자도입법[22]이 심의 도중 보류되었고,[23] 7월 대통령이 외자도입법 진행상황을 묻자 재무부장관과 법제실장 강명옥(康明玉, 제2대 법제실장 1956.9~1960.6)은 차기 국무회의에 상정 준비 중이라고 보고했다. 대통령은 속히 제정할 것을 재촉했다.[24] 2월 25일 부흥부장관은 "맥류가 다소 앙등하고 있으나 불원간에 PL480에 의한 것이 도착될 것이므로 염려가 없다"고 보고했다.[25] 당시 물가상승문제에서 외자도입법과 500대 1의 저환율, 고정환율 정책 그리고 미국의 원조를 통해 재정안정화를 추진하고 있었음을 확인할 수 있다.

1950년대 말 자립경제건설을 위한 장기 경제개발계획의 필요성이 제기되었다.[26] 1955년 2월 설립된 부흥부는 원조정책의 틀 내에서 주한 원조기구 대표들과 세부적인 원조자금 이용계획을 심의, 결정하고 그에 필요한 경제정책을 협의하는 기구가 되었다. 물론 기획국의

18) "第一共和國 國務會議 <24> 財政정책," 『京鄕新聞』(1990/11/10)

19) 1953년 12월 12월 14일 미국과 조인한 '경제부흥과 재정안정에 관한 합동경제위원회협약' 중 "원−달러에 관한 환율은 180대 1로 하기로 합의한다"는 구절이 있다. 한국어 초본에는 없었으나 공식협약문에 "영구히"라는 단어가 삽입되어 공식 발표되었고, 영어원본에는 없었다. 이대통령의 환율절대안정론은 물가안정에는 어느 정도 기여했으나 부작용이 존재했다(京鄕新聞 1991/2/09) 최상오는 저환율정책을 채택한 이승만정부의 부정적 평가에 대해 원조에 의존하여 수입대체공업화를 추진하기 위해 저환율정책이 더 합리적이라 평가하였다(최상오 2012, 216−217)

20) "물가지수와 환율의 관계," 제1회, 「제1공화국 국무회의록」 1958/1/2, 16.

21) 김일영 2004, 260~261.

22) 대통령은 외화보유에 집념을 나타내었는데 외환관리를 잘못하는 사람은 극형까지 선고할 수 있는 외자관리법을 만들어 부흥부장관이 부정하게 외환을 사용하는 사람을 고발할 수 있도록 했다(京鄕新聞 1990/10/13)

23) "외자도입법안," 제10회, 「제1공화국 국무회의록」 1958/2/3, 42~43.

24) "외자도입법에 관하여," 제58회, 「제1공화국 국무회의록」 1958/7/1, 146.

25) "물가동향에 관한 건," 제19회, 「제1공화국 국무회의록」 1958/2/25, 65.

26) 자립경제정책을 포함한 이승만의 경제구상 전반에 관련한 연구는 최상오(2010, 65~122)

주요 기능이 '경제부흥에 관한 종합적 계획'을 수립하는 것이었고, 1955년 7월 5개년부흥계획시안, 1956년 2월 부흥3개년계획, 1957년 2월 부흥5개년계획안 등과 같이 중·장기 경제계획을 작성하기도 하였다.[27]

특히, 1950년대 후반 발전지향적 기술관료(technocrats)들이 부상했는데, 부흥부장관 송인상, 재무부 이재국장(理財局長) 이한빈(李漢彬) 등이 대표적이었다. 1958년 2월 '산업개발위원회 규정안'이 대통령안으로 통과되었고, 4월 부흥부 산하 산업개발위원회가 설치되었다.[28] 1957년까지 한국은 잉여농산물 도입과 같은 미국의 무상원조를 얻고자 했지만, 산업개발위원회가 설치된 1958년부터는 장기 산업개발계획에 대한 미국 측의 동의를 얻고자 하였다.[29] 이후 산업개발계획을 위해 오레곤대학(University of Oregon)과 기술원조계약을 체결했다.[30] 산업개발위원회 중심으로 1960~1966년 사이의 7개년 중 전반부 3개년에 대한 경제계획안이 1959년 12월 31일에 완성되었다.[31]

비료공장, 주택, 철도 건설과 공항, 관광시설의 확충

1950년대 중반 비료 부족은 시급한 사회문제였다. 비료 부족에 따라 정부가 시장을 통해 비료를 압수하여 "농민들은 비료 구할 길 없어 비명만 올리고 있는 실정"이었다.[32] 1955년부터 65년까지 비료수입 총액은 6억 9,017만 9,000달러로 총 수입액의 40%에 달했다. 한국정부의 비료공장 건설의지는 1952년부터 나타났고, 미국 측에 공장 건설에 양해를 구했으나 미국은 이를 지연시켰다.[33] 정부의 비료공장 건설과 공업화 의지에 대해 미국은 한국의 공업화가 진행될 경우 대충자금의 적립률이 낮아진다고 보고 한국의 비료, 시멘트공장 건설에 반대했고, 전력, 교통 등 사회간접자본 확충을 우선할 것을 주장했다.[34] 1957년 대통령은 달러

27) 최상오. 2008. "1950년대 계획기구의 설립과 개편―조직 및 기능 변화를 중심으로―,"『경제사학』제45호. 199―201.

28) 한국행정연구원. 2008.『한국행정 60년 1948―2008: 2. 국정관리』서울: 법문사. 217~218.

29) 宋仁相. 1994.『復興과 成長: 淮南 宋仁相 回顧錄』서울: 21세기북스. 177~178; 이한빈. 1996.『일하며 생각하며』서울: 조선일보사. 93.

30) 이한빈은 본래 미국의 명문대학과 기술 원조하기를 원했으나, "미국이란 나라가 이념적인 이유로 5개년계획 같은 것을 경원하는 풍토"가 있었고, 이를 감안하여 미국의 공식원조라는 것에 의미를 부여했다(이한빈 1996, 100)

31) 한국행정연구원 2008, 217―218; "第一共和國 國務會議 <20> 비료값波動,"『京鄕新聞』(1990/10/13) 1958년 6월 12일 <<復興白書>>가 발표되었는데 해방후 한국경제를 조정·동란·부흥재건 등 3기로 구분했고, 1957년까지 전쟁의 복구와 재건 목표를 성취했으며 투자의 확대와 자본의 축적이 가장 중요한 시점이라고 보았다(宋仁相 1994, 204~205)

32) "肥料없어農民悲鳴,"『東亞日報』(1995/8/1)

33) 김용삼 2015, 273, 278―285.

축적을 위해 금비도입 대신 퇴비 등 자급비료를 장려했고,[35] 비료공급체계의 일원화와 자급비료증산, 금비도입억제를 강조했다. 이에 따라 미국의 반대에도 불구하고 충주비료공장, 나주비료공장 건설을 통해 원조경제로부터 자립경제로 산업구조를 전환하려는 본격적 시도가 나타났다.

1958년 3월 18일에 충주비료공장운영주식회사를 수립하고 상공부에서 해왔던 업무를 이관했다.[36] 김일환 상공부장관은 1958년 4월 10일까지 충주비료공장 건설입찰을 공고하고, 5월부터 임시계약과 운영을 위하여 '운영회사'를 조직했다.[37] 7월 상공부장관은 "현재 68% 완료되었으며, 명년 3월에는 시운전이 가능하며 그 공장운영에 필요한 기술자를 양성하기 위하여 17명의 기술자를 해외에 파견하려고 한다(미국에 3인, 스위스에 6인, 대만에 8인)"고 보고했다.[38] 충주비료공장 건설을 위한 총 소요자금은 27억 5,000만 원이었고, FOA 자금이 3,400만 달러였다. 1961년 4월 29일 준공되었고, 1958년 당시 공사의 83%가 완성되었다.[39] 충주비료공장 건설은 광복 이후 최초의 국내비료공장이자 현대식 화학공장의 건설이라는 의미가 있었다.

충주공장을 시작으로 국내자본으로 나주비료공장을 건설했고, 울산의 영남화학, 진해화학을 연이어 건설하여 비료의 자급자족 체계가 추진되었다.[40] 상공부장관이 나주비료공장[41] 건설 결정을 요청하자 대통령은 임문환(任文桓)과의 면담을 요청했다.[42] 3월 18일 회의에서 나주공장 주식모집 관련해서 상공부장관은 "현재 74.4%에 달하고 있으며 군인 유가족과 상이군인 대표들도 주의 매수를 원하고 있다"고 보고하였고, 대통령은 "유가족들의 돈은 이를 모아서 주택 또는 '빌딩'을 건축하도록 하는 것이 좋다"[43]는 입장을 보였다. 호남비료주식회사가 나주비료공장의 건설을 담당하여 1962년 12월 28일 준공했다.[44]

---

34) 宋仁相 1994, 156－157.

35) "第一共和國 國務會議 <20> 비료값波動," 『京鄉新聞』(1990/10/13)

36) 김일환 2015, 285.

37) "충주비료공장 처분에 관한 건," 제23회, 「제1공화국 국무회의록」 1958/3/11, 73.

38) "충주비료공장 건설의 진행상황에 관하여," 제68회, 「제1공화국 국무회의록」 1958/7/29, 164.

39) 김일환. 2015.『김일환 회고록: 대한민국 국가건설기의 역할을 중심으로』서울: 홍성사. 285.

40) 김용삼 2015, 286.

41) 김일환의 기록에 따르면 나주비료공장은 두 가지 측면에서 절실했다. 첫째, 국내 비료사정의 곤란을 해결하고, 둘째는 호남지역에 큰 공장을 유치하여 경제를 활성화시킬 수 있었기 때문이었다(김일환 2015, 286)

42) "나주비료공장 건설에 관한 건," 제1회, 「제1공화국 국무회의록」 1958/1/2, 17.

43) "나주비료공장 주식 모집에 관한 건," 제25회, 「제1공화국 국무회의록」 1958/3/18, 79.

44) 김일환 2015, 288.

또한 비료공장건설은 다른 사회기반 사업의 건설과 직접 연결되었는데 문봉제(文鳳濟, 제6대 교통부장관 1957.6~1958.9) 장관은 "충주비료공장 건설에 수반한 철도시설은 12월까지 완성될 것"[45]이라고 예상했다. 충북선은 1955년 11월 17일에 기공하여 1958년 12월 27일 시운전을 성공리에 완료함으로써 충주-봉양 간 35.2km를 연결하였다. 연간 8만 5,000톤의 생산력을 가진 충주비료공장에 공급할 무연탄 20만 톤과 유류 6만 톤의 수송로가 되는 것이었다.[46] 또한 충주공장 건설은 주택건축과도 긴밀히 연계되었다. 7월 부흥부장관은 "충주비료공장 주택건축계획에 대하여 외국인이 극구 칭찬하고 있어서 서울 교외에도 이와 같은 설계의 주택을 짓기로 논의 중"이라 보고했다. 이에 대해 대통령은 "주택문제라면 무엇이고 협력"[47]해야 함을 밝혔다. 비료공장, 주택, 철도 건설이 연계적으로 진행되었다.

1957년 4월 한미항공협정 체결 후 교통부는 대미항공로(對美航空路)에 대한국민항공사(KNA)를 지명하며 미국항공사와 경쟁하도록 함으로써 한국 항공발전의 새로운 전기를 마련했다. 1958년 2월 24일 KNA는 서울-시애틀 간 취항면허신청서를 제출하고 3월 허가를 얻어냈다.[48] 1958년 1월 미5공군과의 협의를 거쳐 김포공항을 완전 이양받기로 하는 등 항공산업 육성을 위한 시설 보수와 신설을 계속했다. 1958년 1월 21일 대통령은 "김포공항 기타 교통시설이 불편(불결하거나 난방이 불만)하다 하여 말이 많으니 각별 유의"를 언급했고, 교통부장관이 "해토(解土) 되는대로 곧 시공에 착수할 예정"이라 하자 대통령은 "기다릴 수 없으니 우선 필요한 시설"[49] 공사를 지시했다. 1958년 1월 김포공항이 국제공항으로 지정되고 3월부터 여의도의 항공기들이 김포로 이동했다.[50]

관광위원회 설립과 관광산업 육성

이승만(李承晩) 대통령은 관광사업에 남다른 관심을 보였고, 6·25전쟁 직후 미국에 기증했던 반도호텔을 재구입하여 개보수 공사를 진행했다.[51] 1958년 초까지도 국영호텔 중심으

---

45) "충주비료공장 건설의 진행상황에 관하여," 제68회, 「제1공화국 국무회의록」 1958/7/29, 164.
46) 충북선을 통해 종래 영암, 영월, 함백 등에서 중앙선을 거쳐 청량리, 용산, 조치원을 우회 수송하던 400.5km의 거리를 봉양, 목행 간 불과 29.1km로 단축하게 된 이 철길로 경부선과 중앙선은 물론 동해와 서해를 연결하는 철도망이 형성되었다(철도건설국 1969, 114)
47) "주택건축에 관하여," 제58회, 「제1공화국 국무회의록」 1958/7/1, 147.
48) "第一共和國 國務會議 <30> 交通政策 (下)," 『京鄕新聞』(1990/12/22)
49) "교통시설정비에 관한 건," 제6회, 「제1공화국 국무회의록」 1958/1/21, 31.
50) "第一共和國 國務會議 <30> 交通政策 (下)," 『京鄕新聞』(1990/12/22)
51) 교통부 또한 1957년 '국제관설광관광기구(IUOTO)'에 가입하고 Guide to Korea, Welcome to Korea, Your Guide to Seoul, Beautiful Korea 등의 안내서를 대량으로 제작, 배포했다(정수진 2011, 206－207)

로 '외화벌이'를 하였으나, 3월 교통부장관 자문기관으로 중앙관광위원회가 설치되며,[52] 관광산업은 새로운 전환점을 맞이한다. 1958년 2월 '관광위원회 규정'이 심의를 통과했고,[53] 5월 13일 교통부장관은 "영국왕립아시아협회 주최 관광단 92명이 내한하여 좋은 인상을 가지고 떠났으며 또 많이 올 것을 예상"한다고 발언했다. 이에 대해 대통령은 동해안철도 연장안을 내놓았다. 교통부장관은 "ICA 계획은 산업선을 우위로 하므로 4년 후의 계획에 들어있으나 교통부로서는 준비가 완료(설계)되어 있다"고 보고했고, 대통령은 "관광도 돈을 많이 남길 수 있는 일"[54]이라며 시행을 지시했다. 5월 23일 회의에서는 관광사업과 국토미화사업 관련 무허가건물의 철거와 예방, 공원지대 침식의 방지, 관광도로의 신설 정비 등 세부 규정들이 세워졌다.[55].

9월에 들어 관광위원회를 주축으로 관광시설 확충문제가 더욱 활성화되었다. 구용서(具鎔書, 제10대 상공부장관 1958.8－1960.4) 장관은 "영국의 여행사 타무스 쿡 앤드 산의 관광단이 1960년에 한국을 방문한다고 하며 그 용선(35,000t)이 인천항에 정박하기를 희망한다" 고 발언했다. 이에 대해 대통령은 "대단 좋은 기회이니 시설을 잘 하여 맞아들이도록 하여야 할 것인 바 시설문제를 여기서 논의"할 기관으로 관광위원회 설립이 결정되었다.[56] 대통령은 "제주도 해변가에다 Iron Wood를 많이 심도록 하고 '비자'나무 심는 것도 장려하고, '호텔'을 하나 지어서 관광객 유치에 편리하게 하라"고 지시하면서,[57] "타인의 돈을 먹으려면 제 돈을 들여야 하는 법이다. 숙소뿐만 아니고 환경을 정리(악취의 제거, 악당들의 배회－徘徊－단속 등)하여야 하니 말로만 하지 말고 실지로 주력하여 보도록 하라"[58]고 지시했다.

원자력법 제정과 원자력 연구생 해외파견

미국은 1955년부터 59년까지 ICA기술원조를 통해 총 1억 9,800만 달러를 제공했고, 주로 국내 기술자들의 해외파견이나 연구경비 등으로 사용됐다. 송인상은 "미국의 원조계획이 한국에 남긴 것 중에서 가장 성공한 것은 기술원조 계획이었다"고 회고한 바 있다.[59] 그 중 원자력정책은 이승만정부에서 출발했다. 구체적 관심은 1954년 11월 미국정부의 한국

---

52) "第一共和國 國務會議 <30> 交通政策 (下)," 『京鄕新聞』(1990/12/22)

53) "아래 대통령령안을 심의 통과함," 제18회, 「제1공화국 국무회의록」 1958/2/21, 62.

54) "관광에 관한 건," 제40회, 「제1공화국 국무회의록」 1958/5/13, 109－110.

55) "관광사업과 국토미화사업의 적극추진에 관한 건," 제46회, 「제1공화국 국무회의록」 1958/5/23, 117.

56) "관광에 관하여," 제81회, 「제1공화국 국무회의록」 1958/9/9, 190.

57) "제주도목장에 관한 건," 제19회, 「제1공화국 국무회의록」 1958/2/25, 64.

58) "관광사업에 관하여," 제107회, 「제1공화국 국무회의록」 1958/11/25, 246.

59) 김용삼 2015, 252.

과학자 파견 요청과 1955년 2월 유엔의 국제원자력평화회의 초청장이 도착하면서 시작됐다. 특히 1957년 문교부 기술진흥국의 원자력과 신설은 원자력 전문인력의 양성과 원자력 전문 행정기관을 창설하는데 기여했으며, 1958년 원자력법이 제정되었다.[60] 이에 원자력원·원자력위원회·원자력연구소 등의 설립이 가능해지면서 원자력 행정체제가 구축되기 시작했다.[61]

원자원 설치와 관련하여 최재유(崔在裕, 제6대 문교부장관 1957.2－1960.4) 문교부장관은 해외 원자력 유학생이 12월이면 약 20명 환국할 예정이며, "원자력 연구를 위한 유학생을 많이 받아들이려고 하지 않는 상대국의 정책(미국의 예)"도 있다고 보고했다. 이에 대통령은 "유위한 청년학도를 선정하여 독일로 보내라. 이런 일에는 돈을 좀 써야 할 것이다[62]라고 말했다. 1958년 6월 원자력 관련 350명이 유학 중이라는 보고가 있었고,[63] 10월 대통령은 "서독에는 원자력의 좋은 기술자가 많다고 하니 그러한 기술자를 얻도록 하라"[64]고 지시하며, 유럽으로의 유학과 기술도입 확대를 강조했다.

1958년 4월 원자학 관련 미시간 주립대학 교수 일행의 한국방문이 잘 진행되면 전액 미국 보조가 가능할 것이라는 보고에 대통령은 "지금 우리는 매우 중요한 시기에 처하고 있으며, … 기회를 놓치지 말아야 할 것이며 우리 국민의 재능이 타국인보다 탁월하여 단시일 내 이를 습득할 수 있을 것이라고 생각한다"고 대답했다. 1958년 12월 2일 대통령은 원자력 연구생의 해외 유학과 관련 "이론만 연구하지 말고 실지 기술을 배워오도록" 지시했다.[65] 이와 관련해서 12월 9일 부흥부장관은 다음과 같이 답했다.

60) 주성돈. 2012. "1950년대 한국의 원자력정책 변화 분석,"『정부와 정책』제4권 제2호. 49.
61) 주성돈 2012, 59; 1955년 미국무성은 한국 언론인들을 시카고 인근의 노스웨스턴대학으로 보내 이듬해 2월말까지 메딜 저널리즘 스쿨에서 연수를 받도록 했다(차재영 2014, 105) 1957년 7월에 주한 미국대사관이 국무성에 발송한 "1959년도 국가 교육교류 사업 제안서"에서도 "성공적인 지도자급 및 소장 언론인 사업을 지속하게 되면 미국과 미국의 저널리즘에 대한 이해를 증진시키고, 민주적 발전을 촉진할 것"이라는 기대를 밝혔다. 1950년대 미 국무부 교육교류사업에서 한국 언론에 대한 지원이 있었음을 알 수 있다(차재영 2014, 231－232)
62) "원자원 설치와 그 활동상황에 관한 건," 제11회, 「제1공화국 국무회의록」1958/2/4, 44.
63) "원자력 연구생 해외수학에 관하여," 제52회, 「제1공화국 국무회의록」1958/6/10, 130.
64) "원자력 연구에 관하여," 제98회, 「제1공화국 국무회의록」1958/10/28, 226.
65) "원자력 연구생 수학에 관하여," 제109회, 「제1공화국 국무회의록」1958/12/2, 253. 1948년부터 1960년 사이에 총예산 중 연평균 10.5%의 예산이 교육부문에 사용되었다. 초등부터 고등교육에 이르기까지 학교시설들이 대부분 정부 지출에 의해 크게 확대되었다. 확대된 교육기회와 국민들의 교육열기의 결합으로 상대적으로 짧은 기간 동안 전 국민의 교육 수준이 급격히 상승했다. 교육의 확대와 도시화 진전은 교육받은 인구 층이 도시지역으로 집중되는 결과를 가져왔다(민주화운동기념사업회 연구소 2010, 89－93)

시험용을 먼저 구입하는 것이 좋겠다고 요구한 것과 기술자를 그 간에 다수 양성하였다는 점에 호감을 가지고 우리 요구보다 대형을 준다고 하였으며 궁극의 목적은 원자력 발전에 있는 것이지만 이 시험용 원자로도 동양에서는 일본(영국제)을 제외하고 우리가 최초이다.[66]

12월 9일 최재유 문교부장관은 "원자로 구입이 확정되면 기술자 8명을 회사에 보내서 실제 조종방법을 습득케 하려는 바 원자력원장을 조속히 임명해야 한다"고 발언했다. 대통령은 "항상 일본한테 져서는 안된다는 것을 잊고 나가면 안 된다. 원자력원장은 중요한 직위이니 만치 널리 원자력원장 재목을 구할"[67] 것을 지시했다. 1959년 초대 원자력원장에 불교계의 저명한 독립운동가로서 서울신문사 사장을 지낸 김법린(金法麟)이 임명되었는데, 과학자가 아닌 사람이 초대 원자력원장에 임명되는 것에 대한 비판도 제기되었다(東亞日報 1959/1/2)

2. 1958년 대한민국의 외교안보정책

'KNA창랑호납북사건'과 한국군 감축 협상

제1공화국 후반 해안을 통한 무장간첩선 침투, 일본, 홍콩 등 제3국을 경유한 간첩의 잠입 등이 이루어지며 평양의 대남공작은 격화되어갔다.[68] 민감한 안보상황에서 1958년 2월 "KNA항공기월북사건"이 발생했다. 이근직(李根直, 제15대 내무부장관 1957.6~1958.6) 장관은 "일가족 전부가 탑승한 자가 있는 것과 조사결과 발견한 서류 등으로 보아 그들의 소행임이 거의 확실하다"고 판단했다. 김정렬(金貞烈, 제7대 국방부장관 1957.7~1960.5) 장관은 "휴전감시위 Secretary Meeting를 열어서 항공기의 반납과 탑승자의 송환을 요구하도록 의뢰"했다. 내무부에서는 사건조사의 결과를 발표하고, 외무부에서는 유엔군사령부 군사정전위원회(UNCMAC)와 연락하는 등 업무를 분장했다.[69] 2월 20일에는 비행장 경비 문제 관련 내무, 국방, 교통부 사이의 혼선에 대해 논의했고, 내무, 법무, 국방, 교통 4부 실무자회의에서 공항과 항공기 내의 경찰권 행사와 그 책임 범위 획정을 결의했다.[70]

66) "원자력원 운영에 관하여," 제111회, 「제1공화국 국무회의록」 1958/12/9, 258.
67) "원자력원 운영에 관하여," 제111회, 「제1공화국 국무회의록」 1958/12/9, 258.
68) "第1共和國 國務會議 <41> 對간첩작전," 『京鄕新聞』(1991/3/9)
69) "KNA 항공기월북사건," 제16회, 「제1공화국 국무회의록」 1958/2/18, 58－59.
70) "KNA 사태에 관한 건," 제17회, 「제1공화국 국무회의록」 1958/2/20, 60.

또한 KNA항공기납북사건을 계기로 하여 2월에는 1만 명에 달하는 서울상인들이 "공산강도들을 규탄"하는 "데모, 궐기대회"를 갖기도 했다.[71] 이는 KNA항공기납북사건에 있어서 반공여론이 모아지며 정부의 대북정책에 힘을 실어주고 있었음을 확인할 수 있다. 이러한 상황에서 내무부장관은 다음과 같이 언급했다.

> '데모'는 효과적이었다. 작일 국회 여야대표와 의논하여 국회에서 이 문제로 정부를 공격하지 않도록 의뢰하였더니 금일 국회에서는 진상을 청취하는 정도로 그치고 말았다. 미국의 이에 대한 관심이 큰 것은 '강도'라는 규정을 한 것으로 잘 알 수 있으며, 또한 미국정부로서 이것이 최초라는 것으로 추측할 수 있다.[72]

1958년 3월 4일 회의에서는 2월 18일 회의에서 이 사건을 "KNA항공기 월북사건"이라고 칭하던 것에서 변화가 생겨 "KNA창랑호 납치사건"이라 하며 북한의 납치소행임을 분명히 했다. 사건의 처리와 관련해서 조정환(曺正煥, 제4대 외무부장관 1956.12~1959.12) 장관은 "미국과 서독에서 이북방송만을 믿고 대표를 판문점에 보내었다가 실패하였다"고 판문점 회의결과를 보고했다. 김정렬 국방부장관은 "(외무부장관의 본건 대책의 무계획과 무성의를 지적하면서) 장관, 차관이 직접 연락에 당할 것이 아니라 외무부에 연락본부를 설치하여 피차의 연락[73]해야 할 것이라며 책임문제가 불거졌다.

김동조(金東祚, 제6대 외무부차관 1957.5－1959.9)의 회고에 따르면 당시 "북한은 국제적 압력을 이기지 못해 판문점에서 납치인사를 송환 하겠다"고 통보했으나 비행기는 돌려주지 않으려고 했다. 판문점 회의에서 평양 당국은 조선민주주의인민공화국 적십자회 위원장 앞으로 인수증을 쓰라고 요구했으나 한국정부는 "'DPRK'는 존재하지 않는 공산괴뢰집단이며 그들의 국호는 인정할 수 없다"는 입장이었다. 이에 대통령의 진해 체류 상황에서 김동조 차관이 책임지겠다고 언급한 후, 평양 측의 요구대로 인수증을 써주고 납북인사의 송환이 이루어졌다.[74] 1958년 3월 피랍자 귀환 소식이 전해진 이후 외무부장관은 피랍자 26명의 귀환에 대해 보고하며, 국무회의에서는 이 사건에 대한 정치적 활용 방안을 강구하였다.[75] 3월 28일 KNA사건 관련해서 (1) 출영송자의 제한(외무 제의), (2) 외국인에 대한 입국수속과 통관의 신속과 친절(공보 제의), (3) 기체 가까이 가는 것의 금지(교통 제의) 등의 비행규정을 정비했

---

71) "商人들도 大會, 共産黨打倒絶叫," 『東亞日報』(1958/2/28)
72) "다시 'KNA'로 돌아가서," 제17회, 「제1공화국 국무회의록」 1958/2/20, 61.
73) "KNA 창랑호 납치사건에 관한 건," 제21회, 「제1공화국 국무회의록」 1958/3/4, 69.
74) 金東祚. 2000.『回想80年 金東祚 전 외무부장관 回顧錄－冷戰시대의 우리 外交』서울: 문화일보. 96－98.
75) "KNA사건 피랍자 귀환에 관한 건," 제22회, 「제1공화국 국무회의록」 1958/3/7, 70.

다.[76] 5월 25일 회의에서 KNA기 사건에 대한 회의에서 이승만은 "간첩준동을 막기 위해 잘 논의하나 기구 확대나 인원은 증가하지 않아야 한다"고 언급했다. 정부는 창랑호 납북사건을 계기로 관련 규정에 대한 신설과 재정비에 주력하면서 동시에 무분별한 조직의 확대에 주의하였다.

경제부문에서 미국의 막대한 원조에도 불구하고 한미 간 관계는 우호적으로만 진행된 것은 아니었다. 1950년대 후반 아이젠하워 대통령은 적의 공격이 있을 때 핵을 비롯한 현대무기를 바탕으로 하는 대량보복전략(mass retaliation strategy)과 NATO와 같은 지역통합전략 (collective security policy)을 새로운 방위전략으로 내세웠다. 새로운 전략개념은 비용부담이 큰 대규모 병력과 재래식 무기를 감축하여 경제적 부담을 줄이며 이에 주한미군 역시 신전략 체제로 개편하고 한국군의 감축을 단행하고자 했다.[77] 이러한 상황에서 이승만은 "아이젠하워가 힘을 잃었다"고 평가하며, 감군 제의에 강경하게 반대하여 국민운동을 전개하여 국제 여론을 환기하고자 했다.[78]

이승만은 김정렬을 국방부장관에 임명할 당시 "자네는 지혜가 많은 사람"이니, "될 수 있으면 감군을 적게 하도록 노력해 보게나"라고 국방 목표를 제시한 바 있었다.[79] 1958년 1월 2일 국방부장관은 미국이 요구하는 감군문제를 중심으로 국방정책을 수립하기 위해서 한미 국방부장관 단독 논의보다는 장관들로 구성된 국방위원회(War Cabinet)를 통해 협의하는 안을 보고했으나 대통령은 이미 국방위원회가 1950년 6월 24일 대통령령으로 설치해보았으나 아는 사람이 적어 효과가 없었음을 밝혔다. 이승만은 다음과 같이 언급하며 미국의 지원에 대한 의구심과 국민여론을 환기시킬 필요가 있음을 밝혔다.

'아이젠하워'가 있는 한에는 미국을 송두리째 쏘련에 빼앗기고 말 망정 전쟁은 못할 것이다. 감군하고 신무기를 준다고 말만 하여 놓고 1년이 되니 약하다는 것을 공산군에 알려준 것 밖에는 안 된다. 정부가 앞에 나설 수는 없지만 감군하여서는 안 된다는 운동을 좀 하는 것이 좋지 않을까 한다.[80]

---

76) "비행장 질서유지에 관한 건," 제28회, 「제1공화국 국무회의록」 1958/5/25, 84.

77) 김정렬. 2010.『김정렬 회고록: 항공의 경종』서울: 대회. 189.

78) "第1共和國 國務會議 <15> 李承晩과 軍, 下,"『京鄕新聞』(1990/8/25)

79) 김정렬 2010, 189.

80) "국방정책 수립에 관한 긴," 제1회, 「제1공화국 국무회의록」 1958/1/2, 17·-18.

평양은 1958년 한반도 평화달성 방안으로 양측 병력을 10만 이내로 감축하는 안을 제시하였다.[81] 하지만 1950년 18만 2천 명이었던 조선인민군의 총 병력수는 중국인민지원군이 철수한 1958년 38만 3천 명으로 증가되었다.[82] 이처럼 1958년 중국인민지원군이 철수했다고 하지만, 압록강 인근 이북에 주둔하면서 언제든지 재투입될 수 있던 상황이었고, 조선인민군 병력은 오히려 증강되고 있었다. 이러한 상황에서 미국의 10만 명 감군 제안에 대해 이승만은 "공산당은 점점 강화하고 있는 때 무슨 사태가 호전되었다고 감군을 한다는 것인지 그 소견을 이해할 수가 없다. 국민운동으로 반대를 표시하면 어떨까 생각한 적도 있었다. 수일 전 미국이 일본에게 신무기를 준다는 신문보도를 보고 분함을 금할 수가 없었다. 감군을 할 수가 없다는 답을 할 작정"[83]이라고 하면서 감군에 반대했다.[84] 어네스트 존(Honest John) 미사일과 원자포 등 전술핵무기 도입[85]이 이루어진 이후, 1958년 11월 26일 마침내 9만 명의 병력만 감축하는 협정이 체결되었다. 이는 국가 안보를 이유로 철저히 비밀에 부쳐졌는데 그 정식 명칭은 '1958 Revision of 1954 Agreed Minutes Appendix B'였다.[86] 1958년 미국은 한국 정부에게 약속한 72만 명에 대한 군사원조를 제공하는데 따르는 재정적 한계를 고려하여 감군안을 관철하는 대신 전술핵무기를 한국에 배치했던 것이다.[87]

한일회담 재개와 대만해협 위기

1950년대 중반까지 한일회담과 관련된 한일관계가 청구권논쟁과 평화선논쟁으로 나타났다면[88] 1950년대 후반 억류자 상호석방과 재일조선인 북송문제가 불거졌다. 1957년 12월

---

81) 최고인민회의 제2기 6차 회의, "대한민국 민의원 및 남조선 인민들에게 보내는 서한," 최강(2001, 39)에서 재인용.

82) 김명섭. 2015.『전쟁과 평화: 6·25전쟁과 정전체제의 탄생』서울: 서강대학교출판부. 705.

83) "감군문제," 제2회,「제1공화국 국무회의록」1958/1/7, 19~20.

84) 1958년 2월 21일 이승만은 "미국의 압력에 따라" 한국군 규모를 감축하는데 동의하였고, 주한미군의 감축 또는 철수계획이 없다는 사실이 New York Times를 통해 미국에 보도되었다(京鄉新聞 1958/2/22)

85) "公開된 原子砲와 '어네스트 존 로켓트'," 『京鄉新聞』(1958/2/4) 1958년 2월 4일 대통령은 원자무기 도입과 관련하여 다음과 같이 언급했다. "여러 가지 애로가 있어서 심한 말까지 한 일이 있으나 결국은 국군에서 제일 먼저 원자무기를 가지게 되었으니 기쁘게 생각한다. 그러나 이것은 시작에 불과하고 앞으로 계속 노력하여 완전한 것으로 만들어야 할 것이다." "원자무기 도입에 관한 건," 제11회,「제1공화국 국무회의록」1958/2/4, 44.

86) 김정렬 2010, 189.

87) 한용섭. 2015. "우리의 튼튼한 국방정책," 남성욱 외.『한국의 외교안보와 통일 70년』성남: 한국학중앙연구원출판부. 273~274.

88) 한국이 대일강화조약에 참가하지 못하면서 제1차 한일회담이 열리게 되기까지의 과정과 미국정부의 대일강화조약과 한일회담 개최에 대한 입장에 대해선 김태기(1999)

일본이 대한청구권과 구보다 발언을 철회한 것을 계기로 4년 반 만인 1958년 4월 4차 한일회담이 재개되었다.[89] 1958년 1월 2일 이승만은 한일관계에서 상호 억류자, 망명자들에 대한 사항을 외무부장관에게 지시했다.

> 불법으로 입국한 자는 전원 돌려보내라고 하여야 한다. 몇 명이나 되는지 알고 있어야 하고 내무부에서 경찰관이라도 보내어서 그러한 자에 대한 것(입국의 경위서)을 상세히 조사하여 전원을 한국으로 돌려보내게 하여야 할 것이다. 이조말에 소위 망명하였다는 한국인을 보호하여서 그들을 이용하여 한국을 먹은 것이다. 아직도 일본은 그 버릇을 못버리고 선우종원(鮮于宗源)[90] 같은 자를 내보내지 않으랴 할는지 모른다. 그리고 지금 일본에 있는 한국인(불법입국자)이 타국으로 내보내지 못하게 무슨 조치를 우리가 취하여야 할 것이다.[91]

1958년 1월 7일에 대통령은 "일본에서 친선사절을 보낸다는 말이 있다. 외무부에서는 일본인이 그 야망을 완전히 포기하고 진정한 우의를 원한다는 것이 구체적으로 표시되어 한국인들의 대일감정이 완화될 때까지는 시기가 아니라는 것을 말하여 못 오게"[92]할 것을 지시하며 일본의 진의에 대한 확신 없이 회담이 재개되는 것을 경계했다. 1958년 5월 20일 이승만은 일본이 파견한 특사와 관련해서 다음과 같이 발언했다.

> 기시 수상이 이번 한국에 대한 문제를 해결하지 못하면 정치적으로 난처한 사정이 있어서 몸이 달고 있다. [중략] 자기가 한국에 온 것은 기시 수상이 이등박문과 동향이며 한국에 가장 가까운 지방의 출생이므로 이등이 저지른 잘못을 사과하고 한일간의 여러 난문제를 해결하려고 하고 있다는 뜻을 전하려고 하는 것이다.[93] [중략] 40년간의 학정에서 골수에 사무친 한국인의 대일 감정이 그리 쉽사리 가셔버리는 것은 아니나 일인들 중에 일본의 과오를 솔직히 인정하는 사람이 있다는 것은 앞으로의 한일문제 해결에 많은 관계가 있는 것이며 그들은 앞으로 이러한 점에 계속하여 성의있는 노력을 하여야 할 것이다[94]

---

89) 박진희. 2008.『한일회담』서울: 선인, 355.
90) 선우종원은 1952년 개헌에 반대하여 일본으로 망명한 이후 1960년 귀국해 한국조폐공사 사장을 맡는다. 선우종원과 관련해서는『선우종원 회고록 격랑 80년』을 참고.
91) "대일교섭에 관한 건," 제1회, 「제1공화국 국무회의록」 1958/1/2, 15－16.
92) "한일회담에 관하여," 제2회, 「제1공화국 국무회의록」 1958/1/7, 19.
93) 기시 노부스케(岸信介) 수상은 특사를 통해 "지난 36년 동안 일본 군벌들이 한국에서 저지른 죄악을 깊이 뉘우치오며, 이등박문의 출생지인 야마구치현(山口縣) 출신의 기시 수상은 같은 고향의 선배가 뿌린 모든 전죄(前罪)를 사하기 위해서 저를 한국에 보낸 것이 옵니다"라고 전했다(東亞日報 1964/12/9)
94) "대일징책과 시차(矢次) 빙한의 의의에 관한 건," 제43회, 「제1공화국 국무회의록」 1958/5/20, 113.

일본의 특사파견과 이에 대한 대통령의 언급을 통해 한일회담 재개를 위해 우호적 분위기가 조성되는 상황이었음을 알 수 있다.

하지만 1958년 9월 9일 외무부장관은 일본정부가 92명의 공산주의자들을 '북괴'로 송환하지 않겠다는 서면약속 요구에 응하지 않아 기시 수상의 해결의지에도 불구하고 추진이 어렵다고 보고했다. 대통령은 "공산당이나 일본한테 선전에 져서는 안된다. 일인이 환품과 무역에 이익을 보리라는 생각이 없으면 우리하고 협상하려고 할 리가 없다"며 강경한 대처를 지시했다.[95] 대통령의 대일경제관계 전면 중지 지시로 수출입뿐 아니라 원조자금에 의한 대일구매도 전면 봉쇄했다.[96] 유태하(柳泰夏) 주일대표부공사는 11월 21일 "만약 일본정부가 재일한국인들 중 북한송환을 희망하는 자들을 집단적으로 송환하라는 북한괴뢰요청에 협력한다면 이는 한일회담에 결정적인 타격을 줄 것"(東亞日報 1958/11/22)이라고 발표하며 북송문제는 1958년 후반 한일관계에 있어서 최대 쟁점으로 떠올랐다.[97]

6·25전쟁 이후 냉전체제가 심화되는 가운데 제3세계의 등장이라는 국제정세의 변동은 한국정부에게도 민감하게 다가오는 상황이었다. 미국과 대만(중화민국) 간에는 공동방어조약이라는 안보기제가 있었지만 미국의 태도가 애매했기에 중국(중화인민공화국)은 제한적 군사행동으로 미국의 의도를 파악하고자 했다. 1958년 중국의 군사행동 가능성에 따라 미국 무부장관 덜레스(John Foster Dulles)는 8월 22일 "금문과 마조도는 지난 4년 동안 대만과의 관계가 더욱 긴밀하게 되어 이에 대한 공격을 제한적인 무력 사용으로 생각한다면 매우 위험한 일이다"라고 중국에 경고했다. 하지만 중국은 경고를 무시하고 다음날 금문(金門)을 향해 집중 포격하여 제2차 대만해협위기가 시작되었다. 포격 발생 후 미국은 중국과의 직접 충돌을 피하려는 모습을 보였다. 그러나 8월 24일부터 미국은 하와이, 일본, 필리핀, 지중해 지역 등에서 항공모함 6척, 군함 130척, 전투기 500대 등을 대만해협에 진입시켰다.[98]

1958년 8월 2일 외무부장관은 "중국대사가 한국의 강경한 태도에 대하여 감사하다는 말을 전하여 왔으며 소련은 중공에 대한 공격은 소련에 대한 공격이라고 말하고 있는 등 다분히 신경전"이 있다고 보고하자 이승만은 "공산당은 그 같은 방법으로 자유진영을 시험하고

---

95) "한일회담에 관하여," 제81회, 「제1공화국 국무회의록」 1958/9/9, 192.

96) 이승만은 1957년 부흥부장관에 송인상을 임명할 때부터 "모든 정책은 이코노미스트인 자네가 잘 알아서 처신하라. 그러나 일본에서 물건을 사오는 것은 대통령과 상의없이 해서는 안된다"(宋仁相 1994, 302~303)고 할 정도였기 때문에 북송의 진행에 따라 '경제단교'를 선언하며 단호한 일본과 한일회담에 대한 입장을 견지했다.

97) "僑胞北韓 送還하면 韓日會談 決裂招來," 『東亞日報』(1958/11/22)

98) 김종섭. 2011. "金門의 전략적 지위에 대한 역사적 고찰－1950년대 대만해협위기 기간 미국, 중국, 대만의 전략적 이익을 중심으로."『중국학연구』제57집. 228－230.

있다는 것을 알아야 한다"고 발언했다.[99] 1958년 8월 26일 회의에서는 대만해협사태가 본격화되며 대통령은 "중공군이 자유중국을 침략하기 시작"한 상황에서 외무부장관은 미국정부의 유화정책을 보고했다. 이에 대통령은 공산화에 대한 위협과 자주국방의지 그리고 통일에 관해 다음과 같이 언급했다.

> 멀지 않아 공산당이 우리를 침해하리라는 것을 알고 있으면서도 그대로 앉아 있을 수는 없으며 [중략] 세계 전부가 반대를 하더라도 우리는 통일하기 위하여 우리 힘으로 싸워야 한다. 우리 손으로 우리나라를 통일하여야 세계 각국이 우리를 높게 평가하여 준다. [중략] 미국 같은 어리석은 짓은 우리가 하여서는 안 된다. [중략] 월남과 대만과 우리가 동시에 나가야 강한 힘을 발휘할 것이라고 생각한다.[100]

한국정부는 인도차이나 반도의 정세 등 동아시아에 공산주의가 팽창하는 기세를 보인다면 상당한 위기가 한반도에 미칠 수 있는 상황인식에서 대만이 잘 대응해 주길 바랐다. 김정렬 장관은 "이 사건은 반공심리전이라는 차원에서도 그 중요성이 컸다. 자유중국정부가 이를 포기하지 않고 끝내 사수함으로써 계속 전투가 일어나곤 해야, 국민들의 반공 의식이 한층 고양될 것이기 때문"이라고 회고했다.[101] 이승만도 "대만해협사태는 전 세계를 정복하려는 공산주의 음모"이며, "금문, 마조도를 잃게 된다면 공산주의자들이 한국과 베트남을 정복하기 위한 음모에 한층 도움을 줄 것이라 경고"하였다.[102]

중국과 미국은 1958년 9월 대사급 협상을 재개했고, 이에 대만과 미국 간의 갈등이 고조되었다. 대만은 미국의 제한적 호위작전에 불만을 표시했고, 미국이 베이징과 협상하는 것을 우려했다.[103] 10월 7일 조정환 장관은 "중공은 인도적 견지에서 보급을 허용하기 위하여 일주간 공격을 중지한다는 것을 발표한바 미국은 이를 환영한다"는 발표에 대해 "전쟁 발발을 방지하려는 미국의 책동"이 있다고 보고하였다. 국방부장관은 "공산 측 공군력이 부족한 관계로 시간적 여유를 얻으며 동시에 자유중국과 미국의 보급을 원만케 하려는 술책으로도 간주된다"고 보고하였다. 이에 대통령은 "떨레스씨가 이러한 어려운 시기에 자유중국을 무시하는 언사를 함부로 하였으니 그대로 두면 버릇이 되어 누구에 대하여나 그런 짓을 할 것이다. 차제에 우리로서 무슨 말을 좀 하는 것이 좋을 듯"[104] 하다고 발언했다.

---

99) "대만문제에 관하여," 제79회, 「제1공화국 국무회의록」 1958/8/2, 185.
100) "국제정세와 그 대책에 관하여," 제76회, 「제1공화국 국무회의록」 1958/8/26, 181.
101) 김정렬 2010, 197.
102) "十字軍 創設을 强調, 李大統領, 臺灣事態에," 『東亞日報』(1958/9/3)
103) 김중섭 2011, 231.

10월 대만해협사태는 일본의 재무장화에 대한 쟁점으로 이어졌고 한국정부는 대책 마련에 분주했다. 외무부장관은 "중공이 어제부터 포격을 재개하고 있는 바 떨레스씨의 방문과 관계가 있다고 관측하고 있으며 한편은 신무기가 대만에 들어왔다고 보도되고 있다"고 보고하자 대통령은 다음과 같이 언급했다.

> 한국에 올 것이 대만으로 갔다.[중략] 떨레스가 오는 것은 장(장개석)의 어깨를 두드려서 일본 재무장에 대한 것을 납득시키려는 것으로 본다. 일본은 그 헌법과 일부 공산당의 반대로 군을 확장할 수 없었으나 기시 수상이 나온 후로는 재무장하는 방향으로 나가고 있다. 외무장관은 중국대사를 불러서 떨레스가 감군이니 일본 재무장이니 하는 말을 내놓거든 감정을 상할 만치 말을 하여 돌려보내라고 일러주어야 할 것이다. 국방장관은 무슨 핑계든지 만들어서 미국에 가서 아는 사람들과 의논도 하고 서신으로도 연락하여 그들에게 '미국이 만일 떨레스씨의 정책대로 일본을 재무장시킨다면 공산당을 쳐내 보내고서도 오히려더 어려운 일을 당할 것이라'는 것을 알려주도록 하여야 한다.[105]

이승만은 대만해협 위기에 즈음하여 아시아지역의 공산화를 우려하는 동시에 일본의 재무장을 공산주의에 대한 위협만큼 경계하는 모습을 보였다.

3. 1958년 대한민국의 국내정치

1950년대 후반 개헌논의를 주도한 것은 자유당이었고, 자유당이 주목한 것은 헌법 55조 2항 부통령의 대통령 계승권 규정이었다. 1954년 개헌 당시 자유당이 삽입한 것으로 초대 대통령에 대한 중임제한철폐와 자유당 집권을 목표했으나, 장면이 부통령으로 당선되자 개헌논의가 시작되었다.[106] "못 살겠다 갈아보자"는 민주당의 선거구호가 민심을 휘어잡던 1956년 5·15정-부통령 선거결과는 자유당에 충격을 주었다.[107] 1958년 1월 17일 국무회의에서는 외무부장관이 제4대 민의원선거 관련 70명 내외의 자유당 공천 정원이 보도된 상황에서

---

104) "떨레스 씨 발언에 관하여," 제93회, 「제1공화국 국무회의록」 1958/10/7, 213.

105) "대만사태에 관한 국제정세에 관하여," 제97회, 「제1공화국 국무회의록」 1958/ 10/21, 224. 11월 이승만은 "전에 반공유대 결성에 일본을 넣어야 한다고 하여 말을 하였더니 일시 중지하였다가 근일 다시 또 친일 태도를 보이고 있다. 일본 교육을 받은 인간이라 할 수 없는 것 같으니 그런 자를 상대로는 협조할 길이 없다"며 일본과 유대를 강화하는 모습을 보이는 대만에 대해서도 강한 비판적 입장을 나타냈다. "장개석 정권에 관하여," 제107회, 「제1공화국 국무회의록」 1958/11/25, 247.

106) 이혜영. 2011. "1950년대 후반 자유당 개헌 논의의 내용과 성격."『역사와현실』제80호. 295.

107) "第1共和國 國務會議 <25> 선거법 改正,"『京鄕新聞』(1990/11/17).

"공천을 못 받게 된 자유당원이 야당과 야합하면 중대한 문제를 꾸밀 수 있는 수효에 달할 것"으로 우려했다.108) 선거법개정으로 선거구가 증가했고, 후보자 난립을 방지하기 위해 50만환의 기탁금제도가 신설됐다.109) 새 선거법은 특정 후보자를 당선 또는 낙선시키기 위해 언론인이 금품향응을 받거나 그것을 받는 약속 밑에 보도할 경우 3년 이하의 징역, 금고의 형의 벌칙 조항을 신설했고, 언론계는 크게 반발하고 있었다.110) 내무부장관은 "야당 측이 일부 수정까지 하여 통과시켜 놓고 여당에 떠밀고 있는 것"에 불만을 표했고, 홍진기(洪璡基, 제9대 법무부 장관 1958.2-1960.3) 장관은 "그 법이 무엇이 나쁘다는 것인지 알 수 없다. 신문기자는 아무 것을 하여도 좋다는 것은 아니"라고 하였다.111)

1958년 3월 4일 자유당은 공천자 125명을 1차 결정했고, "공산당 기색 또는 우려가 있는 자와 협잡배로서 국민의 지탄을 받고 있는 자를 제거"한다는 기준을 세웠다. 국방부장관은 "사임한 장교 56명 중 7명을 국방부장관으로서 추천을 하여 보았으나 5명은 낙천, 2명은 준낙천이 되고 있다 하니 10년 이상을 국가에 충성한 군인의 처우"가 필요하다 발언했다. 이에 대해 김현철 장관은 군인 출마 반대이유로 유능한 군인 확보와 국회 내 군인블럭 생성 방지를 들었다.112) 3월 11일 내무부장관은 자유당 중요 간부의 당선을 위한 "정·당간의 타협은 없을 것"이고, '당선 제일주의'와 '과반은 절대 확보'라는 기준을 발표했다.113) 공천심사 보고후 대통령은 "선거에 '피를 흘리면' 미개한 국민이라 소리를 듣게 된다. 주의하여 무슨 일을하든지 그러한 일이 없게 하라"114)고 당부했다.

1958년 4월 7일 외무부장관이 유엔한국위원회가 총선을 감시할 것을 제의한 것에 대해 승낙할지 문의했고, 대통령은 무방하다고 언급했다. 내무부장관은 무소속 등록자가 212명이며, 자유당 낙천자가 무소속으로 출마한 경우가 많다고 보고하자, 대통령은 "변심 많은 사람에게는 투표하지 말라고 해야"하며, "불온한 행동을 하여 문명한 국민의 명예를 훼손하지 않도록"하라고 말했다.115) 국회의장 이기붕(李起鵬)은 서울 서대문구 출마를 포기하고 경기도 이천에서 입후보등록을 마쳤다. 이천의 자유당 중앙위원인 이정재(李丁載)와 민주당 후보자가 등록을 취소하여 이기붕은 무투표당선이 확정되었다. 민주당에서는 "이유 여하를 막론하

108) "자유당 공천에 대한 신문보도에 관한 법," 제5회. 「제1공화국 국무회의록」1958/1/17, 28~29.
109) 신명순. 2015. "한국 선거와 민주주의," 이완범 외.『한국의 정치 70년』성남: 한국학중앙연구원 출판부. 79.
110) "第1共和國 國務會議 <25> 선거법 改正,"『京鄕新聞』(1990/11/17)
111) "자유당 공천에 대한 신문보도에 관한 법," 제5회. 「제1공화국 국무회의록」1958/01/17, 28~29.
112) "선거법안에 관한 건," 제21회, 「제1공화국 국무회의록」1958/3/4, 68-69.
113) "선거사무의 진행상황," 제23회, 「제1공화국 국무회의록」1958/3/11, 74-75.
114) "선거에 관한 건," 제25회, 「제1공화국 국무회의록」1958/3/18, 78.
115) "UN한국위원회 선거감시에 관한 건," 세31회, 「세1공화국 국무회의록」1958/ 4/07, 89.

고 제명에 해당되는 반당행위"라고 비난했다.[116] 내무부장관은 이기붕 국회의장의 선거구 변경 이유로 "본인이 불유쾌하게 생각"했고, "고정표 이외에 부동표에 만 표 이상을 기대하기 곤란"하다는 점 등을 들었다.[117]

선거 결과 233개 의석 중 자유당 126석, 민주당 79석, 무소속, 기타가 28석으로 자유당은 과반수 의석을 확보하는데 성공했으나 개헌선 확보에는 실패했다. 서울 15개 선거구 중 자유당이 단 1명만 당선자를 낼 정도로 여촌야도 현상이 심화되었다. 자유당은 직선제 하에 다음 선거를 확신할 수 없으니 내각책임제 개헌으로 간선 대통령을 선출하자는 주장과 현행 제도를 유지하자는 주장이 대립됐다.[118] 민주당은 233개 지역구에 199명을 공천하여 79명이 당선되는 당적(黨的)인 성장을 가져왔다.[119] 군소정당이 퇴조하고 민주당은 자유당의 독주를 견제할 체제를 갖추며, 자유, 민주당이 양당체제의 외형을 구축하게 되었다.[120] 또한 이념정당에 대한 거부감 때문에 혁신계 정당들은 의석을 획득하지 못했고, 진보당사건으로 조봉암(曺奉岩) 등 혁신계 지도자들이 검거되면서 군소정당들의 선거활동은 크게 위축되었다.[121]

한편, 1958년 5월 2일 김현철 장관은 국회 개원과 관련하여 "대통령 각하께서 더 좀 강력한 국무원을 가지실 수 있도록 전원이 사임한다는 의사를 표시함이 어떤지"라고 제의했다.[122] 이 안건에 대해 대통령은 다음과 같이 언급하며, 국무위원의 관행적 행태를 질타했다.

사표제출 운운하는 말을 외설하지 말아야 할 것이며 전부가 일시에 제출하였다가 각하되고 하는 것은 좋지 않은 폐습이니 고쳐야 하며 진정으로 상당한 이유가 있어서 사임하고자 하는 사람이 있다면 언제든지 그만두게 하여 주겠다. 파업(태업)은 공산주의자들이 하는 일이라고 생각한다.[123]

5월 6일 국무회의에서 내무부장관은 선거사범은 여야를 막론하고 엄단할 방침임을 밝혔다.[124] 선거 기간 동안 사전 선거운동, 비방과 모략, 폭력 사태 등이 속출했는데 법무부장관

---

116) "李起鵬氏, 利川에," 『東亞日報』(1958/4/12)
117) "민의원의원입후보등록상황에 관한 건," 제32회, 「제1공화국 국무회의록」 1958/ 4/11, 92.
118) "第1共和國 國務會議 <11> '24保安法 波動'," 『京鄉新聞』(1990/7/26)
119) 柳珍山. 1972. 『해뜨는 地平線: 柳珍山 政界回顧錄』 서울: 한얼문고. 133.
120) "第1共和國 國務會議 <26> 5·2민의원선거," 『京鄉新聞』(1990/11/24) 민주당 후보로 출마하여 당선된 이철승(李哲承) 역시 선거 결과를 야도여촌 현상의 심화, 군소정당의 몰락, 무소속 의원수의 감소, 그리고 "민주당과 자유당의 양당정치가 어느 정도 뿌리를 내리고 있었다"고 회고했다(이철승 2011, 291)
121) 김현우. 2000. 『한국정당운동통합사』 서울: 을유문화사. 321.
122) "현 국무위원 사임에 관한 건," 제37회, 「제1공화국 국무회의록」 1958/5/2, 101.
123) "국무위원 사표 제출에 관한 건," 제40회, 「제1공화국 국무회의록」 1958/5/13, 108.
124) "선거 결과에 관한 건," 제38회, 「제1공화국 국무회의록」 1958/5/6, 103.

역시 선거사범에 대한 엄정한 처리방침을 밝혔다.[125) 6월 2일 경북 영주에서 발생한 '투표함 창고 피습 사건'에 대해 강경한 태도를 보이며 현지 검찰에 관련자의 구속을 지시하였다.[126) 민주당은 선거가 끝난 뒤 선거부정규탄운동에 나섰고, 국회 개원 직전인 6월 18일 내무부장 관과 상공부장관이 교체되었다.[127)

진보당사건은 1958년 한국정치의 큰 쟁점이었다. 한국정부는 제네바회담 이후 유엔감시 하의 남북한 총선거 등을 통일정책의 기조로 삼았던 반면, 평양 측은 정전협정 이후 평화통 일을 내세운 선전공세를 계속했다. 1958년 진보당의 평화통일론은 헌법 및 국시위반 여부, 이적죄 구성 여부를 둘러싸고 판결이 엇갈리며 논란을 불러일으켰다.[128) 1월 4일 내무부장 관은 "조봉암 이외 6명의 진보당 간부를 검거하여 조사 중인 바 그들은 대한민국의 주권을 무시하는 남북협상의 평화통일을 지향하고 이번 봄 선거에 상기 노선을 지지하는 자를 다수 당선시키기 위하여 오열(간첩)과 접선 준동하고 있"다고 하였다.[129) 1958년 3월 11일 법무부 장관은 "현재 공판 중에 있으므로 앞으로 결정될 것이나 그 후 특무대에서 발견한 유력한 확 증이 있으므로 유죄에 틀림없다"고 보고했다.[130)

1958년 10월 25일 서울지법대법정에서 조봉암과 양이섭(梁利涉, 일명 양명산) 두 피고는 원심을 파기하고 간첩 및 국가보안법 위반죄가 적용되어 사형이 언도되었다.[131) 1심과 2심 의 판결이 상이한 데 대하여 10월 28일 국무회의에서 이승만은 의아함을 나타냈다. 진보당 사건 공판에 대해 이승만은 "법관들만이 무제한한 자유가 허용된다는 것은 이해할 수 없"고, "조봉암사건 1심 판결은 말도 안 된다.…같은 법을 가지고 한 나라 사람이 판이한 판결을 내 리게 되면 국민이 이해가 안 갈 것이기 때문에 헌법을 고쳐서라도 이런 일이 없도록 시정하 여야 한다"고 강조했다.[132) 11월 25일 이승만은 민주당 역시 진보당과 같이 남북통일론을 주 장하는 것에 대하여 반대 입장을 명확히 하며 "공산당에 주어버리는 것이 제일 좋은 방법"이 라고 강조하였다.[133)

---

125) 민의원 선거 후 개표과정에서 나타난 부정개표 상황을 취재하다 개표방해죄가 적용된 이만섭(2004, 79~84)의 증언을 참고.

126) 김영희. 2011. 『유민 홍진기 이야기―이 사람아, 공부해』 서울: 민음사. 214─215.

127) 홍진기는 4・19 때 경무대 앞 발포사건 관련자로 수감되었던 시기 "2년 전 그때 차라리 불신임안이 통과 되었으면 좋았을 것"이라는 생각을 했다. 그는 "자유당이 다수의 힘으로 불신임안을 부결시킨 것은 떳떳 치 못한 일"이라고 말했다(김영희 2011, 216~217)

128) "第1共和國 國務會議 <17> 李承晩의 北進論 (下)," 『京郷新聞』(1990/9/8)

129) "진보당 간부 체포에 관한 건," 제4회, 「제1공화국 국무회의록」 1958/1/14, 25.

130) "검찰의 선거대책에 관한 건," 제23회, 「제1공화국 국무회의록」 1958/3/11, 72.

131) "進步黨事件 被告全員에 有罪言渡," 『京郷新聞』(1958/10/26)

132) "진보당사건 공판에 관하여," 제98회, 「제1공화국 국무회의록」 1958/10/28, 227.

133) "민주당의 남북통일론에 관하여," 제107회, 「제1공화국 국무회의록」 1958/11/25, 246~247.

또한 법무부가 마련한 국가보안법 개정안은 1958년 8월 5일 국무회의에서 통과되어 8월 9일 국회에 제출됐다. 유진산은 "8월 이후 자유당 정부는 간첩죄에 대한 조문(條文) 강화를 비롯하여, 언론·출판·결사·잡지 그리고 정치인들의 연설내용까지 규제하는 국가보안법 개정안을 강력하게 추진하였다. … 여기에 민주당은 간첩개념의 광대(廣大) 규정은 정부통령 선거를 앞두고 야당과 언론인의 활동을 제약하고 탄압하려는 술책인 것이며 변호사 접견금지와 삼심제(三審制)의 폐지는 헌법위반"이라고 반대했다.[134] 법무부장관이 다음과 같이 국가보안법 개정 이유를 밝혔다.

국가보안법을 개정한 이유는 민주당 정부에서 더 많이 선전된 바와 같이 현행법은 6.25 전 남한에 남로당이 존재할 때 남로당을 다스리기 위하여 만든 것이다. 지금 그 법을 가지고 북한에서 내려오는 간첩이나 남한에서 월북하는 간첩을 처벌하기에는 법의 흠점이 하나 둘이 아니다. 법 이론보다도 지극히 사무적인 이유에서 기안되어 제안하게 된 것이다. 그렇게 때문에 실무가가 기안한 것을 일자(一字)도 정치적인 고려로 고친 것이 없다(김영희 2011, 218−219)

10월 민주당 전당대회 후 정일형(鄭一亨), 한근조(韓根朝), 김상돈(金相敦) 의원 등이 법무부장관을 찾아왔다. 홍진기 장관은 "건국 이후 좌익문제로 여야가 대립하여 본 일이 없고 여당이 야당을 좌익이라고 뒤집어씌워 탄압한 일이 없는데 왜 반대하는가?" 반문했다. 세 의원이 "남용하면 위험하다" 대답하자, 장관은 "개정안을 제대로 읽어보지도 않았다"고 보았다.[135] 하지만 이 상황에서 12월 19일 자유당이 국회 법제사법위원회에서 단독으로 보안법 개정안을 통과시켜 본회의에 회부하고 통과시키자, 민주당은 자유당의 단독행동에 저항했다. 미국 정부는 한국의 절차적 민주주의가 훼손되는 것을 미국 위신의 손상으로 받아들이는 한편, 한국의 정치적 불안정이 극단적 방향(반미정권 등장)으로 흘러갈 가능성을 우려하고 있었다.[136]

다울링(Walter C. Dowling) 주한 미국대사는 선거 결과, 양당제가 확립되었다면서 한국정치의 절정(high−point)이라고 평가했다. 미국은 자유당 온건파를 이용해 개혁을 달성해 공산화를 방지하고자 했다. 한국의 공산화 방지는 미국의 한국에 대한 외교 정책상 주요 목표였다.[137] 하지만 제4대 민의원선거 이후 자유당 온건파와 민주당 내 조병옥과의 내각책임제

---

134) 柳珍山 1972, 137−138.
135) 김영희 2011, 220.
136) 이철순. 2014. "이승만 정부 시기의 한국 민주주의와 한미관계(1948−1960)" 정일준 외.『한국의 민주주의와 한미관계』서울: 대한민국역사박물관. 167.

개헌논의가 본격적으로 추진되지 못하고 명분과 당내 파벌 다툼이 복합되어 나타났다.[138]

1958년 대한민국 국무회의에서 다루어졌던 주요 안건들을 주제별로 범주화해보면 다음과 같다.

1958년 대한민국 국무회의록에 나타난 안건의 성격

대범주	소범주	안건 수	비율
법제	법률/제도/인사	312	30.4%
사회기반	건설/복지/의료/교통/농수산/철광/관광	220	21.4%
경제	경제/무역/예산/재무/원조/수출	165	16.1%
외교	외교	93	9.1%
사회문제	범죄/치안	75	7.3%
정치	선거/정당/국회	58	5.6%
안보	국방/대북선전/통일	53	5.2%
과학 · 교육	과학/교육	25	2.4%
언론	언론/홍보/선전	25	2.4%
총합		1,026	100%

1958년은 전후 복구사업이 마무리되고, 정치체제의 근대화가 추진되던 시기였다. 따라서 법제부문 안건들이 가장 많았다. 정치, 사회, 경제의 근간을 구축하기 위한 기초 작업들이 진행되었고, 법률/제도/인사 범주에서 규정을 신설하거나 개정해가며 개헌, 인사, 지방차지법 등에 대한 기틀이 만들어졌다. 사회기반부문에서는 비료기술 이전과 공장 건설, 주택 · 병원 · 발전소 · 철도 건설, 관광과 국토미화사업 등 고속발전의 기초가 되는 기반 정비 관련 안건들이 다루어졌다.

경제부문에서는 미국의 경제원조와 대충자금 사용, 예산편성, 귀속재산처리, 물가지수와 환율 관계 등의 안건들이 다루어졌다. 특히, 1958년에는 미국 공법 480호(PL480)에 근거한 미국 농산물원조를 활용한 대충자금 확보와 재정안정, 그리고 산업개발위원회의 창설로 자립경제를 추구하기 위한 계획들이 추진되었다. 정치부문에서 1958년의 주요 안건들은 제4대 민의원선거 준비, 과반의석 확보를 위한 자유당의 공천과 선거 결과에 따른 대책 등이 었다. 또한 조봉암과 진보당사건의 재판상황 역시 선거와 함께 민감하게 다루어진 안건이었다.

---

137) 이완범. 2007. "한국 정권교체의 국제정치─1950년대 전반기 미국의 이승만 제거 계획, 후반기 미국의 이승만 후계 체제 모색과 1960년 4월 이승만 퇴진─,"『세계정치 8』제28집 2호. 156.
138) 김영명. 1999.『고쳐 쓴 한국 현대 정치사』서울: 을유문화사. 123─124.

외교부문에서 한일회담이 재개되었으나 재일동포 북송문제가 등장했고, "대만사태"가 격화되어 당시의 중화민국(현 대만)과 미국, 일본의 동향에 민감한 상황이었다. 또한 각국 사절단의 방한, 주요 국가 지도자들의 평가와 외교관계, 외교 실무에 관한 안건들이 논의되었다. 안보부문에서는 2월 "KNA창랑호납북사건"이 발생함에 따라 납북자들과 항공기의 송환에 주력했다. 또한 미국의 병력감축안과 관련한 한국정부의 대미협상방침, 무장간첩체포, 나포어선에 관련된 사항 등이 논의되었다. 과학/교육분야에서는 원자력법이 제정되면서 원자력원 설치에 박차가 가해졌고, 과학교육의 중요성을 인식하며 미국과 서독의 유학생 지원이 이루어졌음을 알 수 있다.

결론적으로 대한민국 국무회의록에서 보여지는 1958년 대한민국 국정의 모습은 다음과 같았다.

첫째, 경제적 차원에서 이승만 대통령은 미국의 원조 감소에 따른 외자도입법, 500대 1의 저환율·고정환율, 귀속재산 불하대금 회수, 은행예금 확대를 통한 재정안정화 정책, 산업개발위원회 설치 등을 추진했다. 비료부족 문제를 해결하기 위해 1958년 충주비료공장운영주식회사가 수립되었고, 나주비료공장 건설이 시행되었다. 비료공장건설은 다른 사회기반 사업의 건설과 연결되어, 충주공장의 주택건축계획에 따라 서울 근교에 같은 설계로 주택 건설을 추진되었고, 충북선이 완공되었다. 1958년 1월 미공군이 한국정부에 김포공항을 이양하여 대폭적인 공항시설의 보수가 이뤄졌다. 2월에는 관광위원회가 설치되어 국토정비 등에 주력하며 영국관광단의 재방문 계획에 따라 건물 정비와 항만시설 정비를 추진했다. 1958년 원자력법 제정은 원자력원·원자력위원회 설립을 이끌었다. 이승만은 원자력 유학생들에 대한 지원을 강화했고, 유럽(서독)을 통한 원자력 기술 이전도 추진했다.

둘째, 외교안보적 차원에서는 1958년 2월 18일 "KNA창랑호납북사건"이 발생하여 대한민국 수립 이후 최초로 발생한 민간항공기 납북사건을 처리하면서 내무부, 외무부, 국방부, 교통부의 행정·제도적 범위 획정과 정비를 실행했다. 또한 피랍자들의 무사귀환 후 국무회의에서는 비행규정을 정비했다. 미국과의 군감축협상은 1958년의 핵심적 안보문제였는데, 이승만정부는 이북으로부터의 공산화 위협을 이유로 한국군 감축에 반대했다. 그러나 미국이 제안한 10만 명 대신 9만 명을 감축하는 내용의 협정을 체결함으로써 1954년 협정을 대체했다. 이러한 한국군 감축과 맞물려서 미국의 전술핵이 도입되었다.

1953년 이후 4년 동안 교착상태에 있던 한일회담은 1957년 12월 일본의 구보다발언 철회를 계기로 1958년부터 새롭게 추동되었다. 이승만은 기시 노부스케의 과거사 사죄 입장 대해서 긍정적으로 평가했지만, 재일한국인들의 북송문제가 불거지면서 다시 한일회담은 난관에 봉착했다. 대만해협사태는 공산주의의 팽창에 대한 한국의 위협인식을 급격히 강화시켰다. 이승만은 미국이 중화민국(대만)을 지원하지 않으면서 일본의 재무장을 지원하는 것을 비판했다.

셋째, 국내정치적 차원에서 1958년은 제4대 민의원선거를 통해 정부와 자유당, 민주당의 향후 정국운영 주도권을 결정하는 변곡점이었다. 정부와 자유당은 선거에서 과반수와 개헌선 확보가 절실했고, 이승만은 선거에서 "피를 흘리는 일이 없도록" 할 것을 지시하며, 선거 직후 국무위원 사임의 관행을 공산주의자들의 태업과 같다고 지적했다. 선거기간 중 불법사태 등이 속출했고, 선거결과로 민주당은 자유당 독주를 견제할 체제를 갖췄다. 이승만은 조봉암과 진보당사건 관련 1심과 2심의 판결이 상이한데 대해 비판적이었고, 진보당과 민주당이 평양과 동일한 통일론을 주장한다고 보았다.

──────── 국무위원 명단 (1958. 1. 1 ~ 1960. 5. 1)

대통령	이 승 만(李承晚)	1948. 8. 15 ~ 1960. 4. 25
외무부장관	조 정 환(曹正煥)	1955. 7. 29 ~ 1959. 12. 21
직무대리	최 규 하(崔圭夏)	1959. 12. 22 ~ 1960. 4. 24
내무부장관	이 근 직(李根直)	1957. 9. 26 ~ 1958. 6. 16
	민 병 기(閔丙祺)	1958. 6. 17 ~ 1958. 8. 20
	김 일 환(金一煥)	1958. 8. 27 ~ 1959. 3. 19
	최 인 규(崔仁圭)	1959. 3. 20 ~ 1960. 3. 22
	홍 진 기(洪璡基)	1960. 3. 23 ~ 1960. 4. 24
법무부장관	홍 진 기(洪璡基)	1958. 2. 20 ~ 1960. 3. 23
재무부장관	김 현 철(金顯哲)	1957. 6. 9 ~ 1959. 3. 19
	송 인 상(宋仁相)	1959. 3. 20 ~ 1960. 4. 27
국방부장관	김 정 렬(金貞烈)	1957. 7. 6 ~ 1960. 5. 1
문교부장관	최 재 유(崔在裕)	1957. 11. 27 ~ 1960. 4. 27
상공부장관	김 일 환(金一煥)	1955. 9. 16 ~ 1958. 8. 26
	구 용 서(具鎔書)	1958. 8. 27 ~ 1960. 4. 7
	김 영 찬(金永燦)	1960. 4. 8 ~ 1960. 4. 27
농림부장관	정 재 설(鄭在卨)	1957. 6. 17 ~ 1959. 3. 20
	이 근 직(李根直)	1959. 3. 21 ~ 1960. 5. 1
교통부장관	문 봉 제(文鳳濟)	1957. 6. 9 ~ 1958. 3. 19
	최 인 규(崔仁圭)	1958. 9. 9 ~ 1959. 3. 19
	김 일 환(金一煥)	1959. 3. 20 ~ 1960. 4. 27
체신부장관	이 응 준(李應俊)	1955. 9. 16 ~ 1958. 9. 8
	곽 의 영(郭義榮)	1958. 9. 9 ~ 1960. 5. 1
보사부장관	손 창 환(孫昌煥)	1957. 6. 17 ~ 1960. 4. 27

부흥부장관	송 인 상(宋仁相)	1957. 6. 9 ~ 1959. 3. 19
	신 현 확(申鉉碻)	1959. 3. 20 ~ 1960. 4. 27
법제실장	강 명 옥(康明玉)	1956. 9. 1 ~ 1960. 6. 14
공보실장	오 재 경(吳在璟)	1956. 7. 23 ~ 1959. 1. 30
	전 성 천(全聖天)	1959. 1. 31 ~ 1960. 4. 7
	최 치 환(崔致煥)	1960. 4. 8 ~ 1960. 5. 4
국무원사무국장	신 두 영(申斗泳)	1957. 6. 28 ~ 1960. 4. 27

< 연표 >

──────── 1958년 주요 사건

1958년	대한민국	국제사회와 군사분계선 이북
1월	1일 새로운 선거법 국회 통과 13일 조봉암 등 7명 간첩혐의로 구속 23일 한 · 미 정부 농산물 도입 계획 합의 29일 주한미군 핵무기 도입 발표 31일 한국정부, 서독회사대표와 나주비료공 장건설 계약 최종 서명	1일 유럽경제공동체(EEC) 출범 4일 1957년에 발사된 소련 인공위성 스 프트니크 1호 운행 종료
2월	4일 어네스트 존(Honest John) 미사일과 원자 포 등 전술핵무기 도입 5일 1958년도 미 잉여농산물협정 조인 14일 원자력발전 8개년 계획 수립 16일 KNA항공기납북사건 발생	1일 이집트와 시리아가 아랍연방공화국 으로 합방하여 5일 낫세르(Gamal Abdel Nasser)가 초대 대통령에 지 명됨 5일 김일성, 외국군 철수를 골자로 하는 조선 통일 방안 발표
3월	4일 공문서 작성 한글 사용요령 발표 11일 <원자력법> 공포 19일 이승만대통령, 전국검찰감독관에게 공 정선거 실시 훈시	27일 1956년 공산당 권력을 장악했던 후르시초프(Nikita Khrushchyov) 가 소련 수상에 취임
4월	1일 산업개발위원회 발족 15일 제4차 한일회담 본회의 개최 16일 한일당국, 재일 억류동포 250명 송환 합 의	3일 쿠바의 카스트로 무장대 수도 하바 나 공격 개시
5월	2일 4대 민의원 선거(자유 126, 민주 70, 무소 속 27) 15일 강경선, 충북선 개통	13일 프랑스 령 알제리에서 군사정변 발 발
6월	12일 종합경기장건설 5개년계획 수립 14일 정부, 선거부정사건 수사 지시 27일 군사보급행정 및 탈모비누사건 감사 결의	1일 프랑스, 사태수습을 샤를르 드골에 게 의탁하고, 드골은 4일 군사정변 중인 알제리 방문 16일 헝가리 정치지도자 나기(Imre Nagy), 헝가리 공산정권에 의해 교수형에 처해짐
7월	14일 부흥부, 개발차관기금 350만 달러 차관 도입 확정 31일 원자로 구입 결정(40만 달러 상당)	14일 이라크에서 파이잘 왕이 살해되고 카심(Abdul Qassim)이 집권 15일 미국, 레바논의 친서방정부 수호를

		위해 미 해병 5천명 파병 17일 영국, 요르단 후세인 왕정 수호를 위해 파병
8월	1일 서독과 요소비료공장 건설 계약 5일 <국가보안법 개정안>의결 19일 상공부, 나주비료공장 건설계획 승인	18일 미국, 나보코프(Vladimir Nabokov)의 소설 롤리타(Lolita) 출간 21일 평양당국, 이남의 실업자 및 고아들에게 구호품 제공 의사 발표. 23일 중공군, 진먼(金門) 포격 (제2차 대만해협 위기)
9월	20일 농업증산5개년 계획 소요자금 조서 완성 23일 중소기업융자금 및 증산계획 수립	28일 프랑스 국민 78퍼센트 제5공화국 헌법에 찬성
10월	4일 신규전력개발 10개년 계획 수립 23일 서독 에르하르트 경제장관 방한 28일 이승만 대통령 원자력 연구 지시	1일 튀니지아와 모로코, 아랍연맹에 가담 2일 아프리카의 기니 프랑스로부터 독립 9일 가톨릭 교황 비오 12세 선종
11월	5일 이승만 대통령 남베트남 방문 10일 오키나와에 쌀 수출 결정 20일 화력발전소 건설지 군산 결정 26일 미군 9만 명 병력 감축안 체결 28일 국립의료원 설립	19일 중화인민공화국에서 대규모 아사 시작 23일 『닥터 지바고』의 저자 보리스 파스테르나크, 노벨문학상 수상자로 선정 28일 요한 23세, 261대 가톨릭 교황에 선출 28일 6·25전쟁 이후 주둔하던 중국인민지원군 철수 완료 발표
12월	3일 미국회사와 원자로 Triga Mark-II 구매 계약 체결 16일 미국무부, 한국군 전투비행단 증강계획 발표 24일 개정 국가보안법 국회통과	3일 파리 유네스코 본부 건물 낙성식 9일 미국, 존 버치 협회(John Birch Society) 창립 21일 샤를르 드골, 프랑스 대통령에 선출

1. 1차 · 준1차 문헌

신두영 기록, 이희영 편찬. 2006.「제1공화국 국무회의록」서울: 시대공론사.

"김포공항을 서울국제공항으로 사용하는 동시에 여의도공항을 김포공항의 대체공항으로 사용의
　건." 國務院 事務局.「제6회 국무회의록」단기4288(1955)/2/18.

"對共思想戰과 對日外交 및 基地外交陣 强化에 關한 件." 國務院 事務局.「제23회 국무회의록」단
　기4255(1955)/5/28.

"美國剩餘農産物 購入에 관한 件." 國務院 事務局.「제54회 국무회의록」단기4288(1955)/09/05.

"肥料 없어 農民悲鳴."『東亞日報』(1955/8/01)

"公開된 原子砲와 '어네스트 죤 로켓트'."『京鄕新聞』(1958/2/04)

"李大統領 國軍減縮同意(NYT紙 報道)"『京鄕新聞』(1958/2/22)

"商人들도 大會, 共産黨打倒絶叫."『東亞日報』(1958/2/28)

"李起鵬氏, 利川에."『東亞日報』(1958/4/12)

"十字軍 創設을 强調, 李大統領, 臺灣事態에."『東亞日報』(1958/9/03)

"進步黨事件 被告 全員에 有罪言渡."『京鄕新聞』(1958/10/26)

"僑胞北韓送還하면 韓日會談 決裂招來."『東亞日報』(1958/11/22)

"金法麟氏를 發令, 初代原子力院長에."『東亞日報』(1959/1/22)

"횡설수설."『東亞日報』(1964/12/09)

"韓國현대사 규명할 1급 史料."『京鄕新聞』(1990/4/19)

"第1共和國 國務會議 <11> '24保安法 波動.'"『京鄕新聞』(1990/7/26)

"第1共和國 國務會議 <15> 李承晩과 軍, 下."『京鄕新聞』(1990/8/25)

"第1共和國 國務會議 <17> 李承晩의 北進論(下)"『京鄕新聞』(1990/9/08)

"第1共和國 國務會議 <20> 비료값 波動(下)"『京鄕新聞』(1990/10/13)

"第1共和國 國務會議 <21> 비료정책."『京鄕新聞』(1990/10/20)

"第1共和國 國務會議 <24> 財政정책."『京鄕新聞』(1990/11/10)

"第1共和國 國務會議 <25> 선거법 改正."『京鄕新聞』(1990/11/17)

"第1共和國 國務會議 <26> 5.2민의원선거."『京鄕新聞』(1990/11/24)

"第1共和國 國務會議 <30> 交通政策 下."『京鄕新聞』(1990/12/22)

"第1共和國 國務會議 <33> 미봉위주의 農政 (下)"『京鄕新聞』(1991/1/12)

"第1共和國 國務會議 <37> 환율정책."『京鄕新聞』(1991/2/09)

"第1共和國 國務會議 <41> 對간첩작전."『京鄕新聞』(1991/3/09)

金東祚. 2000.『回想80年 金東祚 전 외무부장관 回顧錄 - 冷戰시대의 우리 外交』서울: 문화일보.

김영희. 2011.『유민 홍진기 이야기 - 이 사람아, 공부해』서울: 민음사.

김용삼. 2007. "[최초 발굴] 제1공화국 국무회의록-미국이 내정간섭을 한다면 나부터 들고 나서서, 짐 싸가지고 가라고 하겠다."『월간 조선』(2007/3)

김일환. 2015.『김일환 회고록: 대한민국 국가건설기의 역할을 중심으로』서울: 홍성사.

김정렬. 2010.『김정렬 회고록: 항공의 경종』서울: 대희.

선우종원. 2009.『선우종원 회고록 격랑 80년』서울: 삼화출판사.

宋仁相. 1994.『復興과 成長: 淮南 宋仁相 回顧錄』서울: 21세기북스.

柳珍山. 1972.『해뜨는 地平線: 柳珍山 政界回顧錄』서울: 한얼문고.

이만섭. 2004.『나의 정치인생 반세기 이승만에서 노무현까지-파란만장의 가시밭길 헤치며 50년』서울: 문학사상.

이철승. 2011.『素石 李哲承 회고록: 대한민국과 나 (1)』서울: 시그마북스.

이한빈. 1996.『일하며 생각하며』서울: 조선일보사.

철도건설국. 1969.『철도건설사』서울: 교진사.

국무회의기록. 2016. http://theme.archives.go.kr/next/cabinet/viewMain.do (2016/ 3/23)

2. 2차 문헌

김명섭. 2015.『전쟁과 평화: 6.25전쟁과 정전체제의 탄생』서울: 서강대학교출판부.

김영명. 1999.『고쳐 쓴 한국 현대 정치사』서울: 을유문화사.

김용삼. 2015.『이승만과 기업가시대: '성공한 나라' 대한민국의 기초가 닦인 피와 땀의 15년』서울: 북앤피플·연세대학교 이승만연구원.

김용직. 2005.『사료로 본 한국의 정치와 외교 1945-1979』서울: 성신여자대학교출판부.

김일영. 2004. "1950년대: 맹아의 시기."『건국과 부국-현대한국정치사 강의』서울: 생각의 나무.

김일영. 2011.『한국 현대정치사론』서울: 논형.

김재훈. 1988. "1950년대 미국의 한국원조와 한국의 재정금융."『경제와 사회』제1권.

김중섭. 2011. "金門의 전략적 지위에 대한 역사적 고찰-1950년대 대만해협위기 기간 미국, 중국,

대만의 전략적 이익을 중심으로."『중국학연구』제57집.

김태기. 1999. "1950년대초 미국의 대한(對韓) 외교정책: 대일강화조약에서의 한국의 배제 및 제1
차 한일회담에 대한 미국의 정치적 입장을 중심으로."『한국정치학회보』제33집 1호.

김현우. 2000.『한국정당운동통합사』서울: 을유문화사.

남찬섭. 2005. "1950년대의 사회복지."『월간 복지동향』제80호.

남창우. 2013. "정부수립 이후 1950년대의 지방재정 실태 및 구조분석."『도시행정학보』제26집
4호.

민주화운동기념사업회 연구소. 2010.『한국민주화운동사 1 ─ 제1공화국부터 제3공화국까지』파
주: 돌베개.

박광작. 1999. "해방 이후 1960년대 초까지 한국재정의 운용과 그 특징." 유광호 외.『한국 제1, 2공
화국의 경제정책』성남: 한국정신문화연구원.

박석홍. 2008.『건국60년 한국의 역사학과 역사의식』파주: 한국학술정보.

박석홍. 2013.『한국 근현대사의 쟁점연구』서울: 국학자료원.

박종철. 1996. "남북한의 산업화전략: 냉전과 체제경쟁의 정치경제, 1950년대~1960년대."『한국
정치학회보』제29집 3호.

박진희. 2008.『한일회담』서울: 선인.

朴泰均. 2002. "冷戰體制와 韓國政治 : 1950年代 自由黨과 進步黨."『세계정치』제24호.

설문원, 김익한. 2006. "이승만시기 국무회의록과 정부부처 기록의 연관구조 분석에 기반한 역사
컨텐츠 설계 방안."『한국비블리아학회지』제17권 제2호.

송해경. 2010. "국무회의록을 통해 살펴본 제1공화국 후기의 국가관리와 공무원 인사정책."『한국
인사행정학회보』제9권 제11호.

신명순. 2015. "한국 선거와 민주주의." 이완범 외.『한국의 정치 70년』성남: 한국학중앙연구원 출
판부.

안병만. 2008.『한국정부론』서울: 다산출판사.

이대근. 1987.「韓國戰爭과 1950年代 資本蓄積」서울대학교 대학원 경제학과 박사학위논문.

이상철. 2004. "1950년대의 산업정책과 경제발전." 문정인, 김세중 편.『1950년대 한국사의 재조명』
서울: 선인.

이영훈. 2013.『대한민국역사: 나라만들기 발자취 1945-1987』서울: 기파랑.

이완범. 2007. "한국 정권교체의 국제정치 ─1950년대 전반기 미국의 이승만 제거 계획, 후반기 미
국의 이승만 후계 체제 모색과 1960년 4월 이승만 퇴진─."『세계정치 8』제28집 2호.

이철순. 2014. "이승만 정부 시기의 한국 민주주의와 한미관계(1948-1960)" 정일준 외.『한국의
민주주의와 한미관계』서울: 대한민국역사박물관.

이형. 2002.『조병옥과 이기붕─제1공화국 정치사의 재조명』서울: 삼일서적.

이혜영. 2011. "1950년대 후반 자유당 개헌 논의의 내용과 성격." 『역사와현실』 제80호.

정수진. 2011. "한국인의 세계감각과 자의식의 형성: 1950년대 관광을 중심으로." 『경제와 사회』 6호.

주성돈. 2012. "1950년대 한국의 원자력정책 변화 분석." 『정부와 정책』 제4권 제2호.

차재영. 2014. "1950년대 미국무성의 한국 언론인 교육교류 사업 연구: 한국의 언론 전문직주의 형성에 미친 영향을 중심으로." 『한국언론학보』 제57권 2호.

최강. 2001. "한반도 군비통제와 주한미군." 「국방정책 연구보고서」 7월.

최상오. 2008. "1950년대 계획기구의 설립과 개편－조직 및 기능 변화를 중심으로－." 『경제사학』 제45호.

최상오. 2010. "이승만의 경제구상." 최상오·홍선표 외. 『이승만과 대한민국 건국』 서울: 연세대학교 출판부.

최상오. 2012. "이승만정부의 경제정책 연구 쟁점과 평가." 이주영 외. 『이승만 연구의 흐름과 쟁점』 서울: 연세대학교 대학출판문화원.

한국행정연구원. 2008. 『한국행정 60년 1948－2008 : 2. 국정관리』 서울: 법문사.

한용섭. 2015. "우리의 튼튼한 국방정책." 남성욱 외. 『한국의 외교안보와 통일 70년』 성남: 한국학중앙연구원 출판부.

(ㄴ)

(ㄷ)

（ ㅂ ）

편주자

김명섭(金明燮)

파리1-팡테옹 소르본대학 박사. 서울대 지역종합연구소 특별연구원, 한신대 국제학부장, 연세대 통일연구소장, 국제학술지 *Geopolitics* 편집위원 등을 역임. 현재 연세대 정치외교학과 교수, 한국정치외교사학회장

주요 저서:『해방전후사의 인식』(공저),『대서양문명사』,『전쟁과 평화 : 6·25전쟁과 정전체제의 탄생』

이희영(李羲榮)

서울대 문리대 학사. 국회법사위 입법조사관, 내무부 감사관, 정무장관 입법보좌관, 총무처 총무과장, 대통령사정비서실 행정실장, 감사원장 비서실장, 국무총리 민정비서관, 충남 천안시장 역임

양준석(梁俊錫)

연세대 대학원 정치학 석·박사. 연세대학교 이승만연구원 전문연구원 역임. 현재 서울신학대 현대기독교역사연구소 연구교수

주요 논저:『해방공간과 기독교』(공저), "서울올림픽 유치의 정치외교사"(공저), "1948년 한국대표단의 유엔 승인외교" 등

유지윤(柳智允)

연세대 국제학대학원 석사, 연세대 사회학과 박사과정 수료, 온누리 TV(현CGNTV) PD 역임, 현재 연세대 이승만연구원 연구원

대한민국 국무회의록 1958

초판 1쇄 인쇄일	2018년 11월 20일
초판 1쇄 발행일	2018년 11월 30일

편 주	김명섭, 이희영, 양준석, 유지윤
펴낸이	정진이
편집장	김효은
편집/디자인	우정민 박재원 우민지
마케팅	정찬용 정구형
영업관리	한선희 이성국
책임편집	우민지
인쇄처	국학인쇄사
펴낸곳	국학자료원 새미(주)
	등록일 2005 03 15 제25100-2005-000008호
	경기도 파주시 소라지로 228-2 (송촌동 579-4 단독)
	Tel 442-4623 Fax 6499-3082
	www.kookhak.co.kr
	kookhak2001@hanmail.net

ISBN	979-11-88499-72-4 *93910
가격	70,000원